Text und Recherche:	Eberhard Fohrer (Italienischer Teil)
	Hans-Peter Koch (Tessiner Teil)
Lektorat:	Sabine Senftleben
Redaktion und Layout:	Nona-Andreea Kolle
Karten:	Marcus Endreß
Fotos:	**Eberhard Fohrer**: 1, 8, 9, 10, 11, 13, 15, 18, 20, 22, 23, 32, 34, 35, 37, 39, 40, 41, 42, 43, 44, 46, 48, 50, 51, 55, 58, 59, 61, 63, 91, 136, 137, 138, 144, 145, 146, 151, 152, 154, 157, 161, 162, 163, 165, 166, 168, 169, 171, 173, 176, 177, 178, 181, 183, 184, 185, 205, 210, 211, 214, 218, 220, 221, 222, 225, 226, 227, 228, 230, 234, 240, 242, 253, 255, 258, 259
	Hans-Peter Koch: 17, 25, 27, 28, 29, 33, 38, 45, 57, 65, 66, 72, 76, 81, 82, 83, 84, 88, 93, 94, 96, 100, 101, 103, 104, 106, 108, 111, 113, 116, 121, 122, 123, 124, 128, 130, 131, 132, 133, 134, 147
	Kristjane Maurenbrecher: 156, 194, 195, 196, 213, 224
	Sabine Becht: 199, 206, 215, 216
	Florian Fritz: 49, 201, 203
	Achim Wigand: 232
	ENIT Italien: 179, 187, 190, 191, 236, 237
	foto-presse Timmerman: 127
Covergestaltung:	Karl Serwotka
Covermotive:	oben: Seeufer bei Stresa mit Isola Bella (Westufer)
	unten: Badezone südlich von Castelveccana (Ostufer)
	(Fotos: beide Eberhard Fohrer)

Herzlichen Dank an:

Kristjane, Manfred und Max Maurenbrecher für Wanderungen am Lago Maggiore
Diether Dehm für seinen Beitrag zur Resistenza (S. 193 ff)
Sabine Becht und Florian Fritz für Recherchen in Val d'Ossola, Domodossola und Val Formazza (S. 200 ff)
Ulrich Magin für seine Forschungen zum „Ungeheuer von Lago Maggiore" (S. 20)

Die in diesem Reisebuch enthaltenen Informationen wurden von den Autoren nach bestem Wissen erstellt und von ihnen und dem Verlag mit größtmöglicher Sorgfalt überprüft. Dennoch sind, wie wir im Sinne des Produkthaftungsrechts betonen müssen, inhaltliche Fehler nicht mit letzter Gewissheit auszuschließen. Daher erfolgen die Angaben ohne jegliche Verpflichtung oder Garantie der Autoren bzw. des Verlags. Beide Parteien übernehmen keinerlei Verantwortung bzw. Haftung für mögliche Unstimmigkeiten. Wir bitten um Verständnis und sind jederzeit für Anregungen und Verbesserungsvorschläge dankbar.

ISBN 978-3-89953-424-5

© Copyright Michael Müller Verlag GmbH, Erlangen 2008. Alle Rechte vorbehalten. Alle Angaben ohne Gewähr.

Aktuelle Infos zu unseren Titeln, Hintergrundgeschichten zu unseren Reisezielen sowie brandneue Tipps erhalten Sie in unserem regelmäßig erscheinenden Newsletter, den Sie im Internet unter **www.michael-mueller-verlag.de** kostenlos abonnieren können.

---

1. Auflage 2008

Allgemeines
Reisepraktisches

Tessiner Nordufer
Locarno Hinterland

Italienisches Ostufer

Italienisches Westufer

Lago d'Orta und Varesotto

Abstecher nach Mailand

INHALT

Den Lago Maggiore erleben 8

Geschichte – kleine Chronik 11
Geografie 14
Flora 16
Fauna 18

Wirtschaft 22
Umwelt 22
Lesetipps 24

Anreise 25

Mit Auto oder Motorrad 25
Mit der Bahn 29
Mit dem Bus 31

Mit dem Flugzeug 31
Mit dem Fahrrad 33

Unterwegs am Lago Maggiore 34

Wissenswertes von A bis Z 39

Ärztliche Versorgung 39
Baden 39
Einkaufen 40
Essen und Trinken 43
Feiertage 52
Feste und Veranstaltungen 52
Geld 53
Information 54
Internet 55
Kinder 55

Klima und Reisezeit 56
Notrufe 57
Post 58
Reisepapiere 58
Sport 58
Sprache 61
Telefon 62
Übernachten 63
Zoll 65

Tessiner Nordufer 66

Locarno 67
Madonna del Sasso 75
Ascona 76
Monte Verità 84
Losone 85
Brissago und die Inseln 88
Brissago 88
Ronco s/Ascona 91
Isole di Brissago 93
Gambarogno 96
Tenero 96
Piano di Magadino 98
Magadino 99
Vira 100
Indemini 103

Monte Tamaro 103
Locarno/Hinterland 106
   Centovalli und Nebentäler 106
   Pedemonte 107
   Centovalli 109
   Intragna 109
   Val Onsernone 113
   Valle Maggia und Nebentäler 116
   Ponte Brolla 116
   Maggia 117
   Cevio 120
   Val Rovana 122
   Val Bavona 123
   Val Lavizzara 124
   Valle Verzasca 127

Italienisches Ostufer (Nord nach Süd) 136

Zenna 137
Maccagno 137

Lago d'Elio 140
Val Veddasca 142

Colmegna	143	Cerro	160
Luino	144	Reno di Leggiuno	160
Monte Lema	147	Ispra	163
Von Luino nach Laveno	150	Ranco	164
Porto Valtravaglia	150	**Angera**	165
Castelveccana	151	Lisanza	169
Arcumeggia	152	Sesto Calende	169
Laveno	153	Parco Naturale della	
Monte Sasso del Ferro	154	Valle del Ticino	170
Von Laveno nach Angera	158		

Italienisches Westufer (Nord nach Süd) ... 171

Cannobio	172	Domodossola	201
Valle Cannobina	178	Baveno	204
Südlich von Cannobio	180	**Stresa**	206
Cannero Riviera	181	Monte Mottarone	211
Von Cannero über den Passo		**Isole Borromee**	
Il Colle nach Verbania	183	**(Borromäische Inseln)**	214
Von Cannero Riviera		Isola Bella	214
nach Verbania	184	Isola dei Pescatori	216
Verbania Intra	186	Isola Madre	217
Verbania Pallanza	188	Von Stresa nach Arona	217
Parco Nazionale della Val Grande	192	**Arona**	220
Mündung des Toce	197	Naturpark Lagoni di Mercurago	223
Feriolo	198	Südlich von Arona	224
Lago di Mergozzo	198		
Val d'Ossola	200		

Lago d'Orta ... 225

Omegna	226	Isola San Giulio	232
Orta San Giulio	228	Westliches Seeufer	233

Das Varesotto ... 234

Varese	234	Lago di Monate	241
Sacro Monte di Varese	236	Lago di Comabbio	241
Südlich von Varese	239	Lago di Ghirla	241
Lago di Varese	239		

Abstecher nach Mailand ... 242

Domplatz und Umgebung	253	Castello Sforzesco und	
Modeviertel und Umgebung	255	Umgebung	256
		Weitere Viertel	258

Etwas Italienisch	260
Register	262

Verzeichnis der Wanderungen

Rundwanderung über Ascona 87

Von Ascona über Ronco
nach Brissago 94

Über den Monte Gambarogno 105

Durch das Centovalli
von Intragna nach Camedo 112

Durch das untere Maggiatal
von Ponte Brolla nach Gordevio 125

Durch das Verzascatal von
Sonogno nach Lavertezzo 133

Von Maccagno zum Lago d'Elio 141

Auf der Traversata zwischen
Monte Lema und Monte Tamaro 148

Von Poggio Sant'Elsa nach Laveno ...155

Zu den Wasserfällen von Cittiglio 156

Rundwanderung im Ufergebiet
zwischen Laveno und Reno 158

Um den Monte Croce 212

Alles im Kasten

Regio Insubrica: grenzüberschreitende
Kulturidentität im Seengebiet 15

Urzeit-Crash bei Ascona 16

Loch Ness in Italien: das Ungeheuer
des Lago Maggiore 20/21

Gravierend: Umweltschäden
durch Straßenbau 23

Durchs Tessin reisen 26

Nadelöhr Gotthard-Tunnel 27

Unterwegs mit dem
„Lago Maggiore Express" 38

Kulinarisches Erlebnis:
Fisch vom See 44

Urgemütlich im Grotto 46

Stilecht essen:
italienische Speisenfolge 48

Die Magie des ratafià 52

Jagd auf Leoparden 67

Der Locarnopakt 73

Die Alternativen von Ascona 77

Naturlehrpfad Collina di Maia:
Sommerausflug in die Eiszeit 86

Baronin Légers Erbe 94

Bolle di Magadino:
Sumpfgebiet und Naturreservat 99

Kirche als Konzertsaal 100

Parco botanico del Gambarogno 102

Botta und Cucchi 104

Im Haus des Clowns 108

Valle di Vergeletto: Eldorado für
Naturfreunde und Wanderer 115

Das Projekt „Pietraviva" 120

James Bond lässt springen 128

Der falsche Zug 144

Mittwochsmarkt in Luino 146

Familienausflug zum Luganer See:
Tierpark und Schokolade 150

Villa di Porta Bozzolo: Traumhaus für
Musiker, Dichter und Denker 157

Dario Fo: Dramatiker des Volkes 161

Santa Caterina del Sasso:
Einsiedelei am Lago Maggiore 162/163

Neuer Wein vom Lago 168

Santuario della Santissima Pietà:
Blutspritzer von Jesus Christus 178

Raduno internazionale degli
Spazzacamini: Schornsteinfeger
aus aller Welt 180

Sentiero d'Arte: Künstlerpfad am
Lago Maggiore 183

Giardini di Villa Taranto: einzigartige
Pflanzenpracht 187

Auf den Spuren der Resistenza: Widerstand am Lago Maggiore 193–196

Casa della Resistenza:
Partisanenmuseum am Lago 197

Granit vom Lago di Mergozzo 200

Der Traum von Freiheit:
Die Partisanenrepublik Ossola 202

Und wenn es mal regnet ... .212

Das Tagebuch der Signora 219

San Carlone: Der heilige „Riesenkarl"
über der Stadt 222

Parco Faunistico La Torbiera 224

Neue Spekulationen: Jesus als
musikliebender Papa? 257

Certosa di Pavia: dekoratives
Prachtstück der Lombardei 259

Kartenverzeichnis

Angera	167
Ascona	78/79
Cannobio	175
Centovalli und die Nebentäler	107
Locarno	68/69
Maccagno	139
Mailand	246/247
Mailand – Metroplan	243
Naturpark Lagoni di Mercurago	223
Orta San Giulio	231
Rundwanderung im Ufergebiet zwischen Laveno und Reno	159
Rundwanderung über Ascona	87
Sacro Monte di Varese	238
Stresa	208/209
Valle Maggia und die Nebentäler	118
Valle Verzasca	129
Verbania Pallanza	189
Wanderung auf der Traversata zwischen Monte Lema und Monte Tamaro	148/149
Wanderung durch das Centovalli von Intragna nach Camedo	112
Wanderung durch das untere Maggiatal von Ponte Brolla nach Gordevio	126
Wanderung durch das Verzascatal von Sonogno nach Lavertezzo	135
Wanderung über den Monte Gambarogno	105
Wanderung von Ascona über Ronco nach Brissago	95
Wanderung von Maccagno zum Lago d'Elio	141
Wanderung von Poggio Sant'Elsa nach Laveno	155
Wanderung zu den Wasserfällen von Cittiglio	156
Wanderung um den Monte Croce	212

Zeichenerklärung für die Karten und Pläne

- Autobahn
- Hauptverkehrsstraße
- Landstraße
- Nebenstraße
- Piste
- Wanderweg
- Fährlinie
- Grünanlage
- Berggipfel
- Aussicht
- Campingplatz
- Badestrand
- Turm
- Allg. Sehenswürdigkeit
- Burg/Schloss
- Kirche
- Bushaltestelle
- Information
- Post
- Museum
- Parkplatz
- Ärztliche Versorgung

Üppige Pflanzenpracht am See: blühende Hortensien ...

Den Lago Maggiore erleben

Unter Lago Maggiore kennt ihn die Welt, manche nennen ihn Langensee und in Italien heißt er nach seinem früheren lateinischen Namen „Verbano". Doch so oder so: der zweitgrößte See im Südalpenraum ist seit Jahrhunderten ein Traumziel sonnenhungriger Westeuropäer und nach wie vor ein Schmuckstück von ungebremster, touristischer Anziehungskraft.

Im Mittelalter waren es italienische Fürstenhäuser mit ihren Burgen und Palazzi, dann Adel, Literaten und Upper Class aus dem nasskalten England, später deutsche Wirtschaftswunderkinder, die dem Charme des „Vorzimmers zum Süden" erlagen, wie der Tessiner Schriftsteller Alberto Nessi die Seenlandschaft am Ausgang der Alpen liebevoll nennt. Heute zieht es Touristen aus aller Welt in den klimatisch privilegierten „Garten Europas". Vom mächtigen Alpenkranz geschützt, hat sich um die große, tiefblaue Wasserfläche ein fast subtropisches Mikroklima herausgebildet: Blumen über Blumen, Palmen und Olivenbäume, Oleander und immergrüne Steineichen formen eine prächtige Gartenlandschaft, die den Belle-Époque-Glanz der Grandhotels und Jugendstilvillen dekorativ umrahmen. Der Lebens- und Wohnstil der italienischen Aristokratie und des internationalen Geldadels hat sich seit fast 500 Jahren rund um den Lago Maggiore ein Denkmal gesetzt. Wie kaum irgendwo sonst treffen hier im geografischen Mittelpunkt Europas adliger Kunstsinn, alpenländisch-rustikale Traditionen und großbürgerliches Gepränge aufeinander,

... und Fächerpalmen in der Morgensonne

mischen sich nord- und südeuropäische Einflüsse: Der protzige Palast neben dem bescheidenen Fischerhaus, das Edelrestaurant neben dem altersgrauen Grotto, der schillernd-exotische „Giardino Botanico" neben dem winzigen Gemüsegärtchen, Schicki-Micki-Boutique und Trödelladen, die Exklusivität der Fünf-Sterne-Hotels, aber auch die schlicht-familiäre, dafür kostengünstige und herzlich geführte Pension im Hinterland.

Gut vier Fünftel des 212 qkm großen Lago Maggiore gehören heute zu Italien, das Ostufer ist Teil der Region Lombardia (Lombardei), der Westen gehört zum Piemont (Piemonte) – im Zeitalter des „Risorgimento" im 19. Jh. verlief längs durch den See die Grenze zwischen dem österreichischen Habsburgerreich und dem Königreich Piemont-Sardinien. Die Nordspitze des Sees, immerhin knapp 20 % der Gesamtfläche, ist dagegen Teil des Schweizer Kantons Tessin – und solange sich die Schweizer der EU verweigern, überschreitet man hier eine Grenze, die mit Zollvorschriften, Pass- und Personenkontrollen wirklich noch eine solche ist.

Seinen Ruf verdankt der Lago Maggiore vor allem den Borromäischen Inseln in der westlichen Seemitte. Seit im 17. Jh. das Adelsgeschlecht der Borromäer die Isola Inferiore, heute Isola Bella, zu einer barock überschwänglichen Palast- und Garteninsel auszubauen begann, gehören sie zu den größten Sehenswürdigkeiten Italiens. Ein Großteil des europäischen Adels, darunter auch die britische Queen Victoria, machte sich seit dem frühen 19. Jh. zu den Gestaden von Stresa und Baveno auf, logierte im märchenhaften Prunk der Grandhotels, flanierte auf den großzügigen Promenaden und genoss das einmalige Panorama der vorgelagerten Inseln. Die Literaten taten das Ihre: „Ich kam durch eine Landschaft, zu der sich meine Fantasie nichts hinzuwünschen kann", notierte etwa 1811 Marie Henri Beyle, besser bekannt als Stendhal, und hundert Jahre später quartierte sich der damals noch

Den Lago Maggiore erleben

Badestrand bei Cannobio

unbekannte Hemingway im bereits legendären Grand Hotel des Iles Borromées ein, während sich Hermann Hesse beim Übergang über die Alpen ins warme und üppige Tessin zart berührt fühlte wie von der Erinnerung „an einen sanfteren, milderen, mutternahen Zustand des Lebens".

Vom Glanz des Westufers mit seinen Palästen, Jugendstilvillen und prächtigen Parkanlagen zeigt sich das lombardische Ostufer unberührt – hier sind es eher die vielen kleinen Naturschauspiele, der herrliche Blick auf das Massiv des Monte Rosa, die schilf-, wiesen- und waldgesäumten Strände und die einsamen Täler und Dörfer des Hinterlands, die den Reiz eines Aufenthalts ausmachen.

Anfang des 20. Jh. wurde schließlich auch das Schweizer Ufer des Lago Maggiore entdeckt. Angelockt vom Monte Verità, dem Berg der Wahrheit, der zum Refugium für Aussteiger, Weltverbesserer und Utopisten wurde, trafen sich hier Künstler und Querdenker auf der Suche nach der idealen Welt, darunter Hermann Hesse und Else Lasker-Schüler, August Bebel, Hans Arp, C. G. Jung. Im Gefolge der „Alternativbewegung" wurde das bescheidene Fischerdorf Ascona en vogue und zehrt von diesem Ruhm bis heute, flankiert vom mondänen Locarno, der viel zitierten „Sonnenstube der Schweiz" mit den meisten Sonnenstunden im Land.

Ein vielseitiges Urlaubsrevier erwartet Sie also: Wasserspaß, Sonnenbaden und Kulturgenuss, jede Menge Sport, natürlich auch Wandern in den seenahen Bergen und Tälern – z. B. in den wunderbaren Naturoasen Valle Maggia, Valle Verzasca und Centovalli hinter Locarno sowie im unbesiedelten Val Grande bei Verbania, der „letzten Wildnis Italiens", aber auch Shopping und kulinarische Spezialitäten, legendäre Festivals (AsconaJazz und das internationale Filmfestival von Locarno), Bootsregatten und farbenprächtige Umzüge mit Blumenwagen – alles das wird an diesem spektakulären See geboten. Zugegeben, es gibt preiswertere Urlaube. Auf italienischer wie auf schweizerischer Seite sind die Preise deftig: Kaum ein Hotelzimmer unter 80 € und das Restaurant-Menü ist oft auch nicht viel billiger. Doch es gibt durchaus günstige Alternativen – die Sie nicht zuletzt den Ortbeschreibungen dieses Buches entnehmen können. Besuchen Sie also den Lago Maggiore: Eine der schönsten Kulturlandschaften Europas erwartet Sie. Und das ist kein Werbespruch – das ist jahrzehntelange Erfahrung.

Blick von der Rocca di Angera auf den Süden des Lago

Geschichte – kleine Chronik

Bronzezeit	Die Gegend um Locarno war bereits in der Bronzezeit bewohnt und ist damit das früheste nachgewiesene Siedlungsgebiet im Tessin. Ebenso hat man im Lagone di Mercurago am südlichen Seeende Reste einer Pfahlbausiedlung der Bronzezeit entdeckt (18.–13. Jh. v. Chr.)
900–400 v. Chr.	Ligurer siedeln am Lago Maggiore und bauen Getreide an.
um 400 v. Chr.	Die keltischen Insubrer überqueren die Alpen, gründen Mediolanum, das spätere Mailand, und vermischen sich mit den Urtessinern.
196 v. Chr.– 450 n. Chr.	Römer kolonisieren das Land und bauen erste Befestigungsanlagen, z. B. in Angera im Südosten des Lago Maggiore.
um 520	Ostgoten und später Langobarden übernehmen die Reste des Römerreichs. Die Langobarden errichten ein Herzogtum mit Zentrum Angera.
774	Karl der Große erobert das Langobardenreich und etabliert eine Grafschaft in Angera, die fast den ganzen Lago Maggiore umfasst.
ab 900	Bischöfe aus Como und Mailand dehnen ihren Machtbereich über Locarno bis nach Bellinzona und ins Maggiatal aus.
um 1100	Die Schweizer bauen den ersten Übergang über den Gotthard-Pass und verstärken ihren Einfluss im Tessin.

12   Geschichte

12. Jh.   Der Lago Maggiore steht weitgehend unter dem Einfluss der Adelsfamilie della Torre ("Torriani"), die wiederum in Angera residieren. Die Adelsfamilie der Visconti herrscht über Mailand und expandiert in der ganzen Lombardei. Mit den Torriani kommt es zu schweren Kämpfen um den Lago Maggiore.

1182   Bauern aus dem Bleniotal und der Leventina rebellieren gegen die Vögte und geben im "Schwur von Torre" das Startsignal zum Kampf gegen den Kaiser.

1242   Die papstfreundlichen Guelfen (Gegenspieler der kaiserfreundlichen Ghibellinen) erobern Bellinzona. Die guelfischen Visconti bauen die strategische Talsperre zur mächtigen Grenzfestung aus (heute Teil des Weltkulturerbes der Unesco).

1277   Die Visconti unterwerfen in der Schlacht von Desio bei Mailand die kaisertreuen Torriani und sind nun uneingeschränkte Herrscher am See, kommen aber im Norden in Konflikt mit den Schweizern, die um den Zugang zum See kämpfen.

1342   Die Visconti nehmen Locarno ein.

1441   Francesco Sforza heiratet die einzige Tochter von Filippo Maria Visconti und erhält die Zusage zur Nachfolge im Herzogtum von Mailand. Damit ist der Lago Maggiore im Besitz der Sforza.

1499   Locarno wird durch französische Truppen besetzt.

1503   Für die militärische Unterstützung der Franzosen im Feldzug gegen Mailand bekommen die Eidgenossen Bellinzona zugesprochen.

1516   Frankreich überlässt den Eidgenossen im Ewigen Frieden auch Locarno.

16. Jh.   Die Borromäer, die zunächst Lehensleute der Sforza sind, bestimmen die Region um den südlichen und mittleren Lago Maggiore. Kernbesitz sind die Burgen von Arona und Angera.

Ab 1632   Die Borromäer beginnen die Isola Inferiore, später Isola Bella, im Borromäischen Golf zu einer prachtvollen Palast- und Garteninsel auszubauen. In der Folge entdeckt der lombardische Adel das klimatisch verwöhnte Westufer des Sees, Villen werden gebaut und es entsteht ein erster Edeltourismus.

18. Jh.   Das Westufer des Lago Maggiore fällt an das Königreich Sardinien-Piemont unter savoyischer Regierung, Mailand und das Ostufer des Sees steht unter der Herrschaft der österreichischen Habsburger, der Seenorden ist schweizerisch.

1798   Nach der Eroberung der Lombardei schafft Napoleon zwei Schweizer Republiken. Die Tessiner entscheiden sich für die Helvetische Republik; erstmals gibt es ein Staatsgebilde "Tessin".

1800–1805   Napoleon baut eine Heerstraße über den Simplon, um Truppen schnell von Paris nach Mailand verlegen zu können. Dies erleichtert später die touristische Anreise zum See.

1803   Napoleons Mediationsakte wandelt die Schweiz wieder in einen föderativen Staatenbund um; das Tessin wird einer von 19 Kantonen.

1817–1830   Der Postweg über den St. Gotthard wird zur Straße ausgebaut.

Geschichte 13

1830	Eine gewählte Volksvertretung verabschiedet die erste freiheitliche Verfassung der Schweiz – Volkssouveränität, Gewaltenteilung, Pressefreiheit, demokratische Rechtsprechung werden garantiert.
1848	Während des italienischen „Risorgimento" (= Wiedererstehen) gehört das Ostufer des Lago Maggiore zu Österreich, der Westen ist in Besitz des Königreichs Sardinien-Piemont. Es kommt zu Kämpfen auf dem See, auch Giuseppe Garibaldi ist wiederholt dabei. Am Mailänder Aufstand gegen die österreichische Besatzung nehmen auch viele Tessiner teil. Zahlreiche italienische Freiheitskämpfer finden ihrerseits Asyl im Tessin.

Garibaldi-Denkmal in Luino (Ostufer)

1861	Das Königreich Italien unter Vittorio Emanuele II wird ausgerufen, bis auf die Tessiner Nordspitze ist der Lago Maggiore italienisch.
Zweite Hälfte des 19. Jh.	Der europäische Adel und das Großbürgertum entdecken den Lago Maggiore als Reiseziel.
1882	Die Eröffnung der St.-Gotthard-Bahn beschert dem Tessin einen bescheidenen Wirtschaftsaufschwung.
1900	Der belgische Industrielle van Oedenkoven und die Münchener Pianistin Ida Hofmann gründen auf dem Monte Verità über Ascona eine Naturistenkolonie.
1898–1905	Seit Anfang des 20. Jh. kann die Eisenbahn von der Schweiz durch den knapp 20 km langen Simplontunnel nach Stresa am Westufer des Lago Maggiore und weiter nach Mailand fahren.
Erster Weltkrieg	Die zur Abwehr einer erwarteten deutsch-österreichischen Invasion durch die Schweiz errichtete Cadorna-Verteidigungslinie verläuft im Gebiet des Lago Maggiore durch den heutigen Parco Nazionale della Val Grande (bei Verbania).
1919–1940	Der berühmte Simplon-Orient Express fährt auf seiner Reise von Paris nach Istanbul am südlichen Westufer des Lago Maggiore entlang und hält in Stresa. Die großen Hotels der Belle Époque erleben ihre Blütezeit.

14   Geschichte

1925	Die Außenminister von Frankreich, Großbritannien und Deutschland (Briand, Chamberlain und Stresemann) schließen den Locarnopakt, in dem u. a. der wechselseitige Verzicht auf eine gewaltsame Revision der deutschen Westgrenze zu Belgien und Frankreich vertraglich festgeschrieben wird. Briand und Stresemann erhalten dafür 1926 den Friedensnobelpreis.
1935	In der Konferenz von Stresa verständigen sich Frankreich, Großbritannien und Italien über die Expansions- und Kriegspolitik des Deutschen Reichs, das gegen den Versailler Vertrag verstoßen hat. Tagungsort ist der Borromeopalast auf der Stresa vorgelagerten Isola Bella.
Zweiter Weltkrieg	Nach der Kapitulation Italiens am 8. September 1943 erstarkt die Partisanenbewegung in Oberitalien. Ein Kerngebiet des Widerstands liegt um das Val Grande im Bereich des mittleren Lago Maggiore. Vom 10. September bis zum 23. Oktober 1944 kann sich kurzzeitig die Partisanenrepublik Ossola (Repubblica dell'Ossola) mit Zentrum Domodossola konstituieren. Die Deutschen schlagen die Aufstände nieder und erst im April 1945 kommt die endgültige Befreiung.
1967	Die Tessiner Frauen erhalten, vier Jahre vor den übrigen Schweizerinnen, das allgemeine Wahlrecht.
1980	Der Gotthard-Straßentunnel wird nach achtjähriger Bauzeit dem Verkehr übergeben; seit 1987 ist auch die Autobahn N 2 von Basel über Bellinzona bis Chiasso durchgehend befahrbar.
1993	Der Lago Maggiore tritt über seine Ufer und überschwemmt weite Teile des Seengebiets, besonders betroffen wird Locarno.
2001	Ein LKW-Zusammenstoß im Gotthard-Tunnel fordert elf Tote, beschädigt den Tunnel und führt zur monatelangen Sperrung.
2002	Baubeginn einer zusätzlichen Tunnelröhre für die Eisenbahn durch den St. Gotthard.
2004	In einer Volksabstimmung lehnt eine deutliche Mehrheit des Schweizer Wahlvolkes die Erweiterung des Autotunnels im St. Gotthard ab.
2006	80 % der Stimmbürger wählen den Kanton Tessin zur ersten und bis jetzt einzigen absolut rauchfreien Region der Schweiz.

Geografie

Der Lago Maggiore ist nach dem Gardasee der zweitgrößte See Italiens, seine Ufer sind insgesamt 166 km lang. Seine Oberfläche beträgt etwa 212 qkm (Gardasee 370 qkm), 80 % davon gehören zu Italien, die restlichen 20 % zum Südschweizer Kanton Tessin. Der Seespiegel liegt etwa 195 m ü. M., die Länge beträgt 66 km, die Breite schwankt zwischen 2 km (bei Arona) und 12 km (bei Baveno), die mit 372 m tiefste Stelle liegt zwischen Ghiffa und Porto Valtravaglia.

Wie die anderen großen italienischen Voralpenseen ist auch der Lago Maggiore durch die Ausschürfungen mächtiger Eiszeitgletscher entstanden. Verursacht durch das starke Absinken der Durchschnittstemperaturen wälzten sich vor einer Million Jahren gewaltige Eismassen durch die Täler des Alpenkamms in Richtung Poebene, hobelten dabei breite und steile Einschnitte aus und bedeckten sie bis in über 1000 m Höhe mit Eis. Noch mehrere Eisschübe folgten, dann bildeten sich vor

Geografie 15

Panoramablick vom nördlichen Ostufer des Lago Maggiore

etwa 10.000 Jahren die Gletscherzungen zurück und hinterließen die Seen, darunter auch den Lago Maggiore. Dank der großen Wassermassen wirken sie klimatisch ausgleichend und erzeugen in ihrer nach Norden geschützten Lage am Südrand der Alpen ein Mikroklima, das teilweise subtropische Vegetation ermöglicht.

Regio Insubrica: grenzüberschreitende Kulturidentität im Seengebiet

„Regio Insubrica" nannten die Römer die Region zwischen Lago Maggiore, Luganer See, Comer See und den Gebirgszügen Monte Rosa und Adamello. Namensgeber war dabei der keltische Stamm der Insubrer, der seit etwa 400 v. Chr. die Region besiedelte und dabei auch Mailand gründete. Regio Insubrica nennen sich heute auch die Provinzen Sondrio, Novara, Lecco, Como, Varese, Verbano Cusio Ossola und der Schweizer Kanton Tessin. Sie verstehen sich als Kultureinheit – eine so genannte „Euroregion" –, in der Italienisch und der insubrische Dialekt gesprochen wird (Slogan: „Eine Grenze, die zwei befreundete Länder vereinigt"). Man kümmert sich zusammen um Kultur- und Bildungsprojekte und natürlich auch um den Ausbau des Tourismus. In Como und Varese gibt es sogar eine Università degli Studi dell'Insubria mit etwa 7000 Studenten (www.uninsubria.it).

Insubrica bzw. Insubria ist aber leider auch – ähnlich wie „Padania" im Nordosten Italiens – ein Schlagwort der rechtslastigen italienischen Regionalpartei Lega Nord und ihrer Sympathisanten im Tessin geworden. Abgrenzung gegen den wirtschaftlich schwachen Süden Italiens, Überbetonung regionaler Eigenheiten und Ausländerfeindlichkeit vermischen sich darin zu einem populistischen Gebräu, dessen Anhänger sich am liebsten von Italien abspalten würden. Seit Frühjahr 2008 ist die Lega Nord mit mehreren Ministern in der Regierung von Berlusconi vertreten.

16   Flora

Der Ticino, die Maggia und die Verzasca bilden die drei große Zuflüsse am nördlichen Seeende. Die Maggia hat dort ein großes Flussdelta gebildet und der am Gotthard entspringende Ticino eine weite Ebene, das *Piano di Magadino*. Dieses frühere Sumpfland wurde Anfang des 20. Jh. durch die Kanalisierung des Ticino trocken gelegt. Hochwasserdämme verhindern, dass er über die Ufer tritt. Im Mündungsbereich liegt das Naturschutzgebiet *Bolle di Magadino* mit ruhigen Wasserarmen, Schilf und artenreicher Vegetation (→ S. 99). Ein weiteres Biotop erstreckt sich an der Mündung des Toce, der aus dem breiten Valle d'Ossola kommend am mittleren westlichen Seeufer mündet, genannt *Riserva Naturale Fondotoce* (→ S. 197). Am Südende des Lago Maggiore tritt der Ticino wieder aus dem See und mäandert durch das ausgedehnte Naturschutzgebiet *Parco Naturale della Valle del Ticino* (→ S. 170) weiter in die Poebene, wo er bei Pavia in den Po mündet. Hinweise zu den Naturparks um den Lago Maggiore finden Sie unter www.parchilagomaggiore.it.

Urzeit-Crash bei Ascona

In der Gegend um Ascona am nördlichen Lago Maggiore sollte es Sie nicht wundern, wenn Ihr Kompass streikt: Genau hier stieß vor nahezu 120 Millionen Jahren die afrikanische Kontinentalplatte auf das europäische Festland und schob Felsmassen in die Höhe, die heute als Alpen bewundert werden. Und diese Nahtstelle weist bis heute erhöhte tektonische Aktivität auf – stärkerer Magnetismus und kleinere Beben sind nur zwei Indizien für den Urzeit-Crash. Zusätzlicher Hinweis ist die Radioaktivität. Die kommt in Form des Edelgases Radon in den Urgesteinen Gneis und Granit vor, mit denen die Tessiner ihre Dächer decken. Aber keine Angst: Es bedarf chemischer Reaktionen, um die Radioaktivität freizusetzen – mechanische Behandlung allein ist ungefährlich.

Flora

„Insubrische" Flora – nach dem Keltenstamm, der einst an den Ufern des Lago Maggiore siedelte (→ Geschichte) – nennen Botaniker die einzigartige Pflanzenwelt mit 1900 Blütenpflanzen zwischen Kastanie und Kaktus, Bergblume und Palme, die es auf so engem Raum nirgends in Europa gibt.

An den Ufern des Lago Maggiore hat der Eingriff des Menschen allerdings die Pflanzenwelt seit Hunderten von Jahren nachhaltig verändert: Aufgrund landwirtschaftlicher Interessen wurden Weinreben und Obstbäume, Getreide und Tabakpflanzen heimisch gemacht, zwei Drittel der ursprünglichen Waldflächen fielen dieser Kultivierung zum Opfer. Dazu kam, dass das einzigartig milde Mikroklima des Sees zur Verschönerung mit zahlreichen farbenprächtigen subtropischen und sogar tropischen Pflanzen führte – „Garten Europas" wird der Lago Maggiore seitdem genannt.

▸ **Insubrische Flora**: Unterhalb der 1000-Meter-Marke ist die *Edelkastanie* die vorherrschende Pflanze. Die mächtigen Bäume, von den Römern um Christi Geburt eingeführt, dominieren vor allem auf der Tessiner Seite des Sees und werden spätestens seit dem Mittelalter intensiv genutzt. Ihre mehligen Früchte dienen den Menschen als Nahrung, die Schösslinge als Winterfutter für Ziegen und das Holz

Flora 17

Magnolien – kraftstrotzende Wahrzeichen des Frühlings am Lago Maggiore

als Bau- und Brennstoff. Den Unterwuchs im Kastanienwald bilden neben Ginsterpflanzen vor allem die zur Mittelmeervegetation zählenden Zistrosen, deren Blätter an Salbei erinnern. Neben sich duldet die Kastanie selten andere Bäume, nur sehr vereinzelt mischen sich Birken und Eschen in den Wald. Außerdem räubert die Kastanie in anderen Vegetationen. So ist der Eichengürtel fast vollständig von der Kastanie verdrängt worden und nur noch an den Hängen des Monte Tamaro (→ S. 103) kann man geschlossene Eichenbestände finden, wenngleich sich auch hier Birken eingeschlichen haben. Auch der von Edellaubhölzern (vornehmlich Linde, Ulme, Nussbaum und Stechpalme) gebildete Laubmischwald-Gürtel zählt noch zur insubrischen Flora. Kalkhaltige Hänge verschaffen ihm im Sommer die nötige Wärme und Feuchtigkeit und verschonen ihn im Winter weitgehend vom Frost. Überall wo Sonne und Wärme nicht ausreichen, löst die Hopfenbuche die Edellaubhölzer ab. Doch die Licht liebenden, weit verstreut wachsenden Bäume werden seit alters her zur Holzgewinnung genutzt und kommen daher nur noch selten vor.

▶ **Inneralpine Vegetation**: Der Zwergstrauchgürtel mit Alpenrosen und Zwergwacholder oberhalb der Waldgrenze wurde von der Weidewirtschaft weitgehend zerstört. Die Waldgrenze selbst ist in den letzten 50 Jahren von 2300 auf 1900 m zurückgegangen; bis auf 1600 m dominieren Lärchen, nur vereinzelt von den kiefernähnlichen Zirben durchsetzt. Die größte Walddichte besitzt der kontinental geprägte Buchen-Weißtannen-Gürtel zwischen 1000 und 1600 m. Allerdings handelt es sich nicht um einen Mischwald, denn neben der Buche, die nährstoffreiche Böden liebt, kann sich kaum ein Nadelbaum behaupten. Christrose, Akelei und Pfingstrose, die den Unterwuchs in Buchenwäldern ausmachen, gehören bereits zu den insubrischen Arten. Nur an überwiegend trockenen Standorten übernimmt die Wärme liebende Föhre die Waldzusammensetzung; sie wird jedoch häufig abgeholzt und durch schnell wachsende Fichten ersetzt. Bei beiden Nadelbäumen bilden überwiegend Alpenrosen und Woll-Riedgras das dürre Unterholz.

18   Fauna

Bald ein vertrauter Anblick: Fächerpalmen am Seeufer

▸ **Eingeführte Pflanzen**: Seit dem 19. Jh. wurden von Adel und Großbürgertum im Seegebiet Blumen- und Pflanzenarten aus aller Welt in prachtvollen Botanischen Gärten und Parks heimisch gemacht – Agaven, Araukarien und Azaleen, Magnolien und Dahlien, Geranien und Kamelien, Bananen und Rhododendren, Hibiskus, Tulpen und Hortensien, Palmen und Kakteen, Zypressen, Zedern u. v. m. Allein im Park der Villa Taranto (→ S. 187) gedeihen 20.000 Pflanzenarten, davon über 500 Rhododendron- und 300 Dahlienarten. Mittlerweile haben viele die artifiziell angelegten Grundstücke überwunden und genießen an den Hängen des Lago Maggiore und in der Locarner Bucht das fast schon mediterrane Klima. Die Blumenzucht ist mittlerweile ein bedeutender Wirtschaftsfaktor. In viele Länder Europas wird exportiert und für die Olympischen Winterspiele von Turin im Jahr 2006 war die Seeregion Verbanio Cusio Ossola (Westufer und Hinterland) offizieller Blumenausstatter – fast 20.000 Sträuße wurden damals für die Siegerehrungen und zu Dekorationszwecken gebunden.

> Die Symbolblume des Lago Maggiore ist die **Kamelie**, die im Spätwinter bzw. frühen Frühjahr blüht und dann am See alljährlich im Mittelpunkt zahlreicher Ausstellungen steht. Es gibt sie in über 200 Arten, für die Turiner Winterspiele wurde sogar eine eigene Art namens „Ice Lake" gezüchtet.

Fauna

Ja, es gibt Schlangen, giftige sogar. Sonst aber ist die artenreiche Fauna in ihrer Mehrzahl ungefährlich.

Vor allem finden sich einige Tierarten, die im übrigen Europa als ausgestorben gelten, z. B. einige Fledermaus- und Vogelarten. Ansonsten gilt leider auch am Lago Maggiore und in den umliegenden Tälern: Zahlreiche Tierarten sind vom Ausster-

Fauna **19**

ben bedroht und etliche, die einst zum Schmuck der Fauna gehörten, mussten wieder angesiedelt werden. Dazu zählt der König der Alpentiere, der Steinbock. Vor rund 70 Jahren wurde er, seit dem 17. Jh. ausgestorben, wieder eingeführt und hat es mittlerweile zu einer stolzen Population gebracht. Man braucht nicht einmal besonderes Glück, um einen dieser gewandten Kletterer im Verzascatal nördlich von Locarno zu entdecken. Auch Rehe wurden in den 1930er Jahren ausgesetzt, sind aber bis heute nicht besonders häufig. Anders Rothirsch und Wildschwein, die vor rund 60 Jahren aus dem Osten zugewandert sind und es auf einen Bestand von gegenwärtig etwa 2000 Stück gebracht haben. Verschwunden sind die einst dominierenden Raubtiere wie Braunbär und Otter; lediglich die zwischenzeitlich ebenfalls ausgerotteten Wölfe und Luchse kommen von Osten und Süden vereinzelt wieder. Stark verbreitet sind dagegen Murmeltiere. Fledermäuse sind mit über 20 Arten vertreten, darunter die Bulldoggfledermaus, die sonst nur noch in Nordafrika vorkommt. Achten Sie abends am See und an Flussläufen auf die Nachtjäger, die knapp über der Wasseroberfläche auf Jagd gehen. Die reiche Insektenwelt bietet vielfältige Nahrung, für ausreichend Unterschlupf sorgen die Waldgebiete an den umliegenden Berghängen.

Fische: Schon im vorigen Jahrhundert war der See stark überfischt und man behalf sich frühzeitig mit der Aufzucht importierter Fische. So machen heute *Felchen* aus dem Bodensee und *Barsche* aus Amerika den Großteil des Fischbestandes aus. Von den natürlich vorkommenden Arten haben nur Restbestände der *Laube* (eine Karpfenart) überlebt, sowie die *Finte* (Alosa fallax lacustris), die zur Ordnung der sog. Heringsartigen gehört – ein einstiger Meeresfisch, der sich ursprünglich nur zum Laichen in Süßwasser begab, dann aber dort sesshaft wurde. In Bergbächen finden sich *Forellen* (ebenfalls ausgesetzt), vereinzelt *Ellritzen* (kleine Karpfenfische) und *Koppen*, eine Unterart der winzigen, wirtschaftlich unbedeutenden Groppen, sowie der rar gewordene *Bachsaibling*. Die Fischereirechte kontrolliert auf italienischer Seite schon seit Jahrhunderten die Adelsfamilie Borromeo. Weitere Hinweise zur Fischpopulation im Kapitel „Essen & Trinken", S. 44.

Vögel: Die artenreichste Wirbeltiergruppe ist die der Vögel. 40 % aller europäischen Vogelarten kommen im Umkreis des Lago Maggiore vor, mehr als die Hälfte von ihnen brütet auch hier. An den Seeufern wimmelt es nur so von Stockenten, Schwarzkehlchen, Reihern, Höckerschwänen und Haubentauchern. Seltener sind Blässrallen, Zwerg-Rohrdommeln und Flussregenpfeifer und insgesamt deutlich unterrepräsentiert sind Raubvögel. Auch einige Absonderlichkeiten der Vogelwelt sind zu bestaunen: Der *Halsbandschnäpper*, in Süditalien weit verbreitet, kommt so weit im Norden nur noch im Kastanienwald des Malcantone vor und der vom Mauersegler fast nicht zu unterscheidende *Fahlsegler* hat sich Antonio Abate, eine Altstadtkirche in Locarno, als Stammsitz gewählt – nirgends sonst in Mitteleuropa ist der mediterrane Flugakrobat sonst noch heimisch.

Reptilien: Eidechsen und Schlangen machen das Heer der Reptilien aus. Während Smaragd-, Ruinen- und Mauereidechsen possierlich und gänzlich ungefährlich sind, gibt es unter den acht bekannten Schlangenarten drei giftige: die Kreuzotter, die in felsigen Gegenden vorkommt, und zwei dunkelblau bis schwarz gefärbte Aspisvipernarten, die im unteren Verzascatal leben. Vor den übrigen Schlangen, die vornehmlich in Auen und an den Seeufern leben, brauchen Sie keine Angst zu haben, auch nicht vor der Äskulapnatter, die mit 1,80 m Länge furchterregend wirken mag. Kröten haben es auch am Lago Maggiore schwer, Autos walzen alljährlich

20 Fauna

Tausende der nützlichen Insektenfresser platt. Viele Kröten schaffen die alljährliche Wanderung zu ihren Laichplätzen nicht mehr. Kaum besser ist es dem Alpensalamander ergangen, der seit Jahrzehnten nicht mehr gesichtet worden ist. Der Feuersalamander hingegen ist in Laubwäldern weiter aktiv.

Achtung: Gegen Schlangengifte helfen Seren, die in jeder Landapotheke erhältlich sind; Sie sollten sich vor längeren Gebirgswanderungen vom Arzt oder Apotheker beraten lassen.

Loch Ness in Italien: das Ungeheuer des Lago Maggiore

Gibt es ein Monster im See? Badespaß mit Nervenkitzel kann erleben, wer daran glaubt ... Tatsache ist, dass es seit Jahrzehnten mit schöner Regelmäßigkeit „beobachtet" und in den örtlichen Medien jedes Mal mit größtmöglicher Aufmerksamkeit behandelt wird.

Schon zu Anfang des 20. Jh. soll ein Fischer einen Riesenfisch bemerkt haben, der bei Meina sein Boot rammte, sodass es fast kenterte. Schlagzeilen in aller Welt machte dann ein Bericht vom Januar 1934 über eine „Seeschlange mit Pferdekopf, die sich von Fischen ernährt", die in der Tessinmündung am Nordende des Sees aufgetaucht sei. In den 1940er Jahren wurde mehrmals von großen und ungewöhnlichen Fischen erzählt, aber erst am 11. Juli 1962 kam es zur ersten konkreten Sichtung. Damals ging der Ingenieur Leonello Boni am Ufer des italienischen Teils des Lago Maggiore entlang, als er eine Schaumspur im Wasser bemerkte, die sich parallel zum Ufer fortbewegte. Darunter schwamm „eine große und dunkle Masse, die einem Wal glich". Kurioserweise hielt Boni das nicht für ein Seeungeheuer, sondern für ein Unterwasser-UFO! Ein Jahr später soll dann „ein geheimnisvolles großes Tier" bei Golasecca im Ticino südlich des Sees gesehen worden sein. Der Name des Zeugen allerdings – Donald und seine drei Neffen – verrät, dass es sich nur um eine Comicgeschichte handelt, „Peperino e il terrore di Golasecca" (Onkel Donald und der Schrecken von Golasecca), eine Story in der italienischen Ausgabe der „Micky Maus".

Ab dem 13. Juli 1994 waren dann tatsächlich große Meerestiere im Lago Maggiore unterwegs: zwei Seelöwen, die aus einem Zirkus bei Ascona

Fauna 21

ausgerissen waren. Die letzte der beiden Robben kam am 21. Juli 1994 in Golasecca an Land. Ein Kaiman, der angeblich Anfang Juni 2000 im See bei Verbania gesucht wurde, hat dagegen nie existiert: Die Carabinieri lösten damals eine illegale Zucht bei Fondotoce auf und die Bevölkerung fürchtete, dass einzelne Exemplare in den See gelangt sein könnten. Gesehen wurde ein solches Reptil aber nie, obwohl die Presse das berichtete.

Im Zeitalter des Internets folgte eine wahre Sichtungswelle. In deutschen und italienischen Diskussionsforen über unidentifizierte Tiere werden mit schöner Regelmäßigkeit Berichte über Monsterbegegnungen im Lago Maggiore veröffentlicht. So will eine Frau 2002 beim Baden in einer Bucht mit ihrem Mann und Kindern plötzlich „etwas wie der Rücken von einem Fisch kurz aus dem Wasser" tauchen gesehen haben. „Es war riesig! Das Tier befand sich von uns aus gesehen mitten im See und der See ist groß, aber es machte gewaltige Wellen, selbst als es nicht mehr zu sehen war. Also, ich hab mal einen Wal im Mittelmeer vor Korsika auf einem Segelboot gesichtet, und dieses Tier war bestimmt nicht kleiner. Ich schätze vier bis fünf Meter bestimmt." Andere Diskussionsteilnehmer konnten eigene Berichte beitragen, so eine Sichtung eines ähnlichen Rückens im Jahr 2000 oder 2001 oder die Geschichte eines Bootsbesitzers, der etwa 1990 aus „etwas ganz Großes" vorbeischwimmen sah: Es war „halb unter Wasser, sehr schnell und riesengroß, hat aber nicht viel Lärm gemacht. Es soll nicht fischähnlich ausgesehen haben, er hat einen Hals gesehen. Die Farbe war grünlich, es wirkte nicht schuppig."

Der Schweizer Ungeheuerforscher Andreas Trottmann sichtete am 26. Juni 2003 von Ronco sopra Ascona aus „ein längliches Objekt knapp unter der Wasseroberfläche, welches sich ungefähr 500 m vom Ufer entfernt sowie ca. 200 m nördlich der Brissagoinseln in Richtung Ascona befand. Das Objekt war stationär, hell und manchmal schienen sich die Wellen darüber zu brechen. Obwohl ein Motorboot in unmittelbarer Nähe vorbeifuhr, bewegte sich das Objekt nicht." Er hielt es für ausgeschlossen, dass es sich um einen treibenden Baumstamm gehandelt habe. Nach 30 Minuten verschwand der Spuk. Das Objekt selbst war wohl circa 8–10 Meter lang und an der breitesten Stelle circa 80 cm breit.

Der jüngste Bericht stammt vom 22. August 2004. Der italienische Zeuge machte einen Bootsausflug bei Luino und bemerkte etwa 100 m entfernt „einen dunklen Streifen vor dem Boot, bei dem es sich um eine Welle handeln konnte. Es war aber seltsam, dass sie nicht normal war, sondern sich in der gegensätzlichen Richtung zu den anderen Wellen bewegte, sie schien am Platz zu bleiben (es war also kein Kielwasser). Als nach 20, 30 Sekunden das Schiff die Stelle passierte, war die Welle nicht mehr da. Aber an ihrer Stelle sah man eine Reihe von kleinen konzentrischen Ringen mit Luftbläschen im Zentrum. Es war der typische Strudel, der erzeugt wird, wenn etwas untertaucht." Seitdem hat niemand mehr Spuren eines Monsters gesehen. Aber immerhin gibt es nun bereits ein Denkmal für das Ungeheuer – an der Seepromenade von Baveno am Westufer ringelt sich die riesige, 20 m lange Marmorstatue einer Seeschlange über einen Kinderspielplatz.

(Text und Recherche: Ulrich Magin)

Wirtschaft

Das Land um Lago Maggiore und Comer See ist keine ländliche Idylle, sondern punktuell auch stark industriell geprägt. Die landwirtschaftlichen Nutzflächen sind in den letzten Jahrzehnten stark geschrumpft. Haupteinnahmequelle ist nun der Fremdenverkehr.

Im Tessiner Süden konzentrieren sich Metallverarbeitung, Maschinen- und Instrumentenbau, im abnehmenden Maße auch Textil- und Nahrungsmittelindustrie. Dazu kommt das Bankgewerbe, das vor allem im nahen Lugano große Bedeutung hat, denn Lugano ist nach Zürich mittlerweile zum zweitwichtigsten Bankenstandort in der Schweiz geworden.

Wegweiser zum Fabrikverkauf von Alessi

Auf der italienischen Seite waren es in den vergangenen Jahrhunderten vor allem die Granitsteinbrüche beim Lago di Mergozzo in der westlichen Seemitte, die für Arbeit sorgten. Über Lago Maggiore, Ticino und das Kanalsystem der Navigli wurden die schweren Blöcke in die Poebene und nach Mailand transportiert, wo sie für das Bau- und Kunstschaffen von großer Bedeutung waren. Am Ostufer des Sees produzierten währenddessen Glasbläsereien und Keramikmanufakturen. Im 20. Jh. traten dann die am nahen Lago d'Orta produzierten Haushalts- und Küchengeräte dank ihres eleganten Designs einen Siegeszug um die Welt an – bekanntester Vertreter ist sicherlich Alessi, aber auch die Firma Bialetti hat es mit ihrem legendären „Moka Express" zu großem Ruhm gebracht. Die italienische Textilbranche hat ebenfalls wichtige Standorte im Seengebiet, allen voran in Como am nahen Comer See, dem wichtigsten europäischen Zentrum für Produktion und Weiterverarbeitung von Seide und Kunstseide. Aber auch im Süden des Lago Maggiore locken zahlreiche Fabrik-Outlets mit Direktverkauf und Rabatten. Ein wichtiger und stetig expandierender Wirtschaftsfaktor ist außerdem die Blumenzucht im „Garten Europas", die mittlerweile gut 30 % des Exportumsatzes der Seeregion ausmacht. Größter Züchter am See ist die Genossenschaft „Flor Coop Lago Maggiore" aus Nebbiuno (www.florcoop.gragraphic.net).

Umwelt

Der Niedergang der Waldwirtschaft hat die Erosion und damit die Zahl der Erdrutsche, aber auch die Überschwemmungsgefahr vergrößert. Zudem drohen alljährlich Waldbrände – zumindest im Tessin gilt deshalb ein striktes Verbot für offenes Feuer.

Immense Probleme schaffen seit vielen Jahren die starken Überschwemmungen, die den See nach langen Regenperioden heimsuchen und deren Abstände in den letzten Jahrzehnten immer kürzer geworden sind. Zu den jüngsten Flutkatastrophen kam es in den Jahren 1993 und 2000, das Pegelmaximum stieg damals bis auf 2 m über der Schadensgrenze und viele Häuser, Wohnungen und Geschäfte am See

Umwelt 23

wurden zerstört. Da staatliche Wiederaufbauhilfen kaum gewährt wurden, bedeutete das für nicht wenige Betroffene das wirtschaftliche Aus. Im Argen liegt bisher die Zusammenarbeit der Schweizer und italienischen Behörden – wenn die Zuflüsse im oberen und mittleren Lago Maggiore große Wassermengen in den See tragen, müssten bei Sesto Calende am unteren Seeende die Schleusen stärker geöffnet werden, um einen höheren Abfluss zu erreichen. Dies wird von den Behörden des Untersees jedoch abgelehnt, weil befürchtet wird, dass dann der Ticino und der Po über die Ufer treten würden, deren Ufer gegen Hochwasser nicht ausreichend befestigt sind. Dieser Interessenkonflikt ist bislang ungelöst.

Gravierend: Umweltschäden durch Straßenbau

Die Gotthard-Autobahn durch das Valle Leventina, das unmittelbar hinter dem Sankt Gotthard-Pass beginnt, wird heute nur noch von Ewiggestrigen als gelungene Verbindung von Natur und Technik bezeichnet; in Wirklichkeit hat die meistbefahrene Alpenstraße das einstmals beschauliche Tal grundlegend zerstört (und schon haben Bauarbeiten für eine neue Tunnelröhre für den Schienenverkehr begonnen – bis weit über 2010 hinaus ist darum mit zusätzlichen Behinderungen durch Bauarbeiten zu rechnen). Der Personenverkehr über den Gotthard hat sich zwischen 1990 und 2000 versechsfacht, der Güterverkehr mehr als verdreifacht – 5600 Lkws passierten 2003 täglich den Gotthard-Tunnel, Tendenz steigend: Experten rechnen

mittlerweile mit jährlich mehr als zwei Millionen Lastern auf dieser Strecke. Neben der Lärmbelästigung ist die Luftverschmutzung schlimmste Folge dieser Entwicklung. Die Ozonbildung zeigt im Sommer europäische Höchstwerte; zur hausgemachten dicken Luft (der Kanton Tessin hat die größte Verkehrsdichte in der Schweiz, 330.000 Einwohner fahren 280.000 Autos) kommt je nach Wind- und Wetterlage die verpestete Luft des Ballungsraums Mailand hinzu.

Doch die Badeurlauber am Lago Maggiore interessiert natürlich in erster Linie die Wasserqualität. Ist der See dem sommerlichen Ansturm gewachsen, reichen die vorhandenen Einrichtungen wie Kanalisation, Kläranlagen etc. aus? Die Umweltorganisation Legambiente konstatierte dazu 2007: „Die großen italienischen Seen sind derzeit in einem deutlich schlechteren Zustand als das Meer." Am Lago Maggiore ergaben sieben von zehn Proben eine starke bakterielle Belastung des Wassers, noch schlechter schnitt der nahe Luganer See ab, dort lagen alle Gewässerproben jenseits der festgelegten Grenzwerte (diese sind in Italien allerdings erheblich strenger als im Rest der EU). Der Grund für die Verschmutzung liegt vor allem darin begründet, dass die Kläranlagen am See veraltet und zu klein sind. So gelangt nach wie vor ungeklärtes Abwasser in den See. Eine EU-Richtlinie postuliert zwar eine deutlich bessere Wasserqualität bis 2016, doch vor allem die lombardischen Behörden haben bereits signalisiert, dass das nicht überall zu schaffen sein wird. Da die Bakterien Hautreizungen, Erbrechen und Durchfall verursachen können, wird es wohl in den nächsten Jahren hier und dort zu Badeverboten kommen.

Lesetipps

Der Lago Maggiore steht nur selten im Focus literarischer Bemühungen, das tun eher die Landschaften des Tessin. Von Erich Maria Remarque bis Erich Mühsam, von Gräfin Reventlow bis Patricia Highsmith haben viele Literaten, denen es zur zweiten Heimat wurde, darüber geschrieben. Noch heute lesenswert, aber nur antiquarisch zu bekommen: *Hermann Hesse*, „Tessin" (Suhrkamp, Frankfurt/M.), und *Esther Scheidegger* (Hrsg.), „Tessin – ein Lesebuch" (Arche, Zürich).

Der Stammbaum (im Original „Albero genealogico"), von Piero Bianconi, 2002, Limmat Verlag Zürich. Eine berührende Chronik des Tessin, der bekannteste Tessiner Autor der Gegenwart erzählt die Geschichte seiner Vorfahren, die wie so viele andere Tessiner Familien aus dem Verzascatal nach Amerika auswanderten.

Ascona Monte Verità, von Robert Landmann, 2000, Huber Verlag. Wer sich für die „ersten Aussteiger" des 20. Jh. interessiert, ist mit diesem bereits 1930 erschienenen und anlässlich des hundertjährigen „Geburtstages" des Monte Verità neu aufgelegten Rückblicks auf das Leben am „Schicksals"-Berg gut beraten. Der Autor war damals selber dabei und von 1923–25 sogar Mitbesitzer am Monte Verità. Sein Buch schildert die in viele Fraktionen zerfallene Szene der damaligen Welt- und Lebenserneuerer.

In einem anderen Land, von Ernest Hemingway, Rowohlt 1999. Der erste große Roman des späteren Erfolgsautors und Nobelpreisträgers, geschrieben 1929. Hemingway verarbeitet in diesem Buch (Originaltitel: „A Farewell to Arms") seine Erfahrungen als kriegsfreiwilliger Sanitäter im Ersten Weltkrieg. Er beschreibt die Liebe des verwundeten amerikanischen Offiziers Frederic Henry und der englischen Krankenschwester Catherine Barkley. Nach seinem Lazarettaufenthalt desertiert Frederic und flieht mit Catherine über den Lago Maggiore in die neutrale Schweiz, wo ihnen die Auswegslosigkeit ihrer Lage bewußt wird.

Ein Balkon über dem Lago Maggiore, von Jonny Rieger, 2000, Scherz Verlag. Das Tessiner „Reise-Verführbuch" schildert den Lago Maggiore vor dem Einsetzen des Massentourismus.

Lago Maggiore. Land, Leute und Küche in Piemont, Tessin, Lombardei, von Edith Gerlach, 1993, Walter Hädecke Verlag (nur noch antiquarisch erhältlich). Ein kulinarisches Seeporträt, die Autorin beschreibt amüsant und detailliert die Esskultur rund um den See, authentische Rezepte runden das Reisetagebuch für den Lago Maggiore-Gourmet ab.

Der bekannte Theaterautor und Literaturnobelpreisträger Dario Fo wurde am Lago Maggiore geboren. Einige seiner Werke hat der Rotpunktverlag auf Deutsch veröffentlicht, z. B. **Einer für alle, alle für einen! Verzeihung, wer ist hier eigentlich der Boß?** (1997), **Bezahlt wird nicht** (1997) und **Isabella, drei Karavellen und ein Scharlatan. 'Krieg ich jetzt die Rollen des Liebhabers?'** (1997). Im Verlag der Autoren sind von Dario Fo erschienen **Johan vom Po entdeckt Amerika** (1992) und **Der Papst und die Hexe** (1991).

Bella ciao, von Diether Dehm, 2007, Das Neue Berlin Verlags GmbH (Eulenspiegel Verlagsgruppe). Die Geschichte der Partisanenrepublik Ossola von 1944 zwischen Val d'Ossola und Lago Maggiore, als Abenteuerroman mit dokumentarischem Hintergrund sachkundig und spannend erzählt. Siehe auch S. 193.

Das Tagebuch der Signora, von Liaty Pisani, 2007, Diogenes Verlag. Die Autorin, die sich mit Spionagethrillern einen Namen gemacht hat, ist in ihrem spannenden Krimi dem aufkeimenden Neofaschismus in Italien auf der Spur. Ausgangspunkt ist eine wahre Begebenheit, nämlich ein Massaker in Meina am Lago Maggiore, bei dem im September 1943 zahlreiche hierher geflüchtete Juden, deren Freunde und Sympathisanten getötet wurden. Siehe auch S. 219.

Briefe aus der Nacht, von Robert Dessaix, 1999, Krüger Verlag (nur noch antiquarisch erhältlich). Briefe eines totkranken jungen Australiers, der vom Lago Maggiore nach Venedig reist – ein Roman, der sich um das die Suche nach Glück, das Leben und seine Vergänglichkeit dreht.

Abfahrt vom Gotthard-Pass nach Airolo

Anreise

Die Reise zum „Mittelpunkt Europas" ist simpel: Der Lago Maggiore ist von Süddeutschland aus per Auto, Bahn oder Flugzeug in wenigen Stunden zu erreichen. Von der deutsch-schweizerischen Grenze sind es gar nur drei Fahrstunden – egal, ob Sie sich mit voll gepacktem Automobil über die Pässe quälen oder lässig die Beine im Großraumwagen der Schweizer Bundesbahn ausstrecken.

Bei der Anreise von süddeutschen Metropolen unterscheiden sich Auto- oder Bahnfahrt zeitlich kaum. Mit dem Auto fährt man fünfeinhalb Stunden von Stuttgart via Konstanz-Kreuzlingen oder viereinhalb Stunden von München über St. Margrethen nach Locarno – staufreie Fahrt vorausgesetzt. Per Bahn sind es sieben Stunden von Stuttgart bzw. acht von München via Zürich zum Lago Maggiore. Zeitlich am günstigsten ist aber sicherlich der stau- und stressfreie Flug zum Großflughafen Malpensa bei Mailand, von wo es gute Bus- und Zugverbindungen zum See gibt. Oder Sie fliegen nach Lugano-Agno, dem einzigen internationalen Airport im Tessin. Da Sie allerdings bei letzterem „Direktflug" in Zürich umsteigen müssen, ist selbst bei einer reinen Flugzeit von nur zweieinviertel Stunden (wie etwa von Berlin) eine Reisezeit von mindestens drei Stunden einzukalkulieren, die Anfahrt zum Abflughafen nicht eingerechnet.

Mit Auto oder Motorrad

Insgesamt vier Alpenpässe stehen Auto- und Motorrad-Touristen zur Verfügung. Ganzjährig zu befahren sind allerdings nur die beiden Autobahnstrecken durch den St.-Gotthard- und den San-Bernardino-Tunnel, die Passstraßen sind zwischen November und April geschlossen.

26   Anreise

Durchs Tessin reisen

Wer einen der Pässe ins Tessin überquert, kommt in eine andere Welt. Immer noch Schweiz, aber auch schon Südeuropa: Palmen und Palazzi an den südlichen Seen, Rösti und Rustici in den Bergdörfern des Nordens. Schweizer Präzision paart sich mit italienischer Fantasie. Augenfällig, wenn Verbotsschilder in sanfterem Italienisch formuliert sind – die in der Schweiz allgegenwärtigen Gebote verlieren ihre Strenge und die Carabinieri sogar die Lust aufs Strafmandat. Franz Kafka beschreibt dieses Wechselspiel 1911 in seinem Tagebuch: „Plötzliches Italien", notiert er nach der Gotthard-Passage und fügt zwei Tage darauf hinzu: „Später verschwindet das Italienische und der Schweizer Kern tritt vor". Fast 100 Jahre später bleibt Kafkas Urteil aktuell. Wie selten sonst in Europa treffen in dem nur knapp 3000 qkm großen Kanton landschaftliche und kulturelle Gegensätze aufeinander. Die Alpenkulisse des Sopraceneri (wörtlich: oberhalb des Monte Ceneri), des Nordteils also, geht über in die Seenszenerie des Sottoceneri (unterhalb des Monte Ceneri), des Südens; die bäuerliche Kargheit der Nordtäler wechselt mit der bourgeoisen Leichtigkeit und dem mediterranen Lebensstil der südlichen Ebene.

Viele Informationen, Unterkünfte, Wanderwege und versteckte Grotti finden Sie im Michael-Müller-Reiseführer „Tessin" von Hans-Peter Koch und Margrit Zepf.

Für die Benutzung von Autobahnen oder entsprechender Schnellstraßen (auf grünen Schildern angekündigt) benötigen Sie in der Schweiz eine jährlich neue *Vignette*, die bei Automobilclubs, aber auch an Grenzstationen für 40 Fr/26,50 € (2008) erhältlich ist. Die Vignette muss deutlich sichtbar an der Windschutzscheibe angebracht werden.

Achtung: Alle Alpenübergänge sind staugefährdet, vor allem an Feiertagen. Zu Ferienbeginn und bei plötzlichem Schneefall sind 30 bis 50 km lange Schlangen keine Seltenheit.

▸ **San-Bernardino-Pass (E 43/N 13)**: Touristen aus Bayern, den östlichen Bundesländern und aus Österreich reisen am günstigsten über *Bregenz*, *St. Margrethen* und *Chur* auf der autobahnähnlich ausgebauten Nationalstraße 13 (= E 43) zum San-Bernardino-Pass. Dort nutzt man entweder den 6,5 km langen Tunnel oder die sehr viel schönere Passstraße, um durch das 43 km lange *Valle Mesolcina* (noch in Graubünden) nach Bellinzona zu kommen – von dort ist es nur noch ein Katzensprung zum See. Diese Alpenpassage erweist sich häufig auch für Urlauber aus Baden-Württemberg als günstigste und stauärmste Route. Vom Grenzübergang *Konstanz/Kreuzlingen* bis zum Lago Maggiore sind es kaum drei Fahrstunden. Allerdings gilt das nicht für die Rückfahrt gen Norden: Diese Trasse wird noch bis mindestens 2010 aus- und umgebaut.

Hinweis: Auch in Österreich besteht auf den Autobahnen Vignettenpflicht, beim kurzen Transfer im Raum Bregenz ist die Autobahn allerdings noch nicht durchgehend ausgebaut.

Mit Auto oder Motorrad 27

St.-Gotthard-Pass: durch sommerliche Schneemauern in den Süden

▶ **St.-Gotthard-Pass (E 35/N 2)**: Die internationale Gotthardstraße von *Basel* über *Luzern*, den 2108 m hohen St.-Gotthard-Pass (17 km langer Straßentunnel sowie alternativ zwei Passstraßen) und durch die *Val Leventina* nach Italien ist der meistbefahrene Alpentransit: 18 Millionen Autos rollen jährlich über diesen Übergang. Entsprechend häufig sind trotz der bequemen, kostenlosen Tunneldurchfahrt Staus und andere Behinderungen. Zudem ist zwischen Faido und Bodio mit zusätzlichen Störungen zu rechnen: Auf einer riesigen Baustelle wird eine neue Tunnelröhre für die Eisenbahnlinie durch den Gotthard getrieben. Voraussichtliches Bauende: 2013. Dennoch bleibt die durchgehend vierspurig ausgebaute Strecke für eilige Reisende aus West- und Norddeutschland die optimale Route an den Lago Maggiore.

Nadelöhr Gotthard-Tunnel

Auf dem verkehrsreichsten Alpentransit müssen sich Reisende bis mindestens 2013 auf zusätzliche Stauprobleme einstellen. Als wäre Autofahrers Leid nicht schon groß genug, kommen zu den Baumaßnahmen (s. o.) politische Probleme, die an der Grenze bei Chiasso regelmäßig kilometerlange Lkw-Staus hervorrufen. Dazu kommt noch der Tunnel-Unfall im Oktober 2001, der elf Tote forderte. Dabei wurde die Tunneldecke beschädigt und die Durchfahrt gesperrt. Der gesamte Alpenverkehr konzentrierte sich sodann auf den Bernardino-Tunnel, was dieser Route in wenigen Wochen eine Verdoppelung der Unfälle und eine Verdreifachung der Staus bescherte. Seitdem wird die Bernadino-Strecke stetig ausgebessert. Und eine Besserung ist nicht in Sicht: Es wird auf absehbare Zeit keine zweite Autotunnelröhre am St. Gotthard geben. Das haben 62,8 % der Schweizer Wahlbevölkerung bei einer heftig umstrittenen Volksabstimmung im Februar 2004 entschieden. Stattdessen wird an einer aufwändigen zweiten Röhre für die Eisenbahn gebaut (s. o.).

Anreise

Lukmanier-Pass: idealer Alpentransit für Biker

- **Lukmanier-Pass (N 19)**: Ab Chur geht es auf der N 19 durch das Vorderrheintal aufwärts bis *Disentis*. Von dort biegt man auf der Lukmanier-Straße Richtung Süden ab, überquert den Pass und gelangt durch das 34 km lange Bleniotal schließlich nach *Biasca*, einige Kilometer nördlich von Bellinzona. Vor allem Motorradfahrer bevorzugen diesen mit 1940 m Höhe niedrigsten Südalpenübergang mit seinen weit geschwungenen Kurven und relativ geringen Steigungen. Für Wohnwagen-Gespanne ist die nur zwischen Mai und Oktober befahrbare zweispurige Passstraße allerdings problematisch – da empfiehlt sich eher die Passage über die größeren Pässe am *Bernardino* oder *Gotthard*.
Als Alternative ist ab *Disentis* auch die Weiterfahrt über den *Oberalp-Pass* (mit Autoverladung im Winter) nach *Andermatt* und von dort über den *St. Gotthard* denkbar. Diese längste Route von der Nordschweiz ins Tessin empfiehlt sich allerdings höchstens als Umgehung eines Staus am Lukmanier-Pass.
- **Nufenen-Pass (N 6)**: Wer aus dem Norden Deutschlands kommt und den verkehrsreichen Gotthard-Pass meiden will, fährt über *Bern* bis *Spiez* auf der Autobahn, dann nach *Kandersteg* und durch den *Lötschbergtunnel* (Autoverladung) ins Wallis. Danach hat man zwei Möglichkeiten: Entweder zum *Simplon-Pass* bzw. *-Tunnel* (Autoverladung), um von dort im weiten Bogen Domodossola und das Centovalli zu erreichen, oder über den landschaftlich beeindruckenden 2478 m hohen Nufenen-Pass, um durch das 25 km lange Val Bedretto bei Airolo am Fuß des St. Gotthards die obere Leventina zu erreichen. Zwei Vorbehalte: Beide Routen sind nur im Sommer befahrbar, die Nufenen-Straße ist für Gespanne schwierig, die Straße ins Centovalli für Anhänger gesperrt (durch das Val d'Ossola kommt man aber bequem nach Verbania bzw. Stresa am See).

> **Spartipp**: Kalkulieren Sie bei Hin- und Rückreise Ihren Tankvorrat so, dass Sie in der Schweiz oder in Österreich tanken können. Dort sind die Spritpreise deutlich günstiger als in Deutschland.

Mit der Bahn

Ohne Stau-Stress und mit vorzüglichem Service bringen Sie die ICE-Großraumwagen der Schweizerischen Bundesbahnen (SBB bzw. FFS, Ferrovie Federali Svizzere) an den See.

Die wichtigste Linie, die Gotthardbahn zwischen Zürich und Mailand, bedient Biasca, Bellinzona, Lugano und Chiasso. Reisende zum Lago Maggiore müssen in Bellinzona umsteigen. Eine zweite Linie führt von Basel über Bern und durch den fast 20 km langen Simplontunnel ins italienische Domodossola. Von dort kann man mit der berühmten „Centovalli-Bahn" (Ferrovia delle Centovalli) durch das Centovalli nach Locarno fahren (→ S. 67) oder das Val d'Ossola entlang nach Verbania, Stresa und Baveno – auf letzterer Strecke verkehrte von 1919 bis 1940 der berühmte Simplon-Orient-Express auf seiner Reise von Paris nach Istanbul. Mit der Eröffnung des 34,6 km langen *Lötschberg-Basistunnels* wurde im Sommer 2007 schließlich noch eine weitere Option für den Transit in den Westalpen geschaffen.

Wichtig: Die deutsche Bahncard sowie die österreichische Vorteilscard gelten beim grenzüberschreitenden Verkehr auch in der Schweiz und bringen eine Preisminderung von ca. 25 %. Zeitsparend und ungemein bequem ist von Deutschland und Österreich aus auch die Anreise mit der „City Night Line": Man reist während der Nacht an (z. B. ab Hamburg 18.32 Uhr – an Zürich 8.16 Uhr; oder ab Berlin 20.22 Uhr – an Zürich 9.44 Uhr) und hat dann am nächsten Tag die Erlebnisreise durch die Berge (www.citynightline.ch). Besonders interessant: Auf vielen City-Night-Line-Verbindungen gibt es Plätze zum unschlagbar günstigen Spar-Night-Preis. Frühbucher erhalten dabei in bestimmten Nachtzügen Preise ab 29 € pro Person im Sitzwagen, ab 49 € im Liegewagen und ab 69 € mit Frühstück im Schlafwagen. Allerdings sind diese Angebote kontingentiert und man muss sich frühzeitig kümmern (℡ 01805/141514, www.nachtzugreise.de, alle Reisezentren der Deutschen Bahn und Reisebüros mit DB-Lizenz).

Ausflugszüge

Über die Linienzugverbindungen hinaus gibt es eine ganze Reihe touristischer Ausflugszüge ins Tessin, die berühmt sind für die ihre herrlichen Panoramen –

Mit der Bergbahn auf einen Panoramagipfel des Tessin

30 Anreise

das Richtige für jeden, für den die Anreise bereits der halbe Urlaub ist. Vor Reiseantritt sollte man sich allerdings unter ☎ 0041-900300300 oder www.sbb.ch nach den aktuellen Details erkundigen. Die folgenden Angaben gelten für die Saison 2007/08:

> **Neu ab 2008**: 2 x wöchentlich fahren Autozüge der DB ab Düsseldorf, Frankfurt/Neu Isenburg, Hamburg und Hildesheim nach Alessandria im Piemont. Von dort ist es noch eine Autostunde zum Lago Maggiore. Infos unter DB Autozug Servicetelefon 0180/5241224 (tägl. 9–21 Uhr) oder unter www.autozug.de)

▶ **Wilhelm-Tell-Express**: Luzern – Flüelen – St. Gotthard – Lugano ist die Streckenführung dieser atemberaubenden Bahnfahrt, die mit einer Schiffstour auf dem Vierwaldstätter See kombiniert ist (nur zwischen Mai und Oktober). Der Zug fährt 2-mal täglich und kostet nur 38 Fr Aufpreis.

▶ **Bernina-Express**: Der Zug verkehrt im täglichen Wechsel zwischen Chur bzw. St. Moritz und dem italienischen Tirano, per Bus geht es dann weiter nach Lugano. Die Fahrtdauer der spektakulären Route zwischen Gletschern und Palmen beträgt je nach Startort acht bzw. fünfeinhalb Stunden; auf der 1-mal täglich befahrenen Route sind neuerdings aufregende Panoramawagen der 1. und 2. Klasse eingesetzt. Der Aufpreis beträgt lediglich 5 €.

▶ **Palm-Express**: Von St. Moritz nach Ascona (Übernachtung) und nach Zermatt geht diese zweitägige Sommer-Ausflugsfahrt durch die schönsten Landschaften der Schweiz. Auch hier wird nur ein Aufpreis von 47 € pro Person erhoben.

● *Information* Deutsche Bahn AG (DB): www.bahn.de (Informationen auch unter ☎ 11861); Österreichische Bundesbahnen (ÖBB): www.oebb.at; Schweizerische Bundesbahnen (SBB): www.sbb.ch; Italienische Staatsbahnen (Ferrovie dello Stato: www.ferroviedellostato.it. Tipp: Wer sich nicht selbst durch den Tarifdschungel kämpfen möchte, dem sei www.gleisnost.de empfohlen. Die Bahnkenner finden für Sie garantiert die günstigsten Verbindungen.

Tipps und Tricks für Bahnreisende in Italien

● Aus den Fahrplänen sollte man sich den geeigneten Zug heraussuchen: Nahverkehrszüge **Locale** (L) bzw. **Regionale** (R) sind langsam und halten an jeder Station. Etwas flotter bewegen sich **Diretto** (D) und **Interregionale** (IR), die aber ebenfalls häufig halten. Der **Espresso** (E) ist dagegen durchweg schnell. Am schnellsten fahren die komfortablen **Inter/Eurocity-Züge** (IC/EC), allerdings mit teils erheblichen Zuschlägen.

● Am Fahrkartenschalter sagt man: „**Un biglietto (due biglietti) per Milano (Locarno, Stresa, Laveno...), solo andata (andata/ritorno)**" – „einen Fahrschein (zwei Fahrscheine) nach Mailand (Locarno, Stresa, Laveno ...), einfache Fahrt (hin und zurück)."

● Wichtig: Bevor man den Bahnsteig betritt, muss man das Zugticket an einem der Automaten **entwerten**, die an den Zugängen aufgestellt sind. Andernfalls gilt man als potenzieller „Schwarzfahrer" – und das kann einiges kosten!

● **Nachlösen im Zug** ist in Italien nur möglich, wenn der Schalter des Abfahrtsbahnhofes geschlossen ist. Sollte das nicht der Fall sein, zahlt man beim Schaffner mehr als das Doppelte des regulären Fahrpreises!

● **Zuschlagspflichtige IC-Züge** sind auf den aushängenden Fahrplänen mit gestrichelter Linie gekennzeichnet (Zuschlag = supplemento).

Mit dem Flugzeug   31

- Auf den Fahrplänen immer die Spalte „Servizi diretti e annotazioni" beachten, dort ist vermerkt, ob der betreffende Zug nur **werktags** („si effetua nei giorni lavorativi") oder nur **feiertags** („si effetua nei festivi") fährt.
- Wenn der Fahrkartenschalter geschlossen ist, gibt es die Zugtickets in der Regel in der **Bahnhofsbar** oder im **Zeitschriften-** bzw. **Tabacchi-Laden**. Immer häufiger ersetzen allerdings auch **Automaten** die Schalter (Anweisungen auch in Deutsch vorhanden). Hierbei muss man aufpassen, denn manchmal kann nur mit Kreditkarte gezahlt werden oder es wird Restgeld nur bis zu einer bestimmten Höhe zurückgegeben.
- Auf kleineren Bahnhöfen hängen oft zusätzlich die Abfahrts-/Ankunftszeiten der **nächstgrößeren Bahnhöfe** bzw. Städte aus – nicht verwechseln!
- Oft werden noch in letzter Minute die **Gleise gewechselt**. Bis zuletzt auf Durchsagen und Mitwartende achten, außerdem immer noch einmal fragen, bevor man einen Zug besteigt.
- Gut zu wissen: **partenza** = Abfahrt, **arrivo** = Ankunft, **binario** = Gleis, **coincidenza** = Anschluss, **orario** = Fahrplan, **prezzo del biglietto** = Fahrpreis.

Mit dem Bus

Die Deutsche Touring GmbH bietet mit ihren „Europabussen" Fahrten nach *Mailand* sowie nach *Chiasso* (Schweiz). Preisbeispiel Frankfurt – Mailand ca. 117 € retour (bei frühzeitiger Buchung Rabatt).

Auskünfte/Buchung in allen **DER-Reisebüros** sowie bei **Deutsche Touring GmbH**, Am Römerhof 17, PF 900244, D-60486 Frankfurt/M., ✆ 069/7903240, www.deutsche-touring.com.

Mit dem Flugzeug

Norditalien hat sich seit einigen Jahren zu einem bevorzugten Ziel für Billigfluglinien entwickelt – so mancher Urlauber steigt deshalb vom Auto auf den Flieger um. Auch Kurztrips von wenigen Tagen sind jetzt populär geworden, weil finanziell erschwinglich. Wichtig ist jedoch eine frühzeitige Buchung, denn je näher der Abflugtag rückt, desto teurer wird das vermeintliche Schnäppchen. Falls man nicht mit öffentlichen Verkehrsmitteln unterwegs sein will, muss außerdem die Anmietung eines Leihwagens in die Kosten einbezogen werden (→ S. 38).

Besonders häufig werden Flüge zum Mailänder Großflughafen *Malpensa* angeboten, der nur wenige Kilometer südlich vom Lago Maggiore liegt und mit dem See per Bus und Bahn verbunden ist (→ S. 32). *Linate*, der zweite Mailänder Airport, liegt östlich der Stadt. Auch der Flughafen *Orio al Serio* bei Bergamo ist ein beliebtes Drehkreuz für Low Cost Carrier, liegt allerdings noch östlich vom Comer See, also relativ weit entfernt. Verbindungen zum Lago Maggiore gibt es über Mailand. Eine seenahe Alternative ist der internationale Flughafen von *Lugano* – eine Wartehalle, kaum größer als zwei Wohnzimmer, ein Restaurant im Partyzelt, eine zwischen Industriebauten eingezwängte Landebahn und eine Zufahrt, die Ortsfremde nur mit viel Geduld finden können. Gesamteindruck: winzig, aber funktional für gerade mal 196.000 Fluggäste pro Jahr. Seit 2004 bedient Cirrus Airline (www.cirrus-airline.de) im „Swiss"-Auftrag die Route Zürich-Lugano/Agno viermal täglich. Man muss also erst mal nach Zürich kommen – das geht mit täglichen Linienflügen ab Berlin, Hamburg, Dresden, Leipzig, Hannover, Düsseldorf, Frankfurt/M., Stuttgart und München, von Österreich ab Wien und Salzburg. Zwar

32 Anreise

Reiseschnäppchen: Billigflieger steuern auch Airports im Seengebiet an

lassen die Anschlüsse in Zürich nicht lange auf sich warten, aber mit etwa einer Stunde Aufenthalt müssen Sie rechnen.

Flughäfen im Umfeld des Lago Maggiore

● *Mailand* Der Flughafen **Malpensa** liegt nur einen Katzensprung vom Lago Maggiore entfernt. Alibus (www.safduemila.com) fährt nach Arona, Baveno, Stresa und Verbania am Westufer des Lago Maggiore, außerdem gibt es Zugverbindungen zum West- und Ostufer. Der Malpensa Express pendelt regelmäßig zum Hauptbahnhof von Mailand (11 €, www.malpensaexpress.it), ebenso der „Malpensa Shuttle Air Pullmann"-Bus (6 €, www.malpensashuttle.it). ✆ 02/74852200, www.sea-aeroportimilano.it. Der kleinere Airport **Linate** liegt etwa 6 km östlich vom Mailänder Zentrum. Shuttlebusse von Starfly (✆ 02/58587237) fahren von 5.40 bis 21.30 Uhr alle 30 Min. zur Piazza Luigi di Savoia neben dem Hauptbahnhof bzw. umgekehrt, Fahrzeit ca. 20–30 Min., Fahrpreis ca. 2,50 €, Tickets im Bus. Günstiger ist der ATM-Bus 73, der für ca. 1,50 € von 6 Uhr bis Mitternacht alle 10 Minuten zur Piazza San Babila fährt. ✆ 02/74852200, ✉ 74852010, www.sea-aeroportimilano.it.

● *Bergamo* Der Flughafen **Orio al Serio** liegt in unmittelbarer Stadtnähe. Shuttle-Busse von ATB fahren regelmäßig in 10 Min. zum Hauptbahnhof, von dort gibt es Züge und Busse nach Mailand, von wo es zum Lago Maggiore weitergeht. ✆ 035/326111, ✉ 326339, www.sacbo.it.

● *Lugano* Der **Airport Lugano** liegt in Agno, 6 km südwestlich von Lugano. Der Airport-Shuttle fährt Lugano zwischen 8 und 21 Uhr alle 10 Min. an. ✆ 091/6101111, ✉ 6101110, www.lugano-airport.ch.

Billigflüge ins Seengebiet werden u. a. angeboten von Air Berlin, Ryanair, German Wings und TUIfly (die Fusion der beiden letztgenannten Linien ist in Vorbereitung). Sie können ausschließlich online gebucht werden: www.airberlin.com, www.ryanair.com, www.tuifly.com, www.germanwings.com. Gute Websites zum Vergleich der aktuellen Preise sind www.billig-flieger-vergleich.de, www.traveljungle.de und www.billigflieger.de.

Mit dem Fahrrad 33

Mountainbiker im Verzascatal

Mit dem Fahrrad

Für den Fitnessaufenthalt per Mountainbike ist das abwechslungsreiche Terrain um den Lago Maggiore wie geschaffen. Von brettflachen Talebenen über ausgedehnte Hügelzonen bis zum alpinen Kraftakt ist hier auf engem Raum alles versammelt. Gemächliches Familienradeln mit Kind und Kegel funktioniert dagegen eher schlecht, da das Verkehrsaufkommen hoch ist und oft geeignete Radwege fehlen.

Wer nicht mit dem Auto unterwegs sein will, kann seinen Drahtesel auch in vielen Zügen mitnehmen, vom Bummelzug bis zum IC. In durchgehenden Zügen mit Fahrradmitnahme nach Italien (ca. 3 x tägl.) muss für ca. 10 € eine *internationale Fahrradkarte* erworben werden, verbunden damit ist die Reservierung für einen Radstellplatz. Eine frühzeitige Buchung ist anzuraten. In Italien ist eine Reservierung nicht möglich. Die Deutsche Bahn bietet auf ihrer Internetseite (www.bahn.de) Fahrradinformationen unter „Mobilität und Service", außerdem unten stehender Radfahrer-Hotline. In Stoßzeiten sind die Zustände in den Fahrradabteilen nicht selten chaotisch, oft werden die Räder bis an die Waggondecke gestapelt. Empfehlung für die Fahrt: Das Rad möglichst an feste Gegenstände anschließen und keine Helme, Fahrradcomputer daran belassen, Diebstähle kommen vor. Ein Fahrrad als *Gepäckstück* aufzugeben und es dann einige Tage später am Zielbahnhof abzuholen, ist nur nach Südtirol möglich (ca. 25 €, ab dem dritten Rad Rabatt, Verpackung nötig). Problemlos ist der Transport in speziellen *Fahrradtaschen* (110 x 80 x 40 cm), die in Italien in allen Zügen (Ausnahme: Hochgeschwindigkeitszug „Pendolino") mitgenommen werden dürfen, allerdings ist auch dafür eine Fahrradkarte notwendig.

Eine weitere komfortable Alternative bietet die Fahrradmitnahme im *Flugzeug*. Die Billigflieger berechnen dafür 25 € pro Flug, rechtzeitige Anmeldung und Bezahlung sind obligatorisch. Das Rad muss gut verpackt sein: Lenker nach innen drehen, Pedale entfernen, Luft aus den Reifen lassen und das Rad in Plastikfolie, Pappe etc. einwickeln. Man muss unterschreiben, dass die Fluggesellschaft für keinerlei Schäden aufkommt.

> Infos zum Radtransport unter ✆ 01805/151415, der **Radfahrer-Hotline** der DB (0,14 €/Min.). März bis Okt. tägl. 8–20 Uhr, Nov. bis Febr. Mo–Fr 9–16 Uhr.

Man gönnt sich ja sonst nichts

Unterwegs am Lago Maggiore

Sommerzeit ist Urlaubszeit, aber auch Ausflugszeit für die Tessiner, Piemontesen und Lombarden. Die engen Straßen am Lago sind dann permanent überlastet, doch besonders hektisch wird es an den Wochenenden, wenn Zehntausende von Städtern im Seengebiet einfallen.

Während sich ganze Großfamilien im Auto zum Picknick am Seeufer aufmachen, durchrasen die jungen Waghalsigen auf ihren schicken Motorrädern absolut risikobereit die kurvigen Sträßchen im Hinterland und schneiden rasant die Kurven – äußerst vorsichtige und defensive Fahrweise ist dann eine unbedingte Notwendigkeit. Am Sonntagnachmittag setzt schließlich der Rückreiseverkehr ein und auf den wichtigen Straßenverbindungen steht man nicht selten stundenlang im Stau. Tipp dazu: antizyklisch fahren, d. h. an den Anreisetagen Freitag und Samstag möglichst in Richtung zu den großen Metropolen Novara und Mailand und ab Sonntagnachmittag immer in Gegenrichtung, wo dann die Fahrspuren nahezu autofrei sind.

Die vom See abzweigenden Nebenstraßen bilden aber nicht nur wegen der verwegenen Zweiradakrobaten eine Herausforderung, denn oft steigen die Berghänge extrem steil an und es geht in abenteuerlichen Haarnadelkurven sehr eng hinauf – langsam und mit Bedacht fahren ist hier angesagt. Dies gilt ebenso für die Verkehrsführungen in den verwinkelten Ortschaften oberhalb vom See, wo man sich nicht selten in Zentimeterarbeit zwischen den alten Häusern hindurch manövrieren muss.

Unterwegs am Lago Maggiore 35

Rund um den Verkehr

• *Pannenhilfe/Notrufe* Der Straßenhilfsdienst des italienischen Automobilclubs **ACI** (www.aci.it) ist in ganz Italien rund um die Uhr unter ✆ 803-116 zu erreichen (aus den Mobilfunknetzen mit 800116800). Die Pannenhilfe ist kostenpflichtig, auch für Mitglieder von Automobilclubs. Im Rahmen der „ADAC PlusMitgliedschaft" werden die Kosten für Pannenhilfe bis zu ca. 100 € und für das Abschleppen bis zur nächsten ACI-Werkstatt bis zu ca. 150 € übernommen. **Deutschsprachiger Notrufdienst des ADAC** (in Mailand): ✆ 02-661591.

Der **Automobile Club Svizzero** *(ACS)* ist kostenfrei über ✆ 44288899 (www.acs.ch) zu erreichen, der **Touring Club Schweiz** *(TCS)* unter ✆ 140 (www.tcs.ch). ACS und TCS erkennen Schutzbriefe deutscher Automobilclubs an.

• *Parken* Eine kostenintensive Angelegenheit ist das Parken vor allem im Hochsommer – gratis kann man dann oft nur weit außerhalb der Ortszentren parken, gebührenpflichtige Parkplätze findet man zentral an den Uferstraßen (beschildert). Preise: auf italienischer Seite ca. 1,50–2,50 €/Std., auf Schweizer Seite zahlt man ca. 4–8 Fr/Std.

• *Tanken* Die Preise liegen auf italienischer Seite fast so hoch wie in Deutschland, deutlich günstiger tankt man im Tessin. Tankstellen sind in Italien an den Autobahnen 24 Std. durchgehend geöffnet, in Ortschaften meist Mo–Sa 8–12.30 und 15–19 Uhr, Sonntag ist Ruhetag. An vielen Zapfautomaten können Sie während der Schließzeiten im „Self-Service"-Verfahren mit unzerknitterten Euroscheinen oder immer öfter auch mit Kredit- oder Bankkarte tanken. In der Schweiz sollten Sie viel Kleingeld bereithalten, denn in der Regelfall findet man an den Tankstellen nur Automaten vor, die mit kleinen Frankenscheinen gefüttert werden wollen.

Wer LPG-Gas tankt, kann sich unter **www.gas-tankstellen.de** über die Standort der Zapfstellen informieren.

• *Wichtige Verkehrsvorschriften in Italien*
Abblendlicht ist auch tagsüber auf allen Autobahnen und Landstraßen vorgeschrieben, für Zweiräder gilt generell „Licht an";
privates Abschleppen auf Autobahnen ist verboten;
die **Promillegrenze** liegt bei 0,5;
das Telefonieren während der Fahrt ist nur mit einer **Freisprechanlage** gestattet;

Parktickets sind im Sommer oft Pflicht

im **Kreisverkehr** gilt grundsätzlich rechts vor links (sofern nicht ausdrücklich durch Verkehrszeichen anders geregelt), d. h., der im Kreis Fahrende muss dem von außen Kommenden den Vortritt lassen. Allerdings wird das in der Praxis nicht immer beachtet, sodass am Kreisverkehr erhöhte Vorsicht anzuraten ist.

Motorräder unter 150 ccm sind auf italienischen Autobahnen verboten;

Parkverbot besteht an schwarz-gelb markierten Bordsteinen und gelb markierten Flächen;

Dachlasten und Ladungen, die über das Wagenende hinausragen, müssen mit einem reflektierenden, 50 x 50 cm großen, rot-weiß gestreiften **Aluminiumschild** (kein Kunststoff!) abgesichert werden (erhältlich im deutschen Fachhandel, in Italien an Tankstellen). Fahrrad- oder Lastenträger mit Heckleuchten und Nummernschild, die im Kfz-Schein eingetragen sind, sind von dieser Regelung ausgenommen.

Für den Fall, dass man z. B. wegen Unfall oder Panne auf einer Autobahn das Auto verlässt, muss im Auto eine reflektierende **Sicherheitsweste** (DIN EN 471) zur Hand sein. Erhältlich ist sie bei uns in Tankstellen, Baumärkten etc.

36   Unterwegs am Lago Maggiore

• *Wichtige Verkehrsvorschriften in der Schweiz* **Anschnallpflicht** gilt auch auf den Rücksitzen;
Telefonieren während der Fahrt ist verboten; in **Tunnels** und **Berggalerien** muss das Abblendlicht eingeschaltet werden;
auf Bergstraßen ist der **Bergauffahrende** bevorrechtigt;

Gelbe Markierungen auf der Fahrbahn reservieren Fahrspuren für Busse, Taxis und Fahrräder, die von anderen Verkehrsteilnehmern nicht benutzt werden dürfen, gelbe Linien am Bordstein bedeuten „Halteverbot";
Die **Promillegrenze** liegt bei 0,5.

Achtung: Die italienischen und schweizerischen Bußgelder gehören zu den höchsten in Europa, Parkverstöße und Geschwindigkeitsüberschreitungen werden deutlich strenger geahndet als in Deutschland. Die Mindestgebühr für Falschparken beträgt 35 €, Radarkontrollen werden in Italien seit 2004 durchgeführt. Bislang gibt es einen Grundsatzbeschluss der EU-Minister, Verkehrverstöße ab 70 € ins Heimatland zurückzuverfolgen, die Einführung der dafür notwendigen einheitlichen Bußgeldtabelle ist jedoch bisher gescheitert. In der Planung ist derzeit ein EU-weites Informationssystem, mit dem künftig auch grenzüberschreitend Bußgelder eingetrieben werden können – ob es dazu allerdings wirklich kommen wird, ist bisher noch ungewiss.

▶ **Seeschifffahrt**: Sicherlich das schönste und entspannendste Verkehrsmittel am See sind die 25 Personenfähren und Tragflügelboote der staatlichen „Navigazione sul Lago Maggiore", die mehrmals täglich alle wichtigen Orte im schweizerischen und italienischen Teil des Sees anlaufen. Ihr Standort ist eine Schiffswerft in Arona, die aus dem 19. Jh. stammt. Am 25. Februar 1826 wurde hier der erste Dampfer aus Holz auf dem Lago Maggiore vom Stapel gelassen – der Beginn der Dampfschifffahrt auf dem See. Neben den Fahrten seeauf- und abwärts gibt es aber auch eine Verbindung zwischen beiden Seeufern mit Autotransport: In der Seemitte zwischen *Laveno* (Ostufer) und *Intra* (Westufer) verkehren von 5 bis 24 Uhr 2–3 x stündl. Autofähren, sodass man sich die mühsame Umrundung des Sees sparen kann (PKW je nach Länge 6,40–10,90 €, Wohnmobil 14 €, Motorrad 4,80–6,40 €, Fahrrad 3,90 €, Pers. 2,70 €, Kind 4–11 J. 1,60 €), Dauer der reizvollen Überfahrt ca. 20 Min. Mit dem nostalgischen Schaufelraddampfer „Piemonte", der zwei Jugendstilsalons besitzt, werden im Juli und August Kreuzfahrten veranstaltet. Auch nächtliche Fahrten mit Abendessen, Musik und Tanz werden dann angeboten.

• *Informationen* **Fahrpläne** gibt es an allen Anlegestellen mit Ticketverkauf sowie in vielen touristischen Informationsbüros. Neben den normalen Tickets kann man auch **Ein-Tagespässe** („Libera Circolazione") erwerben, die auf Strecken zwischen zwei ausgewählten Häfen gültig sind, in den Zwischenstationen kann man dabei belie-

big aus- und zusteigen.
Für Hydrofoils und Katamarane muss ein Zuschlag gezahlt werden. Kinder unter 4 Jahren fahren gratis, Ermäßigung gibt es von 4–12 Jahren.
Weitere Infos unter ✆ 0322/233200 o. 800-551801 (gratis, aber nur in Italien), www.navigazionelaghi.it.

▶ **Bus**: Das Busnetz auf der italienischen Seite des Lago Maggiore ist relativ dicht, allerdings verkehren die Busse nicht besonders häufig. Viele kleine Orte werden nur wenige Male täglich angefahren. Auf der lombardischen Seite des Sees fahren die Gesellschaften *Sila* (www.sila.it), *Nicora & Baratelli*, *Attilio Baldioli* (www.baldioli.it) und *Autolinee Varesine*, am Piemontufer *VCO* (www.vcoinbus.it) und *SAF* (www.saf duemila.com). *Alibus* pendelt etwa 5 x tägl. in beiden Richtungen auf der Strecke vom Flughafen Malpensa nach Arona, Stresa, Baveno, Feriolo, Verbania Pallanza und Verbania Intra. Tickets gibt es meist in den Tabacchi-Läden um die Busstationen.

Zug

Entspannend: mit dem Schiff über den See

Über den Postautodienst *(autopostali)* der Schweizer Bundespost PTT lässt sich nur Gutes sagen – allzeit pünktlich, mit Anschlüssen selbst in das entlegenste Dorf und zu annehmbaren Preisen. Fahrkarten sind im Bus sowie in allen Postämtern zu bekommen, an denen der Postbus in aller Regel auch hält; eine zweite Haltestelle befindet sich häufig am Ortsbahnhof. In den Postämtern gibt es zudem aktuelle Fahrpläne und weitere Informationen über alle Linien, manche Ermäßigung und sommerliche Ausflugsfahrten. Locarno und Ascona verfügen zudem über eigene Busnetze, die auch umliegende Orte und Täler bedienen (vgl. dazu „Verbindung" in den jeweiligen Ortsbeschreibungen).

Zug: Vom Tessiner Bellinzona kommend verläuft am Ostufer des Sees eine Bahnlinie der *SBB* und der italienischen *FS* (Ferrovie dello Stato). In Laveno spaltet sie sich in zwei Linien, eine führt weiter in Seenähe über Sesto Calende nach Novara, die andere über Gallarate und Busto Arsizio (Umsteigen zum Flughafen Malpensa) nach Mailand (Stazione Centrale). Zusätzlich fährt die private *FNM* (Ferrovia Nord Milano) von Laveno über Varese nach Mailand (Stazione Milano Nord).

Im Norden des Lago Maggiore endet die Bahn von Bellinzona in Locarno, am nördlichen Westufer (Locarno bis Verbania) gibt es deshalb keine Bahnstrecke. Allerdings kann man von Locarno aus mit der panoramareichen *Centovalli-Bahn* einen schönen Ausflug nach Domodossola unternehmen (→ S. 201). In der westlichen Seemitte trifft die internationale Linie durch den Simplontunnel (→ Anreise) bei Baveno und Stresa an den Lago Maggiore, begleitet ihn bis zum Südende und geht dann – mit Verbindung zum Flughafen Malpensa – nach Mailand.

> Die **Schweizerische SBB** bietet einen Service, der in Europa seinesgleichen sucht und dazu noch zu erschwinglichen Preisen zu haben ist. Nirgends sitzen Sie in Eisenbahnen so bequem, nirgends ist die Information via Lautsprecher so verlässlich, nirgends der Transport Ihres Fahrrades so problemlos. Sogar die Bahnhöfe sind Servicecenter: Man kann Fahrräder und Autos mieten, Geld wechseln und eine Menge nützlicher Informationsbroschüren bekommen.

Unterwegs am Lago Maggiore

Die berühmte Centovalli-Bahn

Bergbahnen: Unersetzliche Verkehrsmittel für Touristen sind Bergbahnen, denn ohne Gondel-, Kübel-, Zahnrad-, Standseilbahn oder Sessellift käme man kaum in den Genuss der schönen Panoramagipfel. Alles über Fahrpläne, Preise und Besonderheiten erfahren Sie im Informationsteil der jeweiligen Ortskapitel.

Mietwagen: Mit einer vorab getätigten Online-Buchung bei einem Mietwagenbroker fährt man oft günstiger als mit einer Anmietung vor Ort. Und auch der juristische Aspekt ist zu bedenken, denn der Gerichtsstand ist immer in dem Land, in dem das Auto gemietet wurde. Unter www.billiger-mietwagen.de und www.mietwagennet.de kann man die Angebote diverser Broker vergleichen und buchen. Broker sind z. B. www.autoeurope.de, www.autovermietung.de, www.economycarrentals.com, www.m-broker.de, www.rentacar-europe.com und www.sungo.de. Leider ist der Service vor Ort im Fall einer Panne oder eines Unfalls nicht immer zufrieden stellend.

Wichtig: Alle Verleiher verlangen bei der Anmiete eine Kaution, dafür ist fast immer eine Kreditkarte nötig, Bargeld wird nur in seltenen Fällen akzeptiert. Prüfen Sie außerdem genau den gebotenen Versicherungsschutz, Vollkasko mit oder ohne Selbstbeteiligung ist zu empfehlen (Tipp: bei Anmietung über www.billiger-mietwagen.de wird eine etwaige Selbstbeteiligung zurückerstattet).

Unterwegs mit dem „Lago Maggiore Express"

Eine ein- oder zweitägige Rundreise im Seengebiet – per Schiff auf dem See, dann mit der Centovalli-Bahn von Locarno nach Domodossola und von dort mit der staatlichen Eisenbahn (Trenitalia und Cisalpino) nach Verbania, Baveno, Stresa oder Arona am Westufer. Es gibt spezielle Tickets für die Fähren und die Centovalli-Bahn (ein Tag 30 €, Kind 15 €, zwei Tage 36/18 €), die Zugfahrt zwischen Domodossola und Westufer muss extra bezahlt werden, kostet aber nicht viel. Die Fahrt kann in zahlreichen Orten begonnen werden. Fahrpläne und weitere Informationen unter www.lagomaggioreexpress.com.

Wissenswertes von A bis Z

Ärztliche Versorgung

Die meisten niedergelassenen Ärzte behandeln nur gegen Barzahlung, die heimische Krankenkasse erstattet die Kosten jedoch gegen detaillierte Rechnung ganz oder anteilig zurück (je nach Kasse verschieden), Zahnarztkosten werden allerdings nicht übernommen. Urlauber mit der neuen „European Health Insurance Card", EHIC genannt, (früher Auslandskrankenschein „E 111"), werden in staatlichen italienischen Krankenhäusern kostenfrei behandelt. Auch bei einigen Ärzten, die dem staatlichen italienischen Gesundheitssystem angeschlossen sind, ist die Behandlung gratis. Auch im Tessin wird die EHIC akzeptiert. Sie erhalten sie bei Ihrer Krankenkasse, mittlerweile meist auch online.

In den Sommermonaten wird in den größeren Urlaubsorten auf der italienischer Seite des Sees eine Sanitätsstation betrieben, die *Guardia Medica Turistica*, ohne Krankenschein kostet eine Behandlung dort ca. 21 €, ein Hausbesuch 31 €, ein Rezept 6 €. Solche Stationen gibt es auf Schweizer Seite nicht.

Der Abschluss einer privaten *Auslandskrankenversicherung* (meist unter 0,50 € pro Tag) ist zusätzlich sinnvoll, wenn Sie gegen die hohen Kosten eines unfall- oder krankheitsbedingten Rücktransports abgesichert sein wollen.

Baden

Von Juni bis Oktober liegt die Wassertemperatur im Lago Maggiore bei 20 bis 23 °C. Obwohl Privatgrundstücke hier und dort den Einstieg ins Wasser

40   Wissenswertes von A bis Z

Sommerliches Badevergnügen bei San Nazzaro am Tessiner Seeufer

erschweren, gibt es bei vielen Orten hübsche Badeplätze. Die meisten Strände bestehen aus Kies, Sandstrände liegen z. B. bei *Cannobio* und *Fondotoce*, oft findet man auch kleine malerische Buchten mit Felsen. Dahinter erstrecken sich oft kleine und große Wiesen mit schattigen Bäumen, sodass die sommerlichen Temperaturen nicht so extrem ausfallen wie etwa am Meer. Die Wasserqualität ist wegen fehlender bzw. veralteter Kläranlagen leider nicht überall optimal (→ S. 23).

Eine Alternative zum See stellen die zahlreichen Flüsse dar, vor allem im Hinterland von *Locarno (Valle Verzasca, Valle Maggia)*, aber auch bei *Cannobio*, in denen ebenfalls hier und dort gebadet werden kann. Wegen ihrer großteils felsigen Ufer findet man dort viele abenteuerliche Badeplätze. Doch Vorsicht: Unterschätzen Sie die Kraft des wilden Wassers nicht – schon häufig ist es zu tödlichen Badeunfällen gekommen.

> **Tipp**: Wappnen Sie sich gegen Stechmücken, die sich in der Dämmerung und vor Sommergewittern am Wasser tummeln – einschlägige Mittel finden Sie in den Supermärkten, z. B. das hervorragende „anti-insect" bei Migros im Tessin.

Einkaufen

Shoppen am Lago macht Spaß. Die kleinen, urigen Tante-Emma-Läden sind hier noch nicht ausgestorben, und beim Stöbern in den engen Altstadtgassen wird man manche Entdeckung machen können. Dazu kommen große, bunte Wochenmärkte, riesige Outlet-Shops und trendige Designerläden.

Vor allem die kulinarischen Produkte sind es, die einen Urlaub am Lago in höchst erfreulicher Weise abrunden. Prall gefüllt und farbig präsentieren sich die Theken der Feinkostläden mit frischem Obst und vielfältigem Gemüse, dazu gibt es Wein en masse, Salami und Käse, Olivenöl, Grappa und Liköre in ansprechenden Flaschen, wertvollen Essig, getrocknete und frische Pilze, eingelegte Früchte, Honig verschiedener Blüten, Gewürze … Natürlich lohnt unbedingt die Mitnahme eines guten Trop-

Einkaufen 41

fens aus einer der zahlreichen „Enoteche" (Weinhandlung mit Verkostung), z. B. die exzellenten roten Piemontweine Barolo und Barbaresco oder auch eine Flasche guten Merlots aus dem Tessin. Raucher finden vielleicht Geschmack an den langen Zigarillos aus der berühmten „Fabbrica Tabacchi Brissago" westlich von Ascona.

Einkaufen in Italien: Der Lago Maggiore ist nicht nur Urlaubsgebiet, sondern auch von traditionell gewachsenen Zentren handwerklicher und industrieller Produktion umgeben. Outlet Stores bekannter Modemarken findet man z. B. im Umkreis von Verbania und am Südende des Lago Maggiore bei Arona. Nördlich vom nahen Orta-See haben Alessi und andere Hersteller von hochwertigen *Haushaltsgeräten* und *Kücheneinrichtungen* ihren Sitz. Como am gleichnamigen See ist ebenfalls nicht weit und ein Weltzentrum der *Seidenverarbeitung*, *Designermöbel* findet man im Städtchen Cantù südlich vom Comer See und um Biella im Piemont liegt das Zentrum der italienischen *Textilindustrie*, wo in mehr als 50 Fabrikshops hochwertige Stoffe angeboten werden. Und schließlich ist auch die Modemetropole Mailand nur einen Katzensprung entfernt, wo man entweder – mit dem nötigen Kleingeld ausgestattet – direkt bei Versace kauft oder aber in Second-Hand-Outlets (so genannte „Stocks") auf die Suche geht.

Auch Märkte gibt es reichlich. Fliegende Händler besuchen reihum die großen Uferstädte und an jedem Wochentag findet in einem anderen Ort ein großer *Straßenmarkt* statt, der sich oft die ganze Uferpromenade entlang zieht oder mehrere Straßenzüge in Beschlag nimmt. Zwar ist das Angebot – abgesehen von den wirklich wunderbaren Kulinaria – nicht unbedingt originell, doch kann man Schnäppchen machen. Fälschungen von Markenartikeln sind allerdings gängige Handelsware – und es ist in Italien seit einigen Jahren strafbar, offensichtliche Plagiate zu Dumpingpreisen zu erwerben. Größter Markt am See ist der über 500 Jahre alte und am ganzen Lago Maggiore berühmte Mittwochsmarkt von Luino (Ostufer), zu dem es Sonderfahrten aus allen Badeorten gibt (→ S. 146). Ebenfalls

Wurst und Käse gehören zu den Spezialitäten im Seengebiet

Wissenswertes von A bis Z

Die zahlreichen Märkte sind gleichermaßen beliebt bei Einheimischen und Urlaubern

groß, aber authentischer und weniger touristisch geprägt, ist der Markt von Verbania Intra (→ S. 188). Interessant und vielseitig sind auch die *Antiquitäten- und Flohmärkte* (Mercatini di Antiquariato/Mercatini delle pulci), die ein bis mehrmals monatlich in verschiedenen Orten am See abgehalten werden, aber auch in den nahen Städten.

Schließlich haben sich auch viele Kunsthandwerker und Künstler, kreative Boutiquen und Galeristen am Lago niedergelassen: Aquarellisten und Keramiker, Seidenmaler und Schmuckmacher, Textildesigner und Fotografen – sie alle schätzen das milde Klima, die betörende Vielfalt und die Farbenpracht des Sees – und nicht zuletzt das Geschäft mit den Urlaubern.

▸ **Einkaufen im Tessin**: Sie fahren in ein teures Land – mit Norwegen ringt die Schweiz alljährlich um den ersten Platz auf der europäischen Hitliste der Verbraucherpreise. Dennoch gibt es Waren, die im Tessin preiswerter zu kaufen sind als in Deutschland (und manchmal auch in besserer Qualität). Dazu gehören Kaffee, Nudeln, Molkereiprodukte, Gewürze und Treibstoff. Auch Textilien lassen sich teilweise günstiger erstehen, vor allem im Fabrikverkauf. Das Preis-Leistungs-Verhältnis stimmt vor allem bei *Migros* – aus dem deutschen Grenzgebiet pilgern Tausende seit Jahrzehnten in einen der fast 500 Supermärkte in der Schweiz. Tatsächlich ist die 1925 von Gottlieb Duttweiler gegründete Migros-Genossenschaft eine Besonderheit in Europas Einzelhandel: Weder Tabakwaren noch Alkoholika (die kauft man bei der Billig-Konkurrenz *Denner*) noch genmanipulierte Lebensmittel finden sich in Migros-Regalen. Der 1962 verstorbene Gründer des Unternehmens versuchte stets, unternehmerische Notwendigkeiten mit sozialem Engagement zu verbinden, ein Prozent des Gesamtumsatzes wurde für Soziales, Sport und Stipendien ausgegeben. Empfehlenswert sind auch die SB-Buffets, die es in jedem Migros-Laden gibt. Traditionelle Stücke wie Web- und Wollwaren, Flecht- und Holzarbeiten sowie Filzhüte original „tipico" bekommen Sie – mit etwas Glück – nur in den versteckten Läden der abgeschiedenen Bergdörfer um den See.

Einkaufstipps

- Kaufen Sie Lebensmittel bevorzugt auf **der italienischen Seite** des Sees ein, dort zahlt man fast immer weniger als in der Schweiz. Das lohnt sich meist sogar, wenn man die Spritkosten einberechnet.
- **Samstag** ist Einkaufstag, vor allem nachmittags fallen die Einheimischen in Scharen in den größeren Orten ein. Wer in Ruhe vergleichen und wählen will, sollte sich einen anderen Tag aussuchen. Am Montagvormittag sind die meisten Läden allerdings geschlossen.
- Einkauf direkt bei der **Fabrik** ist beliebt und kann deutlich Geld sparen helfen. Viele Firmen bieten ihre Produkte in großen Outlets direkt an. Schilder „Punto vendita diretto, Direktverkauf" o. Ä. weisen den Weg.
- Der **Schlussverkauf** (*saldi*) im Juli/August und Februar bringt radikale Preisnachlässe von 50 % und mehr.

Essen und Trinken

Der Lago Maggiore bildet eine kulinarische Schnittstelle zwischen dem Schweizer Tessin (nördliches Seegebiet), der Lombardei (Ostufer) und dem Piemont (Westufer). Doch ob im Norden, im Osten oder im Westen – verbindendes Element sind immer die Fische. Für die traditionell armen Alpentäler der Region bildete der Lago über viele Jahrhunderte die Grundlage ihrer Ernährung. Im Zeitalter des Massentourismus ist die Seefischerei allerdings fast völlig ausgestorben, denn wegen der riesigen Nachfrage werden die Fische schon lange nicht mehr ausschließlich aus dem See geholt, sondern in großen Anlagen rundum gezüchtet oder importiert.

Während die Tessiner sehr viel lieber Kartoffeln als Teigwaren essen, erhält man auf italienischer Seite vielfältige Pasta, die in guten Restaurants noch häufig hausgemacht ist. Die „Polenta" begegnet einem dafür überall, denn der gelbe Maisbrei

Verkaufsstand auf dem Mittwochsmarkt in Luino

Wissenswertes von A bis Z

bzw. -kuchen ist sowohl im Tessin wie auch in Oberitalien ein Art Nationalgericht. Ansonsten ist Reis ein Kennzeichen der lombardischen wie auch der piemontesischen Küche, denn die riesigen Reisfelder am Po sorgen in beiden Regionen für ununterbrochenen Nachschub, was sich in den variantenreichen Risotti niederschlägt. Auch im Tessin wird Risotto geschätzt, dort werden im Karneval die so genannten „Risottate di Carnevale" gefeiert, wobei im Freien in großen Kesseln Risotto, Gnocchi oder Polenta mit Würsten für alle gekocht werden. Und auch die *castagne* (Kastanien), das einstige „Brot der Armen", haben in der Tessiner Küche wieder an Bedeutung gewonnen und stehen im Mittelpunkt mancher Gerichte.

Leider verleitet der intensive deutschsprachige (Massen-)Tourismus viele Wirte am See dazu, das „Essen von der Stange" zu perfektionieren – vor allem in der Hochsaison sind in den Zentren der Urlaubsorte überschaubare Portionen, mäßige Qualität

Kulinarisches Erlebnis: Fisch vom See

Immer im Mittelpunkt der typischen Gerichte stehen am Lago Maggiore natürlich die Fische. Eine besonders beliebte Zubereitungsart ist „Pesce in carpione", dabei wird der Fisch in eine mit fein gehackten Gemüsen und Kräutern aromatisierte Essigmarinade eingelegt – je länger die Verweildauer, desto zarter und köstlicher mundet er.

Traditionelles Fischerboot

Der aus Amerika eingeführte *pesce persico* (Flussbarsch) stammt aus der Familie der Lachse und wird wegen seines feinen, weißen Fleisches sehr geschätzt. Er wird gerne in Butter gegart und mit Risotto serviert. Der *lavarello* (Blaufelchen/Renke), in manchen Gebieten auch als *coregone* bekannt, ein Süßwasserfisch mit festem weißem Fleisch und wenig Gräten, wurde erst Anfang des 19. Jh. vom Bodensee importiert, ist aber heute einer der meistverlangten Fische am See, besonders lecker z. B. als „lavarello al cartoccio" (in Folie), aber auch als Tatar oder gegrillt. Weit verbreitet sind Forellen, z. B. die *trota fario* (Bachforelle), die *trota iridea* (Regenbogenforelle), die große *trota marmorata alpina* (Marmorataforelle) und die begehrte *trota salmonata* (Lachsforelle), ein typischer Zuchtfisch, den man an der rötlichen Farbe des Fleisches erkennt, hervorgerufen durch den von einer Alge produzierten Futterzusatzstoff Astaxanthin. *Luccio* (Hecht) wird gerne als Vorspeise mit Polenta gereicht, ebenso die gesalzenen und an der Luft getrockneten *aole* (kleine Süßwassersardinen) sowie die *agone* (Finten), die man sonnengetrocknet und gepresst als „Missoltini" ordern kann. Die karpfenartige und grätenreiche *alborella* (Ukelei, auch Laube genannt) wird in Mehl gewendet und in Öl frittiert. Nur noch selten zu finden ist wegen der hohen Ansprüche an die Wasserqualität der zu den Lachsfischen gehörige *salmerino* (Bachsaibling).

Essen und Trinken

und etwas höhere Preise leider nicht mehr unüblich. Tipp deshalb: Öfter mal ins Auto setzen und in die Umgebung fahren, dort erhält man mindestens dieselbe Qualität in größerer Menge für weniger Geld, denn die regionalen Kochtraditionen in den Tälern um den See sind eher bodenständig und authentisch geblieben. Fast immer einen Versuch wert sind die ländlichen Lokale, die unter dem Stichwort „Agriturismo" firmieren – diese besitzen durchgängig ein recht hohes Qualitätsniveau bei relativ kulanten Preisen. Verlassen Sie sich ansonsten nicht nur auf die standardisierte Speisekarte des Hauses, sondern lassen Sie sich beraten, wählen Sie die Spezialitäten des Hauses und seien Sie experimentierfreudig.

Küche im Tessin

Die traditionelle Tessiner Küche, die „cucina nostrana", ist eine typische Arme-Leute-Küche. Tessiner Bauernfamilien ernährten sich von Milchprodukten, Hirse, Buchweizen und Gerste, im Herbst kamen Pilze und Kastanien hinzu. Fleisch und Fisch gab es nur zu besonderen Anlässen.

Manches davon hat bis heute überlebt, freilich in verfeinerter Form und gepaart mit der Pfiffigkeit der italienischen und der Feinheit der soliden Schweizer Küche. Überbleibsel der bäuerlichen Küche sind z. B. Gemüsesuppen und Eintöpfe: *Minestrone* ist nichts anderes als sommerliche Resteverwendung – Saisongemüse, Kartoffeln und Teigwaren sowie als Würze geriebener Tessiner Käse gehören dazu. Im Winter kommen Kutteln in die Suppe, die dann *busecca* heißt. Ein eher deftiger Eintopf aus Wurstresten, Wirsing und Kartoffeln ist die *cazzöla*, auf der lombardischen Seite des Sees als „casoeula" bekannt (→ unten). Die häufigsten Hauptgerichte sind neben Fisch italienisch angehauchte Fleischgerichte wie *costine*, gegrillte Schweinskoteletts, *capretto*, im Backofen zubereitete Zicklein, und seltener auch das Fohlenfleisch *puledro*. Ab Herbst bieten die jagdverliebten Tessiner Gems-, Reh- oder Hirschpfeffer an. Ein Hauptnahrungsmittel waren früher die *castagne* (Kastanien). Sie wurden in den Wäldern geerntet, getrocknet, gemahlen und anschließend zu Pasta, Brot und sogar Kuchen verarbeitet. In den Zeiten des Wirtschaftsbooms nach dem Zweiten Weltkrieg wurde das so genannte „Brot der Armen" dann vernachlässigt und findet erst heute wieder in der Tessiner Küche Verwendung, z. B. in Süßspeisen oder als g*nocchi di castagne*.

Im Tessiner Grotto: kühlender Schatten und köstlicher Merlot

Wissenswertes von A bis Z

> **Urgemütlich im Grotto**
>
> „Grotto" oder „Crotto" nennen sich die typischen Lokale der Tessiner Seeregion. Ursprünglich waren es Felsenkeller, Höhlen und Grotten, in denen ein findiger Bauer seine „Besenwirtschaft" am Wochenende öffnete – ein paar einfache Stühle um den klobigen Tisch. Mit dem Siegeszug des Tourismus sind die Grotti zu stimmungsvollen Freiluft-Gaststätten geworden, meist von April bis Oktober in Betrieb, häufig außerhalb der Ortskerne am Waldrand oder Felshang und manchmal auch *cantina* genannt. Nur Feinschmeckerlokale sind sie nicht, in traditionellen Grotti wird nicht einmal gekocht – stattdessen kommen kalte Platten und trockene Weine auf den Tisch. Und der Wein wird aus Steingutbechern geschlürft, womöglich mit Limonade versüßt, die auch Kindern schmeckt. Kehrseite der Medaille: Längst nicht alles, was Grotto heißt, ist Grotto. Kneipenwirte wollen am Trend verdienen und nennen ihre Resopal-Osteria kurzerhand Grotto. Wir haben uns bemüht, bei unseren gastronomischen Empfehlungen solche Trend-Gewinnler zu übersehen: Haben Sie Nachsicht, wenn die Trennungslinie nicht immer schnurgerade verläuft.

Küche in der Lombardei

Vor allem in den bergigen Regionen ist die Küche recht „fleischlastig", in den Ebenen spielt dagegen Reis eine große Rolle.

Eins der bekanntesten Gerichte der Lombardei ist *ossobuco* bzw. *stinco di vitello* – Kalbshaxen mit Knochen, meist in Brühe, *aceto balsamico* (Balsamessig) oder Wein geschmort und mit Reis serviert. Das berühmte *costoletta alla milanese* entspricht in etwa dem Wiener Schnitzel, allerdings wurde das Rezept nicht aus Österreich importiert, sondern gerade umgekehrt – der Feldmarschall Radetzky war es angeblich, der das Gericht in Mailand entdeckte und nach Hause mitbrachte. *Bollito misto* ist in ganz Oberitalien verbreitet und meint verschiedene gekochte Fleischsorten wie Rind, Huhn und Kalb, die zusammen mit Gemüse geschmort und zubereitet werden. Als besondere Spezialität gelten außerdem Spießgerichte, z. B. die *spiedini di vitello* (Kalbfleischspießchen) sowie *agnello* (Lamm) und *porchetta* (Spanferkel). Weiterhin gibt es *vitello tonnato*, das ist dünn aufgeschnittenes, mit Weißwein und Gemüsen gekochtes Kalbfleisch, das als Antipasto serviert wird, die Kuttelsuppe *busecca* und schließlich den

Gemütliche Osteria in Luino

zampone alla milanese, ein vollständig entbeinter Schweinsfuß, gefüllt mit dem Hachsenfleisch selbst, Wurstbrät und anderen zerkleinerten Schweineteilen sowie verschiedenen Gewürzen. Ein fester Bestandteil der lombardischen Hausmannskost ist schließlich die *casoeula*, ein Eintopf aus Würstchen, verschiedenen Stücken vom Schwein (Rippchen, Schwarten, Füße, Ohren), Wirsing, Karotten, Sellerie und Zwiebeln, die bis in die Zeit der spanischen Besetzung der Lombardei zurückgehen soll.

Der berühmte *risotto alla milanese* ist mit Safran gewürzt bzw. gefärbt – die Entstehungslegende erzählt von einem Glaserlehrling, der bei der Restaurierung der Glasfenster des Mailänder Doms stets Safran in die Farben mischte und dies dann auch bei einer Hochzeitstafel seines Meisters ausprobierte. *Minestrone alla milanese*, eine Gemüsesuppe Mailänder Art, wird ebenfalls mit Reiseinlage (anstatt der üblichen Pasta) gereicht und das *risotto alla luganiga* besitzt eine kräftige Wursteinlage.

Küche im Piemont

Die piemontesische Küche ist entsprechend der meist bergigen Landesnatur alpenländisch herzhaft, wurde aber durch französische Einflüsse und die lange aristokratische Tradition der Turiner Savoyen-Herrscher immer wieder verfeinert.

Getreide wird in großen Mengen angebaut. Die *grissini* genannten kleinen Brotstangen werden zu jeder Mahlzeit gereicht und sind mittlerweile in ganz Italien verbreitet. Neben *risotto* und anderen Reisgerichten gibt es zahlreiche Pasta-Varianten, dazu zählen etwa die mit Fleisch gefüllten Nudeltäschchen *agnolotti* und die Bandnudeln namens *tajarin*. Am See werden die Teigtaschen natürlich gerne mit Fisch gefüllt, bekannt z. B. als *ravioli al profumo di pesce con pomodoro*.

Von den piemontesischen Fleischgerichten sollte man einmal *finanziera* versuchen, ein Ragout aus verschiedenen Fleischstücken, hauptsächlich Innereien. Genannt wird das Gericht so, weil es angeblich früher die Finanzbeamten besonders gerne aßen. Nach einer anderen Version bezieht sich der Name auf den Zehnten, den die Bauern in Naturalien an den Stadttoren abgeben mussten, wenn sie ihre Waren auf dem städtischen Markt verkaufen wollten. Dafür wählten sie in erster Linie die weniger wertvollen Innereien aus. Ein weiterer piemontesischer Leckerbissen ist *brasato al Barolo*, Schmorbraten in Barolo-Wein. Oft wird auch Wild serviert, *petto d'anatra all'aceto balsamico*, Entenbrust in Balsamessig, sollte man ebenfalls einmal kosten. *Bagna caôda* schließlich, ein Allerlei aus rohen und gekochten Gemüsen, getunkt in eine Sardellen-Knoblauchsoße, wird vor allem in der kalten Jahreszeit zubereitet.

Die bekannteste und teuerste Spezialität Piemonts sind jedoch die begehrten *tartufi* (Trüffel). Diese Pilze wachsen unterirdisch im Wurzelgeflecht von Bäumen. Speziell abgerichtete Hunde oder Schweine können diese Stellen aufspüren – die vom Besitzer streng geheim gehalten werden, da dort immer wieder neue Trüffeln entstehen. Zur Erntezeit im Herbst kommen Kenner von weither. Trüffeln werden meist geschnitten oder gerieben als Geschmacksanreger für viele Gerichte verwendet. Die Preise sind allerdings in der Regel hoch bis astronomisch.

Stilecht essen: italienische Speisenfolge

Der volle Reiz der italienischen Küche entfaltet sich besonders, wenn man sich an die traditionelle Speisenfolge hält. Zunächst stimmt man den Magen mit einem oder mehreren *antipasti* (Vorspeisen) ein – z. b. geräucherter Schinken mit Melone, zartes Carpaccio (hauchdünne Scheiben rohes Rinderfilet) oder „polenta con luccio" (Polenta mit Hecht). Dann folgt der *primo piatto* (erster Gang), meist Nudeln oder Reis – z. B. Gnocchi, Strangolapreti oder Tortellini. Alternativ kann man auch eine *minestra* (Suppe) wählen. Jetzt erst kommt der *secondo* (Hauptgang) auf den Tisch, entweder Fleisch oder Fisch. Traditionellerweise wird er ohne *contorni* (Beilagen) serviert, diese müssen extra bestellt werden. In manchen Orten hat sich aber den deutschen Essgewohnheiten angepasst und bietet das Hauptgericht mit Beilagen (auf der Karte meist vermerkt). Zu guter Letzt könnte man noch ein *dessert* (Nachtisch) wählen, doch meist ist man zu diesem Zeitpunkt bereits satt. In jedem Fall ist aber ein kleiner schwarzer Espresso (kein Cappuccino!) ein schöner Abschluss: Man nennt ihn einfach „Caffè" oder „Caffè licio", kann ihn aber auch mit einem Schluck Grappa abrunden (Caffè corretto) oder als „Caffè macchiato" mit geschäumter Milch trinken.

Wer sich auf ein solch üppiges Menü einlässt, muss keine Angst haben, hungrig wieder aufzustehen. Doch es hat seinen Preis. Essen gehen ist in Italien kein ganz billiger Spaß. Selbstverständlich hat man aber immer die Möglichkeit, nur einen primo piatto zu wählen, also z. B. ein Nudelgericht, dazu Salat o. Ä. – auch viele Einheimische verhalten sich so und vor allem mittags wird in vielen Lokalen ein Primo als einfaches Tagesgericht angeboten. Pizza gibt es traditionell nur abends, doch viele Lokale befeuern ihre Holzöfen mittlerweile auch schon mittags und machen darauf mit „Pizza anche mezzogiorno" aufmerksam. Sparsame können in Touristenorten auch häufig ein so genanntes Festpreismenü ordern, „menu a prezzo fisso" oder „menu turistico". Dieses ist weitaus günstiger als Speisen à la carte, allerdings nicht immer von nachhaltiger Qualität.

Qual der Wahl: Kaffee dutzendfach

Vorsicht bei der Preiskalkulation anhand aushängender Speisekarten – der ausgedruckte Preis der einzelnen Gerichte sagt noch nichts über den tatsächlichen Endpreis aus, denn bei jeder Mahlzeit werden pro Person noch zwischen 1,50 und 3 € für *coperto* (Gedeck) aufgeschlagen. *Servizio* (Bedienung) ist dagegen meist im Preis enthalten – jedoch nicht immer, vor allem in gehobeneren Lokalen muss man dafür noch oft 10–15 % Aufpreis in Kauf nehmen. Erfreulicherweise ist in den letzten Jahren verstärkt der Trend zu bemerken, diese Extras aus Gründen verschärfter Konkurrenz nicht mehr zu berechnen.

Essen und Trinken

Üppig: Käsestand auf dem Markt von Domodossola

Sonstige Spezialitäten

Käse: Die Region um den Lago Maggiore ist vor allem auch für ihre Käsespezialitäten bekannt, die hauptsächlich von der intensiven Rinderwirtschaft herrühren. Viele davon sind mit DOP-Siegel ausgezeichnet (vergleichbar mit DOC bei Weinen), z. B. der Hartkäse *Grana padano*, der lombardische Weichkäse *taleggio*, der mild-süßliche *ossolano* aus Val d'Ossola und Val Vigezzo und der berühmte *toma*, der in zahlreichen Orten um den See hergestellt wird, z. B. als „Toma del Mottarone". Eine begehrte Rarität ist der Bergkäse *Bettelmatt DOP* aus dem Valle Antigorio und Val Formazza nördlich von Domodossola (www.bettelmatt.eu), der nur von Juli bis September hergestellt wird, wenn die Herden das frische Futter der hoch gelegenen Almweiden fressen. Weiterhin gibt es den fetten und intensiv schmeckenden Schimmelkäse *Gorgonzola DOP* aus dem südlichen Seebereich, der gerne mit Polenta gereicht wird, den *crodo* aus dem gleichnamigen Ort im Valle Antigorio und den schmackhaften Ziegenweichkäse *formagella di Luino*. Auch Schmelzkäse steht als *fontina* oder *fondue alla valdostana* gerne auf der Speisekarte, gelegentlich sogar mit Trüffeln angereichert. Von den Tessiner Bergkäsen namens „formaggini" sind besonders der frische Kräuterkäse *büscion* und der weißschimmlige Ziegenkäse *zincarlin* zu empfehlen.

Wurst: Die Herstellung von Wurst und Schinken hat in den Tälern um den See eine jahrhundertealte Tradition. Im Tessin wird die Mortadella mit Leber vermischt, beliebt sind auch die Schweinswürste namens *luganighe*. Ein besonderes Vorzeigeprodukt auf piemontesischer Seite ist der vierzig Tage lang in einer Salzlake konservierte und anschließend mit Wacholder geräucherte *Vigezzino-Schinken*. Geschätzt werden zudem Salami und Mortadella aus dem Val d'Ossola, die aus Rindskeulen hergestellte *mocetta ossolana*, *Duja-Salami* aus Novara und Gänsesalami vom Ortasee. Weit verbreitet ist außerdem die *bresaola delle valli dell'Ossola*, eine Variante des Bündner Fleischs. Einen Höhepunkt der Gaumenfreuden stellt schließlich der *violino di agnello mortadella ossolana* dar, ein luftgetrockneter Ziegenschenkel, der fein aufgeschnitten mit Roggenbrot oder Pilzen serviert wird.

Wissenswertes von A bis Z

▸ **Süßspeisen**: Eine typische Tessiner Nachspeise ist *torta de pane*, ein Brotkuchen aus altbackenem Brot mit Milch, Kakao, Amaretto und Sultaninen. Den berühmten Mailänder Früchtekuchen *panettone* isst man vor allem zur Weihnachtszeit, traditionell wird er mit einem eingeritzten Kreuz gesegnet. Eine besondere Spezialität von Stresa am Westufer sind die mit Puderzucker bestäubten Butterteigkekse namens *margheritine di Stresa*, die erstmals für Königin Margherita von Savoyen zubereitet wurden. Zahlreiche weitere Köstlichkeiten stammen aus der Region um den See, darunter das süße, mit Äpfeln und Nüssen zubereitete und mit Zucker bestäubte Brot namens *Cradenzin* (auch: Crescenza) aus dem Val d'Ossola, die *fügascina*, eine süße Focaccia-Variante aus Mergozzo, und der Buchweizenkuchen *stinchett* aus Santa Maria Maggiore im Val Vigezzo.

> Seit Januar 2005 gilt in allen italienischen Gastronomiebetrieben von der kleinsten Bar bis zum Sternetempel absolutes **Rauchverbot**, das – einigermaßen unerwartet und auch ein bisschen unitalienisch – strikt eingehalten wird. Zuwiderhandlungen sind mit durchaus merklichen Strafen belegt und werden als sehr unhöflich empfunden. Zum Qualmen also raus auf die Straße zu den anderen Verbannten – eine gute Möglichkeit für einen Plausch mit den Einheimischen. Und auch im Tessin ist der Kreuzzug gegen die Raucher eröffnet: Seit 2007 gilt im Kanton ein absolutes Rauchverbot in Gaststätten, Zügen und öffentlichen Gebäuden.

Die Weine der Seeregion

Jeder größere Ort besitzt mindestens eine Weinstube, „Cantina", „Osteria" oder „Enoteca" genannt. Dort können Sie in angenehmer Atmosphäre die besten Weine der Region kennen lernen, dazu oft auch die traditionelle örtliche Küche.

Am Lago Maggiore steht eine breite Palette norditalienischer Weine zur Auswahl, darunter natürlich die renommierten Rotweine Barolo und Barbaresco und der weiße Gavi, die alle aus der Weinregion Piemont stammen. In vielen Restaurants kann man einen offenen „vino della casa" (Wein des Hauses) bestellen, dieser ist

Einladend: Verkostung in der Enoteca

Essen und Trinken 51

Gute Laune in der Cantina

preiswerter als Flaschenwein und in der Regel gut – gerne wird der leichte rote Barbera angeboten, der weiße Tischwein kommt dagegen häufig aus Venetien.

> Wer einen guten Tropfen kosten will, muss auswählen. Achten Sie immer auf die Ursprungsbezeichnung eines Weines: Qualitätsweine werden ausgezeichnet mit *DOC* („denominazione di origine controllata" = kontrollierte Ursprungsbezeichnung), die allerbesten mit *DOCG* („denominazione di origine controllata e garantita" = kontrollierte und garantierte Ursprungsbezeichnung). Weine, die mit *Indicazione geografica tipica* (IGT) ausgezeichnet sind, stammen ebenfalls aus einer bestimmten Herkunftsregion, einfache Tafelweine nennt man *vino della tavola*.

▶ **Tessin**: Im Tessin wird die rote Merlot-Traube angebaut, die durchaus beachtliche Weine hervorbringen kann. Am häufigsten wird der *Merlot del Ticino* serviert, der aus einer roten Bordeaux-Traube gewonnen wird. Aber auch *Merlot rosato*, ein kühl getrunkener Rosé-Wein, und seltener der weiße *Merlot bianco* gehören durchaus zur europäischen Spitzenklasse. Vom herben Landwein, dem einfachen *Nostrano*, kann man das nicht unbedingt behaupten. Dieser aus den lokalen Rebsorten Bondola und Freisa gewonnene Wein wird in den Grotti aus der Steinguttasse „Tazzina" oder dem 0,2-Ltr.-Krug „Boccalino" getrunken.

▶ **Piemont**: Das Piemont ist eine der führenden Weinbauregionen Italiens, allerdings stammen die besten Weine aus den südlich von Turin gelegenen Anbaugebieten Monferrato und Langhe um Asti und Alba. Man hat die Wahl zwischen den hochklassigen, aus der Nebbiolotraube gewonnenen Rotweinen *Barolo* und *Barbaresco*, dem etwas süffigeren „Allerweltswein" *Barbera*, von dem es aber auch exzellente, im Barrique (Eichenfass) ausgebaute Varianten gibt, dem fruchtig-frischen *Dolcetto* und dem leichten trockenen *Nebbiolo* mit seinem typischen Veilchenaroma. Im

52   Wissenswertes von A bis Z

Bereich des Lago Maggiore selber wird vor allem südwestlich des Sees Wein produziert, außerdem in den Ossola-Tälern westlich vom See. Einige dieser Weine besitzen sogar ein DOC-Siegel, z. B. die aus *Ghemme, Boca, Sizzano* und *Fara Novarese*, ca. 20 km südwestlich von Arona.

▸ **Lombardei**: Die lombardischen Weine genießen bisher keinen sonderlich hohen Bekanntheitsgrad. Zu den besten Anbaugebieten zählen die *Valtellina* östlich vom Comer See und die *Franciacorta* südlich vom Iseo-See – letztere Region ist bekannt für ihren Spumante, z. T. mit DOCG-Klassifizierung. Am Lago Maggiore produzieren lediglich einige Weingüter um Angera im Südosten Rot- und Weißweine unter dem Namen „Ronchi Varesini", die eine „Indicazione Geografica Tipica" besitzen, also keine DOC-Weine sind.

Die Magie des ratafià

Die Nüsse für den weltweit gerühmten Tessiner Nusslikör – *nocino* oder *ratafià* genannt – müssen in der Nacht vom 24. auf den 25. Juni noch grün gesammelt werden. So will es die Legende. Ansonsten gibt es so viele Rezepte wie Produzenten: Zu den Nüssen kommt *Grappa nostrana*, dazu Vanille, Zimt und Nelken; alles in der Sonne stehen lassen und nach vier Monaten absieben. Oder doch ein, zwei Jahre ruhen lassen und Muskat statt Nelken verwenden? Oder lieber rühren und Zucker hinzufügen? Oder vielleicht doch ...

Feiertage

An folgenden gesetzlichen Feiertagen bleiben Geschäfte, Banken, Ämter und Schulen geschlossen.

Italien   1. Januar (*Capodanno*/Neujahr); 6. Januar (*Epifania*/Dreikönigstag), *Lunedì dell'Angelo*/Ostermontag (Achtung: Karfreitag ist kein Feiertag!), 25. April (*Festa della Liberazione*/Tag der Befreiung vom Faschismus), 1. Mai (*Festa dei Lavoratori*/Tag der Arbeit), 2. Juni (*Festa della Repubblica*/Tag der Gründung der Republik), 29. Juni (*La Solennità dei Santi Pietro e Paolo*/Peter und Paul), 15. August (*Assunzione di Maria Vergine*/Ferragosto/Mariä Himmelfahrt), 1. November (*Ognissanti*/Allerheiligen), 8. Dezember (*Immacolata*/Mariä Empfäng-

nis), 25. Dezember (*Natale*/Weihnachten), 26. Dezember (*Santo Stefano*/Tag des heiligen Stephanus).

Tessin   1. Januar (Neujahr), 6. Januar (Dreikönigstag), 19. März (St. Josephstag), Ostermontag (Karfreitag ist kein Feiertag), 1. Mai (Tag der Arbeit), Christi Himmelfahrt, Pfingstmontag, Fronleichnam, 29. Juni (Peter und Paul), 1. August (Schweizer Nationalfeiertag), 15. August (Mariä Himmelfahrt), 1. November (Allerheiligen), 8. Dezember (Mariä Empfängnis), 25. und 26. Dezember (Weihnachten).

Feste und Veranstaltungen

Zum Beginn der Urlaubssaison im Frühjahr ist es vor allem die üppige Vegetation, die im Mittelpunkt vieler Feste steht. Besonders die Kamelie, die in hunderten von Arten am See blüht, wird mit großen Ausstellungen gefeiert, z. B. in Locarno, Cannero Riviera und Verbania Pallanza.

Zur Tulpenblüte im April findet im berühmten Botanischen Garten „Giardini di Villa Taranto" bei Verbania die große *Settimana del tulipano* statt. Weitere Ereignisse sind im Mai das *Fischerfest* von Brissago und im Juni das *American Music Festival* in Locarno und die *Internationalen Segelregatten* in Ascona und Verbania.

Geld 53

Der Lago Maggiore ist eins der Zentren klassischer Musik in Europa, zu dem alljährlich international bekannte Musiker anreisen. Vor allem der Sommer ist von musikalischen Großereignissen geprägt, allen voran *JazzAscona* (Ende Juni/Anfang Juli), eins der weltweit bedeutendsten Festivals für traditionellen Jazz. Im Juli folgt das Opernfestspiel *Festival Umberto Giordano* in Baveno (Juli) und danach bieten von Anfang August bis in die erste Septemberwoche die beliebten *Settimane musicali di Stresa* (musikalische Wochen) in Stresa und anderen Seeorten klassische Musik auf hohem Niveau – im Jahr 2011 wird bereits das fünfzigste Jubiläum gefeiert.

Weitere stimmungsvolle Sommerfeste sind das Lichterfest *Madonna del Carmelo* in Cannero Riviera (Juli), die durchtanzte *Notte bianca* in Baveno (August) und der *Corso fiorito*, ein großer bunter Umzug mit blumengeschmückten Wagen in Verbania Pallanza (September).

Im Tessin wird am 1. August der *Schweizer Nationalfeiertag* gefeiert, denn an diesem Tag im Jahr 1291 schlossen sich die drei Urkantone Uri, Schwyz und Unterwalden zum „Ewigen Bund" zusammen. In Locarno und Ascona endet dieser Tag mit eindrucksvollen Seefeuerwerken und auf den Bergen werden weithin sichtbare Höhenfeuer gezündet. Ebenfalls im August gibt es schon seit 1946 alljährlich das berühmte *Festival internazionale del film Locarno*, das vor allem für junge Cineasten eine wichtige Plattform darstellt, denn mit dem „Goldenen Leoparden" wird dabei ein begehrter Filmpreis vergeben. Die meisten Filme werden auf der zentralen Piazza Grande auf einer Großbildleinwand gezeigt, das einmalige Ambiente zieht jedes Jahr tausende von Besuchern an.

Im September sind die *internationalen Musikwochen* in Ascona und der *Tessin-Marathon* bei Tenero Großereignisse auf der Schweizer Seite des Sees. Ein ungewöhnliches Stelldichein findet außerdem am ersten Septemberwochenende in Santa Maria Maggiore statt, dem Hauptort des Val Vigezzo (zu erreichen von Cannobio): Zum *Raduno internazionale degli Spazzacamini* treffen sich dort Schornsteinfeger aus aller Welt und geben Einblick in ihre Arbeit. Der anschließende Herbst ist im Tessin von den Kastanienfesten namens *Castagnate* geprägt, die oft mit Weinfesten einhergehen.

Zur Weihnachtszeit werden in vielen Seeorten liebevoll gestaltete Krippen aufgestellt, oft sogar mit lebenden Figuren, genannt „Presepi viventi". Auch Weihnachtsmärkte gibt es in vielen Orten, z. B. in Ascona, Cannero Riveria und Verbania Pallanza. Am letzten Wochenende im Januar wird beim *Rogo della giubana* eine große Puppe verbrannt und damit symbolhaft der Winter vertrieben. Karneval wird sowohl im Tessin wie auch in Italien in den größeren Orten mit ausgelassenen Umzügen gefeiert – auf der italienischen Seite des Sees sogar länger als gewohnt, denn nach dem hier gültigen ambrosianischen Ritus beginnt die Fastenzeit erst am Sonntag nach Aschermittwoch. Im Tessin gibt es dabei die so genannten *Risottate di Carnevale* (Risotto-Feste), dabei werden in großen Kübeln Risotto, Gnocchi oder Polenta mit Würsten zubereitet und an alle Anwesenden verteilt.

Weitere Feste und Veranstaltungen unter den jeweiligen Orten.

Geld

In Italien gilt der Euro (€), in der Schweiz bezahlt man mit Schweizer Franken (franco svizzero; gebräuchliche Abk.: Fr), 1 € entspricht etwa 1,59 Fr (Stand Mai 2008).

54   Wissenswertes von A bis Z

Mit Bankkarte und Geheimnummer müssen Sie keine einzige Bank betreten, um
an Geld zu kommen, denn in allen größeren Orten gibt es *Geldautomaten* (Bedie-
nungsanleitung auch in Deutsch). Pro Abhebung zahlt man allerdings ca. 4–6 €.
Kunden von Citibank, Commerzbank, Comdirect, Deutsche Bank, SEB und Hypo
Vereinsbank können bei ausländischen Zweigstellen kostenlos Geld abheben, mit
der Postbank SparCard sind bis zu zehn Abhebungen im Jahr an Automaten mit
Visazeichen gratis. Für das Einlösen von *Reiseschecks* müssen Sie am Bankschalter
vorstellig werden, eine kleine Gebühr wird ebenfalls meist fällig. *Geldwechsel-*
automaten gibt es in der Schweiz z. B. in den Filialen der Credito Svizzero.

Information

Das italienische Fremdenverkehrsamt *ENIT* (Ente Nazionale Industrie Turistiche)
besitzt in Deutschland drei Niederlassungen, in Österreich und Schweiz je eine. In
Italien betreibt jede Provinz ein Verkehrsamt, das für die gesamte Provinz Auskünfte gibt, genannt *APT* (Azienda di Promozione Turistica) oder *IAT* (Ufficio
Informazioni e di Accoglienza Turistica). Zusätzlich verfügen alle Städte und touristisch bedeutsamen Orte über eigene Informationsstellen, die ebenfalls meist IAT
heißen. Oft wird dort Deutsch gesprochen.
Die Schweizer Tourismusbehörde *Schweiz Tourismus* besitzt in Deutschland, Österreich und der Schweiz jeweils eine Zentrale. Im Tessin erhalten Sie jegliche touristische Information in jedem größeren Ort im Fremdenverkehrsbüro *Ente Turistico*.

> Detaillierte Hinweise zu den lokalen Informationsbüros finden Sie in den jeweili-
> gen Ortstexten.

SCHWEIZER UND TESSINER FREMDEN-
VERKEHRSBÜROS
• *Deutschland* **Schweiz Tourismus**, Post-
fach 160754, D-60070 Frankfurt/M. ✆ 069/
2560010, 📠 25600138.
• *Österreich* **Schweiz Tourismus**, Fach 34,
A-1015 Wien. ✆ 01/5127405, 📠 5139335.
• *Schweiz* **Switzerland Tourism**, P.O. Box
695, CH-8027 Zürich. ✆ 01/2881111, 📠 2881205.
Die Tourismus-Zentrale ist europaweit gratis zu erreichen unter ✆ 00800-100-200-30,
📠 100-200-31.
• *Tessin* **Ticino Tourismo**, Cassella postale
1441, CH-6501 Bellinzona. ✆ 091/8257056,
📠 8253614, www.ticino-tourism.ch.

> Internet: www.switzerlandtourism.ch

ITALIENISCHE FREMDENVERKEHRSBÜROS
• *Deutschland* **Büro Berlin**, Friedrichstr.
187, D-10117 Berlin. ✆ 030/2478398, 📠 2478399,
enit-berlin@t-online.de; Mo–Fr 10–17 Uhr,
Sa/So geschl.
Büro Frankfurt, Neue Mainzer Str. 26, D-
60311 Frankfurt/M. ✆ 069/237434, 📠 232894,

enit.ffm@t-online.de; Mo–Fr 10–17 Uhr, Sa/
So geschl.
Büro München, Prinzregentenstr. 22, D-
80538 München. ✆ 089/531317, 📠 534527,
enit-muenchen@t-online.de; Mo–Fr 10–
17 Uhr, Sa/So geschl.
• *Österreich* **Büro Wien**, Kärntner Ring 4, A-
1010 Wien. ✆ 0043/1/5051639, 📠 5050248,
www.enit.at, delegation.wien@enit.at;
Mo–Do 9–17, Fr 9–15.30 Uhr, Sa/So geschl.
• *Schweiz* **Büro Zürich**, Uraniastr. 32, CH-
8001 Zürich. ✆ 0041/43/4664040, 📠 4664041, enit
@bluewin.ch; Mo–Fr 9–17 Uhr, Sa/So geschl.
• *Lago Maggiore* (Lombardei) **Assessorato**
al Marketing Territoriale e Identità Cultu-
rale, Piazza Libertà 1, I-21100 Varese. ✆ 0332/
252412, 📠 252281, www.provincia.va.it,
www.vareselandoftourism.it.
• *Lago Maggiore* (Piemont) **IAT - Distretto**
Turistico dei Laghi, Corso Italia 18, I-28838
Stresa. ✆ 0323/30416, 📠 934335,
www.distrettolaghi.eu.

> Internet: www.enit-italia.de

Internet

Wer zwischendurch schnell einmal seine Mails abrufen möchte, kann in größeren Städten auf zahlreiche Internet-Cafés und Call-Shops zurückgreifen. In kleineren Städten finden sich öffentlich zugängliche Terminals gelegentlich in Bars (mit ca. 4–5 €/Std. relativ teuer) oder häufig auch in den Stadtbibliotheken (Biblioteca comunale), dort meist umsonst, dafür nicht immer mit günstigen Öffnungszeiten. Viele Hotels und auch Campingplätze bieten außerdem an WLAN-Hotspots die Möglichkeit zur Einbuchung ins Netz. Dafür braucht man allerdings manchmal ein Guthaben, das sich in den Shops der Mobilfunkanbieter (TIM = Telecom Italia, Omnitel-Vodafone und Wind) erstehen lässt.

Informationsreiche Websites zum Lago Maggiore sind www.ciaolagomaggiore.com, www.derlagomaggiore.de, http://distrettolaghi.eu, www.lagomaggiore.net, www.maggiore.ch, http://maggioreevalli.ticino.ch, www.parchilagomaggiore.it, www.reisefuehrer-lagomaggiore.de und www.reiseziel-tessin.de.

Kinder

Es gibt so einiges, was sich hier anstellen lässt – falls die Sprösslinge tatsächlich einmal vom Baden im See oder im hauseigenen Swimmingpool genug haben und auch mit den neuen Freunden vom Nachbarbungalow nicht so recht spielen wollen ...

In den meisten Badeorten kann man Tret- und Ruderboot fahren, Minigolf spielen oder Fahrräder ausleihen, auch Spielplätze sind relativ häufig anzutreffen – über den von Baveno am Westufer schlängelt sich sogar ein steinernes Wasserungeheuer. Aber das Allergrößte ist natürlich, mit einem echten Schiff auf den See hinauszufahren. Die Schiffe der „Navigazione sul Lago Maggiore" laufen mehrmals täglich die meisten Badeorte an. Aber vielleicht will Papi ja sogar ein echtes Motorboot mieten, was auch ohne Führerschein vielerorts möglich ist.

Familientauglich: mit dem Schlauchboot auf dem See

56   Wissenswertes von A bis Z

▶ **Tessin**: Auf der Schweizer Seeseite haben die Kleinen sicher ihren Spaß an einer Rundfahrt mit den Stadtrundfahrt-Zügli in *Ascona* und *Locarno* (→ S. 76 bzw. 67), dazu kommen mehrere abenteuerliche Seilbahnen und Sessellifte. Fast ein Muss für Jung und Alt ist außerdem eine Zugfahrt mit der legendären *Centovalli-Bahn* („Lago Maggiore Express") nach Domodossola (→ S. 67/109). Darüber hinaus sind auch der *Zoo* in Magliaso (→ S. 150) und der Naturlehrpfad *Collina di Maia* bei Ascona (→ S. 86) einen Besuch wert. Und was tun, wenn es Bindfäden regnet? Begeisterter Kommentar eines 6-Jährigen im *Schokoladenmuseum* von Caslano: „Schaut grusig us, aber schmeckt guuuat" (→ S. 150).

▶ **Italien**: Am Ostufer sollte man nicht verpassen, von Laveno aus mit der originellen „Kübelbahn" auf den *Monte Sasso del Ferro* hinaufzugondeln, nicht nur für Kinder eine echte Gaudi (→ S. 154). Das liebevoll aufgemachte Puppenmuseum in der stolzen Burg von *Angera* im Süden ist auch für Jungs einen Besuch wert, denn sie finden dort automatische Figuren, Roboter und Comics (→ S. 166). In *Ranco*, ganz in der Nähe, kann man das liebevoll aufgemachte Transportmuseum mit vielen echten Loks und anderen Fahrzeugen besuchen (→ S. 164). Der berühmte Markt von *Luino* schließlich ist eine Attraktion für Jung und Alt (→ S. 146).

Den schönsten Strand am Westufer besitzt *Cannobio*, wenige Kilometer südlich der Schweizer Grenze (→ S. 172). Dort kann man aber hinter dem Ort auch wunderbar im Fluss Torrente Cannobino baden und mit Schlauchbooten paddeln. Tierparks gibt es bei *Fondotoce* (→ S. 197), in *Stresa* (→ S. 207) und bei *Agrate Conturbia* (→ S. 224) südlich vom See. Auf der prächtigen Palastinsel *Isola Bella* vor Stresa laufen Pfaue frei herum, auf der *Isola Madre* gibt es eine große Marionetten-sammlung (→ S. 217) und ein Ausflug zum *Monte Mottarone* hinter Stresa lohnt nicht nur wegen der phänomenalen Aussicht, sondern auch wegen der Sommer-rodelbahn (→ S. 211). Bei Arona im Südwesten des Sees lockt schließlich ein echtes „Highlight" – die 23 m hohe Kupferstatue des Carlo Borromeo, in deren hohlem Innenraum Schwindelfreie bis zu den Augen hinaufklettern können (→ S. 222).

Klima und Reisezeit

Das Klima am Lago Maggiore ist noch nicht so ausgeprägt mediterran wie in Mittelitalien. Doch an der „Sonnenseite der Alpen" ist alles ein bisschen üppiger und intensiver als im germanischen Norden, und wenn es nördlich der Berge noch eisig kalt ist, öffnen hier bereits die Kamelien ihre Blüten. Nicht von ungefähr hat der Dichter Petrarca schon im 14. Jh. das Seeklima als „saluberrimo" (äußerst heilsam) bezeichnet.

Generell sind die Temperaturen am Lago Maggiore ganzjährig mild, denn die Berge halten die kalten Nordwinde ab und die großen Wassermassen wirken zusätzlich ausgleichend. Im kurzen und meist ausgesprochen trockenen Winter fällt das Thermometer kaum unter Null Grad, in den niedrigeren Lagen zieht der Frühling schon im Februar mit seiner Blütenpracht ein (etwa sechs Wochen vor Mitteleuropa) und noch der Oktober zeigt sich mild und warm – ideale Voraussetzungen für die Anlage zahlreicher Botanischer Gärten, in denen eine erstaunliche Pflanzenvielfalt aus aller Welt gedeiht: „Garten Europas" wird der Lago Maggiore deshalb auch gerne genannt.

Zu Ostern beginnt die Saison, im *April* und *Mai* grünt und blüht alles in fast sub-tropischem Überschwang, die Temperaturen sind mild und Windsurfer finden dank der stabilen Windverhältnisse (→ Sport) ideale Bedingungen. Zum Baden ist es allerdings noch zu kühl. Der Mai ist eine wunderbare Zeit für Aktivurlauber, Kultur-

und Landschaftsreisende, ebenso die erste *Junihälfte* – es ist warm, aber nicht zu warm. Doch schon zu Beginn des Monats kann man spüren, wie es Tag für Tag heißer wird, die Badesaison beginnt. Hin und wieder kann es im Seegebiet aber auch zu heftigen Gewitterschauern kommen. Die zweite Julihälfte und die ersten drei Wochen des *August* sollte man – falls man nicht an die Schulferien gebunden ist – besser meiden: Die Badeorte sind überfüllt und die Campingplätze bis auf den letzten Platz belegt, Staus auf den Uferstraßen, ständig belegte Restaurants und gestresstes Personal gehören zum Alltag. Andererseits findet in dieser Zeit fast an jedem Wochenende Feste und Festivals statt.

Im *September* beginnt vielerorts wieder die Schule und am noch badewarmen See kehrt wieder Ruhe ein. Allerdings kann es in dieser Zeit auch zu lang andauernden und heftigen Regenfällen kommen, die im Gebiet der Oberitalienischen Seen oft besonders intensiv ausfallen und am Lago Maggiore schon zu heftigen Überschwemmungen geführt haben (→ S. 22) – die wunderbar klare Luft und die damit verbundene optimale Fernsicht können nach solchen Tagen

Österliche Farbenpracht am nördlichen Lago Maggiore

aber reich entschädigen. Der *Oktober* ist meist trockener, die Weinernte wird vielerorts mit Festlichkeiten begangen, aber auch die Pilze sind jetzt reif, die Speisekarten locken mit Wildgerichten. Die Schweizer genießen jetzt ihre mehrwöchigen Herbstferien und Bergwanderer freuen sich über die letzten schönen Tage, die bis in den November hinein anhalten können.

> **Wasser-/Lufttemperaturen am Lago Maggiore**: Im Frühjahr (März bis Mai) beträgt die Wassertemperatur 10–16 Grad, die der Luft tagsüber 15–23 Grad. Von Juni bis August steigen die Wassertemperaturen von 20 Grad bis zum Spitzenwert von 26 Grad, die Luft hat 22–32 Grad. Im September kommt man noch auf die angenehmen Werte von 17–22 bzw. 20–28 Grad, im Oktober/November fallen sie auf 10–15 und 10–20 Grad.

Notrufe

▸ **Italien**: Ambulanz (*pronto soccorso*) ✆ 118, Polizeinotruf ✆ 112 (europaweit mit dem Handy zu erreichen), Polizei ✆ 113, Pannenhilfe (*soccorso stradale*) ✆ 803116 (vom Handy 800116800), Feuerwehr (*pompieri*) ✆ 115.

▸ **Tessin**: Ambulanz: ✆ 144, Polizeinotruf ✆ 117, Pannenhilfe, ✆ 140, Feuerwehr ✆ 118.

Post

Die italienische Post genießt nicht den besten Ruf. Die Karte an die Lieben daheim dauert gut fünf bis sechs Tage. Deshalb besser in einem Umschlag abschicken, denn Briefe laufen etwas schneller. Noch rascher geht es, wenn man eine Briefmarke für „Posta Prioritaria" kauft, die etwa 50 % teurer ist als Normalmarken.

Historischer Briefkasten

In der Schweiz wird bei der Versendung von Briefen und Ansichtskarten nach Bestimmungsland und Beförderungsdauer unterschieden. Wird eine schnelle Beförderung gewünscht (zwischen drei und maximal fünf Tagen), zahlt man für seine Sendung ins europäische Ausland und die nichteuropäischen Mittelmeerländer 1,30 Fr und für Sendungen in alle übrigen Länder 1,80 Fr. Bei einer Beförderungsdauer von über fünf Tagen liegen die Gebühren bei 1,20 Fr.

Öffnungszeiten: In Italien meist Mo–Fr 8.15– 14, Sa 8–13 Uhr, in Städten oft auch nachmittags, meist 16–20 Uhr. Im Tessin Mo–Fr 7.30–12 Uhr und 13.45–18.30 Uhr, Sa 8–11 Uhr.

Briefmarken: „Francobolli" kann man nicht nur bei der Post erstehen, sondern auch in vielen Tabacchi-Läden und Souvenirshops, die Postkarten verkaufen.

Reisepapiere

Für den Aufenthalt in Italien und der Schweiz genügt der Personalausweis (*carta d'identità*). Wer auf Nummer Sicher gehen will, nimmt außerdem seinen Reisepass (*passaporto*) mit, zusätzlich Kopien beider Papiere. Kinder unter 16 Jahren benötigen einen *Kinderausweis* (ab 10 Jahren mit Lichtbild). Kinder und Jugendliche, die ohne Erwachsene reisen, benötigen außer ihrem Ausweis eine schriftliche Vollmacht der Erziehungsberechtigten, die in Englisch oder Französisch abgefasst sein muss. Ihr Haustier (Hund oder Katze) darf nur mit, wenn Sie ein tierärztliches Impfzeugnis gegen Tollwut vorlegen können, neuerdings im „Hundepass" notiert.

> Seit 1998 gibt es beim Transit von Deutschland über Österreich nach Italien keine Grenzkontrollen mehr, die entsprechenden Einrichtungen stehen leer oder wurden abgebaut. Bei der Anreise über die Schweiz muss man aber nach wie vor häufig einen Ausweis vorzeigen. Da die Schweiz kein EU-Land ist und die Regelungen des Schengener Abkommens, dem auch die Schweiz beigetreten ist, erst Stück für Stück in Kraft treten, sollten Sie als Autofahrer die grüne Versicherungskarte mitnehmen.

Sport

Der See, aber auch die umgebenden Berge ermöglichen eine breite Palette von Sportarten – vor allem Wassersportler finden von Mai bis September ideale Gegebenheiten.

Sport 59

Paragliding (Gleitschirmfliegen) erfreut sich großer Beliebtheit

▶ **Angeln**: Am Lago Maggiore ist Fischen ganzjährig erlaubt, in Flüssen und den kleinen Tessiner Seen nur vom letzten Märzsonntag bis zum letzten Septembersonntag. In jedem Fall ist eine Lizenz nötig, die sowohl in Italien wie im Tessin bei der Gemeinde oder beim Fremdenverkehrsamt beantragt werden kann. Kinder unter 13 Jahre können ohne Schein angeln.

▶ **Bungee-Jumping**: Von der 72 m hohen Centovallina-Eisenbahnbrücke bei *Intragna* oder von der Staumauer des *Lago di Vogorno* im Verzascatal stürzen sich Tollkühne zwischen April und September am Gummiseil für 90–250 Fr in die Tiefe. Das will natürlich – auch aus Sicherheitsgründen – perfekt organisiert sein:
  Information Trekking Team, Tegna, ✆ 091/7807800, www. trekking.ch.

▶ **Fliegen**: Fallschirmspringen, Drachen- und Segelfliegen sowie Paragliding – alles hat Aufwind bekommen in der Bergwelt um den See. Die Tessiner Seilbahnen leisten für den Transport gute Dienste, z. B. am *Monte Tamaro* (→ S. 103) und am *Monte Lema* (→ S. 147). Ein begehrter Startpunkt für Gleitschirmflieger ist aber auch der lombardische *Monte Sasso del Ferro* oberhalb von Laveno am Ostufer (→ S. 155).

▶ **Golf**: Zehn Anlagen sind mittlerweile um den See entstanden, die nicht nur den Schönen und Reichen offen stehen.

• *Golfplätze im Tessin* **Golf Target Locarno**, Via Respini, im Flussdelta am Lago Maggiore. ✆/✉ 091/7523353, www.golflocarno.ch.
Golf Club Patriziale Ascona, Via Lido 81, im Maggiadelta. ✆ 091/7912132, ✉ 7910706, www.golf.ascona.ch.
Golf Gerre Losone, zwischen Locarno und Ascona am Fluss Melezza. ✆ 091/7851090, ✉ 091/7851091, www.golflosone.ch.
Golf Club Lugano, am Luganer See in Magliaso, 15 Automin. von Lugano. ✆ 0916/061557, www.golflugano.ch.

• *Golfplätze in der Lombardei* **Golf dei Laghi**, Via Trevisani 926, bei Travedona Monate am Lago di Monate. ✆ 0332/978101, ✉ 977532, www.golfdeilaghi.it.
• *Golfplätze im Piemont* **Golf Club Piandisole**, Via alla Pineta 1, bei Premeno, im Hinterland von Oggebbio und Ghiffa. ✆ 0323/587100, ✉ 587763, www.golfpiandisole.it.
Golf & Sporting Club Verbania, Strada Statale 34 del Lago Maggiore, bei Verbania-Fondotoce. ✆ 0323/80800, ✉ 800854, www.golfverbania.it.

60   Wissenswertes von A bis Z

Golf Club Alpino di Stresa, Viale Golf Panorama 48, in Vezzo bei Stresa. ✆ 0323/20642, ✆ 208900, www.golfalpino.it.
Golf Club des Iles Borromées, Località Motta Rossa, Brovello Carpugnino, südlich von Stresa. ✆ 0323/929285, ✆ 929190,

www.golfdesilesborromees.it.
Golf Club Castelconturbia, Via Castelconturbia 10, bei Agrate Conturbia südlich von Arona. ✆ 0322/832093, ✆ 832428, www.castelconturbia.it.

▸ **Kanufahren:** Im *Verzascatal* finden zwischen Mai und September organisierte Wildwasserfahrten statt. Für 190 Fr Tagessatz bekommt man neben der Ausrüstung auch Anfahrt und sachkundige Führung spendiert. Das wegen verschiedener Unfälle in Verruf geratene Canyoning wird vornehmlich im *Centovalli* von auswärtigen Veranstaltern organisiert.

▸ **Klettern:** Ein beliebter Kletterberg ist der steilwandige Granitberg *Mont'Orfano* beim Lago di Mergozzo am Westufer. Bei *Maccagno* auf der lombardischen Seite gibt es einen gut ausgestatteten Klettergarten und auch bei *Ponte Brolla* am Eingang des Valle Maggia (Locarno) sind jüngst zwei – leichte – Klettergärten eröffnet worden.

▸ **Radfahren:** Für Mountainbiker gibt es im bergigen Hinterland zahllose Möglichkeiten, am See selber herrscht leider viel motorisierter Verkehr, dort sind Radwege eher Mangelware. Ideale Gebiete für Radler sind der Naturpark *Lagoni di Mercurago* bei Arona, der mehrere gut markierte Wege besitzt, der *Lago di Varese* mit einem Radweg um den gesamten See und der nahezu ebene *Parco Naturale del Valle del Ticino* im Süden des Lago Maggiore. Rasante Schussfahrten bietet der *Monte Mottarone* hinter Stresa. Auf der Tessiner Seite des Sees kann man Räder problemlos und preiswert an den Bahnhöfen von Locarno und Tenero mieten, neuerdings sogar welche mit Motor.

▸ **Segeln:** In *Verbania Intra* findet Anfang Juni die internationale Segelregattawoche „Verbania Vela" statt (www.cvci.it), eine weitere in *Ascona*. Am Ostufer gibt es eine renommierte Segelschule in *Cerro* bei Laveno und auch auf Tessiner Seite arbeiten mehrere Segelschulen, die Unterricht erteilen und im Sommer Segeltörns veranstalten. Bei Vorlage eines Segelscheins können in vielen Orten Boote gemietet werden.

▸ **Tauchen:** Vor allem der Tessiner Teil des Lago Maggiore und seine Flüsse haben sich diesbezüglich einen guten Namen gemacht. Sehr beliebt, allerdings auch höchst anspruchsvoll, sind Tauchgänge im *Val Verzasca* – dabei unbedingte Vorsicht vor den starken Strömungen (→ S. 127, 130)! Bei *San Nazzaro* am Nordostufer können versunkene Wracks betaucht werden, ein weiteres Ziel sind die unterseeischen Steilwände bei *Brissago*. Bei Cannobio auf italienischer Seite kann man Tauchgänge in der Schlucht *Oriddo di Sant'Anna* unternehmen.

▸ **Wandern:** Die Wanderwege im bergigen Seengebiet sind zahlreich, wobei die im *Tessin* deutlich besser ausgeschildert sind als auf italienischer Seite. Folgende Markierungen signalisieren dort die unterschiedlichen Schwierigkeitsgrade: gelb = leicht, rot-weiß = mittelschwer (Bergschuhe und wetterfeste Kleidung), weiß-blau-weiß = schwer (mit Gletscherpassagen oder Steilstufen). Das Tessin ist ohne Übertreibung ein Wanderparadies – 2000 km markierte Wanderwege locken, und selten in Europa findet man derart großartige Panoramen auf vergleichsweise leichten Touren. Die Anfahrt ist in aller Regel mit dem Bus möglich; außerdem stehen zahlreiche Seilbahnen zur Verfügung, sodass man die Touren nicht unbedingt mit einem mühevollen Aufstieg beginnen muss (und sich bisweilen auch den Abstieg sparen kann). Meist ist der Ausgangspunkt einer Wanderung in herrlicher Natur und mit weiter Rundum-Aussicht zügig nach höchstens einer Stunde erreicht. Zudem finden Sie auf jeder noch so einsamen Tour eine Hütte oder sogar einen Gasthof.

Sprache

Nicht überall sind die Wege so deutlich gekennzeichnet

Exzellente Wanderregionen auf italienischer Seite sind das *Val Grande* hinter Verbania, das *Valle Cannobina* am Westufer und das Hinterland von *Maccagno* mit Val Veddasca und Lago d'Elio am Ostufer.

- *Informationen* **Trek-Montagna**, Via ai Monti 4, Locarno, ℅ 091/7511194, www.trekmontagna.ch.
Club Alpino Italiano (CAI), Niederlassungen in Arona, Baveno, Stresa und Verbania am Westufer sowie in Laveno und Luino am Ostufer. Infos unter www.cai.it.

> Die in diesem Buch beschriebenen **12 Touren** um den See sind höchstens in einzelnen Abschnitten mittelschwer, sonst leicht und für jeden Wanderer und selbst Kinder machbar. Aber auch auf leichten Routen sollte Schutzkleidung gegen Regen und Wind nicht fehlen; Sonnenbrille, -hut und -creme sind ein Muss in südlicher Sommersonne, Teleskopstöcke können gerade bei Abstiegen (auch bei leichten Touren) eine große Hilfe sein und Wanderstiefel sind für jeden noch so harmlosen Weg immer zu empfehlen. Denken Sie auch stets an Notproviant und informieren Sie sich bei längeren Touren, ob die Hütten auf Ihrer Route auch bewirtschaftet sind. Ein Flüssigkeitsvorrat von 1,5 Litern ist bei ganztägigen Sommerwanderungen notwendig.

Windsurfen: Die Windverhältnisse am Lago Maggiore sind von Mai bis September ausgesprochen stabil. Vor allem die nördliche Seehälfte ist zum Surfen geeignet – morgens bringt die „Tramontana" frischen Wind aus den Bergen, nachmittags bläst die „Inverna" aus der Poebene zum See herauf. Die Windstärken betragen meist um die 2 bis 3 Beaufort, lediglich die Tage mit böigem Föhn können ein wenig unangenehm werden. Windsurfbretter können in fast allen Badeorten geliehen werden. Eine gute Windsurfschule ist z. B. „La Darsena" in Pino del Lago Maggiore (→ S. 137).

Sprache

Amtssprache ist am ganzen See, also auch im Tessin, Italienisch. Einzige Sprachinsel ist das Dörfchen *Bosco Gurin* im Valle Maggia, wo seit dem 13. Jh. ein walserdeutscher Dialekt gesprochen wird. Mit Deutsch (aber auch Englisch und

62   Wissenswertes von A bis Z

Französisch) kommt man vor allem in der nördlichen Seehälfte leidlich bis gut zurecht. Allerdings würdigen es die Einheimischem immer, wenn sich Fremde ums Italienische bemühen.

Telefon

Öffentliche Telefone funktionieren in Italien mit *magnetischen Telefonkarten* (carta telefonica), erhältlich für 5 bzw. 10 € in Tabak- und Zeitschriftenläden, manchmal auch an Rezeptionen von Hotels und Campingplätzen. Vor dem Gebrauch muss die vorgestanzte Ecke abgebrochen werden. Die verbrauchten Beträge liest der Apparat von der Karte ab, bis sie leer ist. Eine zweite Karte kann man nachschieben, ohne dass das Gespräch unterbrochen wird. Die Gültigkeitsdauer der Karten ist meist auf ein oder zwei Jahre begrenzt. Als Alternative dazu gibt es *internationale Telefonkarten* (scheda telefonica internazionale), die etwa 10 € kosten. Damit kann man bis zu 6 Std. in Europa telefonieren und fährt so deutlich günstiger als mit den normalen Telefonkarten. Man führt sie jedoch nicht ins Telefon ein, sondern wählt eine kostenlose Nummer (numero verde), die auf der Karte vermerkt ist – sowohl fürs Festnetz (rete fissa) wie fürs Handy (cellulare). Danach gibt man die Geheimnummer ein, die ebenfalls auf der Karte vermerkt ist, und kann erst dann die Teilnehmernummer wählen. Vor jedem Gespräch wird das Guthaben angesagt.

- Wenn Sie **aus Italien** anrufen: Deutschland = 0049; Österreich = 0043; Schweiz = 0041, **aus dem Tessin**: Deutschland = 0049, Österreich = 0043. Dann jeweils die Null der Ortsvorwahl weglassen.
- Wenn Sie aus dem Ausland **nach Italien** anrufen: aus Deutschland = 0039, aus Österreich = 04, aus der Schweiz = 0039. Wichtig: Die **Null der Ortsvorwahl** muss immer mitgewählt werden! Anrufe aus dem Ausland **ins Tessin**: aus Deutschland = 0041, aus Österreich = 050.
- Für das Tessin gilt die **Vorwahl 091**, die Sie auch bei Telefongesprächen innerhalb des Kantons mitwählen müssen. Wenn Sie aus dem Ausland anrufen, lassen Sie die Null der Kantonsvorwahl weg, wählen also zusätzlich zur Schweizer Vorwahl nur noch die 91. Bei einem Anruf aus Deutschland in einen beliebigen Ort im Tessin beginnt die Nummer also stets mit 0041-91.
- Wenn Sie in Italien **innerhalb eines Fernsprechbereichs** (Provinz, Großstadt etc.) telefonieren, müssen Sie die Ortskennziffern mitwählen – also innerhalb der Stadt Verona 045, in Mailand 02 etc.
- Werktags zwischen 22 und 8 Uhr und an Sonntagen von 0 bis 24 Uhr telefoniert man billiger.
- Wenn Sie eine italienische **Mobiltelefonnummer** anwählen, muss die 0 weggelassen werden (bei den in diesem Buch erwähnten Nummern bereits geschehen).

▸ **Mobiltelefon:** Sobald sich das Handy in eines der italienischen Handynetze eingebucht hat, kann man fast überall problemlos telefonieren und Anrufe entgegennehmen, Funklöcher treten nur vereinzelt in den Bergen auf. Man zahlt dann die jeweiligen Tarife des italienischen Netzbetreibers, zusätzlich werden für jeden Anruf so genannte Roaming-Gebühren Ihres Mobilfunk-Providers fällig, die jedoch seit 2007 auf Betreiben der EU deutlich reduziert wurden. Spartipp: Wenn man sich vor der Reise beim eigenen Betreiber informiert, welches ausländische Netz das günstigste ist, kann man dieses vorab im Menü des Mobiltelefons einstellen. Wenn Sie aus

Deutschland in Italien angerufen werden, zahlen Sie immer die Weiterleitungsgebühren – selbst wenn der Anrufer ebenfalls in Italien ist, wird das Gespräch über Deutschland umgeleitet. Auch für Anrufe auf Ihre Mailbox zahlen Sie doppelt: den Anruf aus Deutschland und die Umleitung auf die Mailbox in Deutschland (Tipp: absolute Rufumleitung Ihres Handys deaktivieren). Für den, der viel telefoniert oder längere Zeit in Italien bleibt, lohnt sich eventuell der Kauf einer italienischen SIM-Karte von einer der vier italienischen Mobiltelefongesellschaften (TIM = Telecom Italia, Omnitel-Vodafone und Wind). Sie kostet ca. 50 €, hat allerdings auch ein Gesprächsguthaben in derselben Höhe. Man bekommt damit eine italienische Nummer und muss die Gespräche, die aus dem Ausland kommen, nicht mitfinanzieren. Beim Kauf muss man den Personalausweis vorzeigen und eine Adresse (auch Hotel o. Ä.) in Italien haben.

Hotelpalast in Stresa am piemontesischen Westufer

Übernachten

Am Lago Maggiore finden sich Unterkünfte aller Art – vom herrschaftlichen Grandhotel im Belle-Époque-Stil über die historische Villa mit Seeblick bis zur einfachen Pension im alten Stadthaus, vom schlichten Agriturismo-Betrieb in den Bergen bis zum mondänen Vier-Sterne-Hotel im prächtigen Landschaftsgarten, vom altehrwürdigen Klosterbau bis zum tristen Betonkasten. Am Westufer ist dabei die Auswahl deutlich größer als an der Ostseite, sowohl im Tessiner Gebiet wie auch im südlich benachbarten Piemont.

Problemmonate für individuell Reisende sind Juli und August. Vor allem im August, dem traditionellen Reisemonat für Familienferien, sind in den Seeorten 90 % der verfügbaren Betten und Stellplätze ausgebucht. Vorbestellung ist dann ratsam, sollte jedoch am besten noch im Vorjahr erfolgen, um Erfolg zu haben. In der Hochsaison besteht auch häufig Pensionspflicht, d. h. Übernachtung mit Frühstück und

64   Wissenswertes von A bis Z

mindestens einer Mahlzeit (Halbpension = HP) wird berechnet, außerdem muss man mindestens drei Nächte bleiben. Auch Übernachtung mit Frühstückszwang (offiziell verboten) treibt die Preise oft in unkontrollierbare Höhen – wobei das Frühstück dann oft ärgerlich gering ausfällt. Anders in der Nebensaison. Dann sind die Hoteliers froh, ihre Zimmer voll zu bekommen, und man kann noch hier und dort ein Schnäppchen machen.

> **Wichtig**: Die meisten Hotels öffnen zu Ostern und schließen im Oktober. Im Winter sind die meisten Betriebe geschlossen, in dieser Zeit sollte man sich vorab informieren, welche Hotels am Urlaubsort geöffnet sind.

● *Informationen* Lassen Sie sich von den schweizerischen und italienischen Fremdenverkehrsämtern in BRD, CH oder A die kostenlosen und alljährlich aktualisierten Unterkunftsverzeichnisse vom See schicken – auf der lombardischen Seite heißt es **Ospitalità in Provincia di Varese**, herausgegeben von der Provinz Varese (www.vareselandoftourism.it), am piemontesischen Westufer schlicht **Alberghi**, herausgegeben vom „Distretto Turistico dei Laghi" (www.distrettolaghi.eu). In ersterem sind alle registrierten Hotels, aber auch Pensionen und Privatzimmer, Ferienwohnungen und Campingplätze mit Adresse, Preisangaben, Öffnungszeiten und Hinweisen zur Ausstattung verzeichnet. Für die piemontesische Seite gibt es dafür mehrere Prospekte. In der Regel erhalten Sie diese Unterlagen auch kostenlos bei den lokalen Informationsämtern (sowohl für Hotels als auch für Ferienwohnungen). Die Büros im Tessin (Ente turistico) helfen auch bei der Zimmersuche.

> Die **Hotelpreise** im praktischen Reiseteil dieses Buches sind Zirkapreise und beziehen sich auf ein **Doppelzimmer (DZ) mit Bad** und gegebenenfalls mit Frühstück. **Zimmer mit Etagendusche** sind als solche kenntlich gemacht. Wenn eine Preisspanne angegeben ist, meint die erste Zahl den Zimmerpreis in der **Nebensaison**, die zweite bezieht sich auf die **Hauptsaison** (Juli/August). **Halb- bzw. Vollpensionspreise** sind pro Person angegeben.

▸ **Ferienhäuser und -wohnungen**: gibt es zahlreich im ganzen Seegebiet, besonders schön sind die steinernen Rustici-Häuser im Tessin. Anbieter findet man in großer Zahl im Internet oder über Tages- und Wochenzeitungen. Eine umfassende Auswahl am Lago Maggiore besitzen z. B. www.azur-fewo.de, www.lago-maggiore-urlaub. de, www.ciaolagomaggiore.com, www.lagomaggiore.net, www.lago-reisen.de und www.reisefuehrer-lagomaggiore.de, viele Optionen bietet außerdem www.fewo-direkt.de, www.interchalet.com und www.urlaub-anbieter.com.

▸ **Agriturismo**: Die immer populärer werdenden Bauernhöfe mit Unterkunft und Essen kann man im Internet abfragen und buchen, z. B. über www.agriturismo. com, www.agriturist.it, www.terranostra.it, www.turismoverde.it u. a. Die Zimmer sind meist funktional ausgestattet, bestechen aber häufig durch die schöne Lage und Aussicht – und die hauseigene Küche ist fast immer erfreulich.

▸ **Camping**: Besonders zahlreich sind die Zeltplätze bei *Tenero* östlich von Locarno (Tessin), um *Cannobio* im Nordwesten des Lago, in der westlichen Seemitte bei *Fondotoce* (zwischen Verbania und Stresa) und im Südwesten, südlich von *Arona*. Geöffnet sind sie in der Regel etwa April/Mai bis September/Oktober, gelegentlich auch ganzjährig. Speziell die 5-Sterne-Plätze bei Tenero gehören zu den besten in Europa.

Zoll

> **Achtung**: Im Hochsommer sind die meisten Plätze bis auf den letzten Platz belegt, eine Vorbuchung ist dann unbedingt notwendig.

Wohnmobile: Die meisten Orte am See besitzen ausgewiesene Stellplätze, allerdings nicht immer mit Ver- und Entsorgungsmöglichkeiten. Hilfe bietet die Website www.camperweb.it.

Jugendherbergen: Hostels gibt es direkt am Lago nur in *Locarno* und *Verbania Pallanza* (Westufer), außerdem im *Maggiatal* (nördlich von Locarno) und in *Mailand*. Detaillierte Infos unter den jeweiligen Orten, im Internet unter www.ostellionline.org.

Zoll

Innerhalb der EU dürfen Waren zum eigenen Verbrauch unbegrenzt ein- und ausgeführt werden. Es existiert allerdings ein Katalog über Richtmengen von Waren. Überschreitet man diese, muss man im Fall einer Stichprobenkontrolle glaubhaft machen, dass diese Mengen nicht gewerblich genutzt werden, sondern nur für den persönlichen Verbrauch bestimmt sind. Haben Sie also mehr als 90 Liter Wein dabei, kommen Sie in Beweisnot.

Typischer Tessiner Rustico

> **Richtmengenkatalog** (Warenmenge pro Person ab 17 Jahre):
> 800 Zigaretten, 400 Zigarillos, 200 Zigarren, 1 kg Rauchtabak, 10 ltr. Spirituosen, 20 ltr. Zwischenerzeugnisse, 90 ltr. Wein (davon höchstens 60 ltr. Schaumwein) und 110 ltr. Bier.

Ein- und Ausreise Schweiz: Da das Territorium der Eidgenossen EU-Ausland ist, wird an den Grenzen immer noch und manches Mal streng kontrolliert. In die Schweiz dürfen neben dem Tagesbedarf an Lebensmitteln zollfrei eingeführt werden: 200 Zigaretten oder 100 Zigarillos oder 50 Zigarren oder 250 g Pfeifentabak sowie 2 ltr. alkoholische Getränke bis 15 % Vol. bzw. 1 ltr. über 15 % Vol. Sie dürfen, sofern Ihr Wohnsitz außerhalb des Zollgrenzbezirks (15 km von der Grenze entfernt) liegt, beim Verlassen der Schweiz 200 Zigaretten, 500 g Kaffee und sonstige Waren im Wert von 200 € mitnehmen.

Beim *Transit* durch die Schweiz ist eine freiwillige Deklaration der mitgeführten Waren fällig, wenn die in der Schweiz geltenden Freimengen (200 Zigaretten oder 100 Zigarillos oder 50 Zigarren oder 250 g Tabak; 1 ltr. Spirituosen oder 1 ltr. Zwischenerzeugnisse oder 2 ltr. Wein oder 2 ltr. Bier sowie Geschenke bis 200 Fr.) überschritten werden. Für solche Waren muss eine Kaution in Landeswährung hinterlegt werden, die man bei der Ausreise zurückerhält.

Locarnos Promenade: überall ein ruhiges Plätzchen mit Seeblick

Tessiner Nordufer

Der im Mittelalter zwischen den Eidgenossen und den Mailänder Herzögen hart umkämpfte Norden des Lago Maggiore gehört seit dem 16. Jh. dauerhaft zur Schweiz.

Das nordwestliche Ufer besitzt mit *Locarno*, *Ascona* und den üppigen *Brissago-Inseln* hochkarätige Anlaufpunkte, die zu den Vorzeigeobjekten des Tessiner Tourismus gehören. Dazu kommt der legendäre „Wahrheitsberg" *Monte Verità*, Anfang des 20. Jh. ein europaweites Pilgerziel für Künstler, Alternative und Wahrheitssucher.

Das Ostufer bis zur italienischen Grenze, die so genannte „Riviera del Gambarogno", ist dagegen nur mäßig erschlossen und eher ruhig. Wunderbare Ausflugsziele sind hier die Panoramaberge des Hinterlands – *Monte Tamaro*, *Monte Gambarogno* und *Monte Lema*. Campingfreunde finden bei *Tenero*, östlich von Locarno, eine Reihe hervorragender Zeltplätze. Einige davon besitzen sogar fünf Sterne, was man am gesamten See sonst nicht mehr findet.

Die Täler des Hinterlands, *Centovalli* und Nebentäler, *Valle Maggia* und *Valle Verzasca*, bieten anregende Kontrapunkte zum Seevergnügen – atemberaubende Bergszenerien, das klare Wasser der Wildbäche, pittoreske Rustici-Dörfer, die großartige „Centovalli-Bahn" und nicht zuletzt herrliche Wanderungen durch unberührte Natur.

> **Achtung**: An den Grenzübergängen zu Italien kann es wegen der zahlreichen Pendler vor allem morgens und abends zu Staus kommen.

Locarno

(ca. 60.000 Einwohner)

Der Geburtsort des Tessiner Tourismus wartet mit vielen Superlativen auf: mit 205 m die tiefstgelegene Schweizer Stadt, mit 2300 Sonnenstunden die sonnigste und mit 15,5 C Durchschnittstemperatur die wärmste.

Ihren Beinamen als „Sonnenstube der Schweiz" verdankt die Stadt auf der Landzunge am Nordende des Lago Maggiore und an der Mündung der Maggia ihrer geschützten Lage: Im Rücken die Cimetta-Flanke (1672 m) und zum See hin offen, sodass der Blick zu den schneebedeckten Alpen reicht, bleibt Locarno häufiger als der Rest des Tessins von Regenwolken verschont. Das mildeste Klima der Schweiz nutzt man im ältesten Ort des Kantons seit über einem Jahrhundert für den Fremdenverkehr. 100 Hotels und Pensionen, viele noble Restaurants und schicke Shops verteilen sich auf Seeufer und Stadt – auch in dieser Hinsicht fühlt man sich in dem Seeort voller Palmen und Magnolien fast an die Côte d'Azur verschlagen. Locarno zählt heute mit zwei Millionen jährlichen Übernachtungen zu den Touristenhochburgen der Schweiz.

Jagd auf Leoparden

Locarno ist nicht nur voller Hotels und Boutiquen, sondern vor allem voller Autos, die nur zum geringeren Teil vom City-Tunnel und einer riesigen Tiefgarage an der Uferpromenade geschluckt werden. Ein weiteres beliebtes Parkziel ist die Piazza Grande. Immer Anfang August wird die Piazza allerdings von Autos geräumt – stattdessen reihen sich 7000 Stühle um die 14 x 26 m große Leinwand, auf der Abend für Abend immer um 21.30 Uhr für 22 Fr Eintritt einige der Filme gezeigt werden, die sich um die „Leoparden", die Locarner Filmpreise, bewerben. Seit 1946 ist das „Locarno International Film Festival" nach dem Festival von Venedig zur größten Movieshow Europas geworden.

Kontakt und Information Festival internazionale del Film Locarno, Via Ciseri 23, ✆ 091/7562121, 🖷 7562149, www.pardo.ch.

Information

Ente turistico Lago Maggiore, Via Bernardino Luini 3. Das mit Ascona und Brissago fusionierte Tourismusbüro ist jüngst umgezogen (am ehemaligen Standort im Kasino befindet sich nur noch ein Infoschalter). Die hilfsbereiten deutschsprachigen Damen kennen jede Adresse, vermitteln jedes Ticket und beschaffen Unterkünfte überall am See. März–Okt. Mo–Fr 9–18, Sa 9–18, So 14.30–17 Uhr; übrige Zeit Mo–Fr 9–12.30, 14–18 Uhr. ✆ 091/7910091, www.maggiore.ch.

Anfahrt/Verbindungen

Der **Ferienpass** in Locarno und Umgebung gewährt Preisermäßigungen auf öffentliche Verkehrsmittel. Er kostet bei siebentägiger Gültigkeit 66 Fr in Locarno (108 Fr in Lugano), für drei Tage 46 Fr (Lugano: 88 Fr).

● *Zug* Der **Schnellzug** nach Bellinzona (mit Anschluss an den Fernzug Richtung Nordschweiz) verkehrt 26 x tägl.
Die berühmte **Centovalli-Bahn** ins italienische Domodossola (dort Anschluss an die Simplon-Bahn nach Bern) dient bis Intragna als Vorortzug, ansonsten gibt es gut 20 Stopps in Pedemonte und Centovalli. Je nach Jahreszeit verkehren 16–23 Züge pro Tag. Einfache Fahrt 22 Fr. Auskunft am Bhf.

68 Tessiner Nordufer

oder im Fart-Reisebüro. Infos zum Centovalli auf S. 109.

> **FART**, Ferrovie Autolinee Regionali Ticinesi, Via Franzoni 1, CH-6601 Locarno, ✆ 091/7560400, 7560499, www.centovalli.ch.

● *Bus* Postbus, Stadtbusse der Fart-Linien und Busse der Centovallina verkehren von 6 Uhr bis Mitternacht mehrmals tägl. nach Ascona (7 Fr), Brissago (9 Fr), ins Valle Maggia (bis zu 14 Fr), Valle Verzasca und Val Onsernone. Haltestellen am Bahnhofsplatz und an der Piazza Grande.
● *Schiff* Zwischen Ostern und 25. Okt. pendeln vom Anlegesteg der Uferpromenade (debarcadero) Liniendampfer mehrmals tägl. zwischen 8.30 und 17.30 Uhr nach Ascona und zu den Isole di Brissago, nach Stresa, Cannobio, Magadino und Tenero. 90-minütige Rundfahrten in der Bucht von Locarno gibt es tägl. zwischen 8.30 und 18.30 Uhr. Kreuzfahrten (nur Juli/Aug.) finden zwischen 10 und 23 Uhr statt. Preise: von 4 Fr im Linienverkehr bis 55 Fr für Rundfahrten (Schiffsvermietungen und -ausflüge, nur Apr.–Okt. ✆ 091/7511865).
● *Taxi* Droschkenstände gibt es nur vor den großen Hotels, ansonsten kommen Taxis auf Anruf: ✆ 091/7431133 o. 091/7512323. Schiffstaxi unter ✆ 079/4099000.

> **Stadtrundfahrt** Mit dem „Zuegli", einem kleinen Elektrozug, werden halbstündige Rundfahrten durch die Altstadt organisiert, vor allem für Kinder ein großer Spaß. Abfahrt ab 11 Uhr am Largo Zorzi neben dem Kurhaus. 17 Fr/Pers.

*A*dressen

● *Fahrradverleih* Wie überall im Tessin kann man Räder am **Bahnhof** für 10 Fr/Tag leihen. Aber auch am Campingplatz und in den Sportgeschäften **Belotti**, Via Citadella, sowie **Nessi**, Via Varenna 79, wird man fündig.
● *Internet* **Café Verbano**, Piazza Grande 5; **Café Cibarus**, Via Ciseri 17.
● *Post* Hauptpost auf der Piazza Grande. Mo–Fr 7.30–12 und 13.45–18.30 Uhr, Sa 8–11 Uhr, ✆ 091/7513070.
● *Wäscherei* Via Antonio Ciseri 9; Via Stazione 11; Via Luini 11.

Locarno

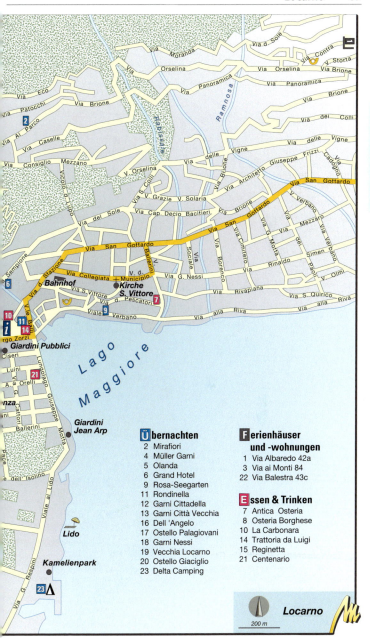

Tessiner Nordufer

Übernachten
- 2 Mirafiori
- 4 Müller Garni
- 5 Olanda
- 6 Grand Hotel
- 9 Rosa-Seegarten
- 11 Rondinella
- 12 Garni Cittadella
- 13 Garni Città Vecchia
- 16 Dell 'Angelo
- 17 Ostello Palagiovani
- 18 Garni Nessi
- 19 Vecchia Locarno
- 20 Ostello Giaciglio
- 23 Delta Camping

Ferienhäuser und -wohnungen
- 1 Via Albaredo 42a
- 3 Via ai Monti 84
- 22 Via Balestra 43c

Essen & Trinken
- 7 Antica Osteria
- 8 Osteria Borghese
- 10 La Carbonara
- 14 Trattoria da Luigi
- 15 Reginetta
- 21 Centenario

Locarno
200 m

70   Tessiner Nordufer

Übernachten (siehe **K***arte S. 68/69)*

**** Grand Hotel (6), Via Sempione, das älteste Hotel am Ort wurde vom Best-Western-Konzern aufgemöbelt, hoher Standard mit Park, Pool und Tennisplatz. DZ ca. 160–340 Fr. ℆ 091/7430282, ✆ 7433013, www.grand-hotel-locarno.ch.

*** Dell'Angelo (16), Piazza Grande. Zentraler geht's nicht, doch der Lärm kommt nicht von draußen, sondern von den Kids in Disko und Bar. Wer sich daran nicht stört, findet 49 bieder-gemütliche Zimmer (Du/ WC, Telefon, TV) und ein preiswertes Grill-Restaurant. DZ ca. 110–220 Fr. ℆ 091/ 7518175, www.hotel-dell-angelo.ch.

*** Mirafiori (2), Via al Parco 25, der edle Geschmack der 1960er Jahre durchweht das Hotel am Südhang von Locarno. Der Garten, der hübsche Pool, die 4 Bungalows mit 25 gediegenen Zimmern und nicht zuletzt die schöne Aussicht sowie der kostenlose Fahrradverleih machen das Haus in Orselina trotz gehobener Preise zum echten Schnäppchen. DZ ca. 190–240 Fr. ℆ 091/ 7431877, www.mirafiori.ch.

*** Rosa-Seegarten (9), Viale Verbano 25, das herrschaftliche Haus direkt am See mit gutem Restaurant und großer Terrasse ist seinen Zimmerpreis wahrlich wert. DZ ca. 200–300 Fr. ℆ 091/7438731, www.rosa-seegarten.ch.

*** Garni Nessi (18), Via Varenna 79, nordisch nobel, aber etwas abgelegen bietet das moderne Hotel 21 Zimmer, dazu eine schicke Bar und einen beheizten Pool. DZ ca. 150–210 Fr. ℆ 091/7517741, www.garninessi.ch.

** Garni Cittadella (12), Via Cittadella 18, das ansehnliche und ruhige Altstadthotel besitzt 10 hübsche Zimmer und ein beliebtes Fischrestaurant. DZ ca. 120–170 Fr. ℆ 091/7515885, www.cittadella.ch.

** Rondinella (11), Via Dogana Nuova 4, gut ausgestattete Zimmer mit Balkon in einem funktionalen Betonbau mit famoser Seesicht; dazu ein Restaurant, das besser ist, als es aussieht. DZ ca. 130–170 Fr. ℆ 091/ 7516221, www.rondinella.ch.

** Vecchia Locarno (19), Via Motta 10, Palazzo aus dem 17. Jh. im autofreien historischen Stadtkern mit 22 netten Zimmern, einem guten Restaurant, hübschem Innenhof und gemütlichem Kaminzimmer: DZ ca. 100–150 Fr. ℆/✆ 091/7516502, www.hotel-vecchia-locarno.ch.

** Garni Città Vecchia (13), Via Toretta 13, sieben Nichtraucher-Zimmer ohne eig. Du/ WC hat die Jugendpension in einem rosafarbenen Altstadthaus. DZ ca. 90 Fr, Frühstück 4,50 Fr extra. ℆/✆ 091/7514554; www.cittavecchia.ch.

* Müller Garni (4), Via ai Monti 160, das innen geschmackvoll eingerichtete 16-Zimmer-Hotel mit herrlicher Aussicht auf Berge und See bietet mit ca. 90–136 Fr (DZ) annehmbare Preise. Dez. bis Feb. geschl. ℆ 091/7511971, ✆ 7523445.

Pensione Olanda (5), Via ai Monti 139a. Die einfache 9-Zimmer-Pension über der Stadt wirbt mit südländischem Charme und einmaliger Aussicht zu erstaunlich günstigen Preisen. DZ ca. 100–130 Fr. ℆/✆ 091/ 7514727, www.pensione-olanda.ch.

Ostello Giaciglio (20), Via Rusca 7, die einfache Herberge 200 m von der Piazza Grande hat nur Kajütenbetten für 4, 6 und 8 Personen und nimmt 20 Gäste auf. 40 Fr pro Pers. ℆ 091/7513064, ✆ 7523837.

• *Ferienhäuser und -wohnungen* **Via ai Monti 84 (3)**, Das 3½-Zimmer-Häuschen über Locarno ist bestens ausgestattet (offener Kamin, TV, Heizung) und kostet ca. 130 Fr pro Tag. Vermietung über E. Broennimann, Greifensee, ℆ 01/9409893.

Via Balestra 43c (22), in dem Apartmenthaus in der City werden etliche Wohnungen mit 2 bis 4 Zimmern vermietet, ca. 50–100 Fr/Tag. ℆ 056/4701812, ℆ 031/7910120 und ℆ 061/8316270.

Via Albaredo 42a (1), oberhalb von Minusio und damit abseits des City-Trubels liegt das hübsche, rundum zufrieden stellende Haus der Familie Bruecker, in dem bis zu 5 Pers. ausreichend Platz finden. Der Preis von ca. 150–180 Fr/Tag ist bei dieser Lage gerechtfertigt. ℆ 041/8701955.

• *Jugendherberge* **Ostello Palagiovani (17)**, Via Varenna 18, der lichte Bau (10 Min. vom Zentrum entfernt) hat eher Jugendhotelniveau. Insgesamt 174 Betten, davon viele in netten DZ mit WC. Entsprechend liegen die Preise über dem für Jugendherbergen üblichen Standard. DZ ca. 69 Fr, Übernachtung im Mehrbettzimmer ab 36 Fr, jeweils 5 Fr Zuschlag für Nichtmitglieder. ℆ 091/7561500, ✆ 7561501, www.youthhotel.ch.

• *Camping* **Delta Camping (23)**, Via Respini 7, direkt am See im Süden Locarnos liegt dieser edle Fünf-Sterne-Platz mit perfekter Ausstattung (auch Fahrradverleih) am Rand

Locarno 71

eines großen Parks. 43 Fr pro Tag und Person (weitere Campingplätze, z. B. in Tenero oder Losone, siehe dort). ✆ 091/7518081, 🖂 7512243, www.campingdelta.com.
Wohnmobilstellplatz ebenfalls in der Via Respini, relativ teuer.

Essen und Trinken (siehe Karte S. 68/69)

Centenario (21), Lungolago Motta 17. Hier, in einem der besten Tessiner Restaurants, wird das Speisen geradezu zelebriert. Solcher Luxus hat seinen Preis – für das Normalmenü müssen 150 Fr hingeblättert werden. So, Mo und 15 Tage im Feb. und Aug. geschlossen. ✆ 091/7438222.

Reginetta (15), Via della Motta 3. Das rustikale Restaurant am Ende der Piazza Grande bietet Gerichte der Region nach Art der Nouvelle Cuisine. Das ist einfach köstlich, aber nicht billig: 85 Fr kostet z. B. das hervorragende Fischmenü. ✆ 091/7523553.

Antica Osteria (7), Via dei Pescatori 8, das hübsche Lokal mit weinumrankter Gartenterrasse bietet neben schöner Aussicht und raffiniert italienischer Küche erstaunlich günstige Preise. Menü ca. 30–60 Fr. Di und Feb. geschl. ✆ 091/7438794.

Trattoria da Luigi (14), Via Dogana Vecchia 1, trotz postmoderner Architektur ist das Lokal zum Treff für Tessiner Großfamilien geworden. Das hat sicher mit Luigis vortrefflichen Desserts und den an-nehmbaren Preisen (Gericht ab 18 Fr) zu tun. ✆ 091/7439746.

La Carbonara (10), Piazza Stazione 7, wenige Schritte vom Bhf. besticht in dieser Trattoria das täglich frische italienische Büfett, für den kleinen Hunger gibt es Pizza oder Pasta ab 9 Fr. ✆ 091/7436714.

Osteria Borghese (8), Via Borghese 20, das familiäre Lokal in der City wird für seine Fondue- und Raclette-Gerichte nach Schweizer Art gelobt. Am Wochenende geschl. ✆ 091/7510498.

Grotto Campagna, der einzige Grotto im Stadtgebiet von Locarno liegt unterhalb der Kirche vom östlichen Vorort Minusio. Attraktive Aussicht auf den See, vortrefflicher eigener Wein und leckere Tessiner Spezialitäten – probieren Sie einmal „piccata e risotto". ✆ 091/7432054.

Navegna, Via alla Riva 2, ebenfalls in Minusio und direkt am See liegt der Landgasthof mit großem Ufergarten. Spezialitäten sind Fischgerichte und die riesige Dessertauswahl. ✆ 091/7432222.

Cafés, Kneipen, Bars & Unterhaltung

Café Verbano, der beste Platz auf der Piazza Grande bietet alles vom morgendlichen Espresso bis zum abendlichen Frascati. Bevorzugte Weinkneipen auf der Piazza Grande sind **Canetti** (Livemusik am Freitagabend) und **Veritas** (100 Weine aus aller Welt) am Rathaus.

Tearoom Marnin, Piazza San Antonio, bekannt guter Kuchen.

Die Jugend trifft sich in der **Bar Sport** und im **Record Rock Café** unmittelbar neben der Piazza Grande, Nachtschwärmer in den Nightclubs **Dineas** und **Tarantella** zwischen Piazza Grande und dem Seeufer und Spieler im **Casino** im Kurhaus.

• *Kasino* Zusammen mit einem Nightclub und einer Piano-Bar im Kurhaus am Largo Zorzi.

• *Kino* **Ex Rex** auf der Piazza Grande und **Cinema Rialto** mit drei Kinosälen und Billardbar in der Via San Gottardo in Muralto.

• *Theater* Hauptsächlich Boulevardstücke und Konzerte bietet das **Teatro di Locarno**, das ebenfalls im Kurhaus untergebracht ist. ✆ 091/7510333.

Shopping

• *Delikatessen* Teuer, aber ausgefallen und manchmal exotisch ist das Angebot an Weinen und Früchten, an Obst und Gemüse bei **Cattaneo** in der Via Citadella 19 (Mo geschl.).

Ökologisch korrekt ist das Sortiment von **Il Diavolo**, Via Panigari 5 (Mo geschl.).

Typisch italienische Teig- und Wurstwaren gibt es bei **De Bernardi**, Piazza Grande 28.

• *Flohmarkt* Jeder zweite Sa in der Altstadt von 8–13 Uhr (nur Apr. bis Okt.).

• *Markt* Frischer Fisch, leckeres Obst und Gemüse der Umgebung immer donnerstags von 9–17 Uhr (im Winter bis 14 Uhr) auf der **Piazza Grande**. Sehr viel kleiner ist der tägliche Markt in der Via Naviglio Vecchio.

Tessiner Nordufer

Locarnos Wahrzeichen: Madonna del Sasso

- *Supermarkt* **Migros** in der Via S. Franscini 31 (8–19, Do bis 21, Sa bis 18 Uhr); **Coop** auf der Piazza Grande (gleiche Öffnungszeiten wie Migros); gute Lebensmittel-Abteilung im Kaufhaus **Manor** auf der Piazza Grande.

Sport/Unterhaltung

- *Baden* Der am südlichen Uferstreifen gelegene **Lido** mit Freibad, Planschbecken und Spielplatz ist wohl eins der schönsten Strandbäder der Schweiz (2007/08 wegen Umbaus geschl.).
Ein zusätzliches echtes Freibad befindet sich ein Stück weiter südlich vom Lido. Der Eintritt ist gratis.
- *Fitness* Wer auf sein Training im Urlaub nicht verzichten mag, findet Möglichkeiten in der **Moving Factory**, Via Bramatino 16, bei **Fisioterapia Ergofit**, Piazza Stazione 3, oder bei **Palestra Lazzarin** in der Via Vallemaggia.
- *Golf* **Golf Target Locarno**, der 18-Loch-Platz des Golf-Clubs Locarno liegt im Dreieck zwischen Lago Maggiore und Maggiamündung an der Via Respini. Für weniger als 100 Fr können Sie eine Runde spielen. ✆/☏ 091/7523353, www.golflocarno.ch.
- *Minigolf* Der **Minigolf-Club Locarno** hat sein Gelände am Ende der Promenade (unweit der Giardini Jean Arp). ✆ 091/7516330.
- *Segeln* In der Segelschule **Vela Verbano** am Lido di Locarno werden Unterrichtsstunden angeboten. Außerdem kann man Boote für 20–40 Fr/Std. mieten. ✆ 079/4098410.
- *Tennis* Im **Hotel Reber au Lac** und im **Grand Hotel** (Adressen s. u.) kann man ebenso das Racket schwingen wie im **Tennis Club Locarno** (Bosco Isolino), ✆ 091/7511116.

Sehenswertes

Piazza Grande: Der Marktplatz ist das Herzstück Locarnos. Mit den eleganten Arkadenhäusern und dem urigen Kopfsteinpflaster könnte er zu den schönsten Plätzen Europas zählen, wenn er nicht überwiegend zugeparkt wäre. Nur donnerstags, wenn Händler ihre Marktstände aufschlagen; oder immer Anfang August, wenn die

Filmfestivalbeiträge über eine riesige Leinwand flimmern; oder im Juli, wenn, wie seit 1997 regelmäßig, 140 Kubikmeter Sand aufgeschüttet werden, um die Piazza Grande in eine Beach-Volleyball-Arena zu verwandeln – nur dann werden die Blechkarossen verbannt. Dann wird der Blick frei auf das schöne Rathaus im *Palazzo Marcacci* und die *Torre del Comune* am Nordende der Piazza, auf die stets überfüllten Straßencafés und die schicken Geschäfte, vor allem aber auf Tausende Tessiner.

Giardini Pubblici: Vom einst prächtigen Stadtgarten am Südrand der Piazza ist nur wenig geblieben. Heute wird das Gelände vom Kursaal beherrscht, einem 1992 stilvoll renovierten Bau der vorletzten Jahrhundertwende, der Theater, Kasino und Fremdenverkehrsbüro beherbergt. Darunter liegt die zweistöckige Tiefgarage, die Platz für 2000 Autos bietet.

Palazzo della Conferenza: Die *Via della Pace*, die Friedensstraße, führt vom Stadtgarten nach Süden. In der Villa hinter der zweiten Straßenecke tagte die Friedenskonferenz, die 1925 den Locarnopakt aushandelte. Pikanterweise ist das altehrwürdige Haus heute Sitz der örtlichen Polizei und darum auch nicht zu besichtigen. Aber der Saal, in dem die Verhandlungen stattfanden, ist im *Castello Visconteo*, nur vier Straßenzüge nordwärts, nachgestellt.

Der Locarnopakt

In Wahrheit wurde der Schlussstrich unter den 1. Weltkrieg nicht 1918, sondern erst 1925 in Locarno gezogen: In einer Villa in der seitdem *Via della Pace* genannten Avenue trafen sich die Außenminister von Frankreich (Briand), Deutschland (Stresemann) und England (Chamberlain), um die Westgrenze Deutschlands festzulegen. Die Weimarer Republik verzichtete auf Elsass-Lothringen, stimmte der Entmilitarisierung des Rheinlandes zu und wurde dafür in den Völkerbund aufgenommen. Die Westmächte bürgten für die Einhaltung der deutschen Westgrenze und garantierten eine friedliche Regelung jeglicher Streitigkeiten. Gustav Stresemann und Aristide Briand erhielten für den Friedensschluss, der als Locarnopakt in die Geschichte einging, 1926 den Friedensnobelpreis.

Castello Visconteo: Nach jahrelangen Bauarbeiten ist die *Piazza Castello* zum autofreundlichen Kreisverkehr umgestaltet worden, sodass die Burg der Mailänder Visconti-Herzöge aus dem 15. Jh. nur hinter einer nie endenden Blechkarawane zu vermuten ist. Doch wer den Kreisverkehr umrundet hat, wird drinnen belohnt: zum einen mit dem sehenswerten Arkadeninnenhof und seinen geschnitzten Balkendecken, zum anderen, weil im ersten Stock der 1929 restaurierten Anlage das *Städtische und Archäologische Museum* zu besichtigen ist, das einen anschaulichen Schnelldurchgang von der ersten Besiedlung des Tessins bis zur Neuzeit bietet. Dabei spannt sich der historische Bogen von der Frühgeschichte über römische Glasfunde und Trachten des 18. Jh. bis hin zur Ausstellung über den Locarnopakt mit der Nachbildung des historischen Verhandlungssaales. Darüber hinaus gibt es Nymphenburgporzellan zu sehen.
Öffnungszeiten **Museo Civico e Archeologico**, Apr. bis Okt. Di–So 10–12 und 14–17 Uhr; Eintritt 6 Fr, Kinder 3 Fr.

Casorella: Neben dem Castello Visconteo liegt dieser Palazzo aus dem 16. Jh. Auffällig sind die Stuckverzierungen der kleinen Loggia, die auf den Innenhof geht, und

74   Tessiner Nordufer

der von Giovanni Caldelli 1787 ausgeschmückte Adelssaal. Dieser Saal ist nach einer Renovierung im Jahre 2003 zum Herzstück der städtischen Kultursammlung mit Gemälden und Grafiken geworden.
Öffnungszeiten Di–So 10–12 und 14–17 Uhr; Eintritt 9 Fr, Kinder 5 Fr.

Kirche San Francesco: Westlich bergauf und vorbei an der *Casorella*, gelangt man auf die *Piazza S. Francesco* mit der Kirche aus dem 13. Jh. Die dreischiffige Basilika, Sitz der deutschsprachigen Gemeinde, gehörte bis 1848 zu einem Franziskaner-kloster, in dem heute ein Lehrerseminar untergebracht ist. Vor dem Portal steht ein Denkmal für Giovanni Orelli, den Spross einer aus Locarno stammenden Künstler-familie, die wesentlich für die Gestaltung der Kirche verantwortlich zeichnet. Giovanni baute sie 1572 um, von Giuseppe Orelli stammen die Wandmalereien im Hauptschiff und von Baldassar Orelli die Fresken im Refektorium des Klosters, das am Wochenende für Besucher geschlossen ist.

Kirche San Antonio Abate: Auch die riesige Hauptkirche von Locarno am nord-westlichen Altstadtrand ist mit Gemälden zweier Orelli-Brüder geschmückt. Be-merkenswert ist die löchrige Natursteinfassade, in der – einzig in Mitteleuropa – Fahlsegler nisten, an Schwalben erinnernde Flugkünstler aus dem Mittelmeerraum.

Casa Rusca: Gleich nebenan, in einem stilvoll restaurierten Bürgerhaus aus dem 17. Jh., befindet sich die *Pinacoteca Comunale*, die städtische Kunstsammlung. Grundstock der Sammlung ist eine Schenkung des Künstlerpaars Jean und Sophie Arp. Unter den 100 Gemälden und Skulpturen sind neben eigenen Werken auch Arbeiten von Braque, Chagall, Ernst und Picasso. Ergänzt wird die Ausstellung durch die Sammlung von Nestor Jacometti, der Werke von Vasarély, Max Bill und Valenti gesammelt hat. Der 1966 verstorbene Elsässer Hans (Jean) Arp gehört als Maler, Bildhauer und Dichter zu den Wegbereitern des Dadaismus. Sein Grab kann man auf dem Friedhof der Kirche *Santa Maria* besuchen, nur wenige hundert Meter westlich der Casa Rusca.
Öffnungszeiten April bis Okt. Di–So 10–12 und 14–17 Uhr. Eintritt 6 Fr, Schüler und Stud. 3 Fr, Kinder bis 12 J. 1 Fr.

Giardini Jean Arp: Am Südende der Uferpromenade mit dem schwungvollen Na-men *Giuseppe Motta Lungolago* erstreckt sich der auf den ersten Blick unschein-bare Park mit Arp-Skulpturen. Darüber hinaus bieten die riesigen Bäume genügend Schatten für ein Picknick.

Kirche San Vittore: Auf der gegenüberliegenden Buchtseite – vorbei am Bahnhof und auch vorbei an der Talstation der Standseilbahn – erreicht man die Stiftskirche San Vittore, neben San Nicolao die wohl bedeutendste romanische Kirche im Tes-sin mit gut erhaltenen Fresken vor allem in der Krypta. Die über 1000 Jahre alte Kirche wurde im 16. Jh. erweitert. Aus dieser Zeit stammt das „Pfingstwunder" des Augsburger Malers Hans Schmidt; aus viel späterer Zeit, nämlich den 1930er Jah-ren, die Aufstockung des 1524 errichteten Campaniles.

Kamelienpark: Der neue Kamelienpark von Locarno ist ein kleines Schmuckstück mitten im Grünen zwischen Pappeln, Eichen und anderen wertvollen, hochstäm-migen Bäumen. Der Park ist eine Huldigung an die Kamelie, die als Symbolblume für den frühzeitigen Frühling in Locarno und am Lago Maggiore gilt. Deshalb fin-det auch immer im März zur Kamelienblüte ein internationaler Kongress im Park kurz vor dem öffentlichen Lido statt.
Öffnungszeiten täglich 9–17 Uhr, Eintritt frei (während des Kongresses andere Öffnungszeiten).

Madonna del Sasso

Die „Madonna auf dem Felsen", mit vollem Namen Madonna del Sasso Santa Maria Assunta, ist das Wahrzeichen Locarnos und sicher die meistfotografierte Kirche im Tessin – vor allem dann, wenn die gelbe Fassade im Abendrot erstrahlt und im Hintergrund die wolkenlose Kulisse von See und Gebirge erscheint. Kaum nötig zu erwähnen, dass sich von der Terrasse vor dem Hauptportal und der seitlichen Arkadengalerie ein schöner Rundumblick eröffnet.

Die auf dem 350 m hohen Felsen gelegene Kirche wurde 1487 von Franziskanermönchen gegründet; Anlass war der Überlieferung nach eine Marienerscheinung. Im 17. und noch einmal im 19. Jh. wurde die Kirche dann beträchtlich erweitert und überreich ausgestattet. Die letzte Renovierung besorgte 1984 der Tessiner Stararchitekt Luigi Snozzi. Dennoch weisen Hauptschiff und zwei angeschlossene Kapellen im Vergleich zu anderen Tessiner Kirchen kaum nennenswerte Schätze auf; am auffallendsten sind noch die Gemälde „Flucht nach Ägypten" aus dem 16. Jh. und „Grablegung Christi" von Antoni Ceseri aus dem 19. Jh.

Das kleine Kirchenmuseum *Museo Casa del Padre* im angeschlossenen Kapuzinerkloster präsentiert Monstranzen und Weihegaben, Votivbilder und liturgische Gewänder; sehenswert sind vor allem die Ceseri-Skizzen zu seinem Bild „Grablegung Christi".

• *Anfahrt/Verbindungen* Bequem zu erreichen ist die Wallfahrtskirche mit der **Standseilbahn** ab Via Ramogna (Nähe Bhf.) zwischen 7 und 19.45 Uhr im 15-Min.-Takt (6,60 Fr, Kinder 3,30 Fr) oder per **Bus** bzw. **Auto** über die ausgeschilderte Strecke nach Orselina (bzw. zum Monte della Trinità), dem hochgelegenen Stadtteil von Locarno.

Mühsam ist dagegen der 45-minütige Aufstieg **zu Fuß** über einen steilen Stationenweg (als Via Crucis markiert und von typischen lombardischen Kreuzwegkapellen gesäumt).

• *Öffnungszeiten* **Museum**, nur auf Anfrage unter ✆ 091/7436265.

Cardada/Cimetta: Locarnos Hausberg mit seiner Aussichtsterrasse auf 1670 m Höhe wurde 2001 vom Tessiner Stararchitekten Mario Botta zur Touristen-Attraktion ausgebaut. Eine hypermoderne Gondelbahn führt von der Wallfahrtskirche Madonna del Sasso nach Cardada, wo zwei rustikale Gaststätten und zwei schwindelerregende Aussichtsplattformen warten. Diese Gondelbahn und ein auch im Sommer betriebener Sessellift nach Cimetta zu einem kleinen Skigebiet erschließen ein Ausflugsgebiet, das sich zum Wandern ebenso wie für einen Nachmittagsspaziergang eignet.

• *Seilbahn* Die neue **Kabinenbahn** nach Cardada (an der Wallfahrtskirche nur die Straße überqueren) und der anschließende Sessellift nach Cimetta fahren zwischen 8 und 20 Uhr alle 30 Min. – bei großem Andrang auch häufiger. Hohe Preise für die einfache Fahrt: 28 Fr bis Cardada, 30 Fr bis

Cimetta (13/15 Fr für Kinder). Gleitschirm- und Drachenflieger zahlen für die Tageskarte 20/22 Fr. Tipp: Wenn Sie Ihr Auto im Parkhaus abstellen und mit der Standseilbahn fahren, erhalten Sie 50% Rabatt auf die Parkgebühren.

Monte Brè/San Bernardo: Das 1000 m hoch liegende Bergdörfchen Monte Brè ist nach acht kurvenreichen Kilometern oberhalb der Wallfahrtskirche erreicht; noch 1 km weiter gelangt man nach San Bernardo. Und in jeder Kehre ist die Aussicht noch großartiger als in der vorigen. Zwischenzeitlich ist der Ort auch mit der Kabinenbahn nach Cardada zu erreichen: Um 9, 12, 13.30, 17 und 18 Uhr hält sie auch in den schmucken Dörfern Brè/S. Bernardo.

Centovalli, Valle Maggia und Val Verzasca → S. 106

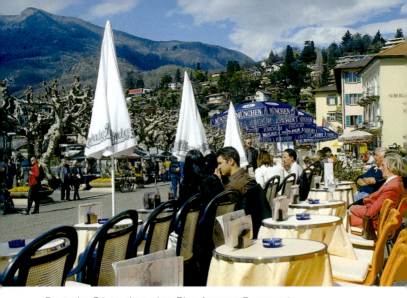

Deutsche Gäste, deutsches Bier: Asconas Promenade

Ascona (ca. 5500 Einwohner)

Palmen, Platanen, Blumen überall, Straßencafés mit offenem Blick über den See, schattige Gassen und begrünte Hinterhöfe, Gaukler, die aus der Promenade ihre Bühne machen: In Ascona ist die Nähe zum lässigen Italien geradezu greifbar.

Im Halbkreis schmiegt sich die autofreie Altstadt *Borgo* um das Seeufer; Mittelpunkt ist die wahrhaft schöne, platanengesäumte Uferpromenade *Piazza Motta*. Nur wenige Straßenzüge landeinwärts steigen die Gassen an – im Nordwesten hinauf zum 120 m höheren *Monte Verità*, im Norden zur alten Stadtburg *San Materno* und dahinter zum Höhenzug der Centovalli-Berge, an dem sich das eingemeindete *Losone* ausbreitet. Unterbrochen wird die wolkenabweisende Hügelkette durch den begradigten Mündungslauf der Maggia. Zwei moderne Straßenbrücken verbinden das untertunnelte und so vom Durchgangsverkehr befreite Ascona mit der nur 4 km entfernten Nachbargemeinde Locarno.

Ascona, das lange Zeit nichts weiter als ein beschauliches Fischerdorf war, hat sich in den letzten 50 Jahren zu *der* Touristenhochburg im Tessin entwickelt. In den Sommermonaten belegt die „Perle am Lago Maggiore" sogar den absoluten Spitzenplatz in der Schweizer Urlauberstatistik. Begünstigt wurde diese Entwicklung nicht zuletzt durch die Buchtlage am nördlichen Ufer des Lago Maggiore, die – abgeschirmt vom Gebirgszug des Centovalli – für das subtropische Klima verantwortlich ist, das den Ort für Sonnenhungrige so verführerisch macht. Der Boom begann mit dem Kulturtourismus, der sich im Gefolge der „Alternativbewegung" vom Monte Verità einstellte. Ab 1950 setzte dann der Massentourismus ein. Heute ist Ascona in den Sommermonaten überlaufen, einige ehemals ruhige Gässchen wurden zu geschäftigen Boutiquenmeilen und ein paar Hotels zu klobigen Nobelherbergen ausgebaut – Ascona ist eben auch eine Stätte der Eitelkeiten.

Die Alternativen von Ascona

„Wir sonnen den Leib, ja, wir sonnen den Leib, das ist unser einziger Zeitvertreib. Doch manchmal paddeln wir auch im Teich, das kräftigt den Körper und wäscht ihn zugleich." Was Erich Mühsam in seinem „alkoholfreien Trinklied" verspottete, war dem belgischen Fabrikantensohn Henri Oedenkoven und der Münchener Pianistin Ida Hoffmann bitterernste Lebensphilosophie: Im Herbst 1900 kauften sie für 150.000 Franken den Monte Monescia oberhalb Asconas, tauften ihn in Monte Verità („Berg der Wahrheit") um und gründeten eine „Vegetabile Cooperative", die schon bald zum Refugium für Aussteiger, Weltverbesserer und Utopisten werden sollte. Man baute Licht- und Lufthütten, gab seinen Wohnhäusern beziehungsreiche Namen (z. B. Casa *Anatta* = „Seele" im Sanskrit), pflanzte sein eigenes Gemüse an, aß vegetarisch und versuchte in jeder Hinsicht alternativ zu leben. Wer damals als Querdenker galt, gesellte sich dazu: Hermann Hesse und Else Lasker-Schüler, August Bebel, Hans Arp und C. G. Jung – sie alle waren (zumindest kurzzeitig) auf dem Monte Verità. 20 Jahre später war der alternative Schwung allerdings schon wieder erlahmt. Oedenkoven verkaufte den Berg und zog enttäuscht nach Brasilien, wo sich seine Spur verliert. Der neue Besitzer, Eduard von der Heydt, vermachte die Anlage 1964 dem Kanton und wünschte sich eine „ausstrahlende Kulturstätte". Frommer Wunsch: Monte Verità ist heute geschäftige Seminarstätte, alternativ blieben allein Museum und vegetarische Gaststätte.

Information

Ente turistico Lago Maggiore, Via B. Papio, kleines, nicht sonderlich gut ausgestattetes Büro, selbst den Stadtplan bekommt man eher im nahen Locarno. Sommer Mo–Fr 9.30–12, 13.30–17 Uhr, Sa 11.30–15.30 Uhr. ☏ 091/ 7910091, www.ascona.ch, www.maggiore.ch.
● *Internet* **Bar Brio,** Piazza della Posta; **Biblioteca populare,** Uferpromenade; **Café Montecarlo,** Piazza G. Motta.

Anfahrt/Verbindungen

Der **Ferienpass** in Ascona und Umgebung gewährt Preisermäßigungen auf öffentliche Verkehrsmittel.

● *Zug* Der nächste Bahnhof ist im 4 km entfernten **Locarno**.
● *Bus* Linie 21 (Haltestelle Post, Ecke Via Borgo, Via Locarno) fährt von Locarno halbstündlich via Ascona nach Brissago, Linie 22 (Haltestelle Ponte Maggia) von Locarno 18 x tägl. via Losone nach Ronco, Linie 31 (Haltestelle an der Post) alle 15 Min. nach Locarno-Minusio. Für Fahrten in den Norden (Centovalli, Verzascatal usw.) muss

man in Locarno umsteigen.
● *Schiff* Von der Uferpromenade fahren Ende März bis Okt. Dampfer und Tragflächenboote im Linienverkehr (auch nach Italien) und im Ausflugsbetrieb. 13 x tägl. nach Locarno, 9 x tägl. zu den Brissago-Inseln (25 Fr), 6 x nach Stresa-Arona, 7 x nach Cannobio-Luino. Außerdem werden Ausflugsfahrten zu den Borromäischen Inseln veranstaltet (85 Fr). ☏ 091/7511865.

Übernachten (siehe Karte S. 78/79)

***** Castello del Sole (20),** Via Muraccio 142, das Sonnenschloss aus dem 16. Jh., errichtet auf den Mauern einer noch 300 Jahre älteren Burg, ist das beste und teuerste Hotel am Platz. Da darf es dann auch ruhig noch Besonderes geben, z. B. einen Privat-

78 Tessiner Nordufer

strand und eigenen Weinanbau, Wellness-Bereich und Gourmet-Restaurant. DZ ca. 550–710 Fr. ✆ 091/7910202, www.castellodelsole.com.

**** **Ascovilla (18)**, Via Albarelle, Luxuriöses Haus in einer gepflegten Parkanlage, wenige Schritte von Ufer, Golfplatz und Piazza entfernt. Zwischen März und Nov. sind 57 Top-Zimmer zu mieten. DZ ca. 300–370 Fr. ✆ 091/7854141, ✉ 7854400, www.ascovilla.ch.

**** **Tobler (2)**, Via Collina, das große Hotel (47 Zimmer, davon einige Nichtraucherzimmer) hinter dem Monte Verità hat trotz seiner Abgeschiedenheit eine schöne Aussicht auf Berge und See. DZ ab 360 Fr. ✆ 091/7851212, www.hotel-tobler.ch.

*** **Al Porto (13)**, Piazza Motta, hinter dem Haupthaus mit Restaurant an der Uferpromenade kombinieren sich romantische Häuser, begrünte Innenhöfe und üppige Gärten zu einer Hotelanlage der feineren Art mit 37 geräumigen Zimmern. DZ ca. 205–320 Fr. ✆ 01/7858585, ✉ 7858586, www.alporto-hotel.ch.

*** **Arancio (8)**, Via Collinetta 78, außerhalb Asconas, an der Straße zur italienischen Grenze, bietet das Familienhotel neben einer großartigen Panoramaterrasse und großem Schwimmbad 25 feine Zimmer. DZ ca. 220–280 Fr (Sonderpreise für Rentner). ✆ 091/7912333, ✉ 7915802, www.arancio.ch.

*** **Elvezia (10)**, Piazza Motta, seit 1909 sorgt Familie Crociani in ihrem 20-Zimmer-Hotel mit Straßencafé für eleganten Komfort und aufmerksamen Service. Für die hinreißende Aussicht sorgt die Natur. DZ ca. 176–246 Fr. ✆ 091/7911514, ✉ 7910003, www.hotel-elvezia.ch.

*** **Al Faro (14)**, Piazza Motta 27, der „Lichtblick an der Promenade" (Eigenwerbung) bietet über einem belebten Café 9 hübsch möblierte Zimmer mit TV und Telefon an. DZ ca. 170–250 Fr. ✆ 091/7918515, ✉ 7916577, www.hotel-al-faro.ch.

*** **Riposo (5)**, Scalinata della Ruga 4, zentral gelegen und dennoch ruhig präsentiert sich das romantische 34-Zimmer-Hotel mit idyllischem Hof und Dachterrasse. Die ausgestellten Kunstwerke und die gute Küche machen das hübsche Haus für Kunstliebhaber wie für Feinschmecker zum Geheimtipp. DZ ca. 180–290 Fr. ✆ 091/7913164, ✉ 7914663, www.hotel-riposo.ch.

*** **Mirador (17)**, Via Lido 28, ruhig und schön ist die Lage (5 Gehminuten zur Piazza, zum Strand und Golfplatz), ruhig und schön auch der Garten, in dem das klassische

Ferienhäuser und -wohnungen
3 Residenza Sabrina
4 Casa Serena
19 Casa Gamborogno

Übernachten
2 Tobler
5 Riposo
6 Pergola
8 Arancio
10 Elvezia
13 Al Porto
14 Al Faro
15 Piazza au Lac
17 Mirador
18 Ascovilla
20 Castello del Sole

Essen & Trinken
1 Grotto Madonna della Fontana
7 Della Carrà
9 Da Ivo
11 Al Pontile
12 Casa San Carlo Borromeo
16 Schiff

Tessin-Haus 20 Zimmer bereit hält. DZ ca. 240–300 Fr. ✆ 091/7911666, ✉ 7912062, www.mirador-golfhotel.ch.

** **Pergola (6)**, Via Borgo 42, Familienhotel mit angemessenen Preisen mitten in Borgo und optimal ins Altstadtbild eingepasst. Die 20 zweckmäßig-modern ausgestattete Zimmer verströmen elegante Charme. DZ ca. 160–210 Fr. ✆ 091/7913848, ✉ 7910139, www.hotel-pergola.ch.

** **Piazza au Lac (15)**, Piazza Motta, das Haus in bester Lage direkt an der Uferpromenade mit Balkonblick auf den See vermietet 24 hübsche Zimmer mit TV zu Preisen, die zumindest für Asconeser Verhältnisse nicht übertriebenen sind. DZ ca. 140–232 Fr. ✆ 091/7911181; ✉ 7912757, www.hotel-piazza-ascona.ch.

• *Ferienhäuser und -wohnungen* **Casa Serena (4)**, Via Vorame 54, ein Studio sowie

Ascona 79

Tessiner Nordufer

3 Wohnungen mit 2, 3 bzw. 4 Zimmern sind in der einstöckigen Villa im Angebot. 85, 130, 170 bzw. 275 Fr/Tag. ✆ 091/7911836, www.zarbl.ch.

Residenza Sabrina (3), Via Ferrara 83, in einer modernen Anlage mit Park und Pool vermietet Dr. Rüggeberg drei hervorragend ausgestattete Apartments mit 1, 2 bzw. 3 Zimmern zwischen 107 und 146 Fr/Tag. ✆ 0049/ 233615886, www.rueggeberg-ascona.de.

Casa Gamborogno (19), Via Muraccio 110, Bungalow mit 6 Zimmern für 5 Pers. (viel Platz), 124–190 Fr/Tag (Bettwäsche und Reinigung separat). ✆ 062/8240632.

*E*ssen und *T*rinken

Al Pontile (11), neben dem beeindruckenden Seeblick, den man wohl nirgends besser als von dieser Uferterrasse aus hat, kann das Restaurant mit gelungener internationaler Küche aufwarten, besonders die Fischgerichte schmecken (ab 30 Fr). ✆ 091/7914604.

Schiff (16), die beste Fischsuppe der Stadt bekommt man in diesem Traditionslokal an der Piazza Motta, Aussicht inbegriffen.

Casa San Carlo Borromeo (12), das Gemäuer des Spitzenlokals in der Via Collegio Papio stammt aus dem Jahre 1365. Die Tessiner Gerichte sind garantiert frisch, z. B. der Fisch aus dem nahen See oder die Teigwaren (immer mit Gewürzen der Saison). ✆ 091/7911298.

Da Ivo (9), nur wenige Schritte weiter, in der Via Collegio 5, steht dieses Patrizierhaus mit schönem Innenhof. Das Restaurant, seit 1800 betrieben, genießt bei Einheimischen

80   Tessiner Nordufer

hohes Ansehen. Das liegt auch an Ivo Balestras lokaler Küche, deren eleganter Pfiff an guten Tagen selbst ausgesprochene Gourmets zufrieden stellt. Jan. bis März und Mo geschl. ℰ 091/7914656.

Della Carrà (7), drinnen wie draußen sitzt man im kleinen, viel besuchten Lokal in der Galleria della Carrà gleichermaßen gemütlich. Vornehmlich die Gerichte aus Fluss- und Seefischen sind lecker. ℰ 091/7914452.

Grotto Madonna della Fontana (1), der einzige Grotto im Stadtkern (auswärtige Grotti finden Sie unter „Losone" und „Arcegno") liegt am Fuße des Monte Verità (auf dem Weg zur Wallfahrtskirche). Kulinarische Besonderheiten dürfen Sie nicht erwarten, aber man sitzt hier ungemein gemütlich.

• *Cafés, Kneipen, Bars* Alle Welt trifft sich auf der Piazza Motta, jedes Straßencafé dort ist bis spät in die Nacht geöffnet. Das **Schiff** gilt als die Apéro-Kneipe der Stadt, am Abend wechselt man einige Schritte weiter zum **Mad Wallstreet**, wo Musik, Tanz und Flirt angesagt sind. Die **Bar Piazzetta** auf der Via Borgo ist für Musikliebhaber – ab 16 Uhr klimpert der Pianist und während des Jazzfestivals gibt es hier Konzerte. Im Sommer, wenn keine Vorstellungen stattfinden, trifft sich die In-Jugend im **Café Teatro Varieté**; abends geht es in die **Bar Pirata** in der Via Moscia, die mit der **Disco Lago** auch für die Nacht vorgesorgt hat.

Shopping

• *Bücher* **Il Gufo**, Via Borgo (Altstadt), hier werden Vorträge und Lesungen veranstaltet, außerdem bietet der Laden ein reiches Bücher- und CD-Sortiment.

Libreria della Rondine, Casa Serodine, erstklassiges Antiquariat mit Schwerpunkten Italienische Schweiz und Hermann Hesse.

Biblioteca populare, die schöne Bücherhalle an der Uferpromenade hält Bücher in vier Sprachen bereit.

• *Delikatessen* **Naretta**, Via Borgo. Das Lebensmittelgeschäft der besonders feinen Art mit erklecklichen Preisen – vom einfachen Käse bis zum ausgesuchten Wein, von der Schokolade bis zum frischen Obst ist hier alles etwas besser als anderswo.

Bottega del Golosone, Piazzetta Ambrosoli/Via Borgo. Die hausgemachten Hefekuchen sind geradezu weltbekannt, aber auch das Konfekt ist empfehlenswert.

• *Internationale Presse* Piazza Motta/Vicolo delle Olive.

• *Markt* Im Sommerhalbjahr jeweils Di von 10–17 Uhr auf der Uferpromenade Piazza G. Motta.

• *Supermärkte* **Migros** und **Coop** in der Via B. Papio, **Mercato Cattori** in der Via Locarno.

• *Uhren/Schmuck* **Zenger**, Piazza San Pietro. Uhren aller Edel-Marken sowie Schmuck eigener Kreation.

Herschmann, neben dem Rathaus. Der führende Juwelier im Tessin hat auch in Ascona eine Filiale.

Sello, Piazza San Pietro. Bekannt für wertvollen Goldschmuck und kostbare Kunstgegenstände.

Sport

• *Baden* **Lido di Ascona** (6 Fr Eintritt, Kinder 3 Fr) und **Bagno pubblico** (Eintritt gratis) liegen nebeneinander am Südostufer der Bucht. Beide Familienbäder (Mai bis Okt. tägl. 9–18 Uhr) sind mit Spielgeräten ausgestattet; Plus des Lido ist eine 96 m lange und 10 m hohe Wasserrutsche.

• *Golf* **Golf Club Patriziale Ascona**, Via Lido 81, im Maggiadelta. Der 18-Loch-Golfplatz im Südosten von Ascona zählt zu den schönsten in der Schweiz. ℰ 091/7912132, ℰ 7910706, www.golf.ascona.ch.

Golf Gerre Losone, zwischen Locarno und Ascona am Fluss Melezza. ℰ 091/7851090, ℰ 091/7851091, www.golflosone.ch.

• *Segeln* Im Jachthafen von Ascona können auch Boote gemietet werden. ℰ 091/7910397, ℰ 7910991.

• *Tennis* 7 Tennisvereine mit 25 Sand- und 10 Hallenplätzen, dazu etliche Hotelplätze.

Unterhaltung/Veranstaltungen

• *CSI Ascona* Das internationale **Reit- und Fahrturnier** um die Monatswende Juli/Aug. gehört zu den bekannten Turnieren Europas.

• *Kino* Asconas einziges Kino heißt **Cinema Otello** und liegt im Viale Papio. Und es ist weit weniger mondän als anderes in der Stadt.

Ascona

Borgo und das Seeufer: die Visitenkarte des Tessin

• *Musik* Ende Juni/Anfang Juli findet das **New Orleans Jazz Festival** statt (ww.jazzascona.ch), ein Dixieland-Treffen unter freiem Himmel, das zu den weltweit bedeutendsten Festivals dieser Art zählt.
Asconeser Musikwochen, von August bis Okt. treten internationale Orchester und Solisten auf.
Hot Jazz Workshop, Musikerfest mit über 50-jähriger Tradition kurz vor Weihnachten.

• *Segelregatta* Die **Segelregatta Laveno-Ascona** im Juni gilt auch deshalb als eine der wichtigsten in Europa, weil sie zu den ersten internationalen Kräftevergleichen im jeweils noch jungen (Segler-)Jahr zählt. Mehrmals gab es auf dem Kurs sogar Weltmeisterschaften der UFO-Klasse.

• *Theater* **Teatro Varieté**, Via Muraccio. Das Haus bietet Varieté vom Feinsten (nur in der Wintersaison), dazu Kabarett und Revue. In der spielfreien Zeit ist das Bistro Treffpunkt der jungen Schickeria.
Teatro San Materno, Via San Materno (→ Sehenswertes). Im Sept. ist hier ein Marionetten-Festival zu bestaunen.

Sehenswertes

Piazza Giuseppe Motta: Keineswegs nur Touristen flanieren Abend für Abend über die Promenade, die den Namen des Tessiner Bundesrates Guiseppe Motta (1871–1940) trägt. Und es vergeht kein Sommertag, ohne dass nicht Maler oder Musiker, Clowns oder Akrobaten ihre Künste auf der 5 km langen, platanengesäumten Uferstraße vorführen. Café reiht sich an Café und Hotel an Hotel – viele in alten Häusern, wie z. B. dem Rathaus aus dem 16. Jh. am 90-Grad-Knick der Piazza Motta.

Casa Serodine: Dem Rathaus gegenüber, nur durch die Gasse *Pietro e Paolo* getrennt, steht der prächtigste Profanbau der Stadt – die 1620 erbaute Residenz der Künstlerfamilie Serodine. Vor allem die dreigeschossige Barockfassade mit Stuckdekorationen von Battista Serodine, dem jüngeren Bruder des berühmteren Malers *Giovanni Serodine*, macht den künstlerischen Reiz der Casa aus. 1990 wurde das Patrizierhaus restauriert; die erste Etage – über den Innenhof erreichbar – wird seitdem für wechselnde Ausstellungen genutzt.

Öffnungszeiten der Ausstellungsräume März bis Dez. Di–Sa 10–17 Uhr; Eintritt frei.

Pfarrkirche Pietro e Paolo: Die dreischiffige Säulenbasilika – hinter dem Rathaus und querab der Casa Serodine – stammt aus dem Jahr 1264. Ihr heutiges Aussehen erhielt sie allerdings erst durch den Um- und Ausbau von 1535. In dieser Zeit entstanden auch die drei Gemälde von Giovanni Serodine: „Marienkrönung", „Christus in Emmaus" und „Die Söhne des Zebedäus". Die Fresken aus dem Jahr 1783 werden dem lombardischen Künstler Pietro Pancaldi-Mola zugeschrieben.

Centro del bel libro: Hinter dem blumigen Namen („Zentrum des schönen Buches") verbirgt sich ein privater Verein, der in einem umgebauten Ziegenstall im Hof eines alten Patrizierhauses eine weltweit anerkannte Fachschule für Buchrestauration und Bindekunst unterhält. Die Werkstätten können auf Anfrage besichtigt werden. Im Kulturzentrum *Beato Pietro Berno* im selben Haus finden Kunstgewerbeausstellungen statt.
Öffnungszeiten März–Okt. Di–So 14.30–18.30 Uhr; Eintritt frei.

Collegio Papio: Anschauenswert ist in der 1584 als Dominikanerkloster erbauten Anlage der Innenhof, der wegen seiner zweigeschossigen Loggienreihen und toskanischen Säulen als einer der schönsten Renaissancehöfe Europas gilt. Das nach seinem Stifter benannte Anwesen beherbergt heute zwei von Mönchen geleitete Privatschulen. Das Gelände des einstigen Priesterkollegs macht auch deshalb fast ein Viertel der Altstadt aus, weil es mit der Kirche *Maria della Misericordia* verbunden ist. Das Gotteshaus aus dem 15. Jh. ist reich mit spätgotischen Fresken lombardischer Künstler geschmückt, dazu gibt es ein kleines Museum mit Sakralgegenständen.
Öffnungszeiten **Museum**, Mi–Sa 10–12 und 20–22 Uhr, Eintritt 3 Fr.

Castello dei Ghiriglioni: Das einstige Schloss der Mailänder Adelsfamilie gehörte zu den Festungsanlagen der Stadt, die 1518 von den Eidgenossen geschleift wurden. Ursprünglich war es mit vier mächtigen Türmen ausgestattet und von einem nicht minder eindrucksvollen Burggraben umgeben. Auf dem Gelände wurde im

Collegio Papio, vielleicht der schönste Hinterhof Europas

Auf der Piazza Motta

16. Jh. ein neues Schloss gebaut, heute Sitz eines der teuersten Hotels mit dem beziehungsreichen Namen „Castello del Sole" (→ Übernachten).

Castello San Materno: Die älteste, vermutlich aus dem 12. Jh. stammende Stadtfestung wurde auf einer Anhöhe im Norden des Stadtkerns errichtet. Heute sind nur noch Ruinen auszumachen; letzter Überrest ist eine Kapelle aus dem 13. Jh. Auf dem Friedhof am Fuß der Anhöhe sind die Malerin Marianne von Werefkin (s. u.) und der Schriftsteller Hans Habe begraben. Grabüberreste, die auf demselben Gelände gefunden wurden, weisen darauf hin, dass die Gegend um Ascona bereits in der Bronzezeit besiedelt war.

Teatro San Materno: Das Theater im klassischen Bauhausstil wurde Ende der 1920er Jahre gebaut. Auftraggeber war ein belgischer Fabrikant, Vater der berühmten Ausdruckstänzerin Charlotte Bara. Bis in die 1950er Jahre zählte es zu den führenden Tanztheatern Europas. Seit Übernahme der Leitung durch Michel Poletti ist das Teatro zu einem kulturellen Zentrum des Tessin geworden.

Museo Communale d'Arte Moderna: Wesentliche Teile des Museums (etwa 70 Exponate) beruhen auf einer Schenkung der expressionistischen Malerin Marianne von Werefkin (1860–1938), darunter ein Porträt ihres Mannes Alexey Jawlensky. Außerdem sind Bilder von Kubin, Klee, Marc und Arp zu sehen.
Öffnungszeiten März bis Dez. Di–Sa 10–12 und 15–18 Uhr, So 16–18; Eintritt: 8 Fr, Kinder 4 Fr.

Museum Epper: Das Museum zeigt Gemälde, Holzschnitte und Aquarelle des Schweizer Expressionisten Ignaz Epper (1892–1969) sowie Skulpturen und Terracotta-Figuren seiner Frau, der niederländischen Bildhauerin Mischa Epper (1901–1978). Untergebracht ist es im ehemaligen Atelierhaus des Künstlerpaares.
Öffnungszeiten Apr. bis Mai und Sept. bis Okt. Di–Fr 10–12 und 15–18 Uhr, Eintritt frei.

Das „Russen-Haus": standhafte Ruine auf dem Monte Verità

Galleria AAA: Die im Schweizer Kulturbetrieb bekannte Galerie ist ständiger Ausstellungsort der 1964 gegründeten Künstlervereinigung AAA (*Associazione Artisti Ascona*). Seit 1988 ist das schön restaurierte Altstadthaus in der Carrà dei Nasi 18 auch zum Touristentreffpunkt geworden: Immer im August veranstaltet die AAA dort den Malwettbewerb „Pittori in Piazza" für angehende Künstler.
Öffnungszeiten Mo–Sa 10–12 und 14–18 Uhr; Eintritt frei.

Monte Verità

Mit 312 Höhenmetern überragt der von der Galleria stradale untertunnelte Monte Verità die Stadt um nur 116 m. Der Aufstieg zum Berg ist vom zentral gelegenen Hotel Riposo aus markiert (→ Stadtplan) und dauert 45 Minuten, die Anfahrt ist in der Stadt mehrfach ausgeschildert.

Oben erstreckt sich ein riesiger, von etlichen Wegen und wenigen Straßen durchzogener Park mit schönen Birken- und Kastanienhainen. Arrangiert ist das Ganze wie ein Wagnersches Gesamtkunstwerk, in dem bis zum kleinsten Gewürzgarten alles seinen sinnfälligen Platz hat. Tatsächlich waren die Mitglieder der Kooperative von Wagner beeinflusst; Bezeichnungen wie „Parsifalwiese" oder „Walkürenfelsen" belegen das. Auf dem Gelände findet man neben den Hinterlassenschaften der einstigen Alternativkultur auch zwei neuere Gebäude: das Seminarhaus der Universitäten Lugano und Zürich und das vegetarische Restaurant der *Fondazione Monte Verità*.

Casa Anatta: Das phantasievoll gestaltete Haus mit dem damals noch unüblichen Flachdach, den doppelten Holzwänden und den hölzernen Tonnengewölben in den Räumen wurde 1902 gebaut und zunächst von den Koloniegründern Henri Oedenkoven und Ida Hoffmann bewohnt. Später bezog es der niederländische Baron von der Heydt, danach wurde es für kurze Zeit als Hotel genutzt und drohte schließlich wie die übrigen Gebäude der Anlage zu verfallen. Erst 1980 wurde die Casa renoviert und als Museum wiedereröffnet; dokumentiert wird die Geschichte der Monte-Verità-Kolonie und früherer utopistischer Reformbewegungen in der Region Ascona.

Casa Selma: Die benachbarte Licht-Luft-Hütte wurde bereits 1901 errichtet und diente den Koloniemitgliedern als erste Unterkunft. Mittlerweile beherbergt sie ebenfalls ein Museum, das die Ausstellung in der Casa Anatta ergänzt.

Chiaro Mondo del Beati: Das dritte Museum auf dem Monte Verità ist ein Neubau, der auf dem Fundament des einstigen Solariums gebaut und 1987 eröffnet wurde. Der Holzpavillon wurde eigens angelegt, um das Riesengemälde „Klare Welt der Seligen" (4 x 26 m) des baltischen Künstlers Elisar von Kupffer auszustellen.

Öffnungszeiten für alle Museen des Museumsparcours gilt: Apr. bis Okt. Di–So 14.30–18 Uhr; Eintritt 10 Fr (Kinder, Stud. und Rentner 6 Fr).

Madonna della Fontana: Von der Parsifalwiese führt ein markierter Weg an den Nordhang des Monte Verità zu der 1677 fertig gestellten turmlosen Wallfahrtskirche. Die Kirche wurde über einer Quelle gebaut, an der eine taubstumme Schäferin der Legende zufolge ihre Stimme wiedergefunden hat. Neben der Kirche befindet sich der gleichnamige Grotto (→ Ascona) und hinter ihr die Grotte, in der die Quelle entspringt.

Losone

(ca. 5000 Einwohner)

Der Ort hat sein ursprüngliches Tessiner Stadtbild bewahrt, ohne dabei museal zu wirken. Rustici aus dem 15. Jh. harmonieren mit der Architektur des 20. Jh. Schauen Sie in die Via Ubrio – dort hat Stararchitekt Botta einen seiner Wohntürme hingesetzt.

Losone hat kaum weniger Einwohner als Ascona. Dennoch geht es hier viel ruhiger zu als in der berühmten Nachbargemeinde. Die Lokale sind uriger, die Hotels haben weniger Sterne und die stillere Umgebung lädt zum Wandern ein – sogar ein Naturlehrpfad wurde eingerichtet. Da stört der 600-Mitarbeiter-Betrieb, der Funkenerosionsmaschinen produziert, nur wenig.

Sehenswert sind die Pfarrkirche *San Lorenzo*, die Kirche *San Giorgio* mit Campanile und Chor von einer längst verschwundenen Kirche aus dem 12. Jh. und Fresken aus dem frühen 15. Jh., sowie *San Rocco* aus dem 16. Jh., errichtet aus Dank, der Pest von 1576 bis 1578 entronnen zu sein – das Gemälde hinter dem Altar zeigt die Muttergottes mit den Pestheiligen Rochus und Sebastian.

● *Anfahrt/Verbindungen* Anschluss an Bus 22 von Locarno nach Ronco (ca. 18 x tägl.), Haltestelle an der Post.

● *Übernachten* ***** Tiziana**, Via Truscio 9, man kann Fahrräder mieten, im Pool baden oder an organisierten Wanderungen teilnehmen; fast alles ist in dem 20-Zimmer-Hotel zum Wohl des Gastes geregelt. DZ ca. 120–190 Fr. ✆ 091/7915563, www.hotel-tiziana.ch.

* Casa Emmaus, Via Emmaus 15, ein Park, ein Tessiner Landhaus und sieben feine Zimmer sind ein Angebot, das man annehmen sollte. DZ ca. 90–150 Fr. Außerdem werden Apartments (s. u.) vermietet. ✆ 091/7911559, www.casa-emmaus.ch.

Abrigo, Via Abrigo 1, das Restaurant vermietet 10 einfache und preiswerte Zimmer, die Lage unter Schatten spendenden Riesenbäumen ist schlicht schön. DZ ca. 90 Fr. ✆ 091/7911464.

Casa Giovanni, hoch am Berg liegt das moderne Häuschen, das in 3 Zimmern 5 Personen Platz bietet (Haustiere erlaubt). 110–140 Fr/Tag. ✆ 071/3513318, ✉ 3514191.

Casa Emmaus, in dem Bauernhaus (s. o.) sind ein Studio und eine 2½-Zimmer-Wohnung zu mieten, beide ausreichend ausgestattet und zudem für wenig Geld. 75 bzw. 95–110 Fr/Tag. ✆ 091/7911559.

*** Camping Zandone, der große Platz am Fluss Melezza ist uneingeschränkt zu empfehlen, gute Sanitäranlagen und kleiner Lebensmittelladen. ✆ 091/7916563, ✉ 091/7910047.

86　Tessiner Nordufer

** Camping Riposo, gepflegter Rasenplatz mit guten Sanitäranlagen, kleinem Lokal und lockerer Atmosphäre. 34 Fr/Pers. ✆ 091/7921204, www.campingriposo.ch.

● *Essen & Trinken* **Grotto Arbigo**, an der Abzweigung Losone–Centovalli unter uralten Bäumen gelegener, uriger Grotto mit riesigem Garten. Die Polenta ist unübertroffen und der Risotto mit Pilzen ist kaum schlechter. Di geschl.

Grotto Contratempi, typischer Grotto unter fünf mächtigen Kastanien mitten im Dorf. Wer draußen sitzt, hat es viel gemütlicher als im großen, rustikalen Wartesaal drinnen.

Grotto Raffael, Grotto in San Giorgio, In-Treff der feineren Gesellschaft von Ascona.

An den Berg angelehnt die Küche, die wenigen Steintische unter großen Platanen derb und einfach – so müssen typische Tessiner Grotti sein. Di geschl.

Grotto Broggini, die Tische unter den 100-jährigen Bäumen sind eingedeckt, auf den Bänken liegen Sitzkissen – der auf alt getrimmte Grotto ist zu schön, um typisch zu sein. Aber die Küche ist raffiniert und die Pferde- und Strauß-Steaks sind riesig.

Osteria Delea, etwas edlere Osteria im Ortskern von San Giorgio mit Schatten spendenden Sonnenschirmen draußen und feinen Bodenfliesen drinnen. Der Wein und das marktfrische Gemüse sind besser und auch preiswerter als anderswo im Ort.

Naturlehrpfad Collina di Maia: Sommerausflug in die Eiszeit

Vom Parkplatz an der Via Renecón in San Rocco geht es schnurstracks durch den Wald. Der 6 km lange Lehrpfad über Gletscherabschleifungen und Moränenfelder, vorbei an Findlingen und durch Schatten spendenden Wald gibt auf 13 Schautafeln einen verständlichen Überblick über die geologische Geschichte des Tessins.

▸ **Arcegno:** Der dritte Teil der Großgemeinde kann in vielem mit Ascona und Losone nicht mithalten: viel kleiner, viel dörflicher und außer einem Kirchlein aus dem 14. Jh. ohne nennenswerte Sehenswürdigkeiten. Dafür bietet das Bergdorf mit seinen 300 Einwohnern eine schöne Lage inmitten von Kastanienwäldern; außerdem hat es sich die Kultur gneisgedeckter Rustici bewahrt.

● *Übernachten* *** Zelindo**, Via Campo E. Pestalozzi 17. Auf der höchsten Straße des hoch gelegenen Dorfes befindet sich die 11-Zimmer-Pension mit schönem Garten, gepflegter Küche und ansprechender Bocciabahn. DZ 130–155 Fr, 25 Fr zusätzlich für HP. ✆/℡ 091/7913446.

Casa Matefra, wer Ruhe und Aussicht schätzt, wem Komfort nicht so wichtig ist und wer trotzdem ein 3-Zimmer-Haus (Schlafmöglichkeiten für 5 Personen) für die Ferien sein Eigen nennen will, ist hier genau richtig. 80–100 Fr/Tag. ✆ 091/7917615.

Casa Elleboro, das Nebenhaus – genauso schlicht, genauso groß, genauso teuer. ✆ 091/7914768.

Casa al Bosco, das lauschige „Landhaus am Wald" mit 3 großen Räumen und Platz für 5 Personen verfügt über Garten und Terrasse. 140–190 Fr/Tag. ✆ 091/9516767.

● *Essen & Trinken* **Grotto La Risata**, am Dorfeingang und am Zusammenfluss zweier

Bäche liegt dieser stimmungsvolle Grotto im Gemäuer einer ausrangierten Mühle. Genießen Sie die Gesellighkeit unter Ulmen und Buchen – der Grotto wird seinem Namen („das Gelächter") immer gerecht. Mo geschl. ✆ 091/7921514.

Grotto Mulin di Cioss, den großen, etwas aufgemotzten Grotto finden Sie an einem kleinen Wasserfall im Wald (nahe dem Dorfeingang). Große Räumlichkeiten und eine große, nicht mehr ganz so preiswerte Speisekarte machen das Lokal zu einem beliebten Ausflugsziel. Di geschl. ✆ 091/7913200.

Grotto Laura, der Chef kocht selbst, und das nicht schlecht – lombardische Spezialitäten wie *coniglio in umido* (geschmortes Kaninchen) sind seine Stärke. Das wissen vor allem Einheimische zu schätzen und stürmen den Grotto hinter der Post regelmäßig in Großfamilienstärke. Mo geschl. ✆ 091/7914296.

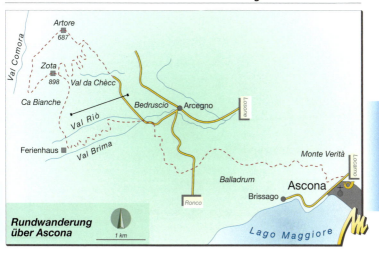

Rundwanderung über Ascona

Die vierstündige Wanderung hoch über dem Lago Maggiore überwindet knapp 600 Höhenmeter und streift auf Hin- und Rückweg das hübsche Arcegno. Von dort kann man die Route um eine Wanderstunde abkürzen.

Wegbeschreibung: Die Wanderung beginnt mit dem Aufstieg zum Monte Verità. An der Post von Ascona geht es über die Strada di Rondonico aufwärts und weiter über die Scalinata della Ruga zur Fahrstraße, die zum Monte Verità hinaufführt. Doch an der Kreuzung *Ronco/Losone* biegt der Weg nach Norden ab, um über eine baumlose Hochfläche den geteerten Waldweg zur Straße nach *Arcegno* zu erreichen. „Sentiero delle betulle" heißt der Weg zur Straße, auf der nach links abgebogen werden muss, um zum *Val Riò* zu kommen – gut eine Stunde ständigen Steigens liegt hinter dem Wanderer. Und weiter geht es bergauf: Der Pfad folgt dem Flusslauf und gewinnt dabei stetig an Höhe.

Bei den ersten Ferienhäusern knickt der Weg nach rechts ab (manchmal von einer Kette versperrt, da hilft ein kleiner Umgehungspfad, der zum ursprünglichen Weg zurückführt). Hinter einem Steg über den Bach teilt sich die Route; unser Weg geht nach links aufwärts.

Durch ein Birkenwäldchen ist nach 2,5 Std. der Weiler *Zota* erreicht, der eigentlich nur noch aus Datschen besteht.

Ein weiter Blick öffnet sich auf die Berge des Centovalli und gibt einen Vorgeschmack auf weitere grandiose Aussichten. Zuvor aber geht es zu den Bergen von Artore, den *Monti di Artore*. Richtung Norden weist der Weg durch einen Tannenwald auf eine tiefer gelegene Alm mit zwei Gebäuden. Nach Überquerung der Wiese führt die Trittspur in den Wald und abwärts zu einem Felssturz mit großartiger Aussicht.

Dort gabelt sich der Pfad und der schlichte Wegweiser zeigt links nach *Artore*, rechts nach *Arcegno*. Der 20-minütige Abstecher nach Artore lohnt der weiten Aussicht ins Pedemonte wegen. Die eigentliche Route aber führt abwärts nach Arcegno, abschnittsweise auf der Route des Hinwegs. Für die Strecke Artore–Acegno muss man 45 Min. veranschlagen, für den Abstieg weiter nach Ascona nochmals 40 Min.

Ronco Skyline: das Dorf liegt 800 Stufen höher

Brissago und die Inseln

Zwei geschichtsträchtige Orte, Brissago und Ronco, und zwei geheimnisumwitterte Inseln, die Isole di Brissago – von der Sonne verwöhnt und von vielen Urlaubern geschätzt, die es in erster Linie zum Botanischen Garten auf die größere der Brissago-Inseln zieht.

Geschützt vom *Monte Limidário* (2189 m) und vom *Ghiridone* (2200 m), gesegnet mit Humusböden aus dem Schwemmland des Lago Maggiore und gefördert durch den Temperaturausgleich des Seewassers, hat sich hier ein ungewöhnliches Klima und eine ungemein artenreiche Vegetation entwickelt. An höchstens 14 Tagen pro Jahr sinkt das Thermometer unter den Gefrierpunkt, Nebel gibt es überhaupt nicht und neben den Exoten wachsen auch Eichen, Kastanien und Birken auf den Terrassen bis auf 400 m Höhe vortrefflich.

Brissago   (ca. 2000 Einwohner)

Die Fassaden der prachtvollen Bürgerhäuser spiegeln sich im Seewasser – jahrhundertealter Reichtum begnet dem Besucher auf Schritt und Tritt.

Deutlich wird das zum Beispiel am *Palazzo Branca-Baccalà* hinter der Uferpromenade: Zwar wird an dem prächtigen Palast der Kaufmannsfamilie Branca gleich neben der Pfarrkirche immer wieder renoviert, dennoch strahlt der 200 Jahre alte Bau den erlesenen Geschmack seiner einstigen Besitzer aus. Und das gilt ebenso für andere Palazzi, etwa für die *Casa Borani* oder die *Casa Rossini* mit ihren spätgotischen Fresken.

Entstanden ist der Reichtum im Mittelalter. Damals war die Kaufmannsstadt reichsunmittelbare Republik und genoss zahlreiche Privilegien für den Handel mit dem Nachbarland (die italienische Grenze ist nur 1 km entfernt), die bis ins 17. Jh. verteidigt wurden. Und die Händlertradition wirkt bis in die Gegenwart: Als 1847

Brissago 89

die Zigarrenfabrik „Blauband" im Süden des Städtchens von Exilanten aus Italien aufgebaut wurde, stand die Schaffung industrieller Arbeitsplätze im Vordergrund. Heute beschäftigt die weitgehend automatisierte Fabrik nur noch 80 Mitarbeiter, zumeist Pendler aus dem nahen Italien. Aber noch immer ist der Vertrieb der als „Brissago" weltweit bekannten dünnen Zigarillos das größte Geschäft in der Stadt. Daneben wurde schon immer Geld mit Gästen verdient – „Brixagium" galt bereits zur Römerzeit als Sommersitz reicher Besatzerfamilien. Und in den letzten zwei Jahrhunderten lockten die extravaganten Besitzer der Inseln immer wieder Dichter, Maler und Musiker nach Brissago, darunter den neapolitanischen Komponisten Ruggerio Leoncavallo, der es zum Ehrenbürger Brissagos brachte und dem neuerdings ein kleines Museum gewidmet ist. Im Mai/Juni richtet die Gemeinde auch ein nach Leoncavallo benanntes Opernfestival aus. Neuen Ruhm erlangte das Städtchen im Oktober 2004, als der Russe Wladimir Kramnik gegen den Ungarn Peter Leko im neu errichteten Centro Dannemann seinen Weltmeistertitel im Schach verteidigte.

Noch ein Tipp für Badegäste: Das örtliche Strandbad *Lido Brissago* liegt neben der Tabakfabrik, man muss dafür auf der Straße zur Grenze links abbiegen.

Tessiner Nordufer

Information/Verbindungen

● *Information* **Ente turistico Lago Maggiore**, Via Leoncavallo 25, das kleine Büro befindet sich auf der Seeseite der Durchgangsstraße und bietet außer Zimmernachweis leider nur dürftige Informationen. Tickets für den Besuch der Brissago-Inseln muss man sich am Schiffsanleger besorgen, Gratis-Besuchsscheine für das Kraftwerk und die Tabakfabrik aber gibt es hier (und im Centro Dannemann). Mo–Fr 8–12 und 14–18 Uhr, Juli/August auch Sa 8–12 Uhr. ✆ 091/7910091, www.maggiore.ch.

● *Verbindungen* Tägliche **Busverbindungen** nach Locarno via Ronco und Ascona (halbstündlich). Haltestelle an der Piazza del Sole. Zudem 6 x tägl. nach Ronco mit Stopps in Porto Ronco und Piodina. Haltestelle an der Post in Brissago.

Die **Schiffslinie** Locarno – Ascona – Isole di Brissago – Brissago fährt den Ort 12 x pro Tag an, zudem gibt es 16 x tägl. Fahrten zu den Isole di Brissago via Porto Ronco. Die Passage zu den Inseln kostet 20 Fr (Kinder 10 Fr) incl. Eintritt im Botanischen Garten; Fahrpreis nach Ronco 7 Fr, Kinder 4 Fr.

Übernachten

**** Villa Caesar, das einzige Vier-Sterne-Hotel am Ort (nur wenige Schritte vom See), 32 elegante Zimmer, kleiner Pool und entsprechende Preise, DZ ca. 144–456 Fr. ✆ 091/7932766, www.privilegehotels.ch.

*** Mirto au lac, zusammen mit dem Graziella (s. u.) gleich nebenan die beste Seelage in Brissago. Die 46 Zimmer (Du/WC, TV, Telefon) sind allerdings deutlich edler und teurer als beim Nachbarn. DZ 180–280 Fr. ✆ 091/7931328, www.hotel-mirto.ch.

*** La Favorita, am Hang des Ghiridone und fast 200 Höhenmeter über der Stadt liegt das Hotel inmitten einer ruhigen Villengegend. Die Aussicht, vor allem von der Terrasse, ist ausgezeichnet; der Weg zum See etwas weit, deshalb gibt es auch ein Schwimmbad im üppigen Garten. DZ 150–170 Fr. ✆/📠 091/7930040.

*** Bellavista, Via Costa di Mezzo, hoch über dem Ort mit hervorragender Aussicht auf den See und die Brissago-Inseln kosten die 12 Zimmer nach Renovierung und Besitzerwechsel ca. 120–210 Fr (DZ). ✆ 091/7931222, www.bellavista-brissago.ch.

*** Rivabella au Lac, Via Leoncavallo 43, direkt an der Hauptstraße, aber dennoch ruhig (17 schöne Zimmer liegen zur Seeseite) und direkt am See mit dem vielleicht schönsten Garten in Brissago und eigenem Badeplatz – man muss lange suchen, um zu diesen Preisen eine solche Unterkunft zu finden. DZ ca. 110–160 Fr. ✆ 091/7931137, www.rivabellaaulac.ch.

** Verbano, der vierstöckige Neubau an der Hauptstraße bietet 31 Zimmer (alle mit

90   Tessiner Nordufer

Balkon) zu erstaunlich günstigen Preisen: DZ ca. 76–110 Fr. ✆/✆ 091/7931232.

**** Graziella**, besser kann eine Lage kaum sein – direkt am Schiffsanleger bietet die Pension 20 teils einfache Zimmer mit schöner Aussicht. Das zum Haus gehörende Restaurant mit Promenaden-Terrasse ist bekannt für seine Fischgerichte. DZ ca. 100 Fr. ✆ 091/7931420.

● *Ferienwohnungen* **Villa Gina**, einen besseren Standort gibt es nicht in Brissago: Direkt am Schiffsanleger bietet das stim-mungsvolle und perfekt eingerichtete 2-Zimmer-Häuschen 2 Apartments mit jeweils Platz für 2 Pers. Die Wohnungen sind allerdings nicht ganz billig: 108–170 Fr/Tag. ✆ 091/7931777.

Lido heißt zwar Strand, liegt aber am Hang, in der ersten Parallelstraße zur Hauptstraße. Dennoch kann die Wohnung im 3. Obergeschoss mit 4 Schlafplätzen und befriedigender Einrichtung gefallen. Das gilt auch für den Preis: 80–100 Fr/Tag. ✆ 091/79314 63.

Essen & Trinken

Grotto Al Tecett, etwa 2 km oberhalb des Städtchens an der Straße nach Incella findet sich in einem 900 Jahre alten Granithaus der nicht ganz so alte Grotto. Besonders lecker sind die hausgemachte Salami, im Sommer die in Weißwein marinierten Felchen und zu jeder Jahreszeit die guten Weine. Der kleine Grotto gehört dem einheimischen Maler Claudio Baccatà, dessen Studio besichtigt werden kann. Di geschl. ✆ 091/7832923.

Canvetto Ticinese, als „Canvetto" bezeich-net man eine Tessiner Gastwirtschaft, die fast nur aus Terrasse besteht. So auch dieses Gasthaus oberhalb der Tabakfabrik (erste Querstraße rechts), das mit modernen Variationen traditioneller Tessin-Gerichte gefallen kann. Mo geschl. ✆ 091/7932996.

Al Giardinetto, der etwas feinere und teurere Tessiner Grotto (Muro degli Ottevi) gilt als „heiße Adresse" für kreativ verfremdete Regionalkost. Einen der wenigen Tische sichert man sich darum am besten mit Vorbestellung. Fr–So geschl. ✆ 091/7933121.

Sehenswertes

Pfarrkirche Pietro e Paolo: An dieser stattlichen Kirche haben sich zahlreiche Künstler bis ins 20. Jh. versucht. Erbaut zwischen 1526 und 1610 vom einheimischen Baumeister *Giovanni Beretta* und seinem Sohn *Pietro* als stilechter Renaissancebau (letzte gotische Elemente stammen von einer Vorgängerkirche), wurde die Kirche vor über 30 Jahren vom berühmten Tessiner Architekten Luigi Snozzi renoviert. Aus der Zeit stammen das Glasgemälde von Hans Stocker und der Altar des einheimischen Künstlers Giovanni Genucchi. Die prächtigen Zypressen rund um den Kirchplatz sollen 600 Jahre alt sein.

Galleria Amici dell'Arte: Das Haus der Künstlervereinigung in der Hauptstraße (Via Leoncavallo) zeigt Arbeiten regionaler Künstler und Kunsthandwerker. Darüber hinaus veranstalten die „Freunde der Kunst" regelmäßige sommerliche Kunstausstellungen an der Uferpromenade von Brissago und auf dem Dorfplatz von Ronco. *Öffnungszeiten* Mo–Sa 10–11.30 und 18–21 Uhr; Eintritt nur bei Sonderausstellungen.

Madonna del Ponte: Wie die Pfarrkirche verdankt Brissago auch diesen Renaissancebau Vater und Sohn Beretta: Giovanni schuf Gotteshaus und Campanile, Sohn Pietro das Portal der Kirche, die als wichtigstes Beispiel lombardischer Kunst in der Schweiz gilt. Der imposante Bau mit achteckiger Kuppel und zierlichem Säulengang steht im Süden des Orts am See nahe der Tabakfabrik.

Museo Leoncavallo: Im schönen *Palazzo Branca-Baccalà* ist seit kurzem ein kleines Museum zu Ehren des Ehrenbürgers Leoncavallo (s. o.) eingerichtet worden. Es werden einige wenige, persönliche Andenkenstücke des Komponisten gezeigt. *Öffnungszeiten* März bis Okt. Mi–Sa 10–12 und 16–18 Uhr.

Ronco s/Ascona 91

Centro Dannemann: Das moderne Kongress- und Veranstaltungszentrum der „Fabbrica Tabacchi Brissago" war 2004 nicht nur Austragungsort der Schach-WM, sondern ist auch Ausgangspunkt für die Besichtigung der traditionellen Tabakfabrik.
Öffnungszeiten Besichtigung jeweils Mi, Do 13.30–16.30, Fr 9–13.30 Uhr.

Brissago/Umgebung

Kraftwerk Verbano: An der Straße nach Porto Ronco, 2 km nördlich von Brissago, befindet sich das unterirdische Kraftwerk Verbano, Teil eines Pumpspeicherwerksystems, das Wasserkraft aus dem Maggiatal in Strom verwandelt.

Centro Dannemann in Brissago

Öffnungszeiten Dienstags können Interessierte (nicht mehr als 20 Pers.) das Kraftwerk nach Anmeldung beim Ente turistico in Brissago kostenlos besuchen.

Sacro Monte: Der „Heilige Berg" ist zu Fuß in einer Stunde durch das Valle del Sacro Monte oder mit Bus 20 erreichbar. Der Aufstieg zu der auf einem Felsvorsprung thronenden Wallfahrtskirche *Sacro Monte* (18. Jh. mit Fresken von Giuseppe Orelli) verläuft über einen mit Fresken geschmückten Kreuzweg; auf der Talseite gegenüber sieht man eine Kreuzigungsgruppe. Insgesamt ein lohnender, nicht zu anstrengender Halbtagesausflug.

Ronco s/Ascona (ca. 700 Einwohner)

Fünf Orte mit dem Namen Ronco gibt es im Tessin. Um den berühmtesten von ihnen hervorzuheben, hat man ihm den Zusatz „sopra Ascona" (oberhalb Asconas) verpasst.

„Ronco" heißt „Sackgasse", und deshalb hat man viele Dörfer am Hang, zu denen die sprichwörtlich letzte Straße führt, mit diesem Namen versehen – was dann stets auch meint: das Dorf ganz oben, das mit dem schönsten Panorama. Ronco s/Ascona (so die Kurzform) ist dafür geradezu ein Paradebeispiel. 335 m hoch gelegen, bietet der Ort eine wahrlich berauschende Aussicht auf den Lago Maggiore und die Brissago-Inseln – am besten zu bewundern von der Piazza aus, die von der Pfarrkirche *San Martino* (sehenswert der Hochaltar von Antonio Ciseri, dem berühmteste Sohn der Stadt) und der schlichten Kapelle *San Maria delle Grazie* mit einer anmutigen toskanischen Vorhalle umschlossen wird.

Natürlich braucht ein solcher Ort einen Seeanschluss: Der Hafen *Porto Ronco* ist über eine 800-stufige „Himmelsleiter" mit der Oberstadt verbunden. Mittlerweile führt allerdings auch eine serpentinenreiche Asphaltstraße in die Oberstadt, die insbesondere den vielen Villenbesitzern die Anfahrt erleichtert. Denn Ronco ist wie viele malerische Tessinorte von Zugezogenen fast überlaufen, neue Zufahrtsstraßen zu immer neuen Anwesen durchschneiden den Wald, Baukräne für immer neue Villen verschandeln den Hang. Nur der Ortskern (sehenswert z. B. die *Casa Ciseri* hinter der Piazza della Madonna) blieb so ursprünglich wie vor 50 Jahren, als Ronco noch eine Art Künstlerrefugium war. Damals lebte hier der Schriftsteller Erich

92 Tessiner Nordufer

Maria Remarque mit seiner Frau, der aus Chaplin-Filmen bekannten amerikanischen Schauspielerin Paulette Goddard. Remarque, der die Villa Monte Tabor in Porto Ronco bewohnte und dort wohl schöne Stunden mit seiner Freundin Marlene Dietrich verbrachte, starb 1970 und liegt auf dem Dorffriedhof begraben.

Information/Verbindungen

• **Information** Eine Außenstelle des **Ente turistico Lago Maggiore** hat ihr Büro oberhalb der Piazza (erste Querstraße links). Nur Juli/Aug. Mo–Fr 8–12 (Di ab 10 Uhr), 14–18 Uhr. Sa nur vormittags. ✆ 091/7914650.
• **Verbindungen** **Bus 22** von Locarno via Ascona nach Ronco (Haltestelle am Postamt in der Oberstadt) verkehrt tägl. 9 x. **Bus**

21 (Brenscino–Brissago–Ascona–Locarno) hält tägl. 23 x nur in Porto Ronco an der Post.
Porto Ronco wird 12-mal tägl. von der **Schifffahrtslinie** Locarno-Brissago angefahren; zu den Brissago-Inseln gibt es zusätzlich 16 x tägl. einen Shuttle-Service. Preis: 16 Fr, Kinder 8 Fr.

Übernachten

★★★★ La Rocca, das einzige Vier-Sterne-Hotel am Platz bietet alles, was Urlauber wünschen. Und dazu noch eine schöne Aussicht aus erhobener Hanglage. DZ ca. 340–420 Fr. ✆ 091/7851144, www.la-rocca.ch.
★★★ Ronco, schöne Lage gleich neben der Piazza, 38 geschmackvolle Zimmer mit allem Komfort und prächtiger Aussicht, dazu ein Schwimmbad und ein gutes Lokal. DZ ca. 165–290 Fr. ✆ 091/7915265, www.hotel-ronco.ch.
Elisabetta, das einfache Familienhotel mit angeschlossenem Terrassen-Restaurant liegt herrlich 400 m über dem See. Schon diese Lage ist ihr Geld wert. DZ 120 Fr. ✆ 091/7919396, www.pensione-elisabetta.com.
Da Baffo, unten am See in Porto Ronco liegt das rote Haus mit Restaurant und Pension. Die 24 einfachen Zimmer (nur zum Teil mit Du/WC) werden für 120–160 Fr (DZ) vermietet. ✆ 091/7918095, ✆ 7910939.
Andragogium, unter den sündhaft teuren Unterkünften in Ronco ist das VHS-Ferienheim in der Via Ronco (oberhalb des Ortes und am Waldrand) noch die billigste: 60 teilweise mit Drei-Sterne-Standard ausgerüstete Zimmer werden für ca. 110–170 Fr

(DZ) vermietet. ✆ 091/7915453, ✆ 7911552.
• **Ferienhäuser und -wohnungen** **La Farana**, hoch über dem See und noch höher als Ronco liegt das gemütliche 3-Zimmer-Häuschen mit bis zu 7 Schlafplätzen. Das mit allem Komfort ausgestattete Haus in der Via Patrizia ist für 320–520 Fr pro Woche zu buchen. ✆ 091/7914547.
Aurora, sieben Personen finden in dem 4-Zimmer-Haus in der Via Monte Tabor in Porto Ronco ausreichend Platz. Das Haus in Top-Lage direkt am Seeufer ist mit einer hochmodernen Küche und sonst bestens ausgerüstet. Tagesmiete je nach Saison 270–500 Fr. ✆ 091/7914547.
San Martino, drei Apartments vermietet Angelo Zucconi unmittelbar über dem Schiffsanleger von Porto Ronco. Die Mini-Wohnungen (1 bzw. 2 Zimmer) bieten bis zu 4 Personen Platz und kosten 55 Fr pro Bett und Tag. ✆ 091/7915110.
La Perla, das hübsch und trotzdem funktional eingerichtete Studio in der Via Ronco liegt zwischen Ober- und Unterstadt, schöne Aussicht und trotzdem nur wenige Schritte zum See. 120–140 Fr/Tag. ✆ 061/2819072.

Essen und Trinken

TIPP! Grotto da Peo, wer das einmalige Seepanorama genießen möchte, muss sich auf eine längere Anfahrt oder einen zeitraubenden Fußmarsch (mit gut 3 Std. müssen Sie rechnen) einstellen. Aber der Weg auf 950 m nach Monti di Ronco lohnt: schöne Aussicht, uriges Ambiente an den Holztischen vor dem Bauernhaus und deftige Hausmannskost als kulinarisches Angebot. Wenn Sie Fleischgerichte (Kaninchen,

Schmorbraten oder Haxen mit Polenta) mögen, sollten Sie am Vortag vorbestellen. Sie erreichen das Grotto über einen Abzweig (Monti di Ronco) an der Straße Ronco–Arcegno. Nach gut 4 km kommen Sie an die ausgeschilderten Parkplätze, dann noch 2 Min. Fußweg. Mo geschl. ✆ 091/7914207.
Dal Mött, und wenn Sie schon in Monti di Ronco sind, lohnt auch ein Besuch in diesem rustikalen Lokal, das Pilzrisotto zu sei-

Isole di Brissago: Schweizer Flagge, Hamburger Wappen

nen Spezialitäten zählt. Nur bis 20 Uhr geöffnet, Mi geschl.
Della Posta, das Restaurant im Dorfkern von Ronco bietet hervorragende italienische und französische Küche zu leicht überhöhten Preisen. Die atemberaubende Aussicht ist kostenlos, die häufig schlechte Laune des Wirts aber auch. ✆ 091/7918470.

Ronco s/Ascona/Umgebung

Monte di Ronco: Der Hang oberhalb von Ronco heißt eigentlich *Carona del Pinci* (1295 m), aber der Volksmund begnügt sich mit der schlichten Bezeichnung Ronco-Berg. Der schweißtreibende 3-Stunden-Aufstieg lohnt nicht nur wegen der eindrucksvollen Aussicht und der schönen Grotti (s. o.), sondern auch wegen des Blicks auf die verschwenderischen Villen längs des Weges.

Fontana Martina: Vor 85 Jahren sollte das 2 km südwestlich von Ronco gelegene Dorf zu einem zweiten „Monte Verità" (→ Ascona) werden: 1923 hatte der Kunstdrucker Fritz Jordi den verlassenen Ort aufgekauft, um eine Künstlerkommune um sich zu scharen. Doch das Unternehmen blieb in den Anfängen stecken. Heute erinnert nur eine Töpferei mit Verkaufsladen an Jordi.

Isole di Brissago

Der „Paradies-Garten" auf der größeren der beiden Brissago-Inseln wird von der Werbung zur Attraktion hochgejubelt – der kleine Tropenpark ist jedoch nicht aufregender als jeder beliebige botanische Garten an jedem beliebigen anderen Ort auch.

Die Anlage auf der *St.-Pankratius-Insel* ist nur 900 m Luftlinie von Porto Ronco entfernt; Linienschiffe und kleinere Boote fahren die Insel im Halbstundenrhythmus an. Während die kleinere Insel, *St. Apollinar*, in ihrer ursprünglichen Flora belassen wurde und für Besucher nicht zugänglich ist, wurde auf der 258 ha großen Isola Grande in den letzten 100 Jahren alles sorgsam arrangiert und mit Bedacht gehegt und gepflegt. Eukalyptusbäume und Sumpfzypressen, Agaven aus Mexiko, Alpenrosen aus dem Himalaja (!), Azaleen und Akazien – insgesamt 1500 Pflanzenarten u. a. subtropischer Herkunft wurden zusammengetragen und in Gruppen nach ihren Herkunftsländern angeordnet: im Norden amerikanische Pflanzen, im

94   Tessiner Nordufer

Süden asiatische und in der Mitte australische und afrikanische. Das alles gruppiert sich um den einstigen Herrensitz, der jetzt ein riesengroßes Café sowie Konferenzsäle und Seminarräume beherbergt. Bislang haben über drei Millionen Menschen aus aller Herren Länder den offiziellen Botanischen Garten des Kantons besucht.

- *Öffnungszeiten* Die gepflegte und schattige Anlage ist von Mitte März bis Ende Okt. tägl. von 9–18 Uhr geöffnet (Juli/August bis 21 Uhr) und kostet 10 Fr für (Kinder 5 Fr), der Obolus wird bereits bei der Überfahrt erhoben.
- *Anfahrt/Verbindungen* Drei Schiffslinien fahren die Insel an: Die große Lago-Maggiore-Linie von Locarno über Ascona, Brissago und Porto Ronco 12 x tägl. sowie zwei kleinere Boote von Brissago (15 Min. Überfahrt) bzw. von Porto Ronco (10 Min. Überfahrt). Von Brissago und Porto Ronco kann man mithin jede halbe Stunde mit einer Passage rechnen. Preise: von Brissago 18 Fr, von Porto Ronco 12 Fr.

Baronin Légers Erbe

Sie tauchte 1885 im Tessin auf und niemand wusste, wer sie war, woher sie kam: russische Großfürstin oder Kurtisane, irisches Landmädel oder doch Deutsche? Antoinette de Saint-Léger jedenfalls kaufte die Brissago-Inseln für 15.000 Franken und schuf sich dort ihren eigenen Garten Eden. Zusammen mit ihrem Mann, dem irischen Baron Saint-Léger, trug sie Samen und Pflanzen aus allen Weltecken zusammen, entwarf ein prächtiges Schloss und scharte Maler, Dichter und Lebemänner um sich – vielleicht der Grund, warum ihr Gatte sie 1897 auf den Inseln sitzen ließ; sicher aber mit ein Grund, warum die „Frau im See" 1927 ihren Besitz verkaufen musste und 1948, 92-jährig und völlig verarmt, im Centovalli verstarb.

St.-Pankratius-Insel: das Vermächtnis der Baronin

Käufer war der Hamburger Kaufmann Max Emden, kaum weniger exzentrisch als die Frau Baronin. Als Erstes ließ er das Schloss sprengen und einen neoklassizistischen Palazzo nebst Hafen, an dem das Hamburger Wappen prangt, erstellen – das heutige Restaurant. Die Pflanzen hingegen pflegte der weit gereiste Weltmann, baute den Park sogar aus, gab ihm seine heutige Form und machte ihn zum Mittelpunkt wilder Feste, über die Einheimische nur die Nase rümpfen konnten.

Dritter und bislang letzter Akt: 1949 kauften die drei Ufergemeinden Ascona, Brissago und Ronco sowie der Kanton Tessin die Inseln, gründeten den Botanischen Garten und machten ihn durch gewieftes Marketing zum Urlaubermagneten.

Wanderung von Ascona über Ronco nach Brissago

Die 8-km-Wanderung auf Römerwegen über dem Lago Maggiore ist gemächlich, schattig und voller Panoramablicke. Gut 3 Std. wenig steile Anstiege über ausgebaute Wege und kleine Straßen erwarten Sie.

Wanderung von Ascona über Ronco nach Brissago 95

Wegbeschreibung Die Wanderung beginnt in Ascona mit dem Aufstieg zum Monte Verità: An der Post geht es über die *Strada di Rondonico* aufwärts und weiter über die *Scalinata della Ruga* zur Fahrstraße, die zum Monte Verità hinaufführt. Doch an der Kreuzung *Ronco/Losone* biegt die Route links ab, bis in einer Linkskurve ein Wegweiser auf den *Sentiero Romano* hinweist – der alte Römerweg ist Richtschnur dieser Wanderung.

Zunächst über eine Stiege und eine Steinbrücke führt der von Steinmauern gesäumte Pfad in leichtem Auf und Ab durch die Hänge über Ascona. Sobald der Wald zurückweicht, öffnet sich der weite Blick auf den Lago Maggiore und die Brissago-Inseln.

Alle Abzweigungen ignorierend, steuern Sie eine weitere Straße zum Monte Verità an, auf der ein kleiner Wasserfall passiert wird (den erleben Sie allerdings nur im Herbst). Gleich dahinter zweigt der Römerweg rechts ab, um in Serpentinen wieder in den Wald aufzusteigen. Immer geradeaus – Anstiege werden durch Stufen erleichtert – erreicht der Weg an der Bushaltestelle Capella Grippaldo die Fahrstraße nach Arcegno. Ihr Weg geht aber weiter links in Richtung Süden nach *Ronco*, auf diesem Strächen wird ein Tessiner Granithaus erreicht und gleich dahinter die untere, schmalere Straße gewählt, die nach knapp zwei Wanderstunden nach *Ronco* führt.

Der schöne Ort wird auf der *Via Barcone* am oberen Ortsrand gequert; nach einem halbstündigen, leichten Anstieg auf dem kaum befahrenen Sträßchen ist *Valle di Cordelo* erreicht. Das Tal des Cordelo-Baches und mit ihm die Straße senkt sich hinab zum Weiler *Porta*. Kurz hinter dem Ort kreuzt die Fahrstraße die abwärts führende Straße nach *Brissago* – das Tourenziel nach dreistündiger Wanderung.

Bolle di Magadino: Mit der Urwüchsigkeit ist es bald vorbei

Gambarogno

Die Region von der Magadino-Ebene, wo Ticino und Verzasca in den See münden, bis zur italienischen Grenze umschließt das nordöstliche Ufer des Lago Maggiore. Nur neun Gemeinden verteilen sich auf den 10 km langen Uferstreifen, genannt „Riviera del Gambarogno".

Das Seeufer ist der einzige touristisch erschlossene Teil der ansonsten wenig betriebsamen Region. Aber bis auf den Lido von Tenero geht es hier im Vergleich zu Locarno und Ascona gegenüber noch sehr geruhsam zu, nur wenige Hotels und noch weniger Restaurants laden zum Bleiben ein. Das hätte durchaus anders kommen können: Ende des 19. Jh. war allen Ernstes geplant, die Eisenbahnanbindung von Bellinzona nach Norditalien nicht wie jetzt über Chiasso, sondern über *Luino* (→ S. 144) am Ostufer des Lago Maggiore zu führen. Überbleibsel solch kühner Pläne sind der viel zu große Bahnhof in Luino und die nun wenig befahrene Bahnstrecke zwischen Bellinzona und Italien, die auch heute noch die größeren Gemeinden im Gambarogno berührt. So blieb die Region, die im Osten vom *Monte Tamaro* (1962 m) begrenzt und in ihrer geografischen Mitte vom *Monte Gambarogno* (1734 m) beherrscht wird, weitgehend still und unberührt – und das ist angesichts des Trubels anderswo schon wieder ein Pluspunkt.

Tenero (ca. 2300 Einwohner)

Das Städtchen am Eingang zum Verzascatal (→ S. 127) besitzt die meisten Lokale und Übernachtungsmöglichkeiten im Gambarogno.

Der Lido, nur durch eine Stichstraße mit dem Norden verbunden, ist gepflastert mit Campingplätzen, die zwischen dem See und dem Naturschutzgebiet *Bolle di Magadino* eingezwängt sind. Tatsächlich soll es Urlauber geben, die dieses Lido-Camping-Ghetto während ihres Aufenthalts nicht verlassen – dabei liegt die eindrucksvolle Naturschönheit des 29 km langen Verzascatals gerade mal 5 km entfernt.

Tenero 97

Sportbegeisterte werden sicherlich das Sportzentrum gleich hinter den Campingplätzen besuchen, wo 2001 das zentrale Schweizer Sport-Internat eröffnet wurde und wo nahezu jeder Outdoor-Sport möglich ist.

Information/Verbindungen/Shopping

• *Information* **Ente turistico Tenero e Valle Verzasca**, in einem Bungalow am Ende der rechteckigen Piazza Zudem gibt es einen Infokiosk an der Staumauer, der von Mai bis Okt., 9–19, Uhr besetzt ist. Da das Valle Verzasca vornehmlich von Tagesbesuchern angesteuert wird, gibt es nur wenig Informationsmaterial über die Region. Um so wichtiger sind die freundlichen Auskünfte der netten mehrsprachigen Mitarbeiterinnen. Mo–Fr 9–12, 14–18 Uhr, Juli bis Sept. auch Sa 9–12, 13.30–17.30 Uhr. ✆ 091/7451661, www.tenero-tourism.ch.

• *Verbindungen* Der **Schnellzug** Bellinzona–Locarno hält in Tenero ca. 26 x tägl. Der **Postbus** startet an der Piazza nach Locarno zwischen 6.30 und 19.20 Uhr 18 x tägl. (So nur 7 x), ins Valle Verzasca zwischen 7.47 und 18.24 Uhr 10 x (So nur 4 x). **Linienschiffe** fahren von Mai bis Sept. zwischen 8.40 und 17.45 Uhr 5 x tägl. nach Locarno. Die Anlegestelle (Debarcadero) befindet sich zwischen Campingplatz Tamaro und dem Strandbad. Das Ganze ist kostenlos.

• *Shopping* Längs der Durchgangsstraße gibt es ein riesiges **Einkaufszentrum** mit SB-Markt, Frisör, Bank und Andenkenladen. Kleinere Läden gibt es auf den **Campingplätzen**.

Das **Weingut Matasci** in der Villa Jelmini (Via Verbano) kann wochentags während der Bürozeiten besucht werden.

Übernachten

*** Garni Campofelice, das große Hotel liegt an der Verzasca-Mündung dicht bei den Tennisplätzen und am gleichnamigen Campingplatz. Die 25 geschmackvoll-funktionalen Zimmer (fast alle mit Balkon) bieten eine weite Aussicht zu akzeptablen Preisen. DZ ca. 130–160 Fr. ✆ 091/7456300, www.campofelice.ch.

** Rivabella, der Bungalowbau auf dem Campingplatzterrain in der Nähe der Schiffsanlegestelle wartet mit 12 gut ausgestatteten Zimmern auf, die alle Seeblick haben, was in Tenero eine Seltenheit ist. DZ ca. 110–130 Fr. ✆ 091/7452214, 🖷 7456638.

Motta, 16 unterschiedlich hübsche Zimmer (nicht alle mit Du/WC) auf der anderen Seite der Bahnlinie. DZ ca. 90–110 Fr, ✆ 091/7451021.

Scalinata, die kleine Pension mit nur vier Zimmern residiert in einem schmucken, weißen Tessinhaus. DZ ca. 100 Fr. ✆ 091/7452981.

• *Ferienhäuser und -wohnungen* **La Ginestra**, zwei möblierte Zimmer in unmittelbarer Nähe der Piazza von Tenero vermietet Signore Calogero für nur 45 Fr/Tag. ✆ 091/7452650.

Casa Pescatori, auf dem Campingplatzterrain liegen die gut ausgestatteten Wohnungen, die für 80–140 Fr zu mieten sind. ✆ 041/3112919.

Cà Renscia, das Häuschen oberhalb der Kirche von Contra, fast schon im Verzascatal, bietet in drei nicht allzu üppig ausgestatteten Zimmern genügend Platz für bis zu 5 Pers. und kostet 80–100 Fr/Tag. ✆ 041/7806452.

Contra, einen schmucken Rustico am Hang zwischen Tenero und Contra (Via Contra 419) vermietet Susanne Brughelli. Da das Zwei-Zimmer-Haus mit Schlafgelegenheit für bis zu 5 Pers. zudem noch nett eingerichtet ist, darf der Mietpreis von 95–110 Fr/Tag durchaus als Schnäppchen gelten. Frau Brughelli hat noch zwei weitere preisgünstige Unterkunftsmöglichkeiten im Angebot. ✆ 091/7454716.

• *Camping* Wie an einer Perlenschnur aufgereiht bilden die Campingplätze in Tenero fast so etwas wie eine sommerliche Satellitenstadt mit eigener Infrastruktur. Wir empfehlen Ihnen sechs Plätze, die allesamt zu den besten Europas zählen.

***** Lido Mappo, der Fünf-Sterne-Platz ist der nördlichste der Edelplätze von Tenero und mit 430 Parzellen auch einer der größten. Übernachtungspauschale für 2 Pers. 35–53 Fr/Tag in der Hochsaison. ✆ 091/7451437, www.lidomappo.ch.

***** Tamaro, der zweite Fünf-Sterne-Platz am Seeufer ist mit 377 Parzellen unwesentlich kleiner als Lido Mappo und hat den

98   Tessiner Nordufer

Vorteil, direkt neben Schiffsanleger und Freibad zu liegen. Saisonpauschale: 21–45 Fr/Tag. ℘ 091/7452161, www.campingtamaro.ch.

***** **Rivabella**, der kleinste der Fünf-Sterne-Plätze grenzt an das Sportzentrum und weist nur 55 Parzellen auf, ist aber das ganze Jahr geöffnet. Saisonpauschale für zwei Personen: 36–48 Fr/Tag. ℘ 091/7452213, www.swisscamps.ch.

*** **Verbano-Lido**, der Platz auf der anderen Seite des Sportzentrums liegt etwas verschachtelt und hat die kleinste Uferfläche. Sicher ist das der Grund für die fehlenden Sterne, denn die Anlage an sich hält den Vergleich mit den anderen Plät-

zen durchaus stand. Pauschale: 38–52 Fr/Tag. ℘ 091/7451020, www.campingverbana.ch.

**** **Lago Maggiore**, der Platz am Ende der Stichstraße gehört, was Größe (194 Parzellen), Ausstattung und Preise angeht, in die Mittelgruppe der „Perlenschnur"-Plätze: 25–50 Fr/Tag. ℘ 091/7451848, ✆ 7454318, www.clm.ch.

***** **Campofelice**, rund um das gleichnamige Hotel (s. o.) weitet sich der mit 970 Parzellen größte Platz zwischen Seeufer und Flussmündung aus. Der Fünf-Sterne-Platz ist in jeder Hinsicht top – seltsamerweise nur bei den Preisen nicht: 38–44 Fr/Tag. ℘ 091/7451417, www.campofelice.ch.

*E*ssen und *T*rinken

Grotto Scalinata, oberhalb der Kirche von Tenero (an der Biegung von Via Pergole und Via Contra) liegt der alte, mehrfach renovierte (und dadurch nicht unbedingt verschönte) Grotto. Unverfälschte Tessiner Küche, unübertroffen sind der selbst gemachte Grappa und der Merlot-Wein. Di geschl. ℘ 091/7452981.

Grotto La Fraccia, nur wenige Meter weiter bergauf auf der Via Contra finden Sie diesen rustikalen Grotto mit großem, schattigem Garten und weiter Aussicht. Das bei Einheimischen sehr beliebte Lokal wird zu Recht seiner Polenta und des Fohlensteaks wegen gelobt. Mo geschl. ℘ 091/7456333.

Grotto La Ticinella, am Ortseingang von Contra gelegenes typisches Lokal mit ebenso typischen lombardischen und Tessiner Spezialitäten. Einen besonderen Genuss bieten das gesottene Ziegenfleisch und die hausgemachten Gnocchi. Mi geschl.

TIPP! Ristorante Aeroporto, hinter dem Campingplatzterrain (beim Flugplatz) stößt man auf dieses Restaurant, dessen wunderschöner Garten und großer Spielplatz die Nähe und den Lärm der Flieger vergessen lassen. Insbesondere die sommerlichen Barbecue-Abende erfreuen sich großer Beliebtheit, speziell bei Campingplatzbewohnern. Mo geschl. ℘ 091/7451921.

Piano di Magadino

Die Mündungsebene von Ticino und Verzasca ist Naturschutz- und Ökoanbaugebiet in einem und bald vielleicht auch Naherholungsgebiet Nummer eins im Tessin.

Der Staatsrat hat eigens eine „Agritourismus-Kommission" gebildet, die das Projekt „Naherholungsgebiet" anschieben will: Ferien auf dem Bauernhof, neue Naturlehrpfade, Vogelbeobachtungstürme und Biologenexkursionen sollen aus der 30 qkm großen Ebene einen Erlebnispark für stressgeplagte Städter und Urlauber aus ganz Europa machen. Noch aber ist Piano di Magadino nur das wichtigste Mais- und Gemüseanbaugebiet des Kantons. Und das erst seit etwa 90 Jahren, davor war die von einer Schuttlawine verwüstete Ebene eine für ihre Fiebersümpfe gefürchtete Region. Erst die Begradigung der Ticinomündung 1913 und die Trockenlegung der Sümpfe schufen fruchtbares Land. Eine kleine Ecke wurde dabei allerdings ausgespart: *Bolle di Magadino*, Reststück des Sumpfes, ist seit über 25 Jahren Naturschutzgebiet und ein in Europa einzigartiges Vogelreservat. Allerdings ist die Idylle bedroht: Der Bau eines Ceneri-Basistunnels wird mindestens zehn Jahre lang für

Unruhe, Lärm und Dreck sorgen. Und durch die Querung der Magadino-Ebene könnte bald eine weitere Bahnlinie durch die Ebene entstehen, sogar ein neuer Bahnhof ist geplant.

Bolle di Magadino: Sumpfgebiet und Naturreservat

Die Vögel gehen in die Millionen, die Mücken in die Abermillionen. Doch während Zugvögel auf ihrer Reise nach oder von Mitteleuropa hier nur im Frühjahr und Herbst für wenige Wochen rasten, um sich Reserven für den beschwerlichen Weiterflug anzufressen, sind die stechenden Plagegeister immer da. Wer also einen Spaziergang durch die Sumpflandschaft aus Röhricht und Auenwald im Mündungsdelta von Ticino und Verzasca wagt (Wege nicht verlassen) oder sich einer geführten Tour anschließt (Information im Ente turistico in Vira, ✆ 091/7951866), sollte nach Sommerregenfällen Gummistiefel und Mückenschutzmittel nicht vergessen.

Monte Ceneri: Mit 554 m Höhe zählt der Berg an der Südflanke der Magadino-Ebene zu den kleineren Aussichtsbergen des Kantons. Dennoch ist er einer der berühmtesten. Das hat einen psychologischen und einen praktischen Grund: Der Berg trennt seit jeher *Sopraceneri* („oberhalb des Ceneri" = Nordtessin) und *Sottoceneri* („unterhalb des Ceneri" = Südtessin). Kulturell und politisch ist diese Grenzlinie bis auf den heutigen Tag eine nicht zu unterschätzende Barriere im Tessin. Der praktische Grund: Der Monte Ceneri ist leicht über eine alte Römerstraße, die in *Quartino*, einem Vorort von Magadino, startet, zu erreichen.

Magadino (ca. 1600 Einwohner)

Der Ort, von dem die Ebene ihren Namen hat, ist das nördlichste und größte Uferdorf – fast so etwas wie die Hauptstadt der Region.

Größe und Reichtum verdankt das schmucke Hafenstädtchen mit 1400 Einwohnern seiner Vergangenheit als wichtigster Warenumschlagplatz am oberen Langensee, denn hier wurden italienische Importe auf Schiffe für Locarno und Ascona umgeladen.

Aus dem 19. Jh. stammt die Pfarrkirche *San Carlo*, deren berühmte Orgel alljährlich im Juli zum Mittelpunkt internationaler Orgelfestspiele wird. Sehenswert sind in dem klassizistischen Bau die Fresken im Chorgewölbe von Richard Seewald (1899–1976), die Pietà von Antonio Ciseri und die Gemälde am rechten Eingang, die Bernardino Luini zugeschrieben werden.

Der Lido ist das einzige Strandbad weit und breit, erst in San Nazarro weiter südlich gibt es wieder eine gute Bademöglichkeit.

● *Verbindungen* **Bahn**, der Zug Bellinzona–Luino verkehrt in nördliche Richtung nur noch bis Cadenazzo auf der anderen Seite des Monte Ceneri, dort muss umgestiegen werden nach Bellinzona oder Locarno: tägl. 10 x in beide Richtungen.
Tipp: Die halbstündige Eisenbahnfahrt zum erlebenswerten Markt in Luino (→ S. 146) kostet nur 14,60 Fr und ist der mühseligen Autofahrt auf der einzigen Uferstraße immer vorzuziehen.

Bus, nach Cadenazzo (dort umsteigen) und Dirinella (Grenzstation im Süden) Mo–Fr 8 x tägl.; Sa und So nur 4 x. Nach Indemini ebenfalls 4 x tägl.

Schiff, zwischen Ostern und Oktober 13 x tägl. nach Locarno und 5 x tägl. nach Ascona und Brissago.

● *Übernachten/Essen & Trinken* **** Favini**, die Qualität der 42 Zimmer ist sehr unterschiedlich, die Preise sind es deshalb auch.

Tessiner Nordufer

Blick auf die Nordspitze des Lago Maggiore

Ein kleines Lokal und ein Spielplatz machen das Haus auch für Familien attraktiv. DZ ca. 100–140 Fr. ✆ 091/7804700, ✆ 7804701.

San Gottardo, auch die 20 Zimmer dieses kleinen Hotels zählen nicht zur Luxusklasse und sind darum recht preiswert. DZ 96 Fr. ✆/✆ 091/7951076.

Cantione Elvezia, zehn einfache und preiswerte Zimmer (ohne Du/WC) bietet die Pension am Seeufer, das Lokal im selben Haus ist nicht schlecht. DZ 75 Fr.
✆ 091/7951428.

Spina, das große Haus mit 5 Zimmern ist hervorragend ausgestattet und bietet seiner schönen Hanglage wegen eine weite Aussicht. 780–1320 Fr/Wo. ✆ 041/7615546.

Rosa, auch dieses 7-Zimmer-Haus liegt am Hang, hat 7 Schlafgelegenheiten und eine Einrichtung, die keine Wünsche offen lässt. Dafür ist die Miete von 550–850 Fr/Tag fast angemessen. ✆ 071/7773218.

> ### Kirche als Konzertsaal
> Zu einem Musikereignis, das mit den gleichzeitig stattfindenden Festivals in Ascona und Locarno durchaus mithalten kann, sind die Orgelfestspiele in Magadino geworden. Immer im Juli wird die klangvolle Kirche zum Konzertsaal, dann gibt es acht Konzerte internationaler Interpreten, dienstags und freitags ab 20.45 Uhr, der Eintritt ist frei. Karten sind zu beziehen beim Ente turistico in Vira Gambarogno, ✆ 091/7951866.

▸ **Contone**: Das Dorf, 5 km östlich von Magadino, ist nicht so sehr seiner Malteserkirche wegen, sondern als Startort der alljährlichen „Tour de Sol" bekannt. Bei der „Sonnentour" starten mit Solarenergie betriebene Fahrzeuge zu einer Wettfahrt durch die Schweiz und das europäische Ausland.

Vira (ca. 600 Einwohner)

Eine Stadt der Fresken. Wobei Graffiti das bessere Wort wäre, denn die Wandmalereien sind modern, selten schön und wenig älter als 35 Jahre.

Ein merkwürdiger Kontrast ist das – die gut erhaltene mittelalterliche Fassadenfront am Seeufer genau gegenüber von Locarno mit der 500 Jahre alten Pfarrkirche *San Pietro* auf einem Vorbau im See und dann die neuzeitlichen Wandbemalungen.

1970 und in den beiden darauffolgenden Jahren hatte die Gemeinde Mailänder Kunststudenten zu einer „Scuola dell'Affresco" geladen, und die jungen Maler ließen sich nicht lange bitten: Das Ergebnis an etlichen Häuserwänden ist zumindest diskussionswürdig.

Ansonsten lohnt der älteste Ort im Gambarogno (Ausgrabungen belegen eine Besiedlung schon zur Etruskerzeit) einen geruhsamen Spaziergang. Der Ortskern östlich der Kirche mit verwinkelten Gassen, überdachten Durchgängen und blumenreichen Innenhöfen ist seit dem Mittelalter fast unverändert geblieben.

• *Information* Am Dorfeingang liegt das kleine **Ente turistico Gambarogno**. Trotz der freundlichen Bedienung lohnt der Besuch kaum, denn das Informationsmaterial ist dürftig. Im Sommer Mo–Fr 8–18.30, Sa 9–12 und 15–18 Uhr, So 15–18 Uhr. ✆ 091/7951866, ✉ 7953340, www.gambarognoturismo.ch.

• *Übernachten* ***** Bellavista**, der Name stimmt, denn die Aussicht vom Hügel über Vira auf den Lago Maggiore ist tatsächlich schön. Auch sonst bietet das Drei-Sterne-Hotel mit Park und Garten und 62 schönen Zimmern den höchsten Komfort an der Riviera del Gambarogno. DZ 176–260 Fr. ✆ 091/7951115, www.hotelbellavista.ch.

*** Viralago, das schöne Hotel am See mit eigenem Strand, Bootshaus und gepflegtem Garten setzt auf ältere Langzeiturlauber (Senioren-Sonderangebot: 7 Tage zu 670 Fr). Drei Lokale gehören zum Hotel, von denen das spanisch-rustikale wirklich zu empfehlen ist. Die Preise liegen über dem Durchschnitt dieser Region. DZ ca. 165–175 Fr. ✆ 091/7859200, www.viralago.ch.

** Sargenti, 5 hübsche Zimmer (Du/WC, TV, Telefon) in einer ockerfarbenen Tessinvilla. Das dazugehörige Restaurant weist zwar keine Sterne auf, hätte aber zwei verdient. DZ ca. 105–150 Fr. ✆ 091/7952062, www.hotelsargenti.ch.

Casa Vignascia, die 6-Zimmer-Pension direkt am See ist keine Schönheit, aber die ordentlichen Räume (nicht alle mit Du/WC) haben fast alle einen schönen Seeblick. DZ ca. 98–140 Fr. ✆/✉ 091/7951020, www.casavignascia.com.

Casafile, eine gute Adresse für 150 Feriendomizile nicht nur im Gambarogno. Familie

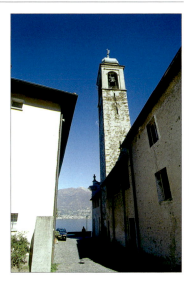

Vira, die Kirche im Wasser

Keller hat Angebote von schlicht bis edel, von der Villa über den Rustico bis zum Studio. Und der Service ist freundlich und perfekt rund um die Uhr. ✆ 091/7953590, www.casafile.de.

Angela, das hübsche Häuschen am Hang über Vira bietet fünf Schlafgelegenheiten und eine optimale Ausstattung, kostet dafür aber auch 120–240 Fr/Tag. ✆ 061/4621444.

Luce, preiswerter ist dieses Häuschen mit Platz für 5 Personen, das ebenfalls in den Hügeln über dem See liegt und nicht ganz so aufwändig eingerichtet ist. 70–100 Fr/Tag. ✆ 034/4228639.

Al Lago, großes Haus am See mit drei Apartments und Platz für jeweils 4 Personen. Preis wie Einrichtung sind guter Durchschnitt. 95–170 Fr/Tag. ✆ 071/3888785.

** Camping Vira-Bellavista, hier lohnt die telefonische Reservierung, denn der kleine Platz auf flachem Rasen hat keine 30 Parzellen und ist der einzige registrierte Campingplatz an der Riviera del Gambarogno. Die sanitären Anlagen sind okay. Einkaufs- und Essensmöglichkeiten findet man wenige Fußminuten entfernt. Pauschale 25 Fr/Tag. ✆ 091/7951477, www.campingbellavista.ch.

• *Essen und Trinken* **Rodolfo**, in dem ehemaligen Kloster an der Kantonalstraße

102 Tessiner Nordufer

mitten in Vira kann man vortrefflich essen; der europaweit gerühmte Küchenchef Waldis Ratti zaubert mit überraschender Kreativität vor allem Fischgerichte und Kaninchenbraten zu allerdings auch überdurchschnittlichen Preisen. Mo und während des Karnevals geschl. ☎ 091/7951582.

TIPP! Grotto Maiüch, um den in jeder Hinsicht traditionellen Grotto (es gibt nur kleine Gerichte und Plastikstühle, aber eine tolle Aussicht) zu erreichen, müssen Sie 8 km in Richtung Indemini bis nach Monti di Piazzogna fahren. Aber das lohnt: Unter schattigen Bäumen bei leckerem selbst gemachtem Käse und mit einer Aussicht ins Verzascatal ist ein großartiger Urlaubs-

nachmittag garantiert. ☎ 091/7952286.

Grotto Grappolo d'oro, noch vorher an der Straße Vira-Indemini liegt in Fosano dieser trutzige Grotto mit nur 25 Plätzen um einen alten Kamin. Aber die Vesperplatte und der Grappa sind vom Feinsten. ☎ 091/7951616.

La Fosanella, gleich gegenüber. Das edle Restaurant mit lauschiger Terrasse hoch über dem See gehört wie der Grotto der Schweizer Familie Utz-Wältli, was die Öffnungszeiten erklärt: Der Grotto ist Mi, Sa und So geöffnet, das Restaurant an den anderen Wochentagen; dort lohnt sich Risotto mit Piccata (Kalbfleisch mit Kruste) und der ausgesuchte Merlot. Und fünf kleine Zimmer (75 Fr) gibt es auch.

Parco botanico del Gambarogno

Auf 17.000 qm legte Otto Eisenhut neben seiner Baumschule, in der er exotische Pflanzen in alle Welt verkauft, 1989 einen botanischen Garten mit 400 Blumenarten an, darunter Kamelien und Magnolien, Azaleen und Rhododendren. Europäische und exotische Nadelbäume umrahmen die Anlage. Seit 2000 hat eine Stiftung den Park übernommen und daraus den „Parco botanico del Gambarogno" gemacht, für den auf unzähligen Schildern überall im Gambarogno geworben wird. Seitdem ist der Park am Hang mit unverbautem Seeblick nicht mehr gratis – aber ein Muss für Blumenfreunde und Hobby-Fotografen. Tipp: Unter www.eisenhut.ch gibt es 1500 grandiose Blumenfotos aus dem Park zu bewundern.

Anfahrt/Öffnungszeiten Baumschule und Garten liegen an der Straße Vairano–Piazzogna, werktags 9–18 Uhr, Eintritt 5 Fr.

▶ **San Nazzaro**: Der kleine Ort 8 km nördlich der italienischen Grenze besitzt eine schöne Badezone, wo im Sommer nach Herzenslust getollt und geplanscht werden kann. Es gibt dort Schattenplätze unter Bäumen, einen Kiosk, Umkleidekabinen und Toiletten. Auch ein Anleger für die Seeschifffahrt ist vorhanden (Verbindungen ca. 6 x tägl.).

● *Übernachten* ***** Seehotel Cedullo**, das nach einer Alb unter dem Monte Gambarogno benannte Hotel hat 20 großzügige Zimmer direkt am See, einen Palmengarten mit Seezugang, Apartments in einer Villa nebenan, ein etwas biederes Lokal und einen Rundum-Seeblick. DZ ca. 60–75 Fr, Suite 90–105 Fr, Apartment 70–95 Fr. ☎ 091/7942244, www.cedullo.ch.

Casa Domenica, Henriet Stoffers und Rainer Viefhaus vermieten ein Studio (60–70 Fr), eine 2-Zimmer- (80–95 Fr) und zwei 3-Zimmer-Ferienwohnungen (95–105 Fr) in ihrem schönen Haus mit seinem großen Garten, bieten außerdem zu bestimmten Zeiten Betreuung für Menschen mit Behinderung. ☎ 091/7800401, ✆ 7800402, www.casa-domenica.ch.

● *Essen & Trinken* **Al Portico**, das zumindest im Garten hübsche Restaurant (drinnen ist es etwas bieder) liegt im Dorfzentrum des Nachbarortes Gerra. Otello Stockreither und Sohn Michele verstehen sich auf lombardische Spezialitäten, also nicht nur auf hausgemachte Teigwaren wie andersvo, sondern vor allem auf die leckeren Saucen dazu. Und das ist preiswert: Das günstigste Menü gibt es ab 25 Fr. Do sowie Nov. bis März geschl.

Ronccacio, das moderne Restaurant etwas landeinwärts in Vairano (200 m vor der Dorfkirche) bietet neben Tessiner Hausmannskost (z. B. Kalbshaxen mit Risotto) auch originelle Currygerichte.

Indemini (ca. 70 Einwohner)

Der Bergort, 17 km von Vira entfernt und fast an der italienischen Grenze, gilt als eines der besterhaltenen Tessiner Bergdörfer.

Die Natursteinhäuser mit bis zu vier Stockwerken schmiegen sich auf teilweise künstlichen Terrassen eng an den Steilhang und lassen kaum Platz für das Gassenlabyrinth und für Autos schon gar nicht.

Typisch sind die „portigh", tunnelartige Straßendurchgänge, die dem Ort sein unverwechselbares Aussehen geben. Indemini wird heute von etwa 70 Menschen bewohnt, größtenteils Kunsthandwerker und Andenkenhändler, die eine kleine Galerie und ein noch kleineres Museum betreiben, aber auch ein Wirt, der eine schmucklose Kneipe bewirtschaftet – und neuerdings auch das Bettenlager „La Genziana", gleich neben der Kirche, das jedes seiner 32 Betten für 25 Fr/Tag anbietet. Vor 50 Jahren gab es hier dreimal so viele Einwohner, die vom Schmuggel mit Italien lebten.

Tipp: Die Rückfahrt kann man durch das wildromantische *Val Veddasca* machen und erreicht den Lago Maggiore dann in Maccagno auf der italienischen Seite (→ S. 137).

Indemini: kein Platz für Autos

- *Anfahrt* Sie erreichen Indemini von **Vira** aus mühsam über eine 17 km lange, kurvige Passstraße, die es seit 1917 gibt – entweder mit dem Postbus (→ Magadino/Verbindungen) oder im eigenen Pkw ab Vira via Fosano und die Passhöhe Alpe di Neggia (→ Wanderung, S. 105). Auch zu Fuß ist das Dorf in gut 3 Std. zu erwandern, nämlich von Piazzogna über die Alpe Cedullo und den Pass Santa Anna.
Von italienischer Seite aus kann man vom Seeort **Maccagno** durch das schöne Val Veddasca anreisen (→ S. 142).

Monte Tamaro

Seit 1996 ist der Berg, eigentlich ein Aussichtsberg wie viele im Tessin, um eine Attraktion reicher: Stararchitekt Mario Botta baute mit der Kapelle Santa Maria degli Angeli nicht nur die höchstgelegene Kirche Europas, sondern ein Kunstwerk, das weltweit seinesgleichen sucht.

Die Kirche steht allerdings genau genommen nicht auf dem Monte Tamaro (1961 m), sondern 400 m unter dem Gipfel an der Bergstation der Gondelbahn, die von *Rivera* an der N2 von Bellinzona nach Lugano zur Alpe Foppa (1567 m) hinauffährt. Man muss also kein Bergsteiger zu sein, um Santa Maria degli Angeli besuchen zu können. Wanderer finden hier allerdings herrliche Routen, z. B. zum *Monte Gambarogno* (→ unten) und die herrliche „Traversata" zum *Monte Lema* (→ S. 148).
Aber nicht nur für Fußgänger ist Monte Tamaro ein Eldorado. Die moderne Gondelbahn bringt auch immer mehr Gleitschirmflieger und Mountainbiker auf fast

Tessiner Nordufer

Kanzel, Kirche, Kunstwerk: Santa Maria auf dem Monte Tamaro

2000 m Höhe, außerdem erschließen zwei Skilifte ein Gebiet von 15 km präparierten Pisten mit allen Schwierigkeitsgraden. Ein Sportzentrum erteilt Unterricht im Gleitschirmflug und neuerdings gibt es auch einen „Adventure Park" Für gewöhnliche Ausflügler gibt es ein Restaurant mit großer Terrasse und 68 Betten, einen Spielplatz mit Rutsche und Kletterfelsen. Zudem lässt es sich an dem kleinen See vor dem Restaurant wenn auch nur selten baden, so doch immer kräftig sonnenbaden.

> **Botta und Cucchi**
>
> 65 m ist der Steg lang, der in zwei Ebenen vom Berghang viaduktartig auf eine Aussichtskanzel zuführt. Die ist gleichzeitig das Dach der Kirche, die man über abwärts führende Stufen oder durch den langen Gang im unteren Stockwerk erreicht. Der Innenraum wirkt wie ein Amphitheater von 15 m Durchmesser, durch zwei Betonbänder dreigeteilt. Licht fällt durch tritthohe, schmale Fenster, die auch Blicke ins Tal freigeben und mit zauberhaften Marienmotiven verziert sind. Das Kunstwerk lebt zum einen vom Dialog zwischen der Architektur Mario Bottas und den Bildern Enzo Cucchis, zum anderen von der gelungenen Einbettung eines hypermodernen Baus in die urwüchsige Berglandschaft.

• *Anfahrt/Verbindungen* Rivera am Ende des Vedeggiotales erreicht man mit dem **Pkw** entweder von Norden (Locarno) oder von Süden kommend (Lugano) auf der N 2 oder der Autobahn A 2.

Darüber hinaus gibt es zwei **Busverbindungen**: entweder per Postbus von Lugano oder per Shuttlebus von Miglieglia (→ S. 148). Dieser Bus pendelt zwischen den Talstationen der Monte-Lema-Bahn (Miglieglia) und der Monte-Tamaro-Bahn (Rivera): zwischen Juni und Okt. tägl. eine Verbindung. Fahrpreis: 40 Fr, Kinder 22 Fr.

Gondelbahn, die 4-Pers.-Kabinen verkehren tägl. durchgehend von 8.30–17.30 Uhr; letzte Bergfahrt 16.30 Uhr, letzte Talfahrt 17.30 Uhr. Preise: Berg- und Talfahrt 22 Fr, Kinder 10 Fr; Bergfahrt 16 bzw. 8 Fr; Tageskarte für Skifahrer, Mountainbiker und Gleitschirmflieger: 27 bzw. 20 Fr; Kombinationsticket Tamaro-Lema: 44 bzw. 28 Fr.

• *Übernachtung* Das **Restaurant Alpe Foppa** bietet 20 Betten im Matratzenlager an, Bett pro Nacht ca. 22 Fr. ✆ 091/19462303.

Wanderung über den Monte Gambarogno

Die 10-km-Rundwanderung dauert 4 Stunden und ist wenig anstrengend, denn dank des schon hoch liegenden Ausgangspunktes beschränkt sich der Anstieg auf gut 300 m. Der Start- und Endpunkt, die Alpe di Neggia, ist per Pkw auf der Passstraße von Vira nach Indemini oder per Postbus ab Magadino (→ Magadino/Verbindungen) leicht und jederzeit zu erreichen.

▸ **Wegbeschreibung** Der Wanderweg beginnt auf einer Piste, die am Pass in nordwestlicher Richtung und vorbei an einer auffälligen Buchengruppe aufsteigt. In einer Kehre knickt der steile, serpentinenreiche Weg auf den *Monte Gambarogno* ab – genau gegenüber liegt der Grat des *Monte Tamaro*.

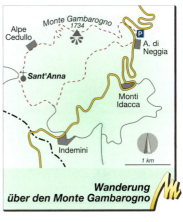

Nun beginnt der gut 300 m hohe Aufstieg. Aber die Steigung wird versüßt durch grandiose Fernblicke zunächst auf den Lago Maggiore, später auf die Magadino-Ebene und, auf der anderen Seite, auf Ascona und Locarno bis hin zum Verzascatal mit dem auffälligen Vogorno-Stausee.

Kurz unter dem Gambarogno-Gipfel – die Steigung flacht ab und eine Wanderstunde liegt hinter uns – steigt an zwei verlassenen Steinhäusern ein Pfad zum Aussichtspunkt auf, vom dem bei klarer Sicht der Blick bis zum Monte-Rosa-Massiv reicht. Von hier aus sind es noch 15 Minuten bis zum Gambarogno-Gipfel auf 1734 m Höhe.

Um die Wanderung fortzusetzen, muss man vom Aussichtspunkt bis zu einer Weggabelung zurückgehen. Dort biegt man nach links in Richtung *Alpe Cedullo* und *Sant'Anna* ab. 450 Höhenmeter geht es auf dem deutlich sichtbaren kurvigen Weg hinab durch Farn- und Wacholderbüsche. In einem kleinen Buchenhain nach jetzt zwei Wanderstunden stößt der Pfad auf das Steinhaus der *Alpe Cedullo*. Dort weist ein Schild den Weg zur Kapelle *Sant'Anna*. Ein kurzer Aufstieg führt zum schlichten Kirchlein, in dem die Bauern einst für ihren Weg von Indemini zum Lago Maggiore geistigen Beistand erbaten. Der Weg zum See läuft an der Kapelle vorbei.

An der Kapelle steht ein Wegweiser nach *Indemini*, dem nächsten Orientierungspunkt der Tour. Durch Birken- und Buchenwald schlängelt sich der Pfad sanft abwärts ins *Veddascatal* und quert später einen Ginstergürtel. Der Weg gabelt sich kurz vor einer Hochspannungsleitung, die nach knapp 2,5 Wanderstunden erreicht ist: Abwärts geht es nach *Indemini*. Wenn Sie mit dem Bus gekommen sind, lohnt sich jetzt der 30-minütige Abstieg in das schöne Dorf (→ S. 103), dort erreichen Sie den Postbus ebenso. Wenn Ihr Wagen an der Passhöhe abgestellt ist, bleibt nur der Rückweg.

Links aber geht es auf dem geplanten Rückweg zur *Alpe di Neggia*. Zunächst ein kurzer Anstieg über Serpentinen, dann durch einen Lärchenwald und über einige Geröllfelder bis zur Bergstraße, die von der Alpe nach Indemini führt. Vorbei an einzelnen Natursteinhäusern ist jetzt der Weg zur Alpe di Neggia, dem Endpunkt nach vierstündiger Wanderung, nicht mehr zu verfehlen.

Tessin pur – auf dem Weg vom Val Bavona ins Val Calnegia

Locarno/Hinterland

Die Täler nördlich und nordwestlich von Locarno gehören zu den reizvollsten Landschaften um den See – mindestens einen Ausflug sollte man sich nicht entgehen lassen. Beinahe ein touristisches „Muss" ist die Fahrt mit der berühmten Centovalli-Bahn, die in kühnem Schwung über mehr als achtzig Brücken hoch über der Melezza nach Domodossola fährt.

Centovalli und Nebentäler

Was dem überlaufenen Locarno fehlt, macht den Reiz der im Nordwesten angrenzenden Landschaften aus. Abgeschiedenheit und einzigartige Naturschönheit sind Markenzeichen von Pedemonte, Centovalli, Val Onsernone und Valle di Vergeletto.

Andererseits ist die Landschaft zwischen Lago Maggiore und dem italienischen Piemonte bis auf den heutigen Tag der ärmste Teil des Tessins. Ohne Subventionen aus Bern wären insbesondere die abgeschiedenen Grenztäler kaum überlebensfähig. Die schwierige wirtschaftliche Situation führte in der Vergangenheit immer wieder zu Auswanderungswellen. Etwas besser gestellt ist lediglich die fruchtbare Ebene Pedemonte, die von Locarno aus den Wechsel von der üppigen Seenlandschaft zu den wildromantischen Tälern im Nordwesten vollzieht und Mitteleuropas nördlichstes Reisfeld aufweist.

Centovalli und Nebentäler 107

Pedemonte

Wo die Melezza aus dem Centovalli in die Maggia mündet, hat sich neben dem reichen Auenwald, der freilich vielerorts Neubauten weichen musste, auf feuchten Schwemmböden Landwirtschaft und Weinbau angesiedelt. Architektonisch wurde das ursprünglich bäuerlich geprägte Ortsbild der kleinen Städtchen nicht immer vorteilhaft verändert.

▸ **Tegna**: Das verschlafene Dorf, bis zu ihrem Tod 1995 Wohnsitz der scheuen Krimiautorin Patricia Highsmith, erkennt man schon von weitem am Campanile der Pfarrkirche Santa Maria Assunta aus dem 14. Jh. Ansonsten lohnt eine Rast auf der schattenreichen Piazza mit den beiden Bürgerhäusern *Casa Zorbala* und *Casa Zurini* aus dem 18. Jh. und dem Ristorante „Alla Cantina" mit einem sehenswerten Orelli-Fresko und einem ansprechenden kulinarischen Angebot (Tipp sind die frischen Forellengerichte). Nordöstlich über dem Dorf stehen die Ruinen einer mittelalterlichen Burg.

• *Verbindungen* s. „Locarno/Verbindungen".
• *Übernachten* *** **Al Fiume**, das 7-Zimmer-Haus am Fluss hat eine traumhafte Lage und bietet vielfältige Sportmöglichkeiten in unmittelbarer Nähe: Baden, Tauchen, Free Climbing und Tennis. Die Preise sind nach einer gründlichen Renovierung durchaus angemessen: DZ ca. 190–250 Fr, Mehrbettzimmer für Gruppen ab 35 Fr/Pers. ✆ 091/7962284, www.alfiume.ch.
** **Garni Barbatè**, das familiäre Kleinhotel besitzt 12 Zimmer, von denen jedes einen direkten Zugang zum blumenreichen Garten und zur eigenen Terrasse hat. DZ ca. 130–170 Fr. Dez./Jan. geschl. ✆ 091/7961430, www.garnibarbate.ch.

▸ **Verscio**: Das Straßendorf auf dem Weg ins Centovalli ist in erster Linie bekannt für die *Casa Leoni* nahe der Kirche, wo das *Teatro Dimitri* sein Domizil hat. Aber der Hauptort des Pedemonte hat noch einiges mehr zu bieten: z. B. die Piazza mit sehenswerten Häusern aus dem 17. und 18. Jh. oder die Pfarrkirche *San Fedele* mit Fresken aus dem 12. und 16. Jh. Und nicht zuletzt kann man hier und in der Umgebung gut essen und angenehm wohnen (→ Cavigliano).

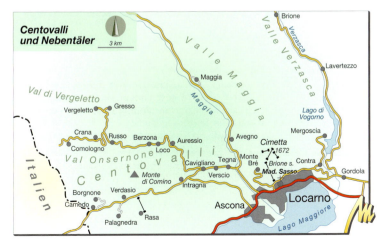

- *Übernachten* **Casa San Rocco**, das schmucke 4-Zimmer-Ferienhäuschen bietet einen schönen Garten im Sommer, einen wärmenden Kamin im Winter. 140–190 Fr/Tag. ✆ 041/3703260.

Casa Wulff, kinderfreundliches Ferienhaus für 5 Pers., das ohne Luxus und mit niedrigen Preisen auskommt. 70–110 Fr/Tag. ✆ 056/2455550.

- *Essen und Trinken* **Grotto Pedemonte**, Doppel-Pergola und Steintische, Torta di pane und Lasagne, Bistecca und Polenta – und dann noch günstige Preise (Menü ab 20 Fr). Der Grotto liegt direkt an der Kantonalstraße. Mi geschl. ✆ 091/7962083.

Grotto Cavalli, Bärlauch-Risotto im Frühling, Costine alla griglia (gegrillter Brustspieß) im Sommer und Wildgerichte im Herbst. Paulo Albertoni kocht in seinem 100-jährigen Lokal unterhalb des Bahnhofs manchmal saisonal, immer aber ausgezeichnet. Und wenn dann noch die Bandella aufspielt, muss man auf Plätze unter den Linden lange warten. Sa geschl. ✆ 091/7961274.

Eine Institution: Dimitri und sein Theater

Im Haus des Clowns

Als „Clown von Ascona" war Dimitri längst weltberühmt, als er 1971 sein Teatro Dimitri eröffnete, seitdem ist er kulturelle Institution im Kanton. Zunächst wurde die 350 Jahre alte Casa Leoni restauriert (eine Bar nebst stimmungsvollem Innenhof ist gleich mit entstanden), eine Compagnia formiert – das einzige feste Ensemble im Tessin – und schließlich 1975 eine Schauspielschule gegründet. Die Abschlussvorstellung der jungen Pantomimen ist Saisonhöhepunkt (März bis Okt.), obgleich Gastspiele mit Musik-, Tanz- und Pantomimevorführungen mehr Zuspruch finden. Mittlerweile ist dem Theater das Museo Comico (während der Aufführungen 17–24 Uhr) angegliedert und der Meister denkt über seine Nachfolge nach: Tochter Masha, eine in der Schweiz gerühmte Schauspielerin, wird wohl bald Hausherrin im Teatro Dimitri sein.

Information/Karten ✆ 091/7962544, www.teatrodimitri.ch.

Centovalli 109

Cavigliano: Das malerische Dorf liegt unweit von Verscio am Eingang der Isorno-schlucht. Sehenswert sind die mit Fresken und Skulpturen geschmückten Häuser sowie die Pfarrkirche *San Michele* aus dem 17. Jh.

● *Übernachten* **Ristorante Poncioni**, neun ruhige, preiswerte Zimmer (Etagen-WC) mit schöner Aussicht. DZ ca. 70 Fr. ✆ 091/7961273.

Bellavista, das typische Tessin-Haus bietet vier einfache, saubere Zimmer mit Gemein-schaftsbad, die hausgemachten Teigwaren sind lecker, die Preise niedrig. DZ ca. 90–120 Fr. ✆ 091/7961134.

Casa SoledAria, das Heim ist vornehmlich für Gruppen gedacht, aber auch Familien (Kinderprogramm im Sommer) und Paare finden eine ruhige Unterkunft. DZ ca. 120–150 Fr, Mehrbettzimmer ab 80 Fr pro Pers.

✆ 091/7961115, www.soledaria.ch.

Casa Meridiana, das hübsche 3-Zimmer-Ferienhäuschen außerhalb von Cavigliano liegt in herrlicher Umgebung. 100 Fr/Tag. ✆ 091/7961293.

● *Essen und Trinken* **Ponte dei Cavalli**, Vollwertkost und Vegetarisches gibt es nicht selten im Tessin, wirklich gut ist es aber besonders in diesem Grotto, 800 m au-ßerhalb des Dorfes. Und da es auch noch preiswert ist, ist die Nachfrage (besonders am Wochenende) beachtlich. Di/Mi geschl. ✆ 091/7962705.

Centovalli

Der Name signalisiert, was Besucher erwartet: Zwar sind viele der „hundert Täler" nur Senken oder Schluchten, aber die zerklüftete Landschaft mit ihren wilden Wasserläufen und den bis knapp über 2000 m hohen, steilen Hängen, über die sich großartige Wanderwege schlängeln, garantiert Natur pur.

Man kann das nur 26 km lange, von der *Melazza* tief eingeschnittene Tal auf einer viel zu schmalen Straße oder einer atemberaubenden Bahnlinie (→ Locarno/Verbin-dungen) durchfahren – so oder so präsentiert sich zwischen *Pizzo di Ruscada* (2004 m) im Norden und *Monte Limidário* (2187 m) im Süden ein „Tessin im Kleinen": Süd-liche Flora vereint sich mit alpiner Bergwelt, Kastanienwälder mischen sich mit Pal-menhainen; Dörfer, auf Druck der Einwohner restauriert, wechseln mit städtischem Ambiente. Der kühne Schwung der Brücken der Centovalli-Bahn steht im Kontrast zu den asphaltierten Schlangenlinien, die in verschlafene Dörfer hinaufführen.

Intragna
(ca. 900 Einwohner)

Schon von weitem macht der Hauptort des Centovalli auf sich aufmerksam: Der höchste Glockenturm im Tessin, der 69 m hohe Campanile der Pfarr-kirche San Gottardo, überragt die Dächer des städtisch wirkenden 900-Einwohner-Dorfes.

Eine zweite Architekturattraktion bei Intragna hat noch mehr Berühmtheit erlangt: Die 72 m hohe Eisenbahnbrücke über den Isorno ist zum Mekka für Bungee-Jumper geworden (✆ 091/7807800). Ansonsten kann Intragna mit einem mittel-alterlichen Stadtbild (die Autos werden in eine Tiefgarage am Hang verbannt) und mit einer viel zu großen Kirche aus dem 18. Jh. aufwarten. Außerdem ist hier das *Museo delle Centovalli e del Pedemonte* angesiedelt, das in einem 300 Jahre alten Patrizierhaus außer den üblichen Trachten und bäuerlichen Geräten auch einen Saal in deutschem Barock sowie Bilder und Skulpturen Tessiner Künstler zeigt.

● *Öffnungszeiten* **Museo delle Centovalli e del Pedemonte**, Ostern bis Okt. Di–So 14–18 Uhr; Eintritt 5 Fr/Erwachsene, 1 Fr/Kinder.

● *Verbindungen* Die Centovalli-Bahn hält

20 x im Ort → S. 67.

● *Übernachten* ** **Antico**, das gemütliche Hotel oberhalb der Durchgangsstraße mit 26 Zimmern (teilweise Balkon) teilt sich den

Locarno/Hinterland

110 Centovalli und Nebentäler

Innenhof mit dem altehrwürdigen Museum und ist auch sonst stilvoll: gute Küche, kleine Sauna, große Terrasse, morgendliches Glockengeläut. DZ ca. 120–200 Fr (Rabatt in der Vorsaison und ab 3 Tagen Aufenthalt). ✆ 091/7961107, www.hotelantico.ch.

** **Garni Intragna**, mit Antico kombiniert, unterscheidet sich das hübsche Hotel außer durch den Pool in nichts vom Antico. Oder doch: Die Managerin drüben ist die Ehefrau des Managers hüben. DZ ca. 110–200 Fr. ✆ 091/7961077, www.garni-intragna.ch.

Madonna Ristorante, in Golino, 1 km von Intragna entfernt, findet sich in der Via Nazionale mit 6 einfachen Zimmern die preiswerteste Unterkunft weit und breit. DZ ca. 80–90 Fr. ✆ 091/7961695.

Al Forno Ostello, die im Winter geschlossene jugendherbergsähnliche „Feriengemeinschaft" von U. Gerber und H. Schneider bietet bis zu 12 Betten in Zimmern und Sälen zu sensationell günstigen Preisen an: DZ ca. 65 Fr, Bett 25 Fr. ✆ 091/7961179, www.al-forno.ch.

● *Ferienhäuser und -wohnungen* **Casa di Sasso**, Haus plus Einliegerwohnung in schöner Lage; insgesamt 6 Zimmer für 6 Pers. Und das zum günstigen Preis von 80 bzw. 120 Fr/Tag. ✆ 079/2300361.

Cento rustici, der vielsprachige Stefan Früh bietet in seinem Piazza-Büro viele Ferienwohnungen an. ✆ 091/7807440, www.centorustici.ch.

Cortasca, das geräumige, sehr ruhig gelegenen 4-Zimmer-Haus ist hübsch eingerichtet, nur die Wäsche müssen die Gäste mitbringen. 85–110 Fr/Tag. ✆ 01/3710731.

Cà du Papa, bis zu 6 Pers. haben Platz in dem urigen Rustico, der trotz seiner Abgeschiedenheit ausreichend Komfort (TV, Telefon, große Küche) bietet. 90–130 Fr/Tag. ✆ 091/7962235.

Casa Gerbio, fünf große, optimal eingerichtete Räume (TV, Telefon) garantieren Urlaubsglück; Kinder genehm, Haustiere unerwünscht. 110–130 Fr/Tag. ✆ 031/3720092.

● *Essen und Trinken* TIPP! **Grotto di Rii**, ohne Übertreibung: Dieses Restaurant mit einem in die Schlucht gebauten Garten am westlichen Dorfausgang zählt zu den besten Grotti des Kantons. Die Speisen sind nicht immer typisch (Besitzer stammen aus der Deutsch-Schweiz), aber allzeit famos: Hier werden Sie zum Risotto-Fan, das Reisgericht ist immer mit Kräutern der Saison garniert; hier erfahren Sie, wie frische Forellen aus dem Gartenbassin schmecken müssen. Und die Blumen auf dem Essen sind nicht nur frisch und hübsch, sondern ungemein schmackhaft und gesund obendrein. ✆ 091/7961861.

Osteria Centrale, das einfache Lokal auf der Piazza von Intragna ist weit besser, als es aussieht, serviert werden hausgemachte Tessiner Spezialitäten. Mi erst ab 17 Uhr geöffnet. ✆ 091/7961284.

Maggini, hinter dem Bahnübergang findet man in der ersten Rechtskurve den mit seinen Plastikstühlen zwar typischen, aber nicht unbedingt attraktiven Grotto. Doch Einheimische bevorzugen das Lokal seiner Preise und der Livemusik am Freitagabend wegen. ✆ 091/7961809.

TIPP! Ristorante Stazione, das äußerlich unscheinbare Restaurant am Bahnhof ist seit über 40 Jahren „Endstation Sehnsucht" für Tessiner Gourmets: Die nur von Frauen betriebene Küche von Agnese Broggini ist im ganzen Kanton für ihre traditionsbewussten und doch raffinierten, natürlichen und allzeit frischen Gerichte bekannt – alle Zutaten stammen aus dem Centovalli. Und am erstaunlichsten: Die Preise (Menü ab 95 Fr) sind anders als die Speisen nur Durchschnitt. Im 1. Quartal geschl. ✆ 091/7961212.

▶ **Palagnedra**: Das Dorf liegt auf einer Terrasse oberhalb des fjordartigen Palagnedra-Stausees und schmiegt sich, umgeben von Kastanien- und Nussbaumhainen, an den Hang des 2187 m hohen Monte Limidário. In der attraktiven Bergwelt finden sich viele Wanderwege.

Man wundert sich vielleicht über die vielen mehrstöckigen Häuser, die in dieser Einöde auf 600 m Höhe etwas deplatziert wirken – sie stammen von heimgekehrten Arbeitsemigranten, die hier stolz ihre Ersparnisse verbauten. Auch die 600 Jahre alte Kirche *San Michele* zeugt vom einstigen Reichtum des Ortes, denn die Einwohner ließen sich ihr ohnehin schon üppiges Gotteshaus im 17. Jh. durch Florentiner Maler mit farbenfrohen Fresken ausstatten. Und dieser Kunstsinn wurde in die Neuzeit übernommen: Mit dem „Projekt Via 2000" hat der Zürcher Eisenplastiker

Camedo

Alain Garnier die Zugangsstraße nach Palagnedra mit einem Dutzend überlebensgroßer Plastiken gepflastert – vorläufiger Endpunkt ist ein Brunnen am Stausee.

● *Übernachten* **Ostello Palagnedra**, restaurierte Herberge mit 30 Jugendherbergsbetten, Zielgruppe sind Wandergruppen, denen auf Wunsch HP/VP geboten und der Mini-Bus der Gemeinde zur Verfügung gestellt wird. Und das alles kostet nur 18 Fr pro Tag und Pers. ℡ 091/7581153, www.palagnedra.ch.

● *Essen und Trinken* **Osteria Bordei**, uriges Familienlokal mit ländlichen Speisen und niedrigen Preisen. 8–23 Uhr, Mo und im Winter geschl. ℡ 091/7808005.

Rasa: Von Palagnedra führt ein schöner Wanderweg in 30 Min. in das attraktive, überwiegend im Sommer bewohnte Bergdörfchen. Neben Gandria und Indemini ist es der einzige autofreie Ort im Tessin (die Gemeindeverwaltung verleiht Fahrräder) und kann nur zu Fuß oder per Seilbahn von Verdasio (s. u.) aus erreicht werden. Deshalb ist Rasa mit seinen 200 Jahre alten Häusern bis heute unverfälscht geblieben, insbesondere die Pfarrkirche *Santa Anna* besticht mit dem Blau ihrer einfachen Malereien. Dorftreffpunkt ist der „Grotto Ghiridone" mit Bauernstube und Pergola.

Grotto di Rii: eine Schenke wie aus dem Bilderbuch

Verdasio: Der alte Festungsort oberhalb der Durchgangsstraße mit seinen reizvollen Palazzi und Arkaden sowie der anschauenswerten Pfarrkirche zählt zu den besterhaltenen Bergdörfern im Tessin. Zu erreichen ist Verdasio mit einer Kabinenbahn; dieselbe Bahn führt dann über 1200 Höhenmeter weiter bis zum Monte Comino (→ Wanderung auf S. 112) mit dem Berggasthaus „Alla Capanna", das nur 10 Min. von der Bergstation entfernt ist. Die zweite von der Talstation Verdasio aus startende Seilbahn geht nach Rasa.

● *Seilbahnen* **Verdasio – Rasa**, alle 20 Min. zwischen 9–12.40 und 14.30–18.10 Uhr; 9 Fr/einfach, 14 Fr/hin und zurück (am ersten Di im Monat verkehrt die Bahn nicht).

Verdasio – Monte di Comino, alle 30 Min. von 9–12.30 und 14–17 Uhr; 17 Fr/einfach, 22 Fr/hin und zurück.

Camedo: Der Grenzort zu Italien liegt gerade mal 13 km von der Endstation der Centovalli-Bahn im italienischen Domodossola entfernt und ist nur über steile Treppen, Brücken und Terrassen zugänglich. Vom Hang hat man eine weite Aussicht ins Tal. Das nur im Sommer geöffnete Lokal „Elvetico" bietet Tessiner Hausmannskost zu sehr günstigen Preisen (So geschl.).

Darüber hinaus kann man von hier ins 500 m höher gelegene *Borgnone* mit seinen alten bzw. auf alt getrimmten Rustici aufsteigen. Und von dort geht es weiter ins 1 km entfernte *Costa*, das derzeit aufwändig restauriert wird, um es für den Tourismus zu erschließen.

Wanderung durch das Centovalli von Intragna nach Camedo

Die 16 km lange 6-Std.-Wanderung auf der Sonnenseite des Tales nutzt befestigte Wege, ist wegen des streckenweise schwindelerregenden 800-Meter-Aufstiegs auf den Monte di Comino aber nicht ganz einfach. Am besten reist man mit der Centovalli-Bahn an und ab.

▸ **Wegbeschreibung** Gleich hinter dem Grotto di Rii am westlichen Ortsausgang von *Intragna* steigt ein ausgebauter Pfad bergauf, der Start unserer Wanderung. Bereits nach 20 Min. ist über den gemächlich ansteigenden Weg *Calezzo* erreicht. Im Weiler geht man auf der mittleren von drei Straßen auf den Wald zu, um am Ende den Saumpfad zu erreichen, der schließlich auf den *Monte di Comino* (1166 m) ansteigt. Hier empfiehlt unser Leser David Zaugg den Gasthof „Alla Capanna", in dem man gut essen und behaglich schlafen kann (40 Fr pro Pers.).

Der Saumpfad umrundet etliche Schluchten, steigt wegen seiner Serpentinen aber nicht übermäßig an und ist an den wenigen steilen Stellen durch Drahtseile gesichert. Immer wenn der Kastanienwald die famose Sicht auf das Tal freigibt, brennt die Sonne heiß auf den Nacken, überwiegend aber verläuft die Wanderung durch schattigen Wald.

Während des Aufstiegs lösen Birken und Buchen langsam den Kastanienwald ab; deutlich wird das besonders, wenn nach einer Wanderzeit von 3,5 Std. der Wald direkt unter dem Kabel der Gondelbahn, die Verdasio mit dem Monte di Comino verbindet, verlassen wird. Der Berggasthof „Ritrovo Romantico" mit seiner großen Terrasse ist wenige Minuten später erreicht.

Auf einem schmalen, deutlich erkennbaren Weg verläuft die Route von hier ebenerdig durch satte Bergwiesen – der Ausblick reicht über das Centovalli bis nach Italien. Auf einem Bergsattel erscheint die Wallfahrtskirche *Madonna della Segna* am Scheitelpunkt der Wege von Centovalli- und Onsernone-Tal. Früher kehrten Wanderer dort ein, um für einen sicheren Weiterweg zu beten. Auf dem mit 1266 m höchsten Punkt der Wanderung ist auch die Hälfte der Wegstrecke erreicht – nun geht es fast nur noch bergab.

Bitte nicht stören: das Max-Frisch-Haus in Berzona

Links der Wallfahrtskirche weist der Weg durch Bergwiesen hinab nach *Verdasio*, das man nach fast fünfstündiger Wanderzeit erreicht. Unterhalb der Kirche des hübschen Dorfs stößt der Weg auf ein Bachbett, knickt bei einer Hausruine steil ab und gelangt über eine neue Brücke zu einem Wegweiser, der die Richtung nach *Lionza* zeigt.

Auf der anderen Seite des Bachbettes geht es erneut bergauf. Einige kleinere Bäche müssen überwunden werden, bis die Kirche von *Lionza* ins Blickfeld kommt. Aber in der Kehre vor dem Ortsschild biegt der schwer erkennbare Weg ab, mündet kurz darauf in einen Saumpfad, der durch eine Schlucht führt, und erreicht die alte Via Locarno, erkennbar noch an letzten Asphaltresten auf dem einstmals stark befahrenen Reiseweg.

Der Weg führt ebenerdig weiter nach *Borgnone* und über den Kirchplatz zur Asphaltstraße nach *Camedo*, das nach 500 m erreicht ist. Vom Bahnhof kann man dann mit der Centovalli-Bahn die Heimfahrt antreten.

Val Vigezzo, Domodossola und Umgebung siehe S. 179, 201.

Val Onsernone

Das „schwarze Tal", wie Max Frisch „sein Tal" nannte, verläuft fast parallel zum Centovalli, in das es bei Intragna einmündet. Das waldreiche Tal des Isorno, eher eine schroffe Schlucht mit neun Dörfern und doppelt so vielen Wasserfällen, ist nur zur Hälfte von einer 14 km langen Bergstraße erschlossen – wohl auf immer ein Mekka für Wanderer.

Zum Leben scheint das Tal zu rau. Zum Verstecken taugt es eher. Im 2. Weltkrieg war es Zufluchtsort italienischer Partisanen, die um Domodossola (→ S. 193 ff,

114 Centovalli und Nebentäler

S. 202) gegen die deutschen Besatzer kämpften; außerdem diente es als Asyl für deutsche Antifaschisten (Ernst Toller, Kurt Tucholsky, Max Ernst) während der Nazi-Herrschaft. Eher freiwilliger Rückzugspunkt war es für den Schweizer Schriftsteller Max Frisch, der, wie vor ihm schon Golo Mann und das Autorenpaar Gisela und Alfred Andersch, das Onsernone-Dorf *Berzona* zum Lebensmittelpunkt wählte. Frisch und Alfred Andersch verlebten auch ihre letzten Tage in dem winzigen „Literatendorf".

▸ **Auressio**: Gerade einmal 60 Menschen leben in dem verwegen am Hang platzierten Dörfchen, in dem alles nur über steile Gässchen zu erreichen ist. Das gilt auch für die Pfarrkirche *Antonio Abate* mit ihrer eindrucksvollen Barockausstattung. In die Schlagzeilen geriet das Dorf Anfang der 1990er Jahre, als ein Berner Objektkünstler rund um den Ort bemalte Konserven verstreute – mittlerweile dürften Sammler die Kunstwerke längst eingesackt haben.

● *Übernachten* **Villa Margherita**, das große Haus bietet Platz für 12 Pers., ideal also für Kegelvereine und Wandergruppen. Zudem garantieren schöne Lage und gediegene Ausstattung (z. B. TV) bei nicht ganz angemessenen Preisen (150–195 Fr/Tag) einen erholsamen Aufenthalt. ✆/✉ 062/2981969.

▸ **Loco**: An einen terrassierten Steilhang schmiegt sich der Hauptort des Tales, der nur 250 Einwohner zählt. Vor 120 Jahren war Loco noch Zentrum der Strohflechterei, an die heute noch die Loggien erinnern, auf denen das Stroh getrocknet wurde. Die Pfarrkirche *San Remigio* kann mit einer selten schönen Aussicht aufwarten. Das *Museo Onsernonese* in der 200 Jahre alten Casa Degiorgi versucht nicht, die Armut des Tales und seiner Bewohner zu beschönigen, die sich in den ausgestellten Trachten, Werkzeugen und Waffen eindrucksvoll widerspiegelt. Auch die Werke des lokalen Malers Agostino Meletta (1800–1875) widmen sich der wirtschaftlichen Notlage der Talbewohner. Eine Außenstelle des Museums bildet die restaurierte Mühle am westlichen Dorfausgang, in der die Produktion von Polenta-Maismehl demonstriert wird.

Von Loco kann man über das verlassene Dörfchen *Niva* in knapp 3 Std. ins Centovalli wandern und auch das „Literatendorf" *Berzona* mit seinen Herrenhäusern aus dem 17. Jh. ist nach 4 km zu Fuß oder per Bus zu erreichen. Die eher bescheidenen Wohnhäuser der einst hier ansässigen Schriftsteller Andersch und Frisch befinden sich allerdings in Privatbesitz und sind deshalb nur von außen anzuschauen.

Öffnungszeiten **Museo Onsernonese**, März. bis Okt. Di–So 14–17 Uhr (Mühle nur Mi und Do); Eintritt 3 Fr/Erwachsene, 1,50 Fr/Kinder.

● *Verbindungen* 7 x tägl. verkehrt der **Bus** zwischen Locarno und Spruga (etwas über eine Std.), dem letzten Dorf auf Tessiner Seite, und hält in jedem Talort. Die Busfahrt von Loco nach Berzona dauert 5 Min., nach Russo 14 Min. und nach Spruga 32 Min.

● *Übernachten* **Casa Schira**, Loco, die Gemeindeverwaltung hat das alte, rote Herrenhaus zu einer Herberge mit 5 Räumen und 35 Betten umgestalten lassen. In dem ganzjährig geöffneten Haus kann man in der erstaunlich guten Küche auch HP und VP ordern. DZ ca. 50 Fr, Bett im Matratzenlager 16 Fr. ✆ 091/7971251, ✉ 7971335.

Casa San Rocco, das stilvolle Ferienhäuschen in Berzona (4 km entfernt) mit 4 Zimmern für 6 Pers. ist trotz komfortabler Ausstattung recht preiswert: 100–130 Fr/Tag. ✆ 091/7671485.

Berzona, die große Wohnung nahe der Bushaltestelle in Berzona verfügt über 4 große, ausreichend ausgestattete Zimmer, in denen 6 Pers. genügend Platz finden. 80–120 Fr/Tag. ✆ 091/9812525, ✉ 091/9813141.

Comologno 115

Russo: Wer hätte eine solch eindrucksvolle Mischung zeitgenössischer und historischer Tessiner Baukunst in diesem weltabgeschiedenen Tal erwartet? Neben stattlichen Palazzi und Herrenhäusern wie dem Arkaden-Palazzo *Bezzola* (Post), der *Casa Garbini* oder der *Casa Remonda* stößt man unterhalb der Straße auf das *Centro sociale*, das noch 20 Jahre nach der Grundsteinlegung 1989 zu den herausragenden Arbeiten moderner Tessiner Architektur zählt. Darüber hinaus noch sehenswert sind die schöne Piazza und die Pfarrkirche *Santa Maria Assunta*, deren Fassade ein Christophorus-Fresko aus dem 14. Jh. schmückt.

● *Übernachten* *** Garni Leila**, das von März bis Nov. geöffnete Hotel in einem großen Tessin-Haus ist das einzige Hotel im Tal, vermietet 10 hübsche Zimmer (Du/WC) und gibt sich kinderfreundlich: Kids bis 14 Jahre zahlen nur die Hälfte. DZ ca. 110 Fr. ℘ 079/ 2390356, ✆ 7971480.

Casa Elda, unweit der Kirche bietet das balkonreiche Haus mehrere Apartments für unter 100 Fr./Tag. ℘ 091/7911483.

● *Essen und Trinken* **Della Posta**, ein Platz unter den Arkaden des Palazzo Bezzola mit freiem Blick auf den selten schönen Dorfplatz reicht als Argument für dieses Lokal schon aus. Zu allem Überfluss kocht die Wirtin auch noch famos (frisch und saisonal) und will dafür nicht einmal viel Geld.

Comologno: Der Ort, der u. a. Kurt Tucholsky und Ernst Toller während der Nazi-Herrschaft eine Zeit lang als Asyl diente, ist reich an schönen und aufwändig gebauten Herrenhäusern. Die Gemeinderäte meinten wohl, der alten Kunst neue hinzufügen zu müssen und pflasterten den Ort mit modernen Fresken, über deren Kunstwert sich zumindest streiten lässt.

Kaum streiten muss man über den Erholungswert der näheren Umgebung von Comologno. Da sind zum Beispiel der Weiler *Spruga*, der letzte Talort auf Tessiner Seite, und unweit davon, nur noch steil abwärts zu Fuß zu erreichen, die gespenstischen Ruinen von *Bagni di Craveggia*: Bevor 1927 eine Gerölllawine die Bauten zerstörte, war Craveggia an der grünen Grenze zu Italien 500 Jahre lang ein Kur- und Badeort.

Valle di Vergeletto: Eldorado für Naturfreunde und Wanderer

Das häufig übersehene Tal zweigt vom Val Onsernone bei Russo nach Norden ab. Was der Urlauber in dem kargen Bergtal des Ribo als seltene Unberührtheit erlebt, stellt sich für die Bewohner weit weniger romantisch dar: kaum eine Straße, überhaupt schlechte Verkehrsverbindungen und keine nennenswerte Infrastruktur. Schon früher trieb die Armut die Menschen ins benachbarte Italien und noch heute zieht es einige bis nach Mailand. Entsprechend verlassen wirken die meisten Talorte, ohne die finanzielle Unterstützung aus Bern nicht über die Runden kämen. *Vergeletto*, der nur 100 Einwohner zählende Hauptort des Tales, besitzt eine viel fotografierte Steinbogenbrücke, eine alte Mühle am Fluss und eine barocke Kirche. Ansonsten gibt es hier weit und breit nur Natur mit dem Startpunkt für großartige Wanderungen in das Maggiatal: entweder über den Passo della Cavegna nach *Cimalmotto* oder über die Capanna di Alzasca nach *Someo*.

Bassa Valle: Wo das Maggiatal noch lieblich und südländisch ist

Valle Maggia und Nebentäler

Alpenrosen und Palmen, Alpines und Mediterranes, Deutsches und Italienisches: Das Maggiatal nördlich von Locarno ist wie keine andere Region typisch für die kontrastreiche Südschweiz. Bei Ponte Brolla, wo das Centovalli abzweigt, steigt das 56 km lange Tal steil nach Norden an, bis es sich bei Cevio in die Nebentäler Lavizzara, Bavona und Rovana verästelt.

Im breiten unteren Tal, dem *Bassa Valle*, wächst Wein, gedeihen Zistrosen und Palmen. Kastanienwälder, dazwischen Birken, Eschen und Linden begrünen die Talflanken – die Talsohle ist noch vom milden Seeklima geprägt. Ganz anders das Obertal: 2000 m hohe Bergwände, zerfurcht von wilden Wasserfällen, umschließen den 1200 m hoch gelegenen Talgrund. Oben gibt es nahezu 40 glitzernde Bergseen, unten Wiesen, Weiden und ein wenig Ackerbau. Hier kann man noch erahnen, mit welcher Kraft einst die Maggia durch das Tal donnerte und mit ihren Schlamm- und Geröllmassen Angst, Tod und Schrecken verbreitete: 1747 überflutete der Fluss das Dorf Avegno im Untertal, 1834 wurde das Marmorstädtchen Peccia im Val Lavizzara vom Hochwasser fast fortgerissen und noch 1978 – 20 Jahre nach dem Bau des regulierenden Maggiakraftwerks – wütete das letzte Hochwasser.

Ponte Brolla

Das Haufendorf liegt am Eingang des Maggiatals. Berühmt ist es für die beliebten Badestellen in unmittelbarer Nähe der Straßenbrücke – glatt geschliffene Felsen laden zum Sonnenbaden ein, kleine Bassins zum Planschen, Schwimmen und Tauchen. Doch Vorsicht: Alljährlich sind Tote zu beklagen. Neben dem regelmäßigen Frühjahrshochwasser sind vor allem die Strudel um die Felsen gefährlich, die selbst geübten Tauchern zum Verhängnis werden können. Im letzten Jahrzehnt waren 35 Todesopfer in der Maggia zu beklagen, überall im Tal warnen mehrsprachige Schilder vor der Gefahr.

Valle Maggia und Nebentäler 117

• *Verbindungen* Die **Centovalli-Bahn** passiert den kleinen Bahnhof südlich der Hauptstraße 20 x tägl. in Richtung Domodossola (Italien) sowie Locarno.

Der **Überlandbus** von Locarno ins Val Onsernone hält tägl. zwischen 5.50 und 16.30 Uhr vor dem Bhf. Für Verbindungen im Valle Maggia s. u. „Maggia/Verbindungen".

• *Übernachten/Essen & Trinken* **Centovalli**, in einer klassizistischen Villa mit 9 schönen Zimmern unweit der Straßenkreuzung Centovalli/Maggiatal lässt es sich gemütlich wohnen und vortrefflich essen. Das Restaurant gilt als eins der besten im Tessin, der Risotto gar als der allerbeste. Der Standort ist überdies ideal für Wanderungen. DZ ca. 145–185 Fr. Jan./Feb. geschl. ✆ 091/7961444, www.centovalli.com.

Ristorante Stazione, von dem ungemütlichen Namen, der unangenehmen Lage direkt am Bahnhof und der unansehnlichen Fassade sollten Sie sich nicht abschrecken lassen: Hier gibt es eine schon legendär gute Küche, vor allem vortreffliche Fischgerichte, Forellen aus der Maggia beispielsweise und einfache, saubere Zimmer. DZ ca. 110–130 Fr. ✆ 091/7961453, ☏ 7963053.

Grotto Vattagne, am Eingang des Valle Maggia führt rechts eine ausgeschilderte Fahrstraße auf 800 m hinauf zu diesem natursteinernen Grotto, der wegen seiner familiären Atmosphäre beliebt ist. Nov. bis März und Mo geschl. ✆ 091/7962314.

Grotto America, 300 m hinter dem Bahnübergang Richtung Centovalli. Die Granittische sind gerade so gerade, dass die Weingläser nicht umfallen. Und das Essen (Spezialität: Polenta con spezzatino, Gulasch mit Maisbrei) ist in dem 100 Jahre alten Grotto so urig wie das Ambiente. April bis Okt. Mo–Fr 17–24 Uhr, am Wochenende 10–24 Uhr. ✆ 091/7962370.

Mamma Mia, ein beschrifteter Felsen weist am Anfang des Maggiatals auf das Restaurant mit großer Terrasse und Grillbar unter freiem Himmel hin. Trotz der guten Küche – Tessiner Spezialitäten, französisch verfeinert – sind die Preise (Tagesgericht ab 15,50 Fr und Menü ab 40 Fr) niedrig. ✆ 091/7962023.

Maggia

Inmitten großer Weinberge liegt das Dorf im hier besonders breiten Tal. Schattige Lauben und blumenübersäte Holzbalkone verschönern die Rustici, die allerdings von neuen Wohnhäusern zugedeckt werden.

Am schönsten ist Maggia an der Piazza, deren Brunnen eine geradezu beruhigend-harmonische Stimmung schaffen. Doch die meisten Touristen machen nur Halt, um die Kirche *Santa Maria delle Grazie* mit ihrer fröhlich bemalten Holzdecke zu besuchen, die in *Campagna* liegt, dem knapp 1 km entfernten Nachbardorf, das eigentlich schon zum Stadtteil von Maggia geworden ist. Besonders hübsch sind die mit farbigen Bauernmotiven bemalte Holzdecke von 1528 und die Fresken, außerdem die vielen Votivtafeln, von denen die eindrucksvollsten von Antonio Vanoni aus dem Nachbardorf Aurigeno stammen.

Öffnungszeiten **Santa Maria delle Grazie**, Mai–Sept. Di–So 14–16 Uhr.

formation/Anfahrt/Verbindungen

• *Information* **Ente turistico di Vallemaggia**, im kleinen Einkaufszentrum links an der Durchgangsstraße. Fahrräder (25 Fr/Tag, 110 Fr/Woche), Broschüren, Wanderbeschreibungen u. v. m. Mo–Fr 9–12 und 14–17 Uhr, Juni bis Sept. auch Sa 9–12 Uhr. ✆ 091/7531885, www.vallemaggia.ch.

• *Anfahrt/Verbindungen* Der **Überlandbus** der Locarner Verkehrsgesellschaft Fart bedient 16 x tägl. jeden Ort des Haupttals (bis Bignasco). an Sonn- und Feiertagen nur 6 x. Von Bignasco übernimmt dann der Postbus mindestens 4 x tägl. den Transport in die Seitentäler (siehe „Bignasco/Verbindungen".)

bernachten

*** **Villa d'Epoca**, aus dem betulichen Vorgänger Millefiori in Aurigeno ist die aufwändig renovierte Villa d'Epoca mit 9 funktionalen Zimmern geworden. DZ ca. 120–180 Fr.

✆ 091/7565000, www.villaepoca.ch.

Pension Pergola, neun hübsche Zimmer vermietet die Pension in Gordevio (3 km südlich von Maggia). Die Nähe zu Locarno

Locarno/Hinterland

118 Locarno/Hinterland

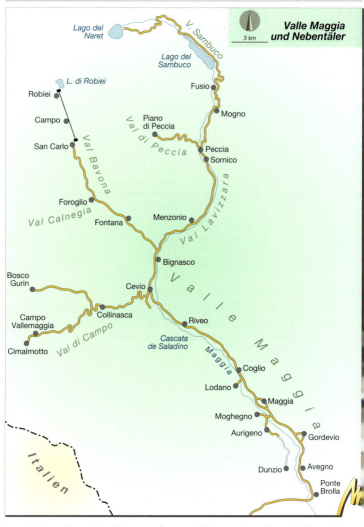

beschert dem Haus viele Gäste vom See, deshalb ist rechtzeitige Reservierung anzuraten. ℡ 091/7531928.

Poncini Ristorante, im ockerfarbenen Tessin-Haus (gute Hausmannskost, Mi geschl.) werden auch 5 hübsche Zimmer (nicht alle mit Du/WC) angeboten. Gerade recht für anspruchslose Wanderer. DZ ca. 115–145 Fr. ℡ 091/7609070, www.locandaponcini.ch.

• *Jugendherberge* **Baracca Backpacker**, die neue Jugendherberge in Aurigeno (1 km südlich von Maggia) macht ihrem Namen alle Ehre – verschroben, aber gepflegt und sauber, freundlicher Service und der Preis von 28 Fr/Bett und 35 Fr/DZ ist kaum zu unterbieten. ℡ 079/2071554, www.backpacker.ch.

• *Ferienhäuser und -wohnungen* **Achermann**, der Rustico mit Terrasse und schönem Garten liegt direkt in Maggia und verfügt über 4½ Zimmer, in denen bis zu 8 Pers. genügend Platz haben. Angesichts des günstigen Preises ist die Ausstattung nur

Maggia/Umgebung   119

Nebensache. 100–160 Fr/Tag. ℡ 041/3610557.

Buchmann, auch dieser Rustico mit 6 Zimmern ist einfach in der Einrichtung (allerdings gibt es einen offenen Kamin) und günstig im Preis. 85–120 Fr/Tag. ℡ 061/2610124.

Lea, das große 3-Zimmer-Apartment ist nur im Sommer zu mieten, aber Garten und Terrasse entfalten gerade dann ihren besonderen Reiz. 80–90 Fr/Tag. ℡ 091/7531242.

Cà du Soo, fünf Schlafplätze in 3½ Räumen bietet das urige Rustico in Gordevio und obendrein eine ausreichende Ferienhaus-Ausstattung. 110 Fr/Tag. ℡ 091/7436565.

● *Camping* **** **Piccolo Paradiso**, manchem scheint der ebene Rasenplatz direkt am Maggia-Ufer kurz vor Avegno der schönste Campingplatz im Tessin und zumindest für Kinder ist die natürliche Badewanne ein Erlebnis. Auch sonst kann der mit 240 Parzellen recht große Platz unter schattigen Bäumen mit einigem aufwarten: gute Sanitäreinrichtungen, TV-Bude, kleiner Laden. Nur ein Restaurant fehlt, man muss mit einem Imbiss vorlieb nehmen. Reservierung empfehlenswert. Pauschale, alles inkl. 34 Fr. ℡ 091/7961581, www.piccolo-paradiso.ch.

**** **Bella Riva**, bei Gordevio (2 km talaufwärts vom Piccolo Paradiso) und darum weniger von Besuchern der Seeregion frequentiert. Nur wenig kleiner als Piccolo Paradiso, landschaftlich attraktiv am Rand des berühmten Auenwaldes gelegen (s. u.), alle Camper-Annehmlichkeiten inklusive Restaurant. 34–47 Fr. ℡ 091/7531444, 🖷 7531764.

Essen & Trinken

Grotto Mai Morire, der erste wahre Grotto des Maggiatales, liegt am Nordausgang von Avegno. Man sitzt gemütlich in und vor dem 75 Jahre alten Lokal, das etwas verkrampft auf „antik" macht. Das Essen ist kaum typisch, aber die Preise sind günstig, was leider auch dazu führt, dass Busgesellschaften häufig hier Station machen. ℡ 091/7961537.

Grotto ai Ronchini, in Aurigeno-Ronchini (1 km hinter Gordevio) liegt dieser geräumige Grotto mit zwei Terrassen im großen Garten. Hier sollten Sie die von Maria täglich frisch hergestellten Teigwaren probieren. Auch nicht schlecht sind die von Tochter Pirette gezauberten Desserts. Mit einem Wort: nicht typisch, aber gemütlich. ℡ 091/7532225.

Grotto Lafranchi, der urige Grotto am Südeingang von Coglio (nördlich von Maggia) ist über drei Terrassen angelegt. Fischgerichte und der hausgemachte Ziegenkäse sind hier zu empfehlen. ℡ 091/7531836.

Sport

Das Maggiatal verfügt über 700 km markierte Wanderwege und vielfältige Sportmöglichkeiten, fast alle in der Umgebung von Maggia.

● *Angeln* Überall im Fluss, die Lizenz erhält man im Ente turistico in Maggia.

● *Baden* Ebenfalls überall im Fluss und natürlich gratis, allerdings nicht jederzeit: Achten Sie auf plötzliches Hochwasser im Frühjahr und auf Regenfälle, die das Baden zur gefährlichen Angelegenheit machen können. Das einzige **Freibad** im Tal befindet sich in Bignasco (Mitte Juni bis Sept. täglich 10–18 Uhr; 7 Fr/Erw., 5 Fr/Kinder).

● *Klettern* Klettergärten in **Avegno** am Taleingang, in **Arcegno** und **Ponte Brolla**.

● *Mountainbiking* Zwei Mountainbike-Parcours, Fahrskizzen im Ente turistico in Maggia, dort auch Fahrradverleih.

● *Reiten* Pferde und geführte Ausritte direkt in Maggia, ℡ 091/7532853.

● *Tauchen* Geführte Tauchgänge mit ausleihbarer Ausrüstung organisiert **Diving Center Maggia**, Maggia, ℡ 091/760 9070.

● *Tennis* **Centro Ronchini** in Aurigeno-Ronchini, ℡ 091/7532197.

● *Wandern* Geführte Touren mit **Enzo Bosshard** in Moghegno (auf der anderen Flussseite), ℡ 091/7532361.

Maggia/Umgebung

Auenwald Saleggio: Der Wald zwischen Gordevio und Aurigeno ist eine Seltenheit im Alpengebiet, das ansonsten kaum Auen kennt. Man kann den 2 qkm großen Märchenwald, in dem sich Libellen und Wasserläufer tummeln, in einem einstündigen Spaziergang erkunden (Orientierungshilfe ist die moderne Hängebrücke) oder als Teil einer größeren Wanderung erleben (→ Wanderung, S. 125).

120   Locarno/Hinterland

▸ **Dunzio**: Ebenfalls eine kleine Wanderung wert ist dieses Bergdorf südlich von Aurigeno. Die 200 Höhenmeter (1,5 Std.) lohnen vor allem wegen der wohl besten Aussicht über das Tal und auf die angrenzenden Zweitausender (Foto auf S. 120).

▸ **Coglio**: Das beschauliche Winzerdorf 3 km nördlich von Maggia besitzt neben der Kirche *Santa Maria di Monte Carmelo* mit Vanoni-Malereien und historischem Weihwasserbecken ein Beinhaus, das mit seinen symbolträchtigen Fresken zum Thema Tod aus der Vielzahl der Karner im Tal herausragt.

▸ **Cascada del Soladino**: 7 km nördlich von Coglio stürzt linker Hand der Soladino-Bach über 100 m die Felswand hinunter in die Maggia.

Das Projekt „Pietraviva"

Bei Ihrer Fahrt durch das Maggiatal werden Sie immer wieder auf den Slogan „Pietraviva" (etwa: lebendiger Stein) stoßen. So heißt die neue Image-Kampagne der Tal-Gemeinden. Aus Anlass des 20-jährigen Bestehens der Bildhauer-Schule in Peccia (→ S. 125) im Jahre 2004 wurde dieses neue Marketingkonzept für den Maggia-Tourismus ausgeheckt – neue „Steinlehrpfade" sollen nach und nach angelegt und „Steinkünstler" des Tales gefördert werden.

Cevio

Wo Rovana- und Maggiatal zusammentreffen, wacht Cevio, das wohl schönste und kunstsinnigste Dorf der Gegend und seit knapp 600 Jahren der Hauptort des Basse Valle.

Seit 1403 war Cevio der Sitz sowohl der italienischen wie der eidgenössischen Statthalter. Kein Wunder also, dass im Gegensatz zum ansonsten eher armen Tal gerade hier viele ungewöhnlich große und reich verzierte Herrenhäuser zu finden sind – der zweistöckige *Palazzo Franzoni* zum Beispiel, in dem heute das Talmuseum untergebracht ist, oder die *Casa Respini-Moretti* mit ihrer pompösen Barockfassade, einst Wohnsitz der Schweizer Vögte. An der großen Piazza steht schließlich der *Pretorio*, der an seiner wappengeschmückten Fassade erkennbare ehemalige Gerichtssitz der Vögte. Hinter den hochherrschaftlichen Gebäuden trifft man auf die nicht minder ehrwürdigen Steinhäuser der Altstadt *Cevio Vecchio*.

Das *Museo di Vallemaggia* im Palazzo Franzoni dokumentiert das bäuerliche Leben der letzten 300 Jahre. Neben der Ausstellung von Möbeln, Handwerk und Trachten werden in einem kleinen Gewölbe zudem Verfahren der Verarbeitung und Konservierung von Feldfrüchten vorgeführt; interessant ist auch die riesige Weinpresse. Im Nachbargebäude, der Casa Respini-Moretti, befindet sich eine ständige Ausstellung von Vanoni-Werken.

Öffnungszeiten **Museo di Vallemaggia**, Apr. bis Okt. Di–Sa 10–12 und 14–18 Uhr, So 14–18 Uhr; Eintritt 7 Fr/Erwachsene, 5 Fr/Kinder.

● *Verbindungen* Für die **Busfahrt** in die drei Seitentäler ist Bignasco – 2 km nördlich von Cevio und fast schon Gemeindeteil – der natürliche Knotenpunkt: 4 x tägl. ins Bavonatal und zurück (im Winter nur 2 x); 5 x tägl. ins Lavizzaratal und ebenfalls 5 x tägl. ins Rovanatal bis nach Bosco Gurin und zurück (zwischen 3 und 9 Fr).

● *Übernachten/Essen & Trinken* **Ca'Stella**, ein besonderes Haus für in die Jahre gekommene Alternativ-Reisende (Rauchverbot Frühstück in der Küche und 7 gemütliche Zimmer) hat Helia Blocher in Bignasco (jenseits der Maggia) aufgebaut. DZ 100–150 Fr Bett im Matratzenlager 35–55 Fr (Frühstück 10–15 Fr). ✆ 091/7543434, www.ca-stella.ch.

Turisti, das mit 26 kürzlich renovierten Zimmern größte Hotel im Nachbarort Bignasco bietet sich für den Familienurlaub an; angeschlossen ist ein kleines, aber gutes Restaurant. DZ ca. 135–160 Fr. 091/7541165, 7543036.

Pension Doris Remund, das ruhig gelegene, kleine Familienhotel auf dem Weg nach Boschetto bietet 8 Zimmer (Du/WC) an, die ebenso wie das kleine Restaurant gefallen. DZ 140–160 Fr. 091/7542164, 7542164.

Ristorante Posta, die ganzjährig geöffnete Pension in der ehemaligen Posthalterei vermietet 6 einfache Zimmer für wenig Geld. Das angeschlossene Gartenlokal mit traditioneller Speisekarte ist sehr gemütlich. DZ 100 Fr. / 091/7541896.

Osteria Castello, vier einfache Zimmer bietet der ebenso einfache Restaurantbetrieb an. DZ ca. 90 Fr. 091/7541645.

● *Ferienhäuser und -wohnungen* **Airoldi**, zwei perfekt ausgestattete Rustici (mit TV und Telefon) mit Platz für jeweils 5 Pers. (4½ bzw. 5½ Zimmer) und dabei relativ preiswert: 110 Fr/Tag. 091/7541466.

Bondy, der große Rustico (6 Zimmer für bis zu 8 Pers.) ist komfortabel und geschmackvoll eingerichtet: Heizung (deshalb auch im Winter zu mieten), Waschmaschine, TV, Telefon. 120–210 Fr/Tag. 01/4226773.

Imotours, der professionell vermietete Rustico (3 Zimmer für bis zu 5 Pers.) ist funktional ausgestattet und verfügt über einen schönen Garten. 90–150 Fr/Tag. 031/3820101.

Rimmi, hübsch eingerichteter 3-Zimmer-Rustico, der Platz für 3 Erwachsene und ein Kind bietet (Haustiere gestattet). 110–130 Fr/Tag. 091/7932081.

Cevio: unerwarteter Kunstsinn

Negozio dell'Artigiano: authentisches Kunsthandwerk aus dem Maggiatal
Die Mehrzweckhalle am Dorfeingang ist Präsentations- und Verkaufsraum der Handwerkervereinigung „Associazione artigiani", die seit 25 Jahren das traditionelle Handwerk im Tal zu bewahren sucht: Gesticktes, Geflochtenes und Gedrechseltes wird ausgestellt und preiswert verkauft.
Öffnungszeiten Apr.–Okt. Di–Sa 10–18.30, So 14–18.30 Uhr.

Cevio/Umgebung

Wallfahrtskirche Madonna del Ponte: An der mittelalterlichen Steinbogenbrücke über die Rovana (800 m südwestlich des Ortes) findet sich die 350 Jahre alte Kirche mit einer auffälligen Vorhalle und ebenso auffälligem Fresken- und Stuckaturenschmuck.

Boschetto: Der verlassene Weiler südwestlich von Cevio ist immer einen Abstecher wert, denn nirgends im Tessin findet man so viele, so schöne Bildstöcke – nicht verschandelt von Plastik und Maschenzaun wie häufig anderswo.

Pinto Verde: Das kommerzielle Kunstgewerbezentrum findet man neuerdings längs der Straße nach Bignasco. Filzhüte und Schnitzarbeiten, Malereien und Töpfereien gibt es zwischen April und Oktober in verschiedenen Läden zu leicht überhöhten Preisen.
Öffnungszeiten Apr. bis Okt., täglich von 10–13 und 14–16.30 Uhr.

▶ **Bignasco**: Das 3 km nördlich von Cevio gelegene Dorf besticht schon allein wegen seines unverfälscht mittelalterlichen Ortsbilds. Doch es gibt noch andere Gründe für einen Abstecher: die Pfarrkirche *San Michele* mit einem Glockenturm aus dem 15. Jh., die beiden Kapellen (außerhalb des Ortes) mit schönen Fresken und nicht zuletzt das wirklich schöne Freibad inmitten einer grünen Wiese vor majestätischer Bergkulisse (Mitte Juni bis Sept. tägl. 10–18 Uhr; 7 Fr/Erw., 5 Fr/Kinder).

Vom Verfall bedroht: Bergdorf im Val Rovana

Val Rovana

Viele nutzen das herbe Tal nur zur Durchfahrt nach Bosco Gurin. Es verdient aber weit mehr Beachtung, denn Landschaft und Aussicht sind mitreißend.

Das zeigt sich schon bei der Einfahrt ins Tal unweit von Cevio. Die abenteuerliche Serpentinenstraße steigt durch die düstere Rovanaschlucht aufwärts und in fast jeder Kehre eröffnen sich weite Ausblicke ins Tal der Maggia. Am Zusammenfluss der beiden Rovanaquellarme liegt dann das verschlafene *Collinasca*, das wie ein Wehrdorf über dem Tal zu wachen scheint. Von dort geht es entweder nach Norden ins *Valle di Bosco* Richtung Bosco Gurin oder am linken Seitenarm der Rovana entlang nach *Campo* und *Cimalmotto*, wo das Tal *Valle di Campo* genannt wird.

In diesen unverfälschten Bergdörfchen wird allerdings auch die Kehrseite der abgeschiedenen Lage deutlich. Viele Häuser in Campo haben Mauerrisse und die Dorfkirche hat sich um über 6 m abgesenkt, denn der mittelalterliche Ort ist akut vom Abrutschen bedroht. Das Gleiche gilt für Cimalmotto. Unvernünftige Abholzung und planlose Eingriffe in die Flussführung sind die Ursachen.

▶ **Bosco Gurin**: Riesenparkplatz, Riesenherberge, Riesenhotel und ein Pissoir gleich am Dorfeingang – das einstmals abgeschiedene Walserdorf ist auf dem Weg zur Touristenhochburg. Dennoch bleibt das Dorf am Ende des Boscotals in mehrerer Hinsicht einmalig: Es ist der höchstgelegene ständig bewohnte Ort im Tessin und der einzige mit überwiegend deutschsprachiger (exakter: walserdeutschsprachiger) Bevölkerung. Kein Wunder, dass sich gerade in dieser Weltabgeschiedenheit Musterbeispiele Walliser Holzbaukunst erhalten haben, auch wenn nach einer Lawine im 18. Jh. mindestens die Hälfte durch Tessiner Steinhäuser ersetzt wurden.

Die alemannische Volksgruppe aus dem oberen Wallis hatte sich im 13. Jh. in meist unzugänglichen Tälern angesiedelt, weil sie sich durch die Politik der Feudalherren benachteiligt fühlte und ihre eigene Kultur und Sprache bewahren wollte. Bosco Gurin inmitten der unzugänglichen Höhen war dafür ein idealer Standort. Das „Museo Etnostorico" berichtet in geziemender Schlichtheit über die Walserkultur.

Doch seit etwa zehn Jahren hat Bosco Gurin ein zweites Gesicht: Skilifte und neu angelegter Pisten zerschneiden die Hänge, Halfpipe und Schlittenbahn sorgen für Event-Flair und aus dem nahen Val Formazza in Italien wird an einer unterirdischen Drahtseilbahn gebaut.

Öffnungszeiten **Museo Etnostorico**, Ostern–Okt. Di–Sa 10.15–11.30 und 13.30–17, So 13.30–17 Uhr; Eintritt 3 Fr.

Bosco Gurin: bedrohte Walserkultur am Talschluss

• *Sesselbahn nach Rossboda* 4 x tägl. (9.15–16 Uhr) verkehrt die Sesselbahn im Sommer, einfache Fahrt ca. 7 Fr (Kinder 5 Fr).

• *Übernachten* *** **Walser**, das schmucke Hotel am Ortseingang besitzt 21 Zimmer sowie ein rustikales Restaurant mit annehmbaren Preisen. DZ ca. 140–160 Fr. ✆ 091/7590202, ✆ 7590203, www.bosco-gurin.ch.

Giovannibosco Ostello, Jugendherberge mit 37 Betten in Mehrbettzimmern, ca. 17–56 Fr. ✆ 091/7590202, www.grossalp.ch.

Trombini, der einfach möblierte, urige 3-Zimmer-Rustico passt so recht zu Bosco Gurin, ist aber mit ca. 130 Fr/Tag nicht gerade billig. ✆ 091/7542457.

Tomamichel, sechs Personen haben in dem 3-Zimmer-Rustico Platz, 100 Fr/Tag sind nicht zu viel. ✆ 091/7542171.

Janner, das 3-Zimmer-Apartment von Hannes Janner ist hübsch, aber einfach eingerichtet. 95 Fr/Tag. ✆ 01/3210815.

Val Bavona

Das wilde, nur im Sommer von 300 Menschen bewohnte Tal ist einen Ausflug wert: verlassene Weiler, wilde Wasserfälle und ganz am Ende des Tals eine moderne Seilbahn, die in geradezu klassische Wandergebiete führt.

Ab Bignasco geht es etwa 12 km in nordwestliche Richtung bis zum Talschluss bei San Carlo. Die Fahrt führt über eine erstaunlich breite, aber kurvenreiche Straße, die nur die Trasse des alten Säumerpfads nutzt. Gesäumt wird die Strecke von acht nahezu unbewohnten Weilern, jeder mit seinem Kirchlein, jeder mit einem intakten Ortsbild.

Bei *Foroglio* trifft das klitzekleine *Val Calnegia* auf das Bavonatal. Das Tal oberhalb des Wasserfalls ist bekannt für seine *Splüia*, an den Fels gebaute Steinhäuser, wie sie auf einer kleinen Wanderung durch das Tal in *Gerra*, einem verlassenen Weiler, zu bestaunen sind (der Aufstieg ins Val Calnegia beginnt oberhalb Foroglios – man muss den Weiler also durchqueren, um den Aufstieg zu finden).

124 Locarno/Hinterland

Gerra – der vergessene Weiler im Val Calnegia

4 km weiter nördlich auf der Straße erreicht man das Sommerdorf *Sonlerto*, kurz darauf den Weiler *Gannariente* mit der Wallfahrtskirche *Santa Maria delle Grazie* (1595) – im Mai ist sie das Ziel einer traditionsreichen Prozession, die von Cavergno heraufführt.

In *San Carlo* am Ende des Tals ist das gleichnamige Kirchlein mit einem überdimensionierten Glockenturm und hübschen Fresken aus dem Jahr 1523 zu sehen. Der Ort rühmt sich, das kleinste Postamt Europas zu haben, das in einem Einzimmer-Rustico residiert. Außerdem klettert von San Carlo die Kabinenbahn nach *Robiei* hinauf. Als ein unterirdisches Kraftwerk am Fuß des Basodino-Gletschers gebaut wurde, entstanden hier in fast 2000 m Höhe mehrere Stauseen. Robiei mit einem schönen Restaurant und dem größten Hotel des ganzen Tals ist Ausgangspunkt für etliche anspruchsvolle Bergwanderungen.

- *Kabinenbahn nach Robiei* Juni bis Okt. 8–17 Uhr stündlich (werktags auch 7.15 Uhr, 13 Uhr Mittagspause). Einfache Fahrt 16 Fr, hin und zurück 20 Fr (Kinder 8/10 Fr).
- *Essen und Trinken* **Grotto La Froda**, bei Foroglio. Von der steinernen Terrasse oder dem Kaminzimmer im 1. Stock, aber auch von den Granittischen vor dem urigen Natursteinhaus hat man einen grandiosen Ausblick auf den Wasserfall Cascada Calnegia, ℡ 091/7541181.
Grotto Bavona, nur wenig nördlich (am Ausgang des Dörfchens Sonlerto) findet sich auf 850 m Höhe dieser schmucke Grotto: nicht alt, sondern verputzt, keine Granit-, sondern Klapptische, aber uralte Kastanien und leckere Polenta. ℡ 091/7541776.
Grotto di Baloi, am Talanfang bei Fontana finden Sie diesen Grotto, der aussieht wie ein österreichischer Berggasthof. Aber „Chicos" Küche ist original: Haxen mit Polenta und hausgemachter Brotkuchen. ℡ 091/7541387.

Val Lavizzara

Die nordöstliche Verlängerung des Maggiatals wurde nach dem Lavezstein benannt, aus dem schon die Römer ihr Geschirr fertigten. Heute ist es vor allem der Marmor von Peccia, dem das Lavizzaratal seine überregionale Bedeutung verdankt.

Peccia ist aber nicht nur Zentrum der Mamorabbaus, Peccia ist auch der Ort mit der jüngsten Bausubstanz im Tal. Der Grund: 1834 und 1840 vernichteten Über-

Wanderung durch das untere Maggiatal   125

schwemmungen mehr als die Hälfte der Häuser. Heute zügelt der *Sambuco-Stausee* über dem Tal die Macht des Wassers. Gefahr droht aber weiterhin von Lawinen. Die letzte verheerende Katastrophe ereignete sich 1986, als der Ort *Mogno* nahezu komplett zerstört wurde.

Arbeitsplätze gibt es bis auf die Marmorbrüche kaum. So bleibt für viele Menschen als einzige ernst zu nehmende Erwerbsquelle der Tourismus und die Regierung tut viel, um das Tal in dieser Hinsicht attraktiv zu machen – eine neue Eislaufbahn in Prato Sornico, eine Bildhauerschule in Peccia und bescheidene Anfänge für ein Skirevier im Valle di Peccia sind erste Versuche, das schöne Tal neuen Zielgruppen zu erschließen.

Menzonio: Das winzige Dorf liegt ein paar Kilometer hinter der Talabzweigung in Bignasco (→ S. 122), abseits der Kantonalstraße. Hier ist das 1992 restaurierte Kirchlein *Oratorio delle Vergine* mit Tafeln des zeitgenössischen Tessiner Künstlers Gianfredo Camesi zu bewundern (Schlüssel beim Krämer im Dorf).

Prato/Sornico: Das romantische Zwillingsdörfchen am Eingang des menschenleeren *Val di Prato* wartet mit einer Kirche und einem mittelalterlichen Gerichtsgebäude auf. Darüber hinaus kann man die *Casa Berna* bewundern, die Sommerresidenz einer berühmten Luzerner Händlerfamilie. Ein besonderes Urlaubsvergnügen vor eindrucksvoller Bergkulisse bietet schließlich die 1998 eröffnete Kunsteisbahn. Praktisch ist zudem die einzige Tankstelle im Tal direkt an der Brücke.

Peccia: Das 859 m hoch gelegene Dorf wird von weniger als 30 Menschen bewohnt. Fast alle haben mit dem weißen Marmor zu tun, der im Nachbartal Valle di Peccia abgebaut wird. Sehenswert sind die barockisierte Pfarrkirche *San Abate* sowie die Bildhauerschule von *Alex Naef*, bei dem auch Touristen den kunstvollen Umgang mit Marmor erlernen können (☎ 091/7551304, 🖷 7551034, www.marmo.ch).

Mogno: Das abgeschrägte Dach der Kirche *San Giovanni Battista* ist die auffälligste moderne Attraktion weit und breit, der Vorgängerbau wurde 1986 bei einem Lawinenabgang zerstört. Das Werk des Star-Architekten Mario Botta erhitzt seitdem die Gemüter: Für die einen ist der Botta-Bau mit seinen skurrilen Rundungen und dem schwarz-weißen Marmormuster ein Fremdkörper, für die anderen ein Symbol menschlicher Überlebenskunst (geöffnet werktags von 9.30–17 Uhr).

Fusio: Das 50-Einwohner-Dorf unterhalb der gewaltigen Staumauer des Sambuco-Stausees hat ein eher untypisches Erscheinungsbild: Steinhäuser und nicht etwa die andernorts im Tal üblichen Holzblockhäuser dominieren das Bild. Das dürfte damit zu tun haben, dass Fusio einst Passstation war und deswegen verstärkt Einflüssen aus anderen Tessiner Tälern ausgesetzt war. Von Fusio aus führt u. a. eine großartige Bergwanderung ins Cristallina-Gebiet, wo die Quellseen der Maggia liegen.

● *Essen und Trinken* **Grotto al Cort**, dieser urige Grotto genießt einen guten Ruf als Ausflugslokal. Er liegt zu Füßen des Wasserfalls Croso an der Straße von Peccia nach Piano di Peccia. Nicht allein die rusti-kale Ausstattung und die wundervolle Lage, auch die typischen Tessin-Gerichte (Piccata con risotto, Brasato con polenta) machen den Grotto besuchenswert. Mai bis Okt., Di geschl. ☎ 091/7551185.

Wanderung durch das untere Maggiatal von Ponte Brolla nach Gordevio

Die 11 km lange Wanderung dauert 4 Std. und ist mit Ausnahme eines 200-Meter-Anstiegs nicht schwierig. Vorsicht jedoch beim Abstieg in die wilde Maggiaschlucht. Man erreicht Ponte Brolla mit Pkw, Bus oder Centovalli-Bahn (→ „Locarno/

Verbindungen"). Die Rückfahrt von Gordevio ist per Bus nach Locarno oder Ponte Brolla möglich.

▸ **Wegbeschreibung**: In *Ponte Brolla* ist ein Abstieg in die sehenswerte Maggiaschlucht eine gute Einstimmung für die Wanderung: Sie folgen dem Wegweiser „Orrido" und gelangen über eine steile, teils glitschige Steintreppe hinab in die Schlucht voller glatter Felsen und wirbelnder Strudel. Sie können aber auch von der Römerbrücke einfach den Blick hinab genießen und das erste Teilstück der Wanderung nach *Tegna* über die ausgeschilderte Straße zurücklegen. Schon nach 10 Min. ist der Ort erreicht. Am Dorfplatz weist der Wegweiser „Sentiero di Montagna" den Hang hinauf – ein Orientierungspunkt mit Karte informiert über die weitere Wegstrecke. Der Aufstieg beginnt hinter den letzten Häusern in einem offenen Eichenwald. Bereits während des Aufstiegs eröffnen sich weite Ausblicke in die Pedemonte-Ebene. Doch erst kurz vor dem *Oratorio Sant'Anna* und nach knapp einer Wanderstunde kommen die Centovalli-Dörfer bis nach Intragna in Sicht. Den besten Ausblick haben Sie von der Säulenarkade der Eremitage Sant'Anna. Der weitere Weg führt eben und gut erkennbar in westlicher Richtung von der Kirche fort. Durch Kastanienhaine und an verwitterten Bildstöcken vorbei schlängelt sich der Weg nach Norden. Hinter einer Steinbrücke lädt ein gemütlicher Picknickplatz mit Brunnen und Steintischen nach 1,5 Wanderstunden zur ersten Rast ein.

Der Pfad steigt an Steinmauern vorbei durch Wiesen- und Waldstücke auf eine Anhöhe, auf der das verlassene *Streccia* nach fast 2 Wanderstunden erreicht wird. Auf einem Markierungsstein wird der Abstieg nach *Dunzio* gewiesen, der zu Beginn recht steil ist. Hinter einer Holzbrücke ist erstmals ein Ausblick auf das Maggiatal möglich. Um nach 2,5 Wanderstunden *Dunzio* zu erreichen, muss die Asphaltstraße, die später durch den Ort führt, genutzt werden. Die Straße steigt hinter Dunzio zunächst leicht an (in einer Kehre ist erstmals das Ziel der Wanderung, Gordevio, auszumachen), um dann nach *Terra di Fuori* abzufallen.

Ein Wegweiser in *Terra di Fuori* leitet abwärts und über den Fluss in Richtung „Ronchini/Gordevio"; die moderne Brücke kann als Orientierungspunkt dienen. Am anderen Ufer knickt der Weg auf einer Piste nach Süden ab und mündet bald darauf – jetzt immer auf die gelben Hinweisschilder nach Gordevio achten – in einen Pfad, der direkt in den berühmten Auenwald von *Gordevio* führt. Der Weg stößt auf einen Campingplatz, von dem aus unschwer die Hauptstraße erreichbar ist; das Wartehäuschen der Buslinie und damit der Endpunkt dieser Wanderung ist nach gut 4 Wanderstunden erreicht.

Wanderung durch das untere Maggiatal von Ponte Brolla nach Gordevio

Tessin pur – Corippo im Verzasca-Tal

Valle Verzasca

Sieben kurvige Tunnels und fünf hohe Brücken führen in das bekannteste Tal des Tessins, das für die Blechlawine der Touristen viel zu eng ist. Erkunden Sie das Tal deshalb lieber per Postbus.

Schnurgerade von Norden nach Süden hat die Verzasca eine tiefe Furche in die über 2000 m hohe Bergwelt gegraben und wie nirgends sonst im Tessin beweist das Wasser hier seine Kraft und Tücke. Unmittelbare Zeugen dieses gewaltigen Kräftespiels sind die glatt polierten Gneisbrocken, die dem Tal das einzigartige Gepräge einer bizarren Erosionslandschaft verleihen. Die Kehrseite: 35 Menschen haben während der letzten 30 Jahre im Wildwasser des Flusses den Tod gefunden. Plötzliche Strudel und unvorhersehbare Wasserstandsänderungen waren (und sind) die häufigsten Unfallursachen. Leidlich gebändigt ist der Wildwasserfluss nur kurz hinter dem Taleingang, wo die gewaltige Staumauer *La Selvatica* (mit 220 m Höhe und 380 m Länge die größte in ganz Europa!) die Wassermassen in einem 7 km langen, fjordähnlichen Stausee, dem *Lago di Vogorno*, bündelt. Unterhalb des Dammes liegt ein Kraftwerk, das mit 235 Mio. kW Jahresleistung die Gemeinden des Locarnese mit Strom versorgt. Der Stausee hat die schwindelerregenden Steinbrücken unter sich begraben, von denen das Tal einst überzogen war. Heute kann man nur noch eines dieser mittelalterlichen Bauwerke bewundern, den *Ponte dei Salti* bei Lavertezzo.

Das Städtchen *Tenero* ist das Eingangstor zum Verzascatal. Hier hält die Eisenbahn, hier ist das zentrale Fremdenverkehrsbüro, von hier startet der Bus, hier beginnt die Talstraße und hier findet man auch die meisten Lokale und Übernachtungsmöglichkeiten. Infos dazu auf S. 96.

James Bond lässt springen

Der erste, der am Gummiseil von der Verzasca-Staumauer sprang, war der Stuntman von James-Bond-Darsteller Pierce Brosnan. Für den Film „Goldeneye" war dies nur eine von vielen spektakulären Szenen, für das Verzascatal wurde es der Start zu einer neuen Touristeninvasion. Seitdem ist Bungee-Jumping von der 220 m hohen Mauer zur Attraktion für Extremsportler aus ganz Europa geworden, die den Sprung in die Tiefe mit einer Wildwasserfahrt auf der Verzasca oder einem zweiten Sprung von der Centovallina-Brücke (70 m) bei Intragna kombinieren.
Veranstalter Trekking-Team Tegna, April bis Sept., ca. 90–250 Fr. ✆ 091/7807800, www.trekking.ch

▶ **Mergoscia**: Das 100-Einwohner-Dorf im geometrischen Zentrum des Kantons liegt auf der westlichen Talflanke und bietet atemberaubende Aussichten. Das schönste Panorama genießt man vom schattenspendenden Säulengang des Kirchleins *Sankt Gotthard* – unten der Stausee Vogorno, gegenüber der Berg, von dem der See seinen Namen hat, und weit entfernt der Lago Maggiore. Auch dieses typische Bergdorf ist heute eher Touristen- als Wohnort, wofür schon die relativ große Zahl von Unterkünften spricht. Es ist Ausgangspunkt einer schönen, nicht sonderlich schwierigen Wanderung nach Corippo (→ Verbindungen Tenero).

• *Übernachten* **Casa Primavera**, fast 100 Jahre alt ist das Haus mit drei vorbildlich renovierten Bed&Breakfast-Zimmern. Schön auch der terrassierte Garten mit Pergola und überdachtem Grillplatz. DZ ca. 130–150 Fr. ✆ 091/7309345.

Casa Anna, der trutzige, weiße Bau bietet vier Betten in 3 Zimmern. Neben den üblichen Einrichtungen (gute Küche, TV, Telefon) verfügt das Haus über eine Garage und ein Schwimmbad. 65–99 Fr/Tag. ✆ 091/7301171, www.holap.ch.

Cà Nova, anders als der Name sagt, hat der renovierte Rustico schon etliche Jahre in den Natursteinen. Die Drei-Zimmer-Wohnung (mit vier Betten) ist bestens ausgestattet und sogar preiswert: 80 Fr/Tag. ✆ 091/7452754, www.hotel-ami.ch/ferienhaeuser/azienda-biodinamica-ca-di-ciser.

Cà di Lorenz, vier Zimmer umfasst die Wohnung mit immerhin 10 Schlafplätzen. Auch dieser schön renovierte Rustico verfügt über TV, Radio, Telefon, Garage und ein Schwimmbad – ideal für kleine Gruppen oder große Familien. 150–180 Fr/Tag. ✆ und www-Adresse wie bei Cà Nova.

• *Essen & Trinken* **Grotto Monti di Lego**, **Osteria della Posta** und **Osteria Trosa**

Verzasca – der Fluss der glatt geschliffenen Steine

sind bescheidene Lokale mit ebenso einfachen, ländlichen Gerichten zu aber auch bescheidenen Preisen.

▶ **Vogorno**: Der Ort fällt durch seine Rustici-Skyline auf, das Steinhaus scheint hier geradezu erfunden worden zu sein. Allerdings stammt längst nicht alles, was alt und authentisch aussieht, tatsächlich aus vergangener Zeit. Viele Rustici sind luxuriös renoviert oder sogar neu gebaut worden und dienen als nur gelegentlich genutzte Zweitwohnsitze, die in den Sommermonaten an Touristen vermietet werden. Die Pfarrkirche *San Bartolomeo* oberhalb des Dorfes ist die älteste des Tals; ihre byzantinisch anmutenden Fresken stammen vermutlich aus dem frühen 13. Jh. (Schlüssel in der Pension Verzasca).

• *Übernachten* **Verzasca**, die Osteria am Dorfausgang bietet vier kleine, sehr einfache, aber auch preiswerte Zimmer, DZ ca. 80–100 Fr. ☏ 091/7451597, ✉ 7454055.
Pizzo Vogorno, über dem Grilllokal mit lauschiger Terrasse in aussichtsreicher Lage am Dorfeingang werden 7 Zimmer unterschiedlicher Qualität zu unterschiedlichen Preisen angeboten. DZ ca. 90–130 Fr, EZ 65–70 Fr. ☏/✉ 091/7451256, www.pizzo vogorno.ch.
Al Lago, das Neubau-Ristorante auf der linken Flussseite besitzt acht Zimmer (Du/WC) im ersten Stock über der Wirtschaft. DZ 120–140 Fr. ☏ 091/7453232, ✉ 74511198.
Casa Graziosa, der typische Rustico ist perfekt ausgestattet und mit 2½ Räumen ideal für Familien. Die Romantik im Stillen hat jedoch mit ca. 170 Fr/Tag ihren Preis. ☏ 091/7456646, www.rodino.ch.
Cà Mia, jenseits des Flusses und ein wenig außerhalb von Vogorno, dafür aber in ungestörter Natur, findet sich dieser kleine Rustico mit 2 Zimmern, ideal für 2 Pers. Küche, Bad, Garten, Parkplatz, Waschmaschine, TV. 100–120 Fr/Tag. ☏ 056/4964326.
Casa Caterina, der kleine Rustico (2½ Zimmer) ist sehr gut ausgestattet und für 2–4 Pers. mit 100 Fr/Tag recht preiswert. ☏ 091/7456646, www.rodino.ch.

• *Essen und Trinken* **Grotto da André**, in der Nähe des Dorfeingangs auf mehreren

Terrassen in bester Hanglage über dem See. An typischen Granittischen unter einer ebenso typischen Pergola erwarten Sie einfache, aber leckere Speisen – probieren Sie mal die Saltimbocca oder den leckeren Käse aus eigener Herstellung.

• *Shopping* **Structura**, Holzpuppen-Atelier mit einer hübschen Ausstellung von Trachtenpuppen. Der Laden an der Talstraße (Parkplatz bei der Pension Pizzo Vogorno) lebt von seinen Verkäufen, aber niemand grollt, wenn Sie einfach nur zum Anschauen reinkommen. Mo–Fr 9–12, 14–18 Uhr, Sa nur vormittags.

Geführte Wanderungen bietet das schon seit langem in Vogorno lebende Ehepaar Kunz mit seinem Unternehmen „Acqua verde Tours" an. Ob ein- oder mehrtägige Wandertouren, ob ein Besuch auf einem Bergbauernhof oder nur ein Spaziergang durch den Kastanienwald: Gisela und Heinz zeigen Ihnen alle Facetten des schönen Verzascatals. 091/7452269.

▸ **Corippo**: Das schönste Dorf des Verzascatales, Vogorno direkt gegenüber, ist schon von weitem deutlich zu sehen. Umrahmt vom satten Grün der Bäume heben sich die grauen Granitsteine der Rustici, die sich auf zwei Terrassen um das Kirchlein *Santa Maria del Carmine* (17./18. Jh.) drängen, kontrastreich ab. Kein neues Haus stört das historische Ortsbild, denn das ganze Dorf, in dem nur noch 30 Menschen leben, steht geschlossen unter Denkmalschutz.

Corippo, einst Zentrum der Leinenweberei im Tal, ist 2 km hinter Vogorno über eine kleine Stichstraße zu erreichen. Tun Sie sich, Ihrem Auto und den Einwohnern von Corippo den Gefallen und gehen Sie zu Fuß (Parkplätze finden sich neuerdings aber auch längst der Straße kurz vor dem Dorfeingang). Schöne Wanderwege führen nach Mergoscia oder Brione. Im schattigen „Grotto al Bivio" unterhalb des Dorfs am anderen Flussufer gibt es typische Tessiner Teller mit hausgemachtem Käse und Salami.

Lavertezzo: Berühmt ist der 600-Einwohner-Ort für seine Badestellen und die mittelalterliche Doppelbogenbrücke *Ponte dei Salti*, die nicht nur ein beliebtes Fotomotiv ist, sondern auch der einzige befestigte Flussübergang weit und breit. Aber beides wäre längst nicht so aufregend, wenn das Verzasca-Wasser hier nicht so besonders smaragdgrün schimmern würde. Die Farbe rührt vom Serizitgneis, der im Ort noch immer abgebaut wird. Das grünlich glänzende Gestein verleiht dem Wasser der Verzasca diesen verzaubernden Schimmer, der im Kontrast zu den grauen, seltsam rund geschliffenen Felsbrocken besonders beeindruckend wirkt. An schwülen Sommertagen kommen Badewillige zu Hunderten von weither, um hier Erfrischung zu finden. Aber Vorsicht: Unberechenbare Pegelhübe (nach Regenfällen kann der „hinreißende" Fluss innerhalb einer halben Stunde um 1,5 m steigen) und Strudel an unterirdischen Verbindungskanälen machen das eben noch so ruhige Wasser unversehens gefährlich. In den letzten zehn Jahren sind hier sieben Menschen ertrunken, die meisten unweit der beliebtesten

Corippo: das schönste Dorf im Tal

Ponte dei Salti: Die „Römerbrücke" stammt aus dem Mittelalter

Badestelle unterhalb des Ponte dei Salti. Die jüngst überall im Tal aufgestellten, mehrsprachigen Warnschilder übertreiben nicht.

- *Übernachten* **Vittoria**, zwei Balkonreihen in den beiden oberen Stockwerken des einstigen Gutshofs am Dorfende garantieren eine weite Aussicht. Auch sonst können die 9 Zimmer (Du/WC) gefallen. Und das Essen schmeckt nicht nur der schattigen Pergola wegen. DZ ca. 130 Fr. ✆ 091/7461581, ✆ 7461008.

Posse, das urige Ristorante am Dorfeingang vermietet 10 durchaus zufrieden stellende DZ (Du/WC) für 100 Fr. ✆/✆ 091/7461796.

Casa Luchessa, bis zu 6 Pers. finden Platz in dem 4½-Zimmer-Rustico, der sehr gut ausgestattet (TV, Telefon, Waschmaschine), allerdings nicht ganz preiswert ist. 120–180 Fr./Tag. ✆ 091/7462667.

Cà San Rocco, Friedrich Rochus aus Aalen vermietet seinen Rustico für 80–110 Fr./Tag. In 2 großen Zimmern ist Platz für bis zu 4 Pers. ✆ 07361/8672.

- *Essen und Trinken* **Grotto al Ponte**, jenseits der berühmten Brücke. Berühmt ist aber auch der Grotto selbst für die hausgemachten Würste und den Käse (die ebenfalls hervorragenden Weine kommen aus Gudo). Als warmes Gericht, in dieser Hinsicht traditionell, gibt es nur Minestrone.

Osteria Vittoria, das Lokal zum Hotel (s. o.) liegt vis-à-vis der Kirche. Auf der großen Terrasse mit großartiger Aussicht schmecken Risotto alla Milanese und hausgemachte Polenta. Mo geschl.

▶ **Brione Verzasca**: Der mit 200 Einwohnern größte Ort des oberen Verzascatals hat zusammen mit der Nachbargemeinde *Gerra Verzasca* in den letzten Jahren bei der Tourismuswerbung aufgeholt und macht mit hübschen Ferienhäusern den berühmteren Talorten heftig Konkurrenz.

Die Pfarrkirche *Santa Maria Assunta* gilt als bedeutendste Kirche des Verzascatals. Und das, obwohl ihr größter Kunstschatz, ein 1502 von Mathias Müller aus Lindau geschnitzter Altar, ins Landesmuseum von Zürich „entführt" wurde. Geblieben sind kostbare Fresken aus dem 14. Jh., die Giovanni Baronzio zugeschrieben werden. Das Schlösschen am Kirchplatz namens *Casa dei Marcacci* ließ sich eine einflussreiche Locarner Adelsfamilie im 17. Jh. als Sommerresidenz bauen. Derzeit sind ein Restaurant sowie ein Lebensmittelladen in dem Anwesen untergebracht.

Santa Maria Assunta: immer noch anschauenswert

- *Übernachten* **Froda**, zwölf stattliche Zimmer (nicht alle mit Du/WC) sind in dem zweistöckigen Haus in der Nachbargemeinde Gerra Verzasca zu mieten. Und das niedliche Ristorante im Haus bietet Halbpension (plus 24 Fr) bzw. Vollpension (plus 35 Fr) gleich mit an. DZ ca. 100–110 Fr. 091/7461452, 7461862.

Ai Piee, der gelbe, schiefergedeckte Gasthof auf halbem Weg zwischen Brione Verzasca und Lavertezzo fällt schon von weitem auf. Die 4 DZ (Du/WC) sind in dieser Abgeschiedenheit schon etwas Besonderes, das gilt auch für den Preis: DZ ca. 100–120 Fr. 091/7461544, pieesa@bluewin.ch.

Sceltra, der perfekt eingerichtete Rustico liegt im Nachbarweiler Motta und bietet in 3 großen Räumen (nebst Küche, Bad und Garten) 4 Pers. genügend Platz. 75–140 Fr/Tag. Derselbe Vermieter hat überdies ein ebenso schön eingerichtetes 4-Zimmer-Apartment im Programm (ebenfalls in Motta) für 80–135 Fr/Tag. 031/3820101, www.holap.ch.

Füeg, im Zentrum von Brione Verzasca liegt der kleine Rustico von Doris Füeg, der für 140 Fr/Tag vermietet wird. Nicht zu viel für drei Schlafgelegenheiten in zwei großen Zimmern mit TV. 079/2070579.

Rustico Crivelli, der zweistöckige Rustico mit vier Zimmern hat Platz für sechs Schläfer. Und bietet alles, was eine moderne Ferienwohnung haben muss, 95 Fr/Tag. (Haustierverbot). 091/7446358.

Sonogno: Überhaupt nicht weltabgeschieden ist der letzte bewohnte Ort des Verzascatals. Man könnte meinen, alle Autofahrer düsten die 29 km nur herauf, um hier Rustici zu fotografieren. Unmengen von Bussen sammeln sich auf den Parkplätzen vor dem Dorf, in das Motorisierte zum Glück nur mit Sondergenehmigung kommen. Tatsächlich ist Sonogno mit kaum 100 ständigen Einwohnern auf fast 1000 m Höhe ein Schmuckstück Tessiner Baukunst. Der mittelalterliche Campanile überragt die schmucken Natursteinhäuser, die auch hier – edel renoviert und herausgeputzt – größtenteils als Zweitwohnsitz genutzt werden. Aber das Ganze ist so hübsch, so geschickt gemacht, dass man die Erneuerung erst auf den zweiten Blick wahrnimmt. Vielleicht macht es Ihnen ja Lust auf einen Besuch im kleinen *Museo di Val Verzasca* (gleich hinter der ersten Kurve der Hauptstraße).

Darüber hinaus ist Sonogno ein idealer Ausgangspunkt für Wanderungen ins Verzascatal (→ unten).

Öffnungszeiten **Museo di Val Verzasca**, Mai bis Okt. tägl. 13–17 Uhr; Eintritt 4 Fr, Kinder 1 Fr.

- *Übernachten* **Alpino**, die Schwestern Perrozi betreiben die einzige Pension im Dorf (mit großem Lokal und kleinem Souvenirshop). Die acht ordentlichen Zimmer (nicht alle mit Du/WC) sind bescheiden und ganz auf Wanderer eingestellt. DZ 70–

Wanderung durch das Verzascatal 133

100 Fr, HP 22 Fr, VP 40 Fr zusätzlich. Ganzjährig geöffnet. ℡ 091/7461163, ✉ 7461017.

Rustico ar Froda, etwa 1 km vom Ort entfernt, in völliger Abgeschiedenheit und mit einem fantastischen Blick auf den Wasserfall, ist dieser einstöckige Rustico ein wahres Schnäppchen: Hervorragend ausgestattet (sogar mit eigenem Parkplatz, was im autofreien Sonogno eine Seltenheit ist), bietet das Haus vier Schlafplätze in 2½ Zimmern. 100–120 Fr/Tag. ℡ 091/7461843, www.ferienwohnungen-tessin/1217.

Casa St. Angelo, in einem kasernenähnlichen Neubau hat eine katholische Jugendorganisation einige karge Zimmer und ein Massenlager im Angebot, ideal für anspruchslose Wanderer: Die Preise sind entsprechend günstig: 16–22 Fr/Tag. ℡ 091/7461177, www.csct.com.

Protezione civile, ähnlich karg sind auch diese Unterkünfte, die der Schweizer Zivilschutz in einem modernen Flachbau anbietet. Die 90 Betten werden für 20 Fr/Tag vermietet. ℡ 091/7461148, www.centrosportivosonogno.ch.

● *Essen und Trinken* **Grotto Redorta**, mitten im Dorf und der beliebteste Grotto weit und breit – drinnen zwei rustikale Schankräume, draußen ein großer Garten mit Granittischen zwischen Granitrustici. Zu essen gibt es leckere Kleinigkeiten wie Alpkäse und selbst gemachte Salami und ab und zu eine Lasagne.

Grotto Efra, das genaue Gegenstück: Mitten im Grünen neben dem Wasserfall della Froda mit einmaligem Bergpanorama liegt dieser Grotto hinter dem Dorf am Eingang zum Val Redorta. Auch hier ist der Speiseplan traditionell: als warmes Gericht nur Minestrone und ansonsten bloß Vorspeisen.

● *Shopping* **Artigianato Pro Verzasca**, der Kunsthandwerksladen präsentiert und verkauft Holzwaren und Keramik, Wolle und Gewebtes – alles hergestellt von den Frauen des Tals. Apr. bis Okt. Mo–Fr 10–18, Sa bis 17 Uhr.

Wanderung durch das Verzascatal von Sonogno nach Lavertezzo

Vom Talschluss bei Sonogno bis zur Brücke von Lavertezzo sind es 13 km, die in nur 3,5 Stunden bewältigt werden können. Der Grund: Der gut ausgebaute und markierte Weg führt stetig bergab und ist nur nach Regenfällen morastig. Anfahrt mit Postbus ab Tenero.

Startpunkt ist die Kirche Santa Maria di Loretto in *Sonogno*. Der Durchgang zwischen Campanile und Kirche führt zum Kirchplatz, auf dem rechts abbiegend der Wanderweg beginnt. Der Fluss wird auf der modernen Brücke überquert. Danach geht man leicht bergauf, um in einen steinigen Pfad einzubiegen, der sich über verschiedene Bäche nach Süden in Richtung *Frasco* wendet. Ein breiter Feldweg läuft auf den Weiler am anderen Flussufer zu; eine komfortable Hängebrücke führt über die hier breite Verzasca.

*Erlebnis im Verzascatal:
Kunst am Wegesrand*

Der Wanderweg aber verläuft weiter am rechten Ufer, rechts unterhalb der Brücke. Nach knapp 1 km stößt der Pfad auf die Talstraße, die über den Fluss führt. Unmittelbar hinter der Brücke zweigt ein Uferweg rechts ab, dem man in leichtem Auf und Ab bis zum verlassenen Dorf *Cordasc* folgt. Dort geht der Weg über verwitterte Steinstufen weiter.

Baden mit Risiko:
Flussfelsen bei Lavertezzo

Hinter *Cordasc* führt der jetzt befestigte Weg am Hang auf *Gerra Verzasca* am anderen Ufer zu. Doch die Route bleibt auf der linken Flussseite, überquert auf einer modernen Stahlbrücke das *Val Motta* (großartig die Sicht auf den Wasserfall) und führt am Hang um Lawinenreste und Felsen herum auf die ersten Häuser von *Brione* zu, das bereits aus der Ferne an seiner gewaltigen Kirche auszumachen ist.

Der deutlich erkennbare Pfad erreicht hinter dem Dörflein *Alnasca* eine große Wiese, an deren Ende der Weg mitten durch eine markante Felsformation aufsteigt. Zwei Wegweiser werden passiert – wir folgen jeweils der Richtung *Lavertezzo*.

Nach gut 1,5 Wanderstunden ist auf dem mittlerweile rot-gelb markierten Wanderweg die Höhe von Brione auf der anderen Flussseite erreicht. Immer noch bleibt die Route auf dem linken Flussufer, steigt nun aber zu der immer steileren Verzasca-Schlucht ab. Unterhalb von Brione wird der Fluss auf der Straße überquert. Hinter der Bushaltestelle zweigt der Wanderweg links von der Straße ab und führt nach Süden auf den Weiler *Ganne* zu; insgesamt 2,5 Wanderstunden liegen nun hinter uns.

Auf dem folgenden Teilstück wird man mit moderner Kunst konfrontiert: Rechts und links des Weges haben 1995 einheimische, deutsche und italienische Künstler im Rahmen eines Wettbewerbs etliche Kunstobjekte aus Holz, Plastik oder Metall geschaffen, die allerdings meist der Witterung nicht standhielten. Auf der gegenüberliegenden Flussseite erscheint *Motta*, das über eine Hängebrücke erreicht werden könnte – die Wanderroute aber bleibt im letzten Abschnitt auf dem rechten Flussufer und führt über das Steilufer, das mit Kastanienbäumen bewachsen ist. Nur an einer Stelle erfordert ein Geröllfeld etwas Aufmerksamkeit. Der Weg knickt hinter einer breiten Wiese unversehens zur Doppelbogenbrücke Ponte dei Salti bei *Lavertezzo* ab. Drei Möglichkeiten bieten sich nun an: Man kann den Weg weiter nach *Mergoscia* (2,5 Std.) fortsetzen, an den Badeplätzen unterhalb der Brücke ein erfrischendes Bad nehmen oder von *Lavertezzo* aus per Postbus zum Ausgangspunkt dieser unvergesslichen Wanderung zurückkehren.

Wanderung durch das Verzascatal 135

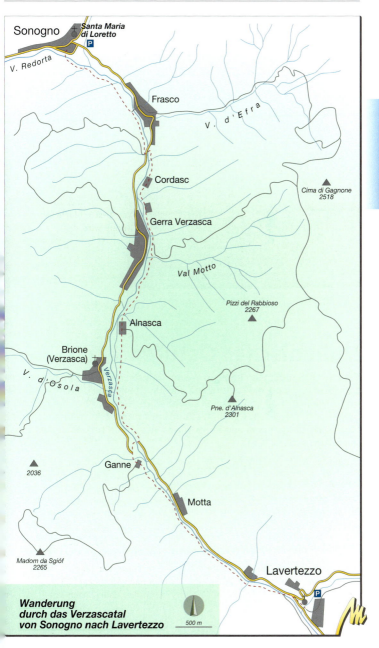

Wanderung durch das Verzascatal von Sonogno nach Lavertezzo

Oberhalb von Maccagno: Panoramablick auf den gesamten See

Italienisches Ostufer (Nord nach Süd)

Eine im Gegensatz zum üppigen Westen mit seinem Belle-Époque-Charakter wenig verbaute, großteils ruhige und naturbelassene Uferlandschaft mit vielen kleinen und größeren Stränden – im Norden eher bewaldet, im Süden auch viel Schilf. Der große Tourismus findet hier nicht statt, Grand Hotels, prächtige Villen und Parks wie in Stresa und Umgebung wird man vergebens suchen.

Bis auf Luino und Laveno gibt es nur kleine Orte ohne spezielle Sehenswürdigkeiten. *Maccagno* kurz nach der Schweizer Grenze ist beim deutschsprachigen Publikum als Badeort beliebt, einladende Bademöglichkeiten findet man aber auch um *Castelveccana* weiter südlich. Reizvolle Ausflugsziele (auch für Wanderer) sind hinter Maccagno der *Lago d'Elio* in den Bergen und das grüne *Val Veddasca*, das sich bis zur Schweizer Grenze zieht. *Luino* ist zu Recht stolz auf seinen berühmten Mittwochsmarkt, einen der größten in Oberitalien, ein interessanter Abstecher ist von dort die Seilbahn auf den Aussichtsberg *Monte Lema*. In *Laveno* kann man zur Spitze des Monte Sasso del Ferro hinaufgondeln und wieder hinunterlaufen, die prächtige, etwas landeinwärts liegende *Villa di Porta Bozzolo* besuchen oder bei den erfrischenden Wasserfällen von *Cittiglio* baden. Etwas weiter südlich kommt man zu der pittoresk am Seeufer gelegene Einsiedelei *Santa Caterina del Sasso* und zu den kleinen Badeorte *Cerro* und *Reno*. Das Städtchen *Angera* im Süden des Sees wird überragt von einer stolzen Burg mit berühmtem Puppenmuseum. Schöne Badestellen gibt es dort zwischen Ranco und Angera sowie im Örtchen Lisanza.

Italienisches Ostufer

Zenna (mit Pino ca. 264 Einwohner)

Unmittelbar nach dem Grenzübergang erreicht man Zenna. Der kleine Ort am Ausgang des Valle Molinera, aus dem ein Flüsschen im See mündet, besitzt eine gepflegte Strandzone und wird als Badeort geschätzt.

500 m von Zenna entfernt liegt das verwinkelte und fast autofreie Dorf *Pino sulla sponda orientale del Lago Maggiore* – der Ort mit dem längsten Namen in Italien – auf dem markanten Felsvorsprung *Sasso di Pino*, der wie ein Schiffsbug über dem Lago Maggiore thront. Herrlich ist der Blick auf den See, auf Locarno, Ascona und Brissago mit den davor liegenden Inseln sowie auf die umliegenden Berge. Im Umfeld findet man viele Spazier- und Wanderwege, eine alte Mulattiera führt z. B. bis Tronzano und dann durch den Wald zum Stausee Lago d'Elio hinauf (→ S. 140). Ein wenig südlich von Zenna passiert man unterhalb der Uferstraße SP 69 eine schöne Liegewiese mit Badezone, der Wind- und Kitesurfschule „La Darsena" und dem Restaurant „Grotto Mazzardit" (✆ 0332/566493, Do geschl.) – netter Platz für einen Zwischenstopp.

Der Strand in Zenna

● *Übernachten* **Osteria Confine da Marco**, sympathischer Übernachtungsplatz in Dirinella, etwa 50 m vor der italienischen Grenze. Mit Bistro und Bar, Terrasse mit herrlichem Seeblick, freundlich geführt, gute Küche. DZ mit Frühstück ca. 70–90 €. ✆ 091/7941319, 🖷 7942025, www.confine.ch.

TIPP! * Villa delle Palme, in Zenna, Corso Europa 23, gleich nach der Grenze. Die beliebte Frühstückspension von Klara Michel, die aus Deutschland stammt, ist von der Straße her unscheinbar, doch die gemütliche Villa steht direkt am Wasser, davor erstrecken sich eine hübsche Liegewiese und ein schmaler Kiesstrand. Wichtig: Zimmer zum See muss man auf jeden Fall vorreservieren. Mit Parkplatz. DZ mit Frühstück ca. 75–95 €. ✆/🖷 0332/566238.

Ferienhäuser in Zenna und Pino findet man z. B. unter www.lago-reisen.de und www.lago-maggiore-urlaub.de.

● *Essen & Trinken* **Molinera**, die populäre Pizzeria liegt ein wenig unterhalb der Straße und besitzt eine Terrasse mit Seeblick.

● *Sport* **La Darsena**, die Wind- und Kitesurfschule wird geführt von Tiziano Ariolo, Kurse gibt es auf Englisch. Der Hauptspot von La Darsena namens Pino Tronzano liegt 200 m weiter nördlich, unterhalb von Pino. ✆ 339-2962927, www.ladarsenawindsurf.com.

Maccagno (ca. 2000 Einwohner)

Das freundliche Örtchen liegt an einem Landvorsprung unter turmhohen Felsen, der kräftige Fiume Giona mündet hier in den See und teilt die Gemeinde in Maccagno Inferiore (südlich) und Maccagno Superiore (nördlich). Es gibt eine geräumige und schön begrünte Badezone mit neu angelegter Promenade, wo z. T. hohe Bäume Schatten spenden. Viele deutsche Gästen bevölkern die zahlreichen Ferienwohnungen und zwei ansprechenden Campingplätze.

In Maccagno Inferiore wird der alte Hafen von der so genannten *Torre imperiale* überragt – Kaiser Otto der Große soll hier bei seinem zweiten Italienfeldzug 962 in Seenot geraten sein und wurde von den Fischern freundlich aufgenommen.

Italienisches Ostufer

Bei Familien beliebt: Badezone in Maccagno

Daraufhin verlieh er dem Ort das Münzrecht und eine unabhängige Gerichtsbarkeit. Der Ortsteil um den Hafen heißt deshalb bis heute „La Zecca" („Die Münze") und das Ereignis wird alljährlich Anfang August als „Lo sbarco dell'Imperatore" groß gefeiert. Ein wenig südlich vom Hafen thront die Wallfahrtskirche *La Madonna della Punta* pittoresk auf einem Felsen über dem Wasser. Am selben Platz steht noch das Gebäude der einstigen Münzprägestelle, außerdem gibt es hier eine Steinplatte, auf der die Höhe der Flut von 1868 markiert ist.

Avantgardistisch kühn ist das „Brückenmuseum" *Civico Museo Parisi Valle* – „eine kulturelle Brücke, die die Eigenheiten der zwei Ortsteile respektiert und sie zugleich miteinander vereint" – über den Fluss Giona gebaut, ein moderner Komplex mit einer umfangreichen Sammlung von Stücken des einheimischen Gründers Giuseppe Vittorio Parisi, ergänzt durch zahlreiche weitere Werke der italienischen Kunst des 20. Jh. und einige ausgewählte europäische Künstler, darunter als bekannteste Namen Vasarely und Picasso.

Wer nicht an der großen Uferzone ins Wasser springen möchte, findet etwas nördlich von Maccagno den Lido von *Ronco delle Monache* mit einem Parkplatz an der SP 69, wo man zu schönen, schattigen Badeplätzen auf Klippen hinuntersteigen kann. Hier steht auch ein kleines Kirchlein mit dem Fresko der „Madonna in trono" aus dem 15. Jh. (ausgeschildert). Kletterer können den spektakulären Klettergarten „Cinzanino" testen und Wanderfreunde lassen sich sicher nicht den Aufstieg zum nahen Stausee Lago d'Elio entgehen. Aber auch zum hoch gelegenen „Kurort" *Agra* führt ein Weg hinauf (Beginn beim Informationsbüro).

Öffnungszeiten/Preise **Civico Museo Parisi Valle**, im Sommer 10–12, 16–19 Uhr, Mo geschl., sonst 10–12, 15–18 Uhr, Mo geschl. Eintritt ca. 2,60 €, ermäß. 1,60 €. ✆ 0332/561202 www.museoparisivalle.it.

• *Anfahrt/Verbindungen* **Bahn**, der Bahnhof liegt in Maccagno Superiore an der Durchgangsstraße.

Bus, Busse von Attilio Baldioli (www.baldioli.it) fahren nach Zenna (Schweizer Grenze), Luino und Agra. Busstopps gibt es an der Durchgangsstraße in Maccagno Superiore und Maccagno Inferiore sowie beim Hafen von Maccagno Inferiore.

Schiff, Anlegestelle beim alten Hafen von Maccagno Inferiore. Mehrmals tägl. Verbindungen nach Luino, Cannobio, Cannero Riviera u. a.

Maccagno 139

- *Information* **Pro Loco**, Via Garibaldi 1, an der Durchgangsstraße beschildert. Auf der informativen Website finden sich viele Hinweise zur lokalen Geschichte und Kultur, im Büro gibt es u. a. Infos zu Wanderungen. Di–Sa 9.30–12.30, 16.30–19.30, So 9.30–12.30 Uhr. ✆ 0332/562009, www.prolocomaccagno.it.

- *Übernachten* * **Paradiso (3)**, Via Verdi 5, an der Zufahrt zum Camping Lido, gemütliche Pension mit Liegewiese und kleinem Pool im Garten, 5 Min. zum See. Das hauseigene Ristorante hat eine hübsche Terrasse, Parkplatz, für Gäste kostenloser Fahrradverleih. DZ mit Bad und Frühstück ca. 60–70 €. ✆/@ 0332/560128, www.pensioneparadiso.it. Mehrere Häuser mit Ferienwohnungen stehen im Grünen an der Zufahrtsstraße zum „Azur Parkcamping", z. B. die **Casa Arber (7)** (Via Berti 30, ✆ 0332/560215), die **Casa Martha (8)** mit kleinem Pool (www.casa-martha.de) und die **Casa Sabina (9)** (Via Corsini 3, ✆ 0332/560203), die neben dem Campingplatz nur 30 m vom Wasser entfernt ist und z. B. über www.oberitalien.info gemietet werden kann.

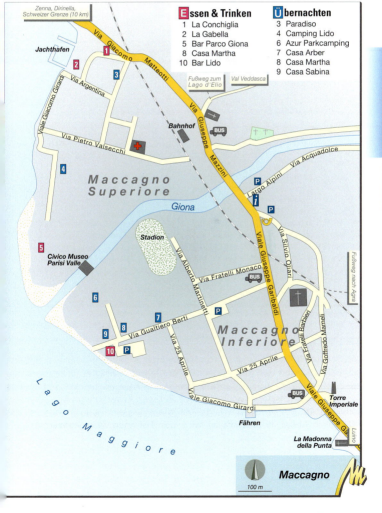

Essen & Trinken
1 La Conchiglia
2 La Gabella
5 Bar Parco Giona
8 Casa Martha
10 Bar Lido

Übernachten
3 Paradiso
4 Camping Lido
6 Azur Parkcamping
7 Casa Arber
8 Casa Martha
9 Casa Sabina

Italienisches Ostufer

140　Italienisches Ostufer

Picknickplatz am Lago d'Elio

*** **Azur Parkcamping (6)**, sehr beliebter Platz südlich vom Fluss Giona am Seeufer unter hohen Laubbäumen, gehört zur selben Gesellschaft wie der Camping Azur Idro Rio Vantone am Idro-See. Deutsche Leitung. ℡ 0332/560203, ℻ 561263, www.azur-camping.de.

** **Camping Lido (4)**, auch dieser gepflegte Platz nördlich vom Fluss liegt direkt am See, holländische Leitung. ℡/℻ 0332/ 560250.

● *Essen & Trinken* **Bar Lido (10)**, Via Berti 33, schön gelegenes Restaurant neben Camping Azur, Seeblick. ℡ 0332/560498.

La Gabella (2), Gartenlokal mit holzbefeuertem Pizzaofen in der Nachbarschaft vom Jachthafen. ℡ 0332/560327.

La Conchiglia (1), gegenüber der Pension Paradiso, geräumiges Terrassenlokal, oft bis auf den letzten Platz gefüllt, was für Qualität spricht, flinker und aufmerksamer Service. ℡ 0332/561429.

Bar Parco Giona (5), gemütlicher Barbetrieb im gleichnamigen baumbestandenen Park am Seeufer, unmittelbar nördlich vom Fluss. Es gibt Panini, aber auch Pasta, Salate und Fisch aus dem See. Strand mit Duschen, Beach-Volleyball-Platz und Spielplatz, Tische unter Sonnenschirmen. ℡ 0332/560683.

Al Pozzo in Campagnano (→ Lago d'Elio).

● *Sport* **Fun Water**, Verleih von Windsurfbrettern, Motorbooten (ohne Führerschein), Kanus und Tretbooten am Strand. ℡ 3200-862588, www.barchelagomaggiore.com.

Cinzanino Climbers' Stadium, neuer, technisch bestens ausgestatteter Klettergarten in einer Steilwand über dem See, Routen verschiedener Schwierigkeitsgrade. Achtung: Klettern ist nur mit entsprechender Ausrüstung gestattet.

Lago d'Elio

Der Stausee in 930 m Höhe ist von Maccagno auf einer 9 km langen, äußerst schmalen, steilen und kurvenreichen Straße mit herrlichen Seepanoramen zu erreichen – vorsichtig fahren! Der See besitzt an beiden Seiten eine Staumauer und ist eine hocheffektive Pumpspeicheranlage. Mit preiswertem Nachtstrom wird vom Lago Maggiore Wasser heraufgepumpt, das tagsüber wieder hinuntergeflutet und die Turbinen des Stromkraftwerks Ronco Valgrande antreibt.

Anfangs durchquert man einige Hangdörfer, darunter *Campagnano* mit einer lohnenden Trattoria (→ Essen & Trinken) und prächtigem Seepanorama. Einen noch fantastischeren Blick von Locarno bis Stresa hat man von der nahen Kirche

Wanderung von Maccagno zum Lago d'Elio

San Rocco. Danach geht es durch dichten Laubwald bis zu einem Sattel oberhalb vom See. Hier hat die Käserei „Caseificio Lago d'Elio" einen schönen Rastplatz eingerichtet. Ein wenig weiter erreicht man einen beliebten Picknickplatz mit Seeblick und großen Grillvorrichtungen, wo sich an Wochenenden oft hunderte von Ausflüglern aus den umliegenden Dörfern treffen. Die Straße führt noch weiter bis zum rustikalen Albergo/Ristorante „Diana" oberhalb vom Nordende des Sees. Auf einem Fußweg kann man den See bequem umrunden.

- *Übernachten* **★Diana**, auf der großen Terrasse sitzt man schön mit Blick auf Locarno und den Schweizer Norden des Lago Maggiore, die einfachen Zimmer sind korrekt, ebenso das Essen. Sehr ruhig und außer im Sommer einsam. DZ ca. 45–55 €, Frühstück extra. Mitte März bis Ende Okt. (Sept./Okt. vorreservieren). ✆ 0332/566102, www.albergo-diana.com.
- *Essen & Trinken* TIPP! **Al Pozzo**, Piazza Solera 2, die urig-altmodische Trattoria in Campagnano ist unbedingt einen Abstecher wert. Von den beiden Speiseräumen (einer davon mit weit offenen Fenstern im Stil einer Loggia) und der Terrasse hat man einen traumhaften Seeblick. Man genießt Primi Piatti und dazu Hauswein. Täglich mittags und abends geöffnet. ✆ 0332/560145.
- *Shopping* **Caseificio Lago d'Elio**, große Auswahl an Ziegen- und Kuhkäse verschiedener Reifegrade und Herstellungsweise, z. B. der berühmte, in Kräuter gebettete *toma*. Juli/August tägl., April bis Juni und Sept./Okt. nur sonntags. ✆ 0332/509013, www.caseificiolagodelio.it.

Wanderung von Maccagno zum Lago d'Elio

Markierter Wanderweg mit steilen Abschnitten, teils über Stufen, durch mehrere Dörfer und Mischwald zum Stausee. Dort Einkehr möglich, auch ein Picknickgelände ist vorhanden.

Dauer Von Maccagno bis zum See ca. 2 Std., zurück (mit Seeumrundung) ca. 2 ½ Std. oder ca. 1 ½ Std. hinunter nach Pino.

Wegbeschreibung: Der weiß-rot markierte Fußweg zweigt im Ortskern von Maccagno am Beginn der Straße ins Val Veddasca (Indemini) links ab, beschildert mit „Lago d'Elio". Über viele Stufen führt der Weg steil aufwärts bis zu einem Parkplatz, dann geht es ein Stück die Straße entlang, bis wir rechts abbiegen und hinauf bis *Sarangio* wandern. Im Ort verlassen wir

Wanderung von Maccagno zum Lago d'Elio

142   Italienisches Ostufer

die Straße nach der ersten Rechtskurve und steigen hinauf nach *Musignano*. Vom Dorfplatz gehen wir links weiter, bis wir die Straße erreichen, auf der wir bis zum See gelangen, vorbei an der Käserei „Lago d'Elio". Am See entlang gehen wir bis zur nördlichen Staumauer und können im Albergo/Ristorante Diana Rast machen.

Für den Rückweg kann man den See zur Gänze umrunden und auf demselben Weg nach Maccagno absteigen. Alternativ dazu kann man nach Norden absteigen (linker Hand Aufstieg zum 1158 m hohen *Monte Borgna* möglich, oben herrlicher Ausblick, hin und zurück ca. 1 Std.), erreicht dort *Bassano*, geht weiter nach *Tronzano* und bis hinunter nach *Pino* am See, wo man Bahn- und Busverbindung nach Maccagno hat.

Val Veddasca

Von Maccagno führt die Straße in vielen Serpentinen durch das wilde, dicht und artenreich bewaldete Tal der Giona über die Schweizer Grenze nach Indemini, das mit seinem engen Gassenlabyrinth und den hohen Natursteinhäusern als eins der unverfälschtesten Bergdörfer des Tessin gilt (→ S. 103).

Der vielfältige Mischwald im Tal besteht aus Kastanien und Nussbäumen, Linden, Kiefern, Eschen, Buchen und Birken, dazu kommen die Nadelhölzer Rottanne und Lärche, auch Wildtiere gibt es hier reichlich. Die kleinen, alten Dörfer liegen steil an die Hänge gebaut fast ausschließlich oberhalb vom rechten Ufer der Giona, der Sonnenseite des Tals.

In *Garabiolo* kann man in einem historischen Dorfhaus das ungewöhnliche Museo Etnografico „Fabbrica della Cultura" besuchen. Es zeigt Nachtgeschirr, Unterwäsche und ähnliche Stücke der Nachtkultur, eine Abteilung ist den Damen des horizontalen Gewerbes und ihren Häusern gewidmet, außerdem wird mit vielen Exponaten die Entwicklung des Badezimmers umfassend dokumentiert. Weiter oben im Tal kann man von *Armio* einen Abstecher zum *Passo di Forcora* (1179 m) machen, der ein beliebter Wintersportplatz ist.

Öffnungszeiten/Preise **Museo Etnografico „Fabbrica della Cultura"**, So 10–19 Uhr, sonst nach Vereinbarung unter ✆ 0332/716189 o. 990128. Eintritt frei.

▸ **Monteviasco**: Das abgeschiedene, halb verlassene und erholsam stille Bergdorf liegt mit seinen altertümlichen Steinhäusern und Dächern aus Gneisplatten südlich der Giona in 976 m Höhe. Da es keinerlei Straßenzufahrt besitzt, ist es völlig autofrei. Es wird erzählt, dass es Deserteure der spanischen Heere waren, die sich im 17. Jh. hier in der rauen Wildnis weitab der Zivilisation niederließen. Da sie keine Frauen hatten, raubten sie sie in Biegno, nördlich der Giona – die Folge war ein heftiger Aufruhr in der Region, der erst nachließ, als die Frauen erklärten, dass sie freiwillig bleiben wollten. Über Jahrhunderte blieb Monteviasco fast völlig abgeschnitten von der Außenwelt und nur zu Fuß erreichbar, die Bewohner waren Bauern oder lebten vom Schmuggel mit der Schweiz, deren Grenze zwischen Dorf und Bergrücken verläuft. Erst vor wenigen Jahren wurde eine Seilbahn gebaut, die den Transport von Material und Menschen ermöglicht.

Von Colmegna oder Luino nimmt man die eindrucksvolle Straße an der steilen Südseite der Giona über Dumenza nach *Curiglia* und weiter bis zur Seilbahnstation *Ponte di Piero* (550 m), wo man parken kann. Von hier fährt die Funivia (Seilbahn) mehrmals täglich nach Monteviasco hinauf – vor allem sonntags ein beliebtes Ausflugsziel. Aktivurlauber wählen vielleicht die Alternative, den schweißtreibenden Aufstieg auf 1300 aus dem Fels gehauenen Stufen über 400 Höhenmeter (ca. 50 Min.) Von Curiglia gibt es außerdem noch eine Mulattiera, die bereits aus dem Mittelalter stammt und über Fontanella und Viasco hinaufführt (ca. 3 Std. hin und zurück).

Colmegna 143

• *Anfahrt/Verbindungen* **Funivia Monteviasco**, Auffahrten ganzjährig Mo–Fr 7 x, Sa 8 x, So bis 14 x. Aktueller Fahrplan unter 0332/517232 oder www.monteviasco.it.

• *Übernachten/Essen & Trinken* Beide Lokale in Monteviasco sind nur im Sommer tägl. geöffnet, sonst nur an Wochenenden.

Barchet di Monteviasco, Via Da Vinci 1, Monteviasco, Ristorante mit Zimmervermietung, serviert wird ein „Menu tipico" des Val Veddasca, man kann Grappa degustieren und den interessanten Genepy-Likör aus den Blüten der „artemisia Mutellina" erwerben. ✆ 0332/568402 o. 348-2923697, info@monteviasco.it.

Il Camoscio, Via da Vinci 9, Monteviasco. Fast alles ist hier hausgemacht, z. B. die Wurstwaren und die leckeren Gnocchetti, Empfehlung für *risotto ai fiori di zucca* und *cinghiale con polenta*. Auf Vorbestellung auch Flussfisch. ✆ 0332/573366.

TIPP! Fattoria del Roccolo, kurz vor Curiglia führt eine beschwerliche Autopiste hinauf zu dem abgelegenen und wunderbar ruhigen Bauernhof mit großartigem Blick, viele Gäste kommen auch zu Fuß! Neben Käse und Wurst aus eigener Produktion wird hier echte, selbst gemachte Hausmannskost gereicht, z. B. *polenta*, *salsiccia*, *brasato* und *capretto al forno*, danach verschiedene Süßspeisen. Es werden auch vier neue DZ vermietet. Reservierung sinnvoll, ✆ 0332/568477.

Agra: Kleiner historischer Ort in über 600 m Höhe südöstlich oberhalb von Maccagno, von dort zu Fuss zu erreichen, mit dem Fahrzeug über Colmegna – nette Piazza, kompaktes Zentrum, enge Gassen und viele Wander- und Spaziermöglichkeiten. Die Pfarrkirche *Sant'Eusebio* geht in ihren Ursprüngen bis ins Mittelalter zurück. Davor steht ein Beinhaus vom Anfang des 18. Jh., das dem Klausurorden der Romite Ambrosiane gehört, der sein Mutterhaus am berühmten Sacro Monte von Varese hat (→ S. 236).

Agra gibt sich gerne als Luftkurort und gilt als „Sonnenterrasse" am Lago, besonders schön sind die ausgeschilderten Wege „Giro del Sole" (Sonnenseite) und „Giro della Luna" (Schattenseite), die weitgehend eben verlaufen und prächtige Ausblicke auf den See, den Monte Rosa und die Gipfel der Berner Alpen ermöglichen (ca. 60–90 Min.). Eine gute Einkehrmöglichkeit bietet das Restaurant „Bedore" oberhalb von Agra (✆ 0332/573648).

Die Wallfahrtskirche *Santuario della Lupera* findet man am alten Saumpfad nach Colmegna, zu erreichen in etwa 30 Fußminuten. Ihr Name geht auf eine Legende zurück, die berichtet, dass hier einige junge Mädchen von Wölfen angegriffen und errettet wurden, als sie zur Madonna beteten. Ein Gemälde im Inneren zeigt die Heilige Jungfrau zwischen den Märtyrern San Sebastiano und San Rocco.

Monte Lema: Über Due Cossani kann man auf Asphalt zur Alpe Pradecolo in 1184 m Höhe am Westhang des Monte Lema hinauffahren. Dort steht das Rifugio Campiglio mit 20 Betten, bewirtschaftet von Familie Amoruso. Den Gipfel des eindrucksvollsten Aussichtsbergs der Südschweiz erreicht man von hier in etwa 90 Min. zu Fuß, von Miglieglia auf Tessiner Seite führt eine Seilbahn hinauf (→ S. 147).

• *Übernachten* **Rifugio Campiglio**, schön im Grünen gelegen, prächtiger Blick, kleines Ristorante und Bar. 5 Zimmer mit eigenem Bad, 4 mit Gemeinschaftsbad. DZ mit Frühstück ca. 50–60 €, mit Gemeinschaftsbad ca. 40 €. Ganzjährig geöffnet (außer 10. Jan. bis 10. Febr.). ✆ 0332/573109 o. 348-3336166, www.rifugiocampiglio.it.

Colmegna

Das kleine, vom Durchgangsverkehr geprägte Seeörtchen liegt an der Mündung des gleichnamigen Gebirgsflüsschens und ist Standort des bekannten „Camin Hotel Colmegna", eines umgebauten Jagdschlösschens des 17. Jh. mit einem prächtigen, 10.000 qm großen Park. Das steinige, im Sommer großteils ausgetrocknete Bett der Colmegna bietet reizvolle Bademöglichkeiten in Gumpen.

Italienisches Ostufer

Picknick am Fluss Colmegna

• **Übernachten** **TIPP!** *** **Camin Hotel Colmegna**, das höchst aufmerksam und freundlich geführte Haus direkt am See ist zweifellos eine der besten Adressen am Ostufer. Es liegt zwar mit der Rückseite unmittelbar zur Straße, zum See hin ist davon aber kaum etwas zu spüren. Schöner, grüner Garten, mehrere Terrassen, Panoramarestaurant, eigener Strand, Seepromenade, Gewächshaus und kleiner, mauergefasster Bootshafen. DZ mit Frühstück ca. 130–170 €, auch Junior Suiten und Apartments. Ferienwohnungen mit Badebucht etwa 300 m entfernt. ✆ 0332/510855, ✉ 501687, www.camin-hotels.com.

Luino

(ca. 15.000 Einwohner)

Die größte Stadt am lombardischen Ufer liegt an der Mündung des Fiume Tresa, der aus dem nahen Luganer See herüberströmt. Weithin berühmt am ganzen Lago Maggiore ist der jahrhundertealte Mittwochsmarkt, der schon unter Kaiser Karl V. initiiert wurde und einer der größten Märkte in Oberitalien ist.

Gegründet wurde Luino bereits in römischer Zeit als Castrum Luvinum. Da das Val Tresa mit nur etwa 15 km die kürzeste Verbindung zum Luganer See darstellt, stritten sich seit dem Mittelalter die führenden Familien der Region um seinen Besitz. Auch die Österreicher waren lange hier, 1848 versuchte Garibaldi sie vergeblich zu vertreiben. Nach seinem endgültigen Sieg wurde ihm aber 1867 beim Rathaus an der südlichen Uferstraße ein großes Denkmal errichtet.

Der falsche Zug

Vom Begräbnis Pietro Chiaras wird folgende bizarre Begebenheit berichtet. Am Tag, als er zu Grabe getragen werden sollte, wurde in Luino auch der Vater des bekannten Theaterregisseurs Dario Fo (→ S. 161) beerdigt. Der Trauerzug von Dario Fo's Vater zog also mit einer Musikkapelle durch die Stadt zum Friedhof. Dabei kam er an einer großen Menschenmenge vorbei, die auf den Sarg Chiaras wartete und sich dem Zug sogleich anschloss – nicht wissend, dass es der falsche war. Als schließlich die sterblichen Überreste des Dichters in Luino eintrafen, war kein Mensch mehr da, ihn zu begleiten.

Luino

Unbehelligt von Trubel und heftigem Verkehr im Bereich der Durchgangsstraße zieht sich landeinwärts das mit roten Steinen einheitlich gepflasterte Altstadtviertel einen Hügel hinauf zur Pfarrkirche *San Pietro e Paolo* – nett zum Bummeln und auch ein paar ruhige Lokale findet man hier. Größte Sehenswürdigkeit ist die Kirche *San Pietro* am Viale Rimembranze in der Nähe des Friedhofs, denn sie besitzt das kostbare Fresko „Anbetung der Könige" von Bernardino Luini (1480–1532), einem aus Luino (Name!) stammenden Schülers des berühmten Leonardo da Vinci, der es selber zu großem Ansehen brachte. Ebenfalls in Luino geboren wurde der in Italien sehr populäre Schriftsteller Piero Chiara (1913–1986), der in den sechziger Jahren mit seinem später unter dem Titel „Schwestern teilen alles" verfilmten Roman „La Spartizione" (dt. Die Teilung) großen Erfolg hatte.

Wer baden will, findet ein großes Strandbad am südlichen Ortsende in der Nähe der Tresamündung.

• *Anfahrt/Verbindungen* **Bahn**, der Bahnhof liegt an der Piazza Marconi im südlichen Stadtbereich.

Bus, Busse von Attilio Baldioli (www.baldioli.it) fahren ab Bahnhof und Viale Dante über Maccagno nach Zenna (Schweizer Grenze), ins Hinterland und nach Lugano (Schweiz), Busse von Sila (www.sila.it) und Nicora & Baratelli ab Anlegestelle und Bahnhof über Caldé und Porto Valtravaglia nach Laveno (FNM-Bahnhof).

Schiff, die Anlegestelle liegt zentral an der Durchgangsstraße. Mehrmals tägl. Verbindungen nach Maccagno, Cannobio, Cannero Riviera u. a., 2 x tägl. bis Locarno (Norden) und Arona (Süden).

• *Information* **IAT**, Via Piero Chiara 1 (Rathaus), schräg gegenüber der Schiffsanlegestelle. Mo–Sa 9–12 (Mi 9–13), 14.30–18.30 Uhr. 0332/530019, iatluino@provincia.va.it.

• *Übernachten* ****** Camin Hotel Luino**, prächtige Jugendstilvilla im südlichen Ortsbereich an der Durchgangsstraße, gediegene Einrichtung, Deckenmalereien, bunte Bleiglasfenster, schöner Garten mit gemütlichem Café. DZ mit Frühstück ca. 140–170 €. 0332/530118, 537226, www.caminhotelluino.com.

*** Ancora, Piazza Libertà 7, korrekt geführtes Hotel mit solidem Standard direkt am eingefassten Hafenbecken, nahe der Fähranlegestelle. Schönes Haus mit Säulengang, Restaurant mit Seeterrasse, Lage ein wenig vom Verkehr beeinträchtigt. DZ mit Frühstück ca. 70–100 €. 0332/530451, www.hotelancoraluino.com.

Straßencafé in Luino

146 Italienisches Ostufer

TIPP! Nuova Locanda, Via Lugano 36, gemütliche Pension mit Garten an der Straße nach Ponte Tresa/Lugano, etwas oberhalb vom See. Sehr freundlich geführt von Manuela Vaghi und ihrem Team, dazu preiswert. DZ ca. 50–60 €. ℡ 0332/531103, www.nuovalocanda.com.

• *Essen & Trinken* **Tre Re**, Via Alessandro Manzoni 29, in der Altstadt, gemütliches Restaurant mit schöner Terrasse nach hinten, ruhig, durchschnittliche Küche, auch Pizza (nur abends). Mo geschl. ℡ 0332/531147.

La Tavernetta, Via Cavallotti 53, neben der Pfarrkirche in der Altstadt, nette Pizzeria mit kleiner, offener Terrasse an der Gasse. Di geschl. ℡ 0332/532969.

TIPP! Al Cantinone, Via Cavallotti 32, urgemütliche Osteria wie aus dem Bilderbuch, erstmalig bereits Anfang des 19. Jh. in Betrieb (Garibaldi soll Gast gewesen sein), nach mehrjähriger Schließung kürzlich wieder eröffnet. Auf der Gasse stehen pittoreske Tischchen mit Ölbäumen, drinnen sitzt man wie im Wohnzimmer. Freundlicher Service durch Fernando und seinen Sohn. Täglich wechselnde Speisen, z. B. *supreme di tacchino arrosto* (Truthahn) oder *toma d'elio con verdure grigliate* (Käse vom Elio-See mit gebratenem Gemüse), danach den hausgemachten Limoncello kosten. Auch Weinverkostung/-verkauf. Mo geschl. ℡ 0332/535706.

Sibilla, Via XXV Aprile 81, sehr familiärer und freundlicher Service, dazu prima Pizza aus dem holzbefeuerten Ofen. Leserlob. Mo geschl. 0332/531001.

La Trebedora, Via Lugano 35, 800 m nach dem Ortsausgang in Richtung Ponte Tresa. Eine Pizzeria, die den Weg lohnt, Empfehlung für die mit Spargel und Steinpilzen belegte Pizza „Casa de Trebedora". ℡ 0332/532386.

Panperfocaccia, Via 15 Agosto 9, anstatt eines uniformen Hotelfrühstücks bietet sich diese fantastische Bäckerei an.

• *Shopping* **Enoteca Centro Vini**, Piazza San Francesco 5, Enrico Salvi bietet eine große Auswahl an Wein und Likören, dazu ausgewählte Kulinaria. Anmeldung zur Verkostung unter ℡ 0332/535554.

Mittwochsmarkt in Luino

Das ganze Jahr über findet jeden Mittwoch im Stadtzentrum von 8 bis 16 Uhr der riesige *Mercato di Luino* statt, der in seinen Ursprüngen bis 1541 zurückgeht, als Karl V. der Stadt das Marktrecht verlieh. Er zieht jedes Mal zehntausende von Besuchern an, die z. T. in Bussen von weither angefahren werden. Hauptsächlich Bekleidung und Schuhe werden verkauft, wobei die kulinarischen Stände weitaus imposanter sind: eingelegte Gemüse, Paprika und Oliven, Käsespezialitäten, Olivenöl, Wein u. v. m. – ein wahres Fest für Auge und Gaumen. Achtung, an diesem Tag sind weiträumig keine Parkplätze vorhanden – mit dem eigenen Fahrzeug sollte man entweder frühmorgens oder erst ab 13 Uhr eintreffen. Besser noch, man kommt per Schiff, mittwochs werden von allen Seeorten Überfahrten angeboten.

Der Monte Lema ist einer der schönsten Aussichtsgipfel im Tessin

Monte Lema

Der 1614 m hohe Berg im Grenzgebiet zwischen Italien und der Schweiz gehört zu den eindrucksvollsten Aussichtsbergen um den Lago Maggiore. Vom plateauförmigen Gipfel kann man nicht nur den Lago Maggiore, den Luganer See und das gesamte Südtessin überschauen, der Blick reicht sogar bis zu den Berner, Bündner und Walliser Alpen, bisweilen gar bis in die Poebene nach Mailand.

Mehr noch: Sattgrüne Weiden und sprudelnde Bäche machen den (trotz kostenlos zu besichtigender Radarstation und Restaurant auf dem Gipfel) kaum verschandelten Monte Lema selbst zum Naturereignis. Dazu kommt das Wandererlebnis: Quer über die Malcantone-Region führt die „Traversata" genannte Wanderroute vom Monte Lema zum Monte Tamaro (→ S. 148).

Vom 200-Einwohner-Dorf *Miglieglia* führt eine 1998 nach langen Instandsetzungsarbeiten neu eröffnete Seilbahn zum Gipfel. Mit der Beschaulichkeit ist es hier vorbei, seit Drachen- und Gleitschirmflieger sowie Mountainbiker den Monte Lema entdeckt haben – im Juli und August verkehrt die Seilbahn sogar manchmal bis 22 Uhr. Die spätromanische Kirche *Santo Stefano al Colle* mit ihrem weithin sichtbaren Glockenturm zählt zu den wichtigsten Baudenkmälern der Südschweiz. Besonders sehenswert sind die farbenfrohen Fresken (1511) auf dem Kreuzgewölbe des Chores.

Bei der Anfahrt lohnt ein Stopp in *Sessa*, dem vornehmsten Städtchen der Region. Auf Schritt und Tritt stößt man dort auf elegante Palazzi, z.B. die *Casa dei Landvogti* an der Piazza superiore, die *Casa Bertolatti* mit vier romanischen Kapitellen und die *Casa Marchesi*, die über einer längst verschwundenen Stauferburg gebaut sein soll. Überdies lohnt ein Blick in die Pfarrkirche *San Martino* am Ortseingang mit einem kunstvollen Holzaltar oder in die Kirche *San Orsola* mit einem Renaissancealtar. Interessant ist auch die Weinpresse aus dem 15. Jh., die unweit von San Orsola im Innenhof eines Wohnhauses steht. Der nächste Ort *Astano* wird im

148 Italienisches Ostufer

Sommer gerne wegen des nahen *Lago di Astano*, einem romantischen Badesee und ertragreichen Angelrevier, besucht (in Ort als „Laghetto" ausgeschildert). Überdies gibt es einen kleinen, einfachen Campingplatz neben dem See.

• *Anfahrt/Verbindungen* Mit dem Pkw fährt man von Luino nach Miglieglia über Monteggio, Sessa und Novaggio.
Funivia Monte Lema, die Seilbahn fährt tägl. von 9–18 Uhr jede halbe Stunde (im Juli/Aug. bis 22 Uhr), Fahrtdauer nur 7 Min. Hin- und Rückfahrt ca. 24 (einfach 18 Fr), Kinder 13/9 Fr, Gruppen 15/10 Fr. Für Wanderer kostet die Auffahrt zum Monte Lema inkl. Abfahrt am Monte Tamaro 34 Fr. Außerdem wird tägl. um 17 Uhr eine **Bus-Rundreise** zwischen Monte Lema und Monte Tamaro und umgekehrt veranstaltet (in der Hochsaison auch öfter). Beide Seilbahnen plus Bus kosten 44 Fr (Kinder 28 Fr), Tickets gibt es in den Seilbahnstationen.

• *Übernachten* **Santo Stefano**, Via alla Chiesa, in einem stilvoll renovierten Tessin-Haus direkt an der Seilbahn zum Monte Lema werden rund ums Jahr von freundlichen Deutschschweizern 14 kleine, sehr geschmackvolle Zimmer (Du/WC) vermietet. DZ 122–152 Fr. ✆ 091/6091935, www.casa-santo-stefano.ch.
Ostello Vetta, Monte Lema, 60 Betten hat der Gipfelwirt auf dem Monte Lema im Angebot. Und die einzigartige Unterkunft auf 1600 m Höhe ist auch noch preiswert: Bett im größeren Schlafsaal 35 Fr, im Dreibett-, Zweibett- oder Einbettzimmer 50 Fr (jeweils mit kräftigem Frühstück). ✆ 091/9671353.
I Grappoli, das Feriendorf im Kastanienwald von Sessa bietet von allem etwas: Hotel, Ferienhäuser, Campingplatz, Schwimmbad und Restaurant. Das alles hübsch und gepflegt. DZ 156–190 Fr, Camping 16 Fr/Pers. (nur Zelte). ✆ 091/6081187, www.grappoli.ch.

• *Essen und Trinken* **Grotto Lema**, nicht am Monte Lema, wie der Name vermuten ließe, sondern bei Novaggio findet sich dieser urige Grotto unter Tannen und Kastanien; mit Bocciabahn und gepflegtem Garten, vor allem aber mit guten Schweizer Weinen und deftiger Hausmannskost. Mo geschl. ✆ 091/6065441.

Wanderung auf der Traversata zwischen Monte Lema und Monte Tamaro

Eine der schönsten Höhenwanderungen um den Lago Maggiore, bei klarer Sicht ist das Panorama unvergleichlich. Dank der Auf- und Abstiegshilfen an Beginn und Ende ist die Tour je nach Routenverlauf in 4,5 bis 5 Std. bequem zu schaffen. Wer den steilen Aufstieg am liebsten gleich zu Beginn hinter sich bringt, sollte von der Alpe Foppa am *Monte Tamaro* aus starten. Wer seine Leistung lieber langsam steigert, geht am *Monte Lema* los. Da letzterer Weg schwerer zu finden ist, erfolgt die Beschreibung aus dieser Richtung.

Anfahrt Mit Pkw nach **Rivera** (→ S. 103) oder **Miglieglia**, je nachdem, in welcher Richtung man die Wanderung unternehmen will. Besonders komfortabel – in der Hochsaison pendelt ab 17 Uhr ein Bus zwischen beiden Talstationen, so dass man bequem zum Ausgangspunkt zurückkehren kann.

▸ **Wegbeschreibung**: Vom Gipfelrestaurant führt der Weg über die Waldgrenze in knapp 15 Min. hinunter zur Talstation eines Lifts und zur *Forcella*

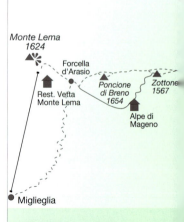

Wanderung auf der Traversata zwischen Monte Lem und Monte Tamaro

Wanderung zwischen Monte Lema und Monte Tamaro 149

d'Arasio. Auf der anderen Seite steigt der Weg steil an zum Kamm des *Poncione di Breno*. (Achtung Umweg: Lassen Sie sich von dem kurz nach Beginn des Wiederanstiegs rechts abzweigenden, markierten, aber nicht ausgeschilderten Weg nicht verführen. Er führt zunächst sanft ansteigend um den Poncione di Breno herum hinunter zur *Alpe di Mageno*, und von dort geht es dann umso steiler wieder zum *Zottone* hinauf.)

Unser Weg führt durch im Frühsommer blühende Alpenrosenfelder am Gipfel des Poncione di Breno vorbei immer auf dem Westseiten-Kamm entlang. Nach knapp 1 Std. ab Monte Lema ist der *Zottone* und eine kleine Schutzhütte erreicht.

Den *Monte Magno* umgeht man unter dem Kamm in östlicher Richtung und erreicht über der *Alpe Agario* einen Kreuzungspunkt mit Notruf-Telefon. Von dort folgt ein steiler Aufstieg auf den Grat des *Monte Gradiccioli* (1936 m). Wer sich die Puste für den interessanteren Monte Tamaro bewahren möchte, kann sich die letzten 100 Höhenmeter sparen und den Gipfel westlich umgehen. Beide Wege treffen sich wieder an der kleinen Schutzhütte *Bassa di Montoia*.

Von hier aus führt der Pfad sanft ansteigend zur *Bassa di Indemini* (1723 m), die nach insgesamt 3 Std. erreicht ist. Dann aber steigt man eine halbe Stunde steil bergan zum Gipfel des *Monte Tamaro*, der einen unvergleichlichen Blick auf den Lago Maggiore und die Magadino-Ebene bietet.

Danach geht es in 25 Min. steil bergab zum Sattel des *Motto Rotondo*. Wer glaubt, von nun an ginge es ständig bergab, hat sich getäuscht: Zwar liegt die *Alpe Foppa* rechts unten schon zum Greifen nah, aber zunächst steigt der Weg am Nordhang des *Motto Rotondo* noch 100 m an, um dann zur U.T.O.E.-Hütte abzufallen. Wer sich noch nicht von der großartigen Szenerie lösen kann und noch ausreichend Zeit vor der letzten Talfahrt der Seilbahn hat (im Sommer 17 Uhr), sollte sich hier eine Rast gönnen.

Bis zur *Alpe Foppa* sind es höchstens noch zwanzig Min., die gehen allerdings in die Beine. Ab dem Fernsehmast unterhalb der Hütte führt eine steile Fahrstraße in

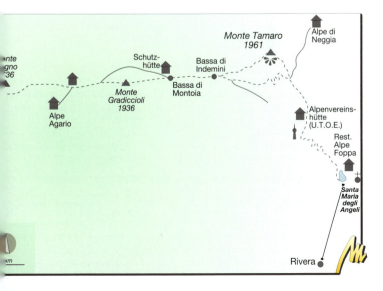

150   Italienisches Ostufer

Serpentinen zum Restaurant an der Alpe Foppa hinauf. In den Kehren sind Schneereste noch bis in den Hochsommer zu finden. Liftmasten und zerstörte Almwiesen zeigen, dass das Gebiet um die Alpe Foppa eins der beliebtesten Skigebiete des Tessins ist.

An der Alpe Foppa angekommen, ist für vielerlei Abwechslung gesorgt – die beeindruckende Kirche von Mario Botta sollten Sie sich auf keinen Fall entgehen lassen (→ S. 103).

Familienausflug zum Luganer See: Tierpark und Schokolade

Magliaso am Westufer des Luganer Sees ist von Luino aus schnell zu erreichen. Der „Zoo al Maglio" ist der einzige Tierpark im Tessin. Er besitzt über 100 Tiere, von Löwen über Leoparden bis hin zu Kragen- oder Nasenbären, dazu gibt es einen Picknickplatz mit Grillmöglichkeit.

In Caslano ein wenig weiter südlich liegt in der Via Rompada die Schokoladenfabrik „Chocoland Alprose". In einem Zeltvorbau wird die süße Geschichte der Schokolade erzählt – von den Herstellungsverfahren der Mayas bis hin zur computergestützten Produktion heutiger Tage. Dazu gibt es Kostproben zu Preisen wie vor 50 Jahren. Ein leckerer Museumsbesuch, der nicht nur kleine Schleckermäuler erfreut.

Öffnungszeiten Zoo Al Maglio, April bis Okt. tägl. 9–19 Uhr; übrige Zeit tägl. 10–17 Uhr; Eintritt 9 Fr, Kinder 5 Fr (www.zooalmaglio.ch); Museo Chocoland Alprose, Mo–Fr 9–17.30 Uhr, Sa/So 9–16.30 Uhr; Eintritt 3 Fr, Kinder 1 Fr (www.chocoland.ch).

Von Luino nach Laveno

Nachdem man südlich von Luino das geschäftige *Germignaga*, einst ein wichtiges Zentrum der Textil- und Seidenherstellung, durchquert hat, folgt eine Strecke immer dicht am Ufer entlang. Bis Porto Valtravaglia gibt es hier eine ganze Reihe von guten Badeplätzen, z. B. *Belmonte, Monte Sole, Frigo* und *Tavella.*

Tipp: Wenn man bei Germignaga die Uferstraße verlässt und stattdessen die Parallelstraße durchs hüglige Hinterland benutzt, kann man besonders schöne Ausblicke genießen.

▸ **Brezzo di Bedero**: Hier steht die Kollegiatkirche *San Vittore* aus dem 12. Jh., die zu den bedeutendsten Bauten der Romanik in dieser Region gehört. In der Apsis und im rechten Seitenschiff sind Fresken aus dem 15. und 16. Jh. erhalten, prächtig ist die Orgel aus dem 18. Jh. In den Monaten von Juli bis September findet seit vielen Jahren das Musikfestival „Stagione Musicale della Canonica" statt.

● *Information* **Pro Loco**, Via Roma 60, ✆ 347-7974374, www.prolocobrezzodibedero.it.
● *Essen & Trinken* **Osteria del Gatto Rosso**, Via Garibaldi 15, kleine, neu eröffnete Osteria in Brissago Valtravaglia, einige Kilometer östlich von Brezzo. Gekocht wird mit lokalen Produkten, die Speisen wechseln täglich, der Service ist freundlich, die Preise liegen wohltuend im Rahmen. ✆ 0332/575009.

Porto Valtravaglia   (ca. 2400 Einwohner)

Der Ort besitzt eine recht stimmungsvolle Promenade mit vielen schattigen Bäumen, hat aber sonst nicht allzu viel zu bieten. An beiden Enden der Bucht gibt es jedoch reizvolle Badestellen – vor allem die schöne *Punta Molino* im Süden lädt mit ihren mächtigen Bergzedern und Rasenflächen zu einem verträumten Nachmittag ein.

- *Übernachten* **Parco Belmonte**, nördlich von Porto Valtravaglia, größere Wohnanlage mit mehreren Ferienhäusern im Grünen über dem See. Es gibt einen großen Pool mit Kinderbecken sowie ein eingezäuntes Strandbad, das nur den Gästen der Wohnsiedlung offen steht, außerdem Tennis, Tischtennis und Kinderspielplatz. Zufahrt beim Restaurant „I Sgaritt". Weitere Infos unter www.lagomaggiore-casa-vacanze.de.
- *Essen & Trinken* **I Sgaritt**, elegante Weinbar, Restaurant und Pizzeria in einem Haus nördlich von Porto Valtravaglia direkt an der Uferstraße. Bademöglichkeit auf einer betonierten Plattform. ✆ 0332/531394.

Castelveccana (ca. 2000 Einwohner)

Castelveccana liegt südlich von Porto Valtravaglia und besteht aus mehreren kleinen Siedlungseinheiten. Der Abstecher in den kleinen „Porticciolo" (Hafen) von Caldé lohnt vor allem wegen der hübschen Bademöglichkeiten. Die ruhige Bucht liegt im Schatten des mächtigen Felsenkaps Rocca di Caldé (373 m), benannt nach den Ruinen einer Visconti-Burg. Es gibt ein Trockendock für Motorboote und einige Bars bieten schöne Sitzmöglichkeiten mit Seeblick. Anfang August findet hier eine große „Sagra del Pesce" statt.

Wenn man den in den See mündenden Fluss Froda auf der Holzbrücke nach Norden überquert, kommt man in ein schönes Badegebiet unterhalb der Rocca di Caldé mit abgestuften Terrassen, Klippen, Rasenflächen und schattigen Bäumen. Besonders reizvoll wird es, wenn man die beiden großen, alten Kalkbrennöfen „Le Fornaci" erreicht. Der Zugang ist zwar offiziell verboten, doch kaum jemand hält sich daran. Auch im Südteil der Bucht gibt es einen Badestrand aus Kies (zu erreichen über die Uferpromenade) und an der SP 69 nach Laveno ist die Badestelle *Cinque Arcate* beschildert, eine malerische Bucht mit schattigen Bäumen, Fels und Kies.

Wer bleiben will, findet an der Landseite der Rocca di Caldé mehrere kleine Siedlungen, in der *Località San Pietro* versteckt sich das nette „Albergo da Pio". Auf unbefestigtem Weg erreicht man von dort auf der „Via Capitano Barassi" die Überreste der Visconti-Burg mit einem eindrucksvollen Denkmal für die Gefallenen aller Kriege und herrlichem Seeblick.

Ruhiger Badeplatz südlich von Castelveccana

152   Italienisches Ostufer

• *Übernachten* **TIPP! ** Albergo da Pio**, in der Località San Pietro, wenige Schritte vom Kirchenplatz. Von Familie Rossi seit 1868 in nunmehr vierter Generation geführt. Das nette Haus besitzt eine schöne Terrasse, ordentliche Zimmer und vor allem ein gutes Ristorante mit täglich frischem Fisch und exzellentem Weinangebot. Mit Parkplatz. DZ mit Frühstück ca. 100–120 €. ✆ 0332/520511, ✆ 522014, www.albergodapio.it.

Residence La Rocca, ebenfalls Località San Pietro, Frau Gomiero vermietet eine Fewo mit drei Zimmern in einer Apartmentanlage, ein Pool und Tennisplatz können genutzt werden. ✆/✆ 0332/548102, www.go-lagomaggiore.com.

Azienda Agrituristica C. Tschang, Via per Pira Pianeggi 11, schöne Panoramalage über dem See. Der in China geborene Celestino, ein früherer Manager, führt den Hof mit Tochter Wilma, vermietet werden sechs neu erbaute Zimmer, es gibt einen Reitstall und einen Pool. Die Tschangs produzieren einen würzigen Ziegenkäse, der zum Essen serviert wird. ✆ 0332/520865, www.agriturismocelestino.it.

• *Essen & Trinken* **La Vela**, Piazza al Lago 1, schön gelegenes Restaurant im Hafen, Panoramablick, solide Küche, gute hausgemachte Pasta. ✆ 0332/521164.

Ristobar Sunset Grotto, Piazza al Lago 3. Weinbar im schlichten, modernen Stil, der langhaarige Wirt hat ein Faible für gute Weine. Man kann an Zweiertischchen an der Uferpromenade sitzen und – wie der Name sagt – den Sonnenuntergang genießen. Dazu gibt es Leckeres zu essen. Di geschl. ✆ 0332/521307.

Arcumeggia (ca. 270 Einwohner)

Über handtuchschmale Straßen kommt man von Caldé durch dichte Waldgebiete ins ehemalige Künstlerdorf Arcumeggia, das zu den „Paesi dipinti" (bemalte Dörfer) Italiens zählt.

In den 1950er Jahren, als der Lago Maggiore begann, touristische Karriere zu machen, holte man einige Maler in das stille Örtchen, die die Hauswände mit farbenfrohen Malereien schmückten. Über hundert Bilder verschiedenster Thematik findet man seitdem in den engen Gassen, zu den Künstlern zählen auch im Kunstbetrieb relativ bekannte Namen wie Gianfilippo Usellini, Aligi Sassu, Eugenio Tomiolo und Giuseppe Migneco. Leider sind die Bilder mittlerweile stark verblichen und dringend restaurierungsbedürftig. Gelegentliche Ausstellungen finden in der Bottega del Pittore statt. Nach einem ausgedehnten Bummel kann man in der winzigen „Osteria del Bocc" einkehren, in der gerade mal drei, vier Tische Platz haben, „polenta e cinghiale" genießen und dazu den leckeren offenen Rotwein kosten (✆ 0332/624318, www.osteriadelbocc.it).

Fassadenmalerei in Arcumeggia

Vom hoch gelegenen Arcumeggia führt die Straße in steilen Kurven hinunter nach Casalzuigno im Valcuvia, wo die wunderbare **Villa di Porta Bozzolo** eine Besichtigung sehr lohnt (→ S. 157).

Laveno

(ca. 9000 Einwohner)

Das nette, aber unspektakuläre Städtchen liegt in einer tiefen Bucht, besitzt den wichtigsten Hafen am Ostufer und wird überragt vom bewaldeten Monte Sasso del Ferro. Schöne Seepromenade, ein Strand, eine Handvoll Ristoranti und Bars, kaum Hotels – dafür viele Tagesausflügler, denn in Laveno legen die Autofähren aus Intra vom gegenüberliegenden Seeufer an.

Seit dem 19. Jh. war Laveno bekannt für seine Keramikfabriken und bis in die fünfziger Jahre des 20. Jh. wurden Porzellan und Haushaltswaren hergestellt. Heute sind fast alle geschlossen, das große Fabrikareal der „Società Ceramica Italiana Richard Ginori" nördlich vom Zentrum (an der Ausfallstraße nach Luino, kurz vor dem Tunnel) wurde erst kürzlich abgerissen und wartet auf neue Erschließung, wahrscheinlich touristischer Art. Ein Keramikmuseum ist im Nachbarort Cerro zu besichtigen (→ unten). Auf einem Kap nördlich vom Zentrum stehen die Überreste einer österreichischen Festung aus dem 18. Jh., die als militärischer Stützpunkt gegen das Königreich Piemont auf der anderen Seeseite in den Risorgimento-Kriegen eine wichtige Rolle spielte. Garibaldi belagerte sie 1859, allerdings ohne Erfolg. Heute ist das Gelände als „Parco Castello" eine öffentlich zugängliche Parkanlage.

Vom eingemeindeten *Mombello* lässt sich der Blick auf den Lago, den Monte Rosa und die fernen Schweizer Schneegipfel bestens genießen. Den hoch gelegenen Ort kann man von Cerro aus auch im Rahmen einer Wanderung erreichen (→ S. 158).

Öffnungszeiten Parco Castello, April bis Sept. tägl. durchgehend geöffnet, Okt. bis März nur Sa/So.

● *Anfahrt/Verbindungen* **PKW**, ein sehr großer, im Hochsommer gebührenpflichtiger Parkplatz liegt südlich vom Hafen (noch jenseits der FNM-Bahnstation).

Bahn, die **FS-Station** liegt ein Stück landeinwärts, Züge fahren u. a. nach Mailand, Novara, Bellinzona und Locarno (Schweiz). Die private **Ferrovia Nord Milano (FNM)** bietet über Varese häufige Verbindungen von und nach Mailand (Stazione Milano Nord) und hat ihren Bahnhof gleich beim Hafen.

Bus, Busse von Sila und Nicora & Baratelli fahren ab FNM-Bahnhof etwa stündl. nach Ispra (Süden) und Luino (Norden).

Schiff, Fähren mit Autotransport und Tragflügelboote fahren von 5 bis 24 Uhr etwa 2–3 x stündl. ins gegenüberliegende **Verbania-Intra** und zurück.

Fahrrad, Verleih neben dem FNM-Bahnhof, halber Tag ca. 8 €, ein Tag 16 €.

● *Information* **IAT**, im L-förmigen Rathaus unter den Arkaden an der zentralen Piazza Italia, etwas nördlich der Anlegestelle der Fähren. Di u. Do–So 10–12, Mi 10–15 Uhr, Mo geschl. ✆ 0332/668785, www.prolocolavenomombello.com.

● *Übernachten* ***** Il Porticciolo**, Via Fortino 40, südlich der Anlegestelle unterhalb der Uferstraße direkt am See, das beste Hotel/Ristorante am Ort (von Michelin empfohlen), mit schöner Speiseterrasse und ausgezeichneter Küche (Mi-Mittag und Di geschl.). Gepflegte Zimmer mit Teppichböden und TV, Seeblick, Parkplatz auf dem Dach. DZ mit Frühstück ca. 100–120 €, Junior Suite 180 €. ✆ 0332/667257, ✆ 666753, www.ilporticciolo.com.

*** Poggio Sant'Elsa, an der Bergstation der Seilbahn (→ Monte Sasso del Ferro).

B & B Calianna, Via Tinelli 9, fünf saubere und moderne Zimmer in der gleichnamigen Trattoria (→ Essen & Trinken). DZ mit Frühstück ca. 80–120 €. ✆ 0332/667315, www.calianna.it.

● *Essen & Trinken* **Porto Vecchio**, Piazza Matteotti 1, gepflegtes Lokal in zentraler Lage, verglaste Loggia, gute Küche und etwas höhere Preise. ✆ 0332/669034.

Calianna, Via Tinelli 9, von der Piazza Italia die Ausfallstraße nach Norden nehmen, nach wenigen Metern rechts. Gediegene Trattoria mit schönem Innenraum, aber auch Plätze im Freien hinter dem Haus. Freundlicher Service und leckere Gerichte, z. B. *risotto con pesce persico*. Di geschl. ✆ 0332/667315.

Café Vela, Lungolago de Angeli, schattige Pergola mit Ventilatoren an der ruhigen Promenade, die von der zentralen Piazza Italia

zum Jachthafen nach Nordwesten verläuft, schöner Seeblick. Es werden auch Primi Piatti und Pizza serviert. An derselben Straße noch mehrere Bars mit den gleichen Vorzügen der Lage.
Il Linguaccione, Via Rebolgiane 66, gute Pizzeria im hoch gelegenen Ortsteil Mombello. ✆ 0332/666031.
Weitere Tipps siehe bei Orino unter Laveno/Umgebung.

• *Nachtleben* **Circolo005**, Via Ceretti 2, Alternativtreff mit Livekonzerten und Disco. Dazu gehört eine Trattoria, in der mit Bioprodukten gekocht wird, eine Osteria der Bewegung „Critical Wine", die kleine lokale Hersteller bevorzugt, sowie eine Bücherei. ✆ 0332/66202.

• *Shopping* **Marktag** ist Dienstag.
• *Sport* **Delta Club Laveno**, Via Molino 14, Paragliderclub und -schule am Fuß des begehrtesten Drachenfliegerbergs am Lago Maggiore. ✆ 0332/626212, www.deltaclublaveno.it.

Top Vela, Segelschule beim Jachthafen am Lungolago de Angeli 24 (von der Piazza Italia Richtung Nordwesten am See entlang). Kurse und Bootsvermietung. ✆ 0332/666625, topvela.org.

Laveno/Umgebung

Größte Attraktion ist natürlich der steile Monte Sasso del Ferro direkt hinter dem Ortskern, ein Dorado für Wanderer und Paraglider. Nördlich vom Naturpark Campo dei Fiori mit dem Sacro Monte di Varese (→ S. 236) führt die SS 394 durch das breite *Valcuvia* in Richtung Luganer See. Highlights sind vor allem die Wasserfälle von Cittiglio und die Villa di Porta Bozzolo. Eine Burgruine steht beim Örtchen Orino unmittelbar am Rand des Naturparks, wo man auch einige gute Restaurants findet.

Monte Sasso del Ferro

Der 1062 m hohe Hausberg von Laveno ragt unmittelbar hinter dem Stadtzentrum empor. Herrlich ist der Ausflug mit originellen offenen Seilbahngondeln, in denen zwei Personen Platz haben, bis kurz unterhalb der Spitze.

Die Talstation liegt zentrumsnah (beim Restaurant Calianna um die Ecke und noch 100 m weiter), die Fahrt dauert 16 Min. Die Bergstation befindet sich auf dem

Mit dem Korblift auf den Monte Sasso del Ferro

Wanderung von Poggio Sant'Elsa nach Laveno 155

Plateau *Poggio Sant'Elsa* (972 m Höhe), angeschlossen ist das gleichnamige Albergo/Ristorante. Von der großen Panoramaterrasse hat man einen prächtigen Blick auf See und Alpen. Gleich dahinter liegt ein ausgebauter Startpunkt für Drachenflieger und Paraglider, die hier oft in Mengen die Lüfte bevölkern – wie eine Sprungschanze ins Nichts wirkt die Plattform. Zum Gipfel kann man von hier in ca. 30 Min. aufsteigen, den recht reizvollen Fußweg hinunter nach Laveno bewältigt man in etwa 1 Std. 15 Min.

- *Verbindungen* **Funivie del Lago Maggiore**, im Sommer Mo-Fr 11–17.30, Sa 11–22.30, So 10–22.30 Uhr, in der Nebensaison nur Sa/So; hin und zurück ca. 8,50 € (einfach 6 €), Familie (Erw. 8 €, Kind 2 €). ✆ 0332/668012, www.funiviedellagomaggiore.it.
- *Übernachten/Essen & Trinken* *** **Poggio Sant'Elsa**, direkt an der Bergstation der Seilbahn, die Panoramaterrasse ist das Beste, ansonsten ein wenig in die Jahre gekommen. Korrekte Zimmer mit Balkonen und weitem Blick zu günstigem Preis. DZ mit Frühstück ca. 50–60 €. ✆ 0332/610303, www.funiviedellagomaggiore.it.

Wanderung von Poggio Sant'Elsa nach Laveno

Im Prinzip unproblematischer Abstieg auf bequemen Wegen, allerdings ziemlich steil, sodass durch die einseitige Belastung bald die Beine schmerzen und eine gewisse Kondition nötig ist. Ob es deshalb sinnvoll ist, abschnittsweise rückwärts zu gehen (wie unterwegs beobachtet), sei dahingestellt ... Dauer ca. 90 Min. Vor Beginn der Wanderung kann man sich im Panoramarestaurant stärken.

Anfahrt Mit der Kübelbahn Auffahrt von Laveno nach **Poggio Sant'Elsa**.

Wegbeschreibung: Auf breitem Waldweg geht man zunächst bis zum Weiler *Casere* in 750 m Höhe, der von Cittiglio auf einem 6 km langen Bergsträßchen zu erreichen ist. Er beginnt gleich unterhalb vom Albergo, ist leicht zu verfolgen und gelegentlich mit roten Punkten markiert, störend ist hin wieder das steinige Geröll. Nach etwa 10–15 Min. hält man sich bei einer Gabelung links, bei weiteren Verzweigungen bleibt man immer auf dem

Hauptweg, erreicht den „Sentiero 3V" und bald darauf die Häuser von Casere (ca. 25 Min. ab Start). Rechter Hand ist das Ristorante „Campanna Gigliola" ausgeschildert, in dem man gute lokale Küche erhält (beim letzten Check geschl., ✆ 0332/602266). An einem Wegweiser treffen wir auf den Weg nach Laveno, eine ehemalige „Mulattiera", deren Pflasterung noch teilweise erhalten ist. Durch Waldstücke mit Lichtungen und üppig grüne Wiesen wandert man in Richtung Laveno, passiert nach 20 Min. die blumengeschmückte Wegkapelle „La Cappelletta" und erreicht am Ortsbeginn von *Monteggia* Asphalt (ca. 30 Min. ab Casere). Laveno und der See sind nun bereits in Sicht. Auf der Teerstraße geht es weiter steil hinunter, vorbei an der „Baita della Salute" und in etwa 20 Min. durchs Dorf bis zur Fähranlegestelle von Laveno.

Wanderung zu den Wasserfällen von Cittiglio

Wenige Kilometer östlich von Laveno liegen am Hang des Sasso del Ferro nördlich von Cittiglio drei Wasserfälle, genannt *Parco delle Cascate*, die im Sommer ein erfrischendes Ausflugziel sind. Anfangs bequeme, dann sehr steile Wanderung, Aufstieg ca. 1 Std., zurück etwas schneller.

Anfahrt Mit dem Auto von Laveno die Hauptstraße Richtung Varese, nach ca. 4 km in Cittiglio links dem Wegweiser **Cascate** folgen, Parkplatz an der Piazza degli Alpina.

Wegbeschreibung: Vom Parkplatz gehen wir links über eine Brücke, dann rechts in die Via Pianella (Wegweiser Valle Cascate). Ab jetzt führt der Weg am Bach S. Giulio entlang. Nach etwa 300 m beginnt der *Parco delle Cascate* mit ausführlichen Infotafeln auf Italienisch. Nach weiteren 200 m trifft man auf einen großen Picknick- und Veranstaltungsplatz. Über zwei Holzbrücken geht es am Bach entlang, das Rauschen des ersten Wasserfalls nimmt allmählich zu, nach ca. 300 m kommt er in Sicht (Fallhöhe 43 m). Er fällt ab in ein Flussbett voller riesiger, glatt gewaschener Steine, in dessen Mitte sommers nur ein Bächlein plätschert.

Für den weiteren Aufstieg zurück über die zweite Holzbrücke zu einem ausgeschilderten Bergpfad (Baumzeichen „2te, 3te"). Es geht auf ehemals ausgebautem Pfad steil hinauf, der Aufstieg wird erschwert durch umgestürzte Bäume, gelockerte Halteseile und Regenabtrieb. Nach ca. 20 Min. bietet sich ein erster Blick auf den zweiten Wasserfall, der aus 53 m Höhe ungebrochen hinabstürzt. 5-minütiger Abstieg zum Fuß des Wasserfalls, wo sich ein großes Becken gebildet hat und zum Schwimmen einlädt.

Wer nun noch weiter hinauf möchte, geht zurück bis zum Steinzeichen „3te" und folgt dann dem weiterhin nicht überall leicht passierbaren Bergpfad. Nach etwa 15 Min. erreicht man den dritten und größten Wasserfall (56 m Fallhöhe).

Wenn man für den Rückweg eine andere Strecke wählen möchte, geht man 50 m zurück und links den Pfad an einem kleinen Bach hoch bis zur Bergstraße

Erfrischendes Bad bei den Wasserfällen

Cittiglio – Vararo. Bergab erreicht man jetzt bequem in etwa 35 Min. Cittiglio, wendet sich gleich am Ortseingang nach rechts und kommt zum Parkplatz.

Cittiglio: Das *Museo Alfredo Binda* in der Via Marconi 31 bewahrt mit zahlreichen Memorabilien das Andenken an den 1902 hier geborenen Alfredo Binda, der von 1925 bis 1933 einer der erfolgreichsten Radrennfahrer der Welt war und allein fünf Mal den Giro d'Italia gewann.

Öffnungszeiten **Museo Alfredo Binda**, Di, Do 15–18, Sa/So 9.30–12.30 Uhr, Eintritt frei. ✆ 0332/601467.

Villa di Porta Bozzolo:
Traumhaus für Musiker, Dichter und Denker

Die edle Villa derer „von Porta" findet sich in *Casalzuigno*, etwa 10 km östlich von Laveno. Errichtet wurde sie bereits während der Renaissance im frühen 16. Jh., erweitert im 17. und 18. Jh. Schon am monumentalen Eingang fällt der Blick auf den üppig grünen Barockgarten, der sich mit großzügigen Freitreppen, Terrassen und Brunnen einen bewaldeten Hügel hinaufzieht.

Linker Hand durchquert man zunächst die Wirtschaftsräume mit Geräteschuppen, Weinkeller, riesiger Weinpresse und einem Loch im Boden, das als Kühlraum diente. Die Villa selbst ist L-förmig angelegt und besitzt wunderbare Zimmerfluchten mit Parkett oder Terracottafliesen. Türen, Decken und Wände sind mit floralen Fresken des 18. Jh. bemalt. Schon nach einem kurzen Rundgang steht fest: Hier möchte man wohnen. Alles ist da: Wohnzimmer, Salon, Esszimmer, Musikzimmer, Spielzimmer (mit Billardtisch) und – etwas abgeschirmt im hinteren Bereich – ein Arbeitszimmer mit gigantischem Schreibtisch nebst separater Bibliothek. Die Erben haben das riesige Anwesen 1989 der sehr aktiven Stiftung FAI (Fondo per l'Ambiente Italiano) mit der Auflage geschenkt, einige Räume noch als Ferienwohnungen nutzen zu dürfen.

Öffnungszeiten/Preise März bis Sept. 10–18, Okt. bis Mitte Dez. u. Febr. 10–17 Uhr, Mo/Di geschl., außerdem Jan. und die beiden letzten Dezemberwochen. Eintritt ca. 4,50 €, Kinder (4–12 J.) 2,50 €. ✆ 0332/624136, 624748, www.fondoambiente.it.

158   Italienisches Ostufer

▶ **Orino**: Nahe beim Ort steht die *Rocca di Orino*, die das Tal überwachte und erstmals im 12. Jh. erwähnt wurde. Sie wurde mehrfach erobert und zerstört, doch die heutigen privaten Besitzer tun viel für den Wiederaufbau, die Mauern und ein trutziger Turm wurden restauriert. Im Sommer finden darin häufig Feste und Veranstaltungen statt.

● *Übernachten/Essen & Trinken* **Villa Belvedere**, Via San Lorenzo 26, Villa aus dem 19. Jh. am Ortsrand, mit großem Außenzelt auf größere Gesellschaften eingerichtet, zehn recht günstige Zimmer. Gute lokale Küche, Geflügel und Fleisch aus eigener Aufzucht. DZ mit Frühstück ca. 55–70 €. ✆ 0332/631112, 📠 631127, www.villabelvederehotel.com.

Il Crotto Gesiola, Via Gesiola 22, hundertjähriger Crotto oberhalb vom Ort im Grünen versteckt, zu erreichen über einen historischen Pflasterweg, Blick auf den Lago Mag-

giore. Familie Martinenghi bietet ländlich-lombardische Küche mit Zutaten von kleinen Erzeugern der Region. ✆ 0332/631387.

TIPP! Agriturismo Boné, Contrada Bonè 8, Caldana di Cocquio. Beliebter Agriturismo im schöner Hügellage, zu erreichen an der Straße zum Nachbarort Caldana. Menü zum Festpreis mit verschiedenen Varianten, sehr reichhaltig und lecker – einfach ausprobieren. Veranda mit weitem Blick bis zum Lago di Varese. Mo/Di geschl., Mi/Do nur mit Vormerkung, Fr nur abends, Sa/So mittags und abends. ✆ 0332/700463.

Von Laveno nach Angera

Teils schöne Strecke durch die „Brughiera" , ein Gemisch aus Laubwald und Wiesengebieten. Kleine Abfahrten führen zu versteckten, allerdings oft verschilften Stränden, besonders gute Bademöglichkeiten gibt es an der Uferstraße zwischen Ranco und Angera. Größte Sehenswürdigkeit ist die Einsiedelei *Santa Caterina del Sasso*.

Rundwanderung im Ufergebiet zwischen Laveno und Reno

Der im Folgenden beschriebene, etwa dreistündige Weg führt quer durch die „Brughiera". Er wurde zum großen Teil von der Gemeinde Laveno angelegt und markiert. Die bequem zu bewältigende Strecke verläuft in vielen Windungen mit schönen Seeblicken. Badezeug mitnehmen!

Anfahrt Mit Zug, Bus oder eigenem Fahrzeug nach **Laveno**. Großer Parkplatz hinter dem FNM-Bahnhof am See.

▶ **Wegbeschreibung:** Vom *FNM-Bahnhof* in Laveno (Nähe Anlegestelle) nimmt man die Brücke über die Gleise und biegt beim Kreisverkehr links in die Via Dalmazia ein (gelb-grünes Zeichen). Nach etwa 100 m geht es rechts in Via Don Bosco, kurz darauf rechts in die Via Brianza. Beim Aufstieg in die Villengegend erste Blicke auf den See. Vorbei an einem Wasserwerk und in einer Linkskurve hinter dem Krankenhaus vorbei. An der Kreuzung hinter der Anlage geradeaus (Via Avv. Bassani), rechts eine Baumschule. Nach etwa 1 km an einer Kreuzung links (Wegweiser), nach 50 m scharf rechts in die *Frazione Chiso*, nach 100 m in die Via del Navello, geradeaus durch eine Neubausiedlung, an einer Gabelung rechts auf einem Waldweg durch einen Maronenhain und an einer Gabelung rechts hinauf (vorbei an umzäuntem Gelände mit freilaufenden Tieren). Dem Wegweiser folgend geht es geradeaus an Villen mit großen Gärten vorbei, Blick hinüber nach Verbania am Westufer.

Wir erreichen das Seedorf *Cerro* (→ S. 160). Hier kann man im See baden (Duschen am Strand), es gibt einen Bootsverleih und einige Einkehrmöglichkeiten. Nun gehen wir ins Dorf zurück, überqueren die Hauptstraße und nehmen geradeaus die Via M. Buonarotti. Nach ca. 300 m passieren wir links den Friedhof und biegen kurz darauf rechts in einen Waldweg ein (Wegweiser), der uns gut markiert durch ein Tiergehege und dahinter eine Anhöhe hinaufführt, bis wir nach ca. 500 m auf

160   Italienisches Ostufer

einen größeren Weg stoßen (Via Brugo). Dort biegen wir nach links ein und gehen ca. 500 m bis zu einer weiteren Gabelung. Nun folgen wir dem Wegweiser nach links durch Wiesen und an Einzelgehöften vorbei und steigen in die Siedlung *Mombello* hinauf. Dort geht es rechts in die Via Brughiera mit herrlichem Blick zurück auf Lago und Monte Rosa. (Kulinarischer Tipp: Die Via Brughiera weiter geradeaus bis zur Hauptstraße, dort links ca. 300 m bis zur Pizzeria Il Linguaccione). Von der Via Brughiera folgt man rechts dem Wegweiser und steigt steil in den Wald hinab. Der Waldweg führt ca. 1 km geradeaus und dann an einer Gabelung links hinauf, wobei man sich bei mehreren Abzweigungen rechts hält. So kommt man schließlich an der Rückseite eines Tennisplatzes vorbei und nimmt an der nächsten Gabelung den Fahrweg rechts nach *Leggiuno*. Am Stoppschild geht es nach rechts, am Restaurant Quimpo vorbei durch ein Villenviertel. Abstieg am Rand eines im Sommer ausgetrockneten Bachs, der in einer Linkskurve bergab führt. Nach ca. 400 m an einer Gabelung rechts, nach ca. 100 m links und gleich noch mal links auf die dann schon sichtbare Straße nach *Reno*. Dort gibt es eine weitere Bademöglichkeit im See und die Einkehrmöglichkeit im Albergo Riva mit seiner gemütlichen Panoramaterrasse. Tipp: Wenn man von Reno etwa 1 km die Landstraße in Richtung Ispra geht und dann rechts einbiegt, kommt man zum berühmten Kloster *Santa Caterina del Sasso*, das malerisch an eine Steilküste am See gebaut ist (→ S. 162).

Vom Strand in Reno gehen wir zur Hauptstraße, kurz rechts, dann links in die Via Brughiera, die durch bebautes Gebiet in den Wald führt. Wir wählen dann halblinks den Weg (Schild 30 km/h), der später zur Via Gattirolo wird und schattig und bequem nach Cerro zurückführt. Von dort kann man entweder denselben Weg nach Laveno zurückgehen oder den Bus nehmen.

Cerro   (ca. 450 Einwohner)

3 km südlich von Laveno, ein verwinkelter, ehemaliger Fischerort mit engen, steilen Gassen und einem Sandstrand (!) mit Duschen und Bootsverleih, der an Sommerwochenenden aus allen Nähten platzt. Achtung: die Straße zum Strand hinunter ist eine Sackgasse, unten gibt es nur wenige Parkmöglichkeiten.

Das *Museo Internazionale del Design ceramico* im schönen Palazzo Guilizzoni-Perabò (Lungolago Perabò 5) besitzt eine umfassende Keramiksammlung des 19. und 20. Jh.

• *Öffnungszeiten/Preise* **Museo Internazionale del Design ceramico**, Di–Do 14.30–17.30 (Juli/August 15.30–18.30), Fr–So auch 10–12 Uhr, Mo geschl.; Eintritt ca. 2 €. ✆ 0332/666530.

• *Übernachten* ** **Il Porto di Cerro 1896**, Via dei Pescatori 2, einfaches Albergo in sehr schöner Lage direkt am Wasser, daneben der Strand. Unten Freiluftbar, im ersten Stock das Restaurant, darüber die Zimmer, zwei davon vorne raus mit vollem Seepanorama. DZ

ca. 70 €, Frühstück extra. ✆/✆ 0332/668342.

• *Sport* **Centro Vela**, Via Pescatori 6, die vor zehn Jahren gegründete Segelschule ist Mitglied der „Federazione Italiana Vela" und hat ihren Sitz in einem ehemaligen Fischerhaus am Seeufer. Große Flotte, Kurse und Bootsvermietung, Schulungszentrum in Laveno. Für Kursteilnehmer werden zwei Mehrbettzimmer vermietet. Ganzjährig geöffnet. ✆ 0332/626462, www.centrovela.it.

Reno di Leggiuno   (mit Leggiuno ca. 3300 Einwohner)

Auch hier findet sich eine schöne Uferzone mit Kiesstrand, wo nicht ganz soviel Betrieb herrscht wie in Cerro. Das Albergo Riva bietet eine Kaffeeterrasse mit Panoramablick.

Im landeinwärts gelegenen *Leggiuno* steht das kleine Kirchlein *Santissimi Primo e Feliciano* aus dem 11. Jh., bei dessen Bau auch Säulen aus der römischen Antike verarbeitet wurden. Auch einige Grabdenkmäler dieser Epoche sind noch erhalten.

Reno di Leggiuno

Beschauliches Plätzchen bei Cerro

● *Übernachten* **TIPP! *** Riva**, Via Lungolago 14, ruhige Lage direkt am Strand, schöne Außenterrasse unter Bäumen, Zimmer mit Balkon und tollem Blick auf See und Monte-Rosa-Massiv. Kein Ristorante, aber Barbetrieb. DZ mit Frühstück und Seeblick ca. 80–90 €, ohne Blick ca. 70 €. ✆ 0332/647170, www.lagomaggiore-reno.it.

Dario Fo: Dramatiker des Volkes

1926 wurde in *Sangiano*, wenige Kilometer landeinwärts von Reno, der bekannte Regisseur und Theaterautor Dario Fo geboren. Fos Vater war Eisenbahner, er lebte deshalb als Kind und Jugendlicher in mehren Orten am Ostufer, u.a. in Luino und Porto Valtravaglia. Fo stand in der Tradition der Commedia dell'Arte und übte mit den Mitteln der Satire scharfe Gesellschaftskritik. Er scheute sich nicht, die Mächtigen des Staates und der katholischen Kirche anzuklagen, viele seiner Stücke waren deshalb in Italien verboten, wurden jedoch übersetzt und im Ausland aufgeführt. Oft war er in Prozesse verwickelt und wurde sogar mehrmals auf offener Bühne verhaftet. 1997 bekam er für sein „volkstümlich-politisches Agitationstheater" den Nobelpreis für Literatur. „In der Nachfolge der mittelalterlichen Gaukler geißelte er die Macht und richtete die Würde der Schwachen und Gedemütigten wieder auf", hieß es in der Stockholmer Laudatio.

Arolo: Das Örtchen besitzt einen zentral gelegenen Badestrand. Weiter südlich führt von der Durchgangsstraße eine mit „Sasso Moro" beschilderte Piste zum Bootshafen *Marina Sasso Moro*. Gleich daneben steht die Villa Ottolini in absolut ruhiger Alleinlage am See.

● *Übernachten* **Villa Ottolini**, bei Arolo, deutsch geführtes Haus mit fünf Ferienwohnungen direkt am See, jeweils mit Balkon/Terrasse, Sat-TV und Gartenbenutzung. Zu buchen über Reisewelt Elisabeth Jud, Gutenbergstr. 12, D-76761 Rülzheim, ✆ 07272/740409, 🖷 740411, www.lago-ferien.de.

● *Essen & Trinken* **Antico Lido**, Via Lago Maggiore 32, schickes und recht teures Ristorante in Panoramalage am See, ab Durchgangsstraße ausgeschildert. See- und Meeresküche, dazu sardische Weine, vollständiges Menü mit Getränken ca. 60–75 € pro Pers. ✆ 0332/649048, www.anticolido.it.

Santa Caterina del Sasso: Einsiedelei am Lago Maggiore

Wenig südlich von Reno erreicht man eins der beliebtesten Ausflugsziele am Lago Maggiore mit eigener Anlegestelle (mehrmals tägl. Überfahrten ab Stresa am Westufer). Eine in ihren Ursprüngen bis ins Mittelalter zurückreichende Kirche mit ehemaligen Klostergebäuden schmiegt sich hier wenige Meter über dem Wasserspiegel an die steile Felswand des Ufers. Vom Parkplatz oberhalb steigt man über Stufen hinunter zu dem versteckten Komplex, dessen Entstehung Ende des 12. Jh. seinen Anfang nahm. 1170 war ein reicher Kaufmann namens Albertus Besozzi auf dem See in einen heftigen Sturm geraten und schwor der heiligen Caterina von Alexandrien, er wolle im Fall seiner Errettung fortan als Eremit zu ihren Ehren in einer Uferhöhle leben. Dies tat er auch tatsächlich, entsagte seinem gesamten Besitz und wurde von der Bevölkerung bald als Heiliger verehrt. Als 1195 die Pest den Lago Maggiore heimsuchte, erschien dem Einsiedler ein Engel und forderte die Errichtung einer Kirche vor der Höhle. Damit war der Grundstein für das Heiligtum gelegt, das fortan mehrfach erweitert und seit dem 14. Jh. von Mönchen bewohnt wurde.

Durch die Räume des ehemaligen Klosters, in dessen *Kapitelsaal* noch schöne Freskenreste erhalten sind, erreicht man zunächst einen Hof mit einer alten Traubenpresse, wo die Mönche die Erträge ihrer Güter verarbeiteten. Der folgende *Conventino* ist ein parallel zur Uferlinie erbauter Bogengang. An den Wänden sieht man hier noch einen recht verblassten, aus zehn Bildern bestehenden Totentanz-Zyklus des 17. Jh. Rechts vor der Kirche liegt eine *Grotte*, eine von vielen in dieser Uferregion, die z. T. schon in der Antike bewohnt wurden. Danach betritt man durch einen Säulengang mit Heiligendarstellungen des 16. Jh. die Kirche, deren Bau ins Jahr 1587 fällt. Man versuchte damals, die hier bereits stehenden Kirchen und Kapellen in einem einzigen Raum zusammenzufassen. Zur Landseite hin liegen drei Kapellen nebeneinander, in der *Cappella San Nicolà*, der ersten neben dem Altar, sind noch frühe Fresken des 14. Jh. erhalten, darunter an der Wand eine erst 1991 unter späteren Malereien entdeckte Kreuzigung, außerdem im Gewölbe

Christus in der so genannten Mandorla, umgeben von den Symbolen der vier Evangelisten. Am Südende der Kirche liegt auf tieferem Niveau die *Kapelle des heiligen Albertus*, wo der mumifizierte Leichnam des Einsiedlers aufgebahrt ist. Dahinter befindet sich noch tiefer die *Gedächtniskapelle*, die wohl bereits 1195 entstand und der älteste Teil der gesamten Anlage ist. Sie ist nicht zugänglich, man kann nur durch vergitterte Fenster ins Innere blicken. Nach der Legende soll sie dieselben Maße gehabt haben wie das Grab der heiligen Caterina auf dem Berg Sinai. An der zum Kirchenraum gerichteten Wand sieht man ein Fresko der Heiligen, wie sie von Engeln auf den Berg Sinai getragen wird. *Albertus' Höhle* lag unmittelbar südlich dieser Kapelle.

Öffnungszeiten April bis Okt. tägl. 8.30–12 und 14.30–18 Uhr, März tägl. 9–12 und 14–17 Uhr, Nov. bis Febr. Sa/So 9–12 und 14–17 Uhr; 23. Dez bis 6. Januar tägl. 9–12, 14–17 Uhr. ✆ 0332/647172, www.provincia.va.it/santacaterina.

Ispra
(ca. 4700 Einwohner)

Der von Touristen nur wenig frequentierte Ort liegt etwas erhöht und ist vom See durch einige Villen mit großen, ummauerten Parkanlagen getrennt. Beim Schiffsanleger steht lediglich ein modernes Apartmenthaus mit Bar.

An der Promenade nördlich vom Anleger gibt es eine besandete Badeplattform und das Ristorante „Lido" mit Seeblick. Auf einem Uferweg kann man hier noch ein Stück weiter ans Ufer entlang in Richtung *Punta d'Ispra* gehen, doch endet er bald und man steigt über einen alten Treppenweg zum Ortskern hinauf. Südlich vom Hafen führt eine lange Uferpromenade am schönen Badestrand entlang nach *Quassa*, unterwegs kommt man am neuen *Porto dei Galli* vorbei. Etwas oberhalb vom See steht das von einem Park umgebene *Mausoleo Castelbarco*, eine verkleinerte Kopie der berühmten Villa Rotonda von Palladio in Vicenza, erbaut 1865 als Grabmal einer Gräfin.

Bekannt ist Ispra vor allem als Standort des weiter landeinwärts gelegenen „Joint Research Centre" von Euratom (JRC, http://ec.europa.eu/dgs/jrc), eines europäischen Atomforschungszentrums, das schon Mitte der fünfziger Jahre gegründet wurde und in dem sich mehr als 2000 Mitarbeiter aus vielen europäischen Ländern mit Fragen der Reaktorsicherheit und Umweltproblemen der Atommeiler beschäftigen.

● *Anfahrt/Verbindungen* **Bahn**, Bahnhof legt etwas außerhalb in der Nähe der Durchgangsstraße.

Bus, Busse von Sila und Nicora & Baratelli fahren etwa stündl. zum FNM-Bahnhof in Laveno, Busse von Autolinee Varesine nach Angera.

Schiff, Anlegestelle zentral unterhalb vom Centro storico. Mehrmals tägl. Verbindungen nach Stresa, Angera und Arona, 1 x tägl. mit vielen Zwischenstopps bis Locarno.

Historischer Meilenstein in Ranco bei Ispra

164   Italienisches Ostufer

• *Information* **Ufficio Turistico** am Lungolago Vespucci, wenige Meter vom Fähranleger. Di u. Do 14–18, Mi 9–13, Fr 10–14, 15–18, Sa/So 10–14, 15–19 Uhr, Mo geschl. ✆ 0332/782294 o. 3943882, www.proloco-ispra.it.

• *Übernachten* ***** Camping International Ispra**, Via Giosuè Carducci 11, gut ausgestatteter Platz unter dichten Bäumen, mit Restaurant/Pizzeria, Pool und Sportmöglichkeiten (u. a. Fußball, Tennis, Beachvolleyball). ✆ 0332/780458, 784.882, www.internationalcampingispra.it.

TIPP! *** Camping Lido Monvalle, Via Montenero 63, bei Monvalle, nördlich von Ispra (Zufahrt zum Camping beschildert). Ordentlicher Platz direkt am Wasser, der Chef wirkt anfangs ein wenig rau, ist aber nett, wie überhaupt der ganze Platz. Restaurant mit Bar, die große Terrasse ist abends allgemeiner Treffpunkt, im Sommer gibt es Kinderanimation, Tanz etc. Hübsche Liegewiese am See, Kinderspielgeräte. ✆/✉ 0332/799359, www.campinglidomonvalle.com.

• *Essen & Trinken* **Schuman**, Via Piave 49, beliebt bei den üppig alimentierten Euratom-Nuclearisti, ambitionierte Küche zu recht selbstbewussten Preisen, Michelinbesterntes Menü ab ca. 60 €. So-Abend und Mo geschl. ✆ 0332/781981.

Lido, Lungolago Vespucci 4, nördlich der Fähranlegestelle, nett zum Sitzen mit Seeblick. ✆ 0332/780888.

Circolo Del Gal De Fer, Via IV Novembre 17, Monvalle. Einfaches Lokal, das am Wochenende zum beliebtem Treffpunkt wird. Geöffnet Fr bis So. ✆ 0332/799685.

Ispra/Umgebung

Etwas nördlich landeinwärts von Ispra liegt der kleine Ort *Brebbia* mit seiner romanischen Basilika *Santissimi Pietro e Paolo* (12. Jh.), die allerdings im Barock stark umgestaltet wurde. Das schöne Portal und einige Fresken aus dem 13.–15. Jh. sind jedoch erhalten geblieben. Im Pfeifenmuseum der 1947 gegründeten Firma „Brebbia Pipe" im Ortsteil Bosco Grosso kann man tausende verschiedener historischer Tabakspfeifen aus Wurzelholz und Porzellan betrachten (bei Anmeldung mit Führung). Der hübsche Badesee *Lago di Monate* liegt etwa 5 km landeinwärts von Ispra (→ S. 241).

Information **Museo della pipe di Brebbia**, Località Bosco Grosso, Via Piave 21, Mo–Fr 9–12, 14–17.30 Uhr. ✆ 0332/770286, www.brebbiapipe.it.

Jugendbildungszentrum Brebbia

Seit 1968 hat die Diözese Mainz ein Seegrundstück nördlich von Ispra zum Jugendbildungszentrum ausgebaut. Es gibt ein Haupthaus und sechs Bungalows, einen Freizeitpavillon und eine alte Villa. Aufenthalte können für Gruppen von Berufsschülern und jungen Arbeitnehmern, aber auch für andere Jugend-, Familien- und Erwachsenengruppen gebucht werden (bis ca. 50 Personen). Eine Buchung muss spätestens bis September des Vorjahres erfolgen.

Weitere Informationen bei Jugendwerk Brebbia e. V., Regina Kaminski, Am Fort Gonsenheim 54, ✆ 06131/253671, ✉ 253657, www.bistum-mainz.de.

Ranco   (ca. 1200 Einwohner)

Idyllisches Nest am See, Tipp für einen ruhigen und erholsamen Urlaub. Neben dem kleinen Sporthafen liegt der *Giardino Comunale* mit herrlichem Seeblick. Es gibt drei Hotels und verstreute Ferienhäuser, eine luftige Uferpromenade mit netter Abendbar am Wasser und verschiedene Bademöglichkeiten, vor allem an der Straße in Richtung Angera.

Für Schlechtwettertage lohnt unbedingt ein Besuch im *Museo del Trasporto Ogliari*. In akribischer Klein- und Großarbeit hat hier Professore Francesco Ogliari, Autor eines vielbändigen Werks über die Entwicklung des Transportwesens, seit 1954 einen Teil seines großzügigen Familienanwesens mit Exponaten aus der Mobilitäts-

Strandzone zwischen Ranco und Angera

geschichte der letzten zweihundert Jahre völlig zugestellt: Lokomotiven, Zahnradbahnen, der erste mit Benzin fahrende Autobus und sogar eine U-Bahnstation finden sich in dem labyrinthischen Sammelsurium.

● *Öffnungszeiten* **Museo del Trasporto Ogliari**, der Beschilderung in Ranco folgen, Di–So 10–12 und 14–16.30 Uhr, Mo geschl., Eintritt frei. ✆ 0331/975198, www.hcs.it/varese/aptv/apt-ogli.html.

● *Übernachten/Essen & Trinken* **TIPP!**
*** **Belvedere**, sympathisches Mittelklassehaus, etwas zurück vom Wasser, seit 1865 im Besitz von Familie Merzagora, freundlich geführt. Restaurant mit schöner, oft bis auf den letzten Platz belegter Terrasse unter Weinlaub und mit wunderbarem Seeblick (Mi geschl.). Gut eingerichtete Zimmer mit Sat-TV. DZ mit Frühstück ca. 100–130 €. ✆ 0331/975260, ✉ 975773, www.hotelristorantebelvedere.it.

*** **Conca Azzurra**, funktional gestaltetes Haus im Stil der Siebziger, schöner, großer Garten mit Pool direkt am Wasser, eigener Strand, große Terrasse mit herrlichem Seeblick, sehr ruhig. DZ mit Frühstück ca. 90–144 €. ✆ 0331/976526, ✉ 976721, www.concazzura.it.

**** **Il Sole di Ranco**, Piazza Venezia 5, Luxusrestaurant im gleichnamigen Hotel, geführt seit über 150 Jahren von Familie Bovelli, ein Michelinstern ist der Lohn für die kreative Küche. Hervorragende Fischgerichte, Spezialität ist die Lasagne mit Scampi. Terrasse mit Seeblick. Menü ab ca. 75 €. Mo-Mittag und Di geschl. ✆ 0331/976507, ✉ 976620, www.relaischateaux.com.

● *Unterhaltung* **TIPP! Molo 203**, gemütliches Weinlokal/Bar am See, man sitzt an rustikalen Holztischen im Freien. Zum Wein werden Käse und Wurstwaren gereicht. Geöffnet mittags bis 1 Uhr nachts. ✆ 0331/975190.

● *Sport* **Golfplatz** am nahen Lago di Monate (→ S. 241).

Angera (ca. 5700 Einwohner)

Ruhige Kleinstadt in der grünen Uferlandschaft des südlichen Lago Maggiore, der hier wie ein breiter Fluss wirkt. Die ausgedehnte und von ausladenden Bäumen beschattete Uferzone bietet herrliche Blicke aufs gegenüberliegende Arona, an der Promenade kann man genüsslich unter Kastanienbäumen bummeln.

Über Angera thront die gut erhaltene Burg *Rocca di Angera* mit weithin sichtbarem Wehrturm, großem Innenhof und hohen, gewölbten Sälen im Piano Nobile, deren Wände Fresken von Michelino da Besozzo (1388–1442) und anderer Künstler seiner Epoche schmücken. Die im Hochmittelalter von den Mailänder Visconti errichtete Burg wurde immer wieder von der kaisertreuen Adelsfamilie della Torre (Torriani) belagert, wobei sie stark zerstört wurde. 1277 trugen die Visconti in der Schlacht von Desio (bei Mailand) den Sieg über die Torriani davon und erneuerten die Bauten umfassend. 1449 ging sie in den Besitz der Borromäer über, die Lehensleute der Sforza waren. Ihren Nachfahren gehört sie noch heute.

Im Westflügel ist das hübsche *Museo della Bambola e Museo della Moda Infantile* untergebracht, das historische Puppen, Spielzeug und Kinderkleidung aus verschiedenen Epochen und Kulturen zeigt – eine ehemalige Privatsammlung der Prinzessin Bona Borromeo. Dazu gibt es automatische Figuren und Roboter, die Vorläufer der heutigen elektronischen Spielzeuge, sowie italienische und amerikanische Comics und eine Druckpresse des 18. Jh. In der *Sala della Giustizia* stellen gut erhaltene Fresken des 14. Jh. den Sieg des Ottone Visconti über die Torriani im Jahr 1277 dar, u. a. sieht man hier die Burg von Como, wo Napoleone (Napo) Torriani und fünf seiner Verwandten in Eisenkäfige gesperrt wurden, bis sie verhungerten. In den ehemaligen Stallungen im Hof steht eine mächtige Weinpresse, ein Museumsshop verkauft Puppen. Von der Brüstung vor der Burg genießt man einen herrlichen Rundblick über den Süden des Sees.

In zentraler Lage am Lungolago fällt die mächtige barocke *Chiesa Madonna della Riva* auf, erbaut anlässlich einer Blut weinenden Madonna, die jedoch eigentlich nur den Chor einer nie vollendeten Großkirche darstellt. Die Gemälde im Innenraum stammen aus dem 16. Jh., auch Fresken sind erhalten. Im *Museo Storico Archeologico* im Palazzo Pretoria (Via Marconi 2) sind Funde aus der altrömischen Vergangenheit Angeras ausgestellt.

Badestrände findet man unterhalb der Alleestraße, die am See entlang nach Ranco führt. Der dortige „Chiosco La Noce" ist eine nette Strandbar mit Terrasse. Neben dem Hotel Lido (→ Übernachten) liegt ein 100 m langer Kiesstrand mit dekorativen Weiden und Blick hinüber nach Arona.

Auf der Rocca di Angera

● *Öffnungszeiten/Preise* **Rocca di Angera**, Mitte März bis Mitte Okt. tägl. 9–18.30 Uhr; Eintritt ca. 7,50 €, Kinder (6–15 J.) ca. 4,50 €. ☎ 0331/931300, www.borromeoturismo.it. **Museo Storico Archeologico**, Mo, Do u. Sa 15–18 Uhr. ☎ 0331/931133.

● *Anfahrt/Verbindungen* **Bahn**, der Bahnhof liegt östlich außerhalb.

Bus, Busse von Autolinee Varesine fahren nach Ispra und weiter über Besozzo und Gavirate (Lago di Varese) nach Varese. Um nach Laveno zu kommen, steigt man in Ispra oder Besozzo vom Bus in die Bahn oder in einen Bus von Nicora & Baratelli bzw. Sila um.

Schiff, die Anlegestelle liegt an der Piazza della Vittoria, wenige Meter von der Piazza Garibaldi, dem zentralen Uferplatz.

● *Information* **IAT**, Piazza Garibaldi 10, im Rathaus am lang gestreckten Uferplatz. So, Mo u. Fr 10–12, Di u. Mi 10–12, 15–18, Sa 9–12 Uhr. ☎ 0331/960256.

● *Übernachten* ***** Lido (2)**, Viale Libertà 11, Uferstraße von Angera nach Ranco. Großes Haus mit schönem Garten direkt am See, vor dem Haus schmaler Kiesstrand. Im großflächig verglasten Restaurant mit Panoramaterrasse und Seeblick wird u. a. Sushi vom See serviert. Gelegentlich sind Hochzeitsgesellschaften etc. im Haus, dann wird es laut. DZ mit Frühstück ca. 102–110 €, HP ca. 70–78 € pro Pers. ☎ 0331/930232, ℻ 932044, www.hotellido.it.

*** Pavone (5), Via Borromeo 14, gepflegtes und ganz zentral gelegenes Haus in einer Seitengasse der Piazza Garibaldi, dazu gehört das gute Ristorante/Pizzeria **Vecchia Angera (5)**. DZ mit Frühstück ca. 100–110 €. ☎ 0331/930224, www.hotelpavone.it.

**** Camping Città di Angera (7), Via Bruschera 99, großer Platz südlich vom Ort am See, schöne Liegewiese, schattige Stellplätze, ca. 100 m langer Strand, großer Pool und Kinderbecken, Ristorante/Pizzeria. Holprige Anfahrt über eine Staubpiste, im Sommer Animation. ☎ 0331/930736, ℻ 960367, www.campingcittadiangera.it.

● *Essen & Trinken* **TIPP! Verbano (6)**, Viale Pietro Martire 2, begrüntes Terrassenlokal gegenüber der Fähranlegestelle. Von einem älteren Ehepaar freundlich geführt, es wird gut Deutsch gesprochen (der Hausherr hat in Deutschland gearbeitet), die Dame des Hauses bedient fürsorglich. Gute Fischgerichte, auch Pizza, mittlere Preise. Do geschl. ☎ 0331/930240.

Mignon (4), Piazza Garibaldi 22, beliebte Pizzeria in zentraler Lage an der Uferstraße, wird schnell voll. ☎ 0331/930141.

TIPP! Agriturismo La Rocca (1), Via Castello 1, an der Auffahrt zur Burg (beschildert). Umgebauter Bauernhof mit großem Speisesaal und Außenterrasse, schön zum Sitzen und gute Auswahl. Im Sommer mittags und abends geöffnet. Di-Abend und Mi geschl. ☎ 0331/930338.

Italienisches Ostufer

Die grüne Uferzone von Angera

Nettare di Giuggiole (3), Via Maria Greppi 43, nette, kleine „Enoteca con cucina" in der Altstadt von Angera, benannt nach den süßen, olivengroßen Früchten „Giuggiole", deren Saft man hier neben solider Küche sowie lokalen und überregionalen Weinen ebenfalls erhalten kann. ✆ 0331/932037.

• *Shopping* Der **Markt** findet donnerstags an der zentralen Piazza Garibaldi statt, jeden zweiten Sonntag im Monat gibt es dort außerdem einen **Floh- und Antiquitätenmarkt**.

Pasticceria Frigerio, Piazza Garibaldi 20. Seit 1916 ist man hier tätig und fertigt eine spezielle hausgemachte Leckerei aus Nußcreme. Im Sommer kann man draußen sitzen und Eis essen.

Rossi d'Angera, Via Mazzini 93, Riesenauswahl an selbst produziertem Grappa, lecker ist auch der Likör namens „Amaro d'Angera".

Neuer Wein vom Lago

Noch im 19. Jh. wurde um Angera viel Wein angebaut. Seit wenigen Jahren sind nun einige Weingüter dabei, diese Tradition wieder neu zu beleben und Rot- und Weißweine unter dem Namen „Ronchi Varesini" zu produzieren, die in zahlreichen Restaurants und Bars in und um Angera angeboten werden (z. B. im Nettare di Giuggiole). Die Weine haben das Prädikat „Indicazione Geografica Tipica" (Igt), sind also noch keine DOC-Weine, doch ein Anfang ist gemacht. Eine der Anbieter ist die Azienda Agricola Cascina Piano in der Via Valcastellana, bei einem Besuch wird um vorherige Kontaktaufnahme gebeten (✆ 0331/930928, www.cascinapiano.it).

Angera/Umgebung

▸ **Capronno**: kleiner Hügelort zwischen Angera (ca. 3 km) und dem Lago di Monate - erholsam ruhig und dank der gemütlichen Osteria „Vecchia Capronno" ein nettes Ausflugsziel und sogar ein durchaus passables Standquartier.

• *Übernachten* **TIPP! La Casetta della Vecchia Capronno**, Piazza Giacomo Matteotti 8, die alteingesessene Osteria vermietet in ihrem neuen Gästehaus fünf liebevoll eingerichtete Zimmer mit Balkon/Terrasse. Auf der Terrasse und im kleinen, rundum behaglichen Gastraum mit Ziegelgewölbe und Musikinstrumenten an den Wänden werden Tagesspezialitäten mit stets frischen Zutaten serviert, Vincenzo kredenzt dazu örtliche Weine. DZ mit Frühstück ca. 80–100 € ✆ 0331/956951, www.vecchiacapronno.it

Sesto Calende   169

Taino: Der landeinwärts von Angera gelegene Ort in etwa 260 m Höhe bietet über den See hinweg prächtige Ausblicke auf das Massiv des Monte Rosa (4633 m) an der Schweizer Grenze, in einem großen Park lässt sich das Panorama in aller Ruhe genießen. Unterkommen kann man im soliden Albergo Agnello.

• *Übernachten* ***** Agnello**, Via Garibaldi 14, freundlich geführtes Albergo mit 19 gut eingerichteten Zimmern, empfehlenswertem Restaurant und nettem Garten. DZ mit Frühstück ca. 80 €. ✆ 0331/956502, www.albergoagnello.com.

Lisanza   (ca. 400 Einwohner)

Im äußersten Süden des Lago Maggiore liegt dieses kleine Dorf mit gut geführtem Campingplatz und sympathischer Uferzone – Rasen, Sand-/Kiesstrand, Kiosk und Vermietung von Liegen. Besonders schön ist hier der Blick auf den See und die Berge dahinter.

• *Übernachten* ****** Camping Lido Okay**, Via per Angera 115, direkt am See, netter Platz mit zwei Pools und Vermietung von Bungalows und Mobil Homes. ✆ 0331/974235, www.camping-okay.com.

• *Essen & Trinken* **La Vela**, Piazza Cristoforo Colombo 1, wenige Meter oberhalb vom Strand, hier kann man angenehm und gut essen, entweder im gepflegten Innenraum oder auf der Terrasse neben dem Haus. Spezialität ist natürlich Fisch, sowohl aus dem See wie vom Meer. Etwas teurer. Mo geschl. ✆ 0331/974000.

Am Strand von Lisanza

Sesto Calende   (ca. 10.000 Einwohner)

Die Industriestadt liegt am Südende des Sees direkt am Ausfluss des Ticino. Eine breite Eisenbrücke führt hier über den Ticino, der die Grenze zur Region Piemont bildet.

Im Zentrum gibt es eine schöne Uferpromenade und die am Fluss gelegenen Piazza Mazzini. Dort kann man sich im Rathaus das *Civico Museo Archeologico* mit Funden aus der so genannten Golasecca-Kultur ansehen. Damit bezeichnet man eine Kultur, die sich in der frühen Eisenzeit im Umkreis des Ticino entwickelte. Benannt ist sie nach einem Dorf südlich von Sesto Calende, wo man einige Gräber mit reichhaltigen Grabbeigaben aus dem 9.–6. Jh. v. Chr. gefunden hat (in der Nähe vom dortigen Campingplatz).

• *Information* **IAT**, Viale Italia 3. Di–Sa 10–12, 15–18, So 10–12 Uhr. ✆ 0331/923329, www.prosestocalende.it.

• *Übernachten/Essen & Trinken* ***** Sole**, Ruga del Porto Vecchio 1, alteingesessene Trattoria mit einigen geschmackvoll eingerichteten Zimmern in zentraler Lage, DZ mit Frühstück ca. 80 €. Di geschl. (außer im Sommer). ✆ 0331/914273, www.trattorialocandasole.it.

*** La Collinetta, Via Cocquio 35, im Grünen, 3 km außerhalb. Neues Haus mit gepflegten Zimmern, Restaurant und Pool. DZ mit Frühstück ca. 70–80 €. ✆ 0331/924138, 922682, www.hotellacollinetta.com.

** Camping Il Gabbiano, Viale Europa 8, kleinerer Platz mit Pool bei Golasecca im Naturpark Ticino. ✆/ 0331/959131, camping.gabbiano@tiscali.it.

170　Italienisches Ostufer

- *Shopping* **Markttag** ist Mi, außerdem findet jeden dritten Sa im Monat (außer August) der Antiquitäten- und Flohmarkt
Sextum Mercatum an der Flusspromenade statt.

> **Warnung**: An Sommerwochenenden sollte man die Uferstraßen um Sesto Calende besser meiden, da sie von Ausflüglern permanent überlastet sind und sich lange Staus bilden!

Sesto Calende/Umgebung

Nördlich vom Zentrum steht an der alten Straße nach Taino die ehemalige Klosterkirche *San Donato* mit Fresken des 15. Jh. Ein Stück weiter trifft man auf eine Abzweigung, wo es nach links zur ebenfalls freskengeschmückten romanischen Kapelle *San Vincenzo* geht. Von den Malereien, die ursprünglich wohl das gesamte Kircheninnere bedeckten, sind nur in der Apsis und an der rechten Wand Malereien aus dem 14. und 15. Jh. erhalten geblieben. Die Funde aus den zahlreichen Grabstätten, die man im Umkreis gefunden hat, sind im Museum von Sesto Calende ausgestellt. Einige hundert Meter entfernt findet man im Wald die *Sassi di Preia Buia*, zwei erratische Blöcke mit prähistorischen Einritzungen, den so genannten „Cuppelle" – Hinweis darauf, dass diese Gegend schon in frühgeschichtlicher Zeit Kultstatus hatte (→ S. 213).

▶ **Castello Visconti di San Vito**: Südlich von Sesto Calende lohnt in *Somma Lombardo* dieses prächtig ausgestattete Schloss der Visconti aus dem 13. Jh. einen Besuch. Es besteht eigentlich aus drei verschiedenen Burgen, die auf Grund eines Familienstreits der Visconti entstanden, mittlerweile aber wieder vereint sind. Man kann u. a. die freskenverzierten Säle, das königliche Schlafzimmer (die italienische Königsfamilie weilte anlässlich von Manövern mehrfach im Schloss) und eine spanische Waffensammlung besichtigen, aber auch die weltgrößte Sammlung von Barbierschüsseln (mehr als 500) aus den verschiedensten Materialien.
Öffnungszeiten **Castello Visconti di San Vito**, April bis Okt. Sa/So 10–11.30, 14.30–18.30 Uhr. ☎ 0331/256337, www.castelloviscontidisanvito.it.

Parco Naturale della Valle del Ticino

Vom Südende des Lago Maggiore fließt der Ticino 80 km weit Richtung Süden, bis er bei Pavia in den breiten Po mündet. Entlang des gesamten Flusslaufes ist schon seit 1974 ein ausgedehntes Naturschutzgebiet ausgewiesen, das 2002 von der Unesco als Biosphärenreservat deklariert wurde.

Eine reiche Vogelwelt nistet in der wuchernden Vegetation der zahlreichen Wälder und Wasserläufe. Es gibt viele Wanderwege und Radpisten, zu denen man Kartenmaterial und Hinweise im Informationsbüro von Sesto Calende oder bei unten stehender Adresse erhält. Ein Besuch ist allerdings nur in Frühjahr und Herbst anzuraten, denn im Sommer machen einem die Mückenschwärme schwer zu schaffen. Ein interessantes Ausflugsziel in Seenähe ist der *Monte San Giacomo* beim Lago di Comabbio (→ S. 241). Da auch große Landwirtschaftsflächen zum Park gehören, haben einige Produzenten die Marke „Parco Ticino" mit Produkten aus kontrolliertem biologischen Anbau ins Leben gerufen (→ S. 241), die in Läden und Bauernhöfen im Naturpark erworben werden können.
Information **Il Colibrì S.A.S.**, Sesto Calende, Via Oriano 51, ☎ 0331/924422, www.parcoticino.it.

Ruhezone in Cannero Riviera

Italienisches Westufer (Nord nach Süd)

Der Westen war seit jeher die Vorzeigeseite des Sees. Schon seit dem Ende des 18. Jh. zogen sich die reichen Mailänder Adelsfamilien hierher zurück, später entstanden die großen Paläste und Jugendstilvillen reicher Großindustrieller und seit Ende des 19. Jh. begann der internationale Tourismus zu boomen.

Die Ziele und Urlaubsorte sind zahlreich, wobei auch das Hinterland viel Interessantes bietet. Während sich im Norden um das malerische Städtchen *Cannobio* mit seinem langen Strand zahlreiche Campingplätze ballen, bietet das geschützt gelegene *Cannero Riviera* weiter südlich dank seines milden Klimas gehobene Hotellerie und gediegene Atmosphäre. Das *Valle Canobina* ist ein reizvolles Ziel für einen Tagesausflug, wer will, kann auf dieser Route durch das großartige Centovalli nach Locarno am See zurückkehren (→ Schweizer Teil des Sees). Schön ist aber auch eine Bergtour von Cannero Riviera nach Verbania.

In der Seemitte herrscht Belle-Époque-Atmosphäre mit prunkvollen Palasthotels, botanischen Gärten, Palmenpromenaden und der Erinnerung an zahlreiche berühmte Gäste aus Adel und Politik. In *Stresa* und im benachbarten *Baveno* waren sie alle – Queen Victoria, Hemingway, George Bernard Shaw, die Zarenfamilie und Winston Churchill, heute gefolgt von russischen, deutschen und amerikanischen Pauschaltouristen. Mit den „Giardini di Villa Taranto" besitzt das nahe *Verbania* den großartigsten Botanischen Garten am See, als Kontrastprogramm lockt in den Bergen dahinter der *Parco Nazionale della Val Grande*, das größte Wildnisgebiet Italiens und seit den sechziger Jahren nahezu unbewohnt. Der obligate Ausflug zur prachtvollen Palastinsel *Isola Bella* und der „Fischerinsel" *Isola dei Pescatori* hat sich während der Hochsaison zu einem wahren „Massenevent" entwickelt, wobei aber sogar dann die Abende auf der idyllischen Isola dei Pescatori erholsam ruhig sind.

172 Italienisches Westufer

Doch erreicht man von der Seemitte auch rasch den idyllischen *Lago di Mergozzo* und den insgesamt eher ruhigen *Lago d'Orta*, dessen touristischer Hauptort *Orta San Giulio* trotz seiner zunehmenden Bekanntheit eher beschaulich wirkt. Kaum jemand, der hierher kommt, lässt sich eine Bootstour zur vorgelagerten *Isola di San Giulio* entgehen. Aber auch eine kleine Shoppingtour zum Ortasee lohnt sich, denn dort produzieren seit langem die führenden Küchengerätehersteller Italiens. Stücke hoher Qualität lassen sich in zahlreichen Outlets in und um Omegna erwerben.

Im äußersten Süden des Lago Maggiore kann man schließlich den Naturpark *Lagoni di Mercurago* durchwandern, die Kupferstatue des Kardinals Carlo Borromeo erklimmen und den Tierpark „La Torbiera" besuchen.

Cannobio (ca. 6000 Einwohner)

Einer der schönsten Orte am See und das Camperzentrum schlechthin, gut acht Plätze liegen in der Ebene des Cannobino-Flusses nördlich von Cannobio. Dort erstreckt sich auch ein langer und sehr breiter Kiesstrand namens Lido – einer der beliebtesten Badeplätze am Lago.

Zum See hin reihen sich an der breiten Promenade pastellfarbene Hausfronten des 18. und 19. Jh. mit schmiedeeisernen Balkonen und wunderschön unverbautem Seeblick. Die Uferstraße wird abends zur Fußgängerzone, an der gemütliche Restaurantterrassen zum Essen einladen. Gleich dahinter dann der krasse Gegensatz: Hier krümmen sich dunkle und enge Treppenwege mit überwölbten Durchgängen, Kieselwege ziehen sich zwischen hohen Mauern – architektonisch so reizvoll, wie man es hier im „hohen Norden" Italiens in dieser Ausgeprägtheit nicht unbedingt erwartet. Die Bademöglichkeiten sind vielfältig: Der lange Strand am See besteht weitgehend aus Kies, es gibt aber auch Sand, z. B. an der Mündung des Cannobino. Der Fluss führt im Hochsommer nur wenig Wasser, sodass man an der Mündung schön planschen kann. Erfreulich ist, dass Cannobio für die umweltgerechte Pflege seines Strandes schon wiederholt die „Blaue Flagge" (Bandiera Blu) verliehen wurde. Hinter dem Ort beginnt das *Valle Cannobina*, das sich den Fluss entlang in die Berge zieht. Dort findet man wunderschöne Flussbadestellen und sogar einen kleinen Sandstrand, auch Paddler finden reichlich Betätigung.

All diese Vorzüge machen Cannobio zu einem der angenehmsten und begehrtesten Orte am See mit viel deutschsprachigem Stammpublikum.

*I*nformation

IAT, Via Antonio Giovanola 25, im Rathaus am Anfang der Hauptgasse durch den Ortskern, neben der Kirche. Reichhaltiges Prospektmaterial, Hilfe bei der Quartiersuche. Mo–Sa 9–12, 16.30–19 Uhr, So 9–12 Uhr. ✆/✉ 0323/71212, www.procannobio.it.

*A*nfahrt/*V*erbindungen

● *PKW* im Ort gibt es mehrere ausgeschilderte, allerdings in der Regel kostenpflichtige Parkplätze.

● *Bus* Etwa stündl. fährt **VCO** über Cannero Riviera, Cannobio und Brissago (Schweiz) nach Locarno sowie über Cannero Riviera nach Verbania. Abfahrt im Zentrum an der Durchgangsstraße.

● *Schiff* mehrmals tägl. nach Ascona und Locarno sowie in Richtung Süden und hinüber nach Maccagno und Luino am Ostufer. Außerdem gibt es Rundfahrten zu den Borromäischen Inseln.

> Ein **Touristenzüglein** bietet in den Sommermonaten täglich Rundfahrten durch den Ort.

Cannobio 173

An der Seepromenade von Cannobio

Übernachten (siehe Karte S. 175)

Sehr gutes Niveau der Hotels, praktisch alle haben auch ein Ristorante. Cannobio ist zwar ein eher teures Pflaster, aber enorm beliebt. Für die Hochsaison sollte man in jedem Fall frühzeitig buchen, das gilt vor allem für die Campingplätze, denn dort ist im Juli und August jeder Platz belegt.

**** Cannobio (14), eindrucksvolles Traditionshaus direkt an der Uferpromenade, nach erfolgtem Umbau nun zu Recht in gehobener Kategorie, toller Blick, hauseigenes Ristorante in schöner Lage am See, Garage (ca. 15 €). Die Wehrmacht nutzte das repräsentative Haus 1944 als Kommandozentrale. DZ mit Frühstück ca. 170 €. ☎ 0323/739639, ✉ 739596, www.hotelcannobio.com.

**** Residenza Patrizia (5), neue große und geschmackvoll-elegante Anlage auf geräumigem Grundstück an der Durchgangsstraße, ein wenig nördlich vom Ortskern, bei der Brücke über den Cannobino. Schöner beheizter Pool, Sauna, türkisches Bad, Restaurant. DZ mit Frühstück ca. 110–140 €, Apartment ca. 130–160 €. ☎ 0323/739713, ✉ 739778, www.residenzapatrizia.com.

*** Pironi (15), 500 Jahre altes Bürgerhaus (zeitweise Kloster) im Ortskern, erinnert in seiner Form an einen hohen Schiffsbug. Unter der Leitung eines bekannten Bildhauers wurde es gekonnt restauriert – Balkendecken, Speiseraum mit Wand- und Deckengemälden, schönes Mobiliar, jedes Zimmer ist unterschiedlich eingerichtet. DZ mit Frühstücksbuffet ca. 125–160 €. ☎ 0323/70624, ✉ 72184, www.pironihotel.it.

*** Villa Belvedere (22), etwas außerhalb vom Ort (am südlichen Ortseingang landeinwärts abbiegen). Repräsentatives Anwesen mit großem Garten und Swimmingpool. Die meisten der komfortablen Zimmer sind in einer lang gestreckten Residence mit Seeblick untergebracht. DZ mit Frühstück ca. 100–140 €, Superior bis 160 €. ☎ 0323/70159, ✉ 71991, www.villabelvederehotel.it.

*** Antica Stallera (10), Via Paolo Zaccheo 7, ruhige Lage zwischen Durchgangsstraße und Uferpromenade, traditionelles Haus mit interessanter Architektur, früher lange als Poststation geführt. Moderne Zimmer, gutes Restaurant, Garten und Parkplatz. DZ mit Frühstück ca. 85–95 €. ☎ 0323/71595, ✉ 72201, www.anticastallera.com.

** Elvezia (9), freundliches Albergo im Ort, fünfzehn Zimmer mit teils geräumigen Balkonen, unten ein gepflegter Speisesaal, hinten ein großer Garten. DZ mit

Italienisches Westufer

174   Italienisches Westufer

Frühstücksbuffet ca. 70–90 €. ☎/📠 0323/ 70142, www.hotelelvezia.it.

● *Fewos* **TIPP!** ** **Villa Margherita (3)**, Via Darbedo 2/4, saubere und sehr gepflegte Villa mit DZ und Apartments, dazu ein schöner Garten und Liegewiese, zum Strand sind es nur wenige Schritte. Sandra und Leo sorgen für angenehmen und guten Service, das Frühstück ist reichhaltig. DZ mit Frühstück ca. 70–100 €, Ein-Zimmer-Apartment ca. 65–90 €, Zwei-Zimmer-Apartment ca. 70–135 €. ☎ 0323/70252, 📠 70260, www.cannobio-vm.com.

Casa Girasole (7), Via Curioni 13, gut ausgestattete Apartments, jeweils mit großer überdachter Terrasse, in Südlage landeinwärts von Cannobio, 500 m vom Flussstrand entfernt. Mit Garten und Liegewiese, Fahrräder kostenlos. Geführt von Familie Madaschi, denen auch die Villa Palmira im Ort gehört. ☎ 335-6532250, www.casa girasole.it.

● *Bed & Breakfast* **Casa Arizzoli (12)**, Via Antonio Giovanola 92, aufwändig restauriertes altes Stadthaus mit alten Holzbalkendecken und Malereien im hinteren ruhigen Teil der langen Hauptgasse. Drei Zimmer und zwei Zwei-Zimmer-Wohnungen mit Sat-TV, hinten Gemeinschaftsterrasse und kleiner Garten. Mit Parkplatz. DZ mit Frühstück ca. 75–90 €. ☎/📠 0323/72001, www.casa-arizolli.com.

Villa Palmira (21), Via Domenico Uccelli 24, 2006 eröffnet, historischer Palazzo mit schönem Park, allerdings direkt an der Durchgangsstraße von einer durch eine Mauer getrennt. Im Park alter Baumbestand, Palmen, Azaleen, Rhododendron und Liegewiese. Gut eingerichtete Zimmer mit Terrassen, Parkplatz, Gästefahrräder kostenlos. Die freundliche Familie Madaschi sorgt sehr aufmerksam für ihre Gäste. DZ mit reichhaltigem Frühstücksbuffet ca. 80– 130 €. ☎/📠 0323/72347, www.villapalmira.it.

Antico Sempione (20), Casali Sempione 3, etwas erhöht über der Straße ins Valle Cannobina. Ein altes, seit langem leer stehendes Gasthaus in der Nähe der Heilquelle Fonte Carlina wurde von einer freundlichen, jungen, italienisch-deutschen Familie mit zwei Kindern im schönen traditionellen Stil renoviert – schöne, alte Balkendecken, Cottonböden, warme Farben. Vermietet werden sieben Ferienwohnungen in verschiedenen Größen und zwei Zimmer mit Frühstück. Weitläufiger Garten mit vielen ruhigen Ecken, Kinderspielplatz und Plansch-

becken, dazu ein beliebtes Ristorante. Wochenpreis ca. 290–600 €. ☎ 0323/71920, 📠 739260, www.ferienwohnungitalien.com.

● *Camping* Die Plätze ** **Riviera** (☎/📠 0323/ 71360,   www.riviera-valleromantica.com), ** **Internazionale   Paradis**   (→ unten), ** **Campagna**   (☎ 0323/70100,   📠 738991, www.campingcampagna.it),   ** **Gelsi** (☎ 0323/71318), * **Pedro** (☎ 0323/72336 o. 335-7027966) und * **Nosetto** (☎ 0323/71392) liegen einer neben dem anderen am langen Strand, ca. 3 km nördlich vom Ort, und sind fest in deutscher Hand, kaum italienische Dauercamper, viele Stammgäste. Viel Schatten durch verschiedene Laub- und Nadelbäume, die platzeigenen Ristoranti einfach und gemütlich (vor allem Campagna). Preiswertes Essen, das auf deutsche Geschmäcker zugeschnitten ist, herzhaftes Frühstück.

TIPP! ** **Camping Internazionale Paradis (1)**, ausgesprochen schöner und sehr gepflegter Platz mit wahrer Blütenpracht. Viele Stammgäste kommen seit Jahren. Zum Platz gehört auch die komfortable *** **Villa delle Palme (1)** mit elf Zimmern (DZ ca. 100–120 €). ☎ 0323/71227, 📠 72591, www.campinglagomaggiore.it.

Wenn alle Plätze belegt sind, bietet * **Camping Fiume (4)** an der landseitigen Straßenseite meist noch einige Stellplätze. Im angeschlossenen Hotel kann man außerdem einige recht ordentliche Zimmer mit Balkon mieten (DZ mit Frühstück ca. 85–100 €, www.hoteldelfiume.net). ☎ 0323/70192, 📠 739104, delfiume@libero.it.

TIPP! ** **Camping Valle Romantica (17)**, im Valle Cannobina, einige Kilometer hinter Cannobio. Üppig grüner und wunderbar bepflanzter Platz unter Schweizer Leitung, existiert seit 1956 und ist damit der älteste Platz in Cannobio. Pool mit Planschbecken, Kinderspielplatz, sehr gutes Restaurant (→ Essen & Trinken), gleich benachbart liegen reizvolle Flussbadeplätze, dort kann man auch gut Kanu fahren. Zur Vermietung stehen auf dem Platz mehrere restaurierte Landhäuser, außerdem gibt es Wohnwagen und Mobil Homes. Mitte März bis Mitte Sept. ☎/📠 0323/71249, www.riviera-valleromantica.com.

Wohnmobilstellplatz, sauberer Platz direkt am Fluss Cannobino im hinteren Ortsbereich, z.T. beschattet, 55 Stellplätze, Du/WC, drei Fußminuten ins Zentrum. Drei Tage Maximalaufenthalt, ca. 12 €/Tag, ganzjährig geöffnet.

Übernachten

- Camping Internazionale Paradis & Villa delle Palme
- Villa Margherita
- Residenza Patrizia
- Casa Girasole
- Elvezia
- Antica Stallera
- Casa Arizzoli
- Cannobio
- Pironi
- Camping Valle Romantica
- Antico Sempione
- Villa Palmira
- Villa Belvedere

Sonstiges

- Tomaso Sail & Surf

Essen & Trinken

- Camelia
- Camping & Hotel Fiume
- Giardino
- Antica Stallera
- Scalo
- Della Streccia
- 14 Porto Vecchio
- 16 XII Colonne
- 17 Ristorante Vino Divino
- 18 Mulini de Mater
- 19 Villa Maria
- 20 Antico Sempione

Essen & Trinken

Cannobio entpuppt sich geradezu als Dorado der guten Küche. Vermeiden sollte man allerdings eher die Touristenlokale an der Uferpromenade mit den fotoillustrierten Speisekarten – das Essen ist mäßig, der Service bestenfalls routiniert.

Scalo (11), Piazza Vittorio Emanuele III, Nähe Anlegestelle, zwar ebenfalls ein Freiluftlokal an der Uferfront, jedoch wird hier eine interessante und vielseitige Küche serviert, abends ist es deshalb schnell voll. Von Michelin empfohlen, gehobene Preise. Di mittags und Mo geschl. ☏ 0323/71480.

Porto Vecchio (14), im Hotel Cannobio, stilvoller Kiesgarten mit historischer Balustrade am See, ebenfalls sehr ambitionierte Küchenleistungen, aber auch Pizza. Service ein wenig förmlich und preislich etwas

176 Italienisches Westufer

Im alten Ortskern

gehoben, aber noch im Rahmen. ✆ 0323/739998.
Antica Stallera (10), im gleichnamigen Hotel, stimmungsvoller Innengarten mit flackernden Windlichtern auf den Tischen. Zwischen Palmen und unter Weintrauben kann man internationale Küche mit regionalem Einschlag genießen. ✆ 0323/71595.
Della Streccia (13), Via Merzagora 5, kleines, gepflegt-rustikales Ristorante einige Meter von der Uferpromenade zurückgesetzt in einer engen Treppengasse. Gute Küche, man kann aber nicht draußen sitzen. Do geschl. ✆ 0323/70575.
XII Colonne (16), Piazza 27/28 Maggio 12, an der südlichen Uferpromenade, schöne Terrasse, günstige und gute Pizza (auch mittags) und Foccace, gegenüber kann man vom Kai ins Wasser hüpfen. Mo geschl. ✆ 0323/72582.
Villa Maria (19), Piazza 27/28 Maggio 1, schöne alte Villa, stilvolle Einrichtung, vom Balkon kann man wunderbar den Blick über den Lago genießen. Seeküche, aber auch Pizza ✆ 0323/70160.

Giardino (8), Viale Vittorio Veneto 24, oben an der Durchgangsstraße (durch eine Glasscheibe vom Verkehr getrennt), hauptsächlich junge Leute von den Campingplätzen essen hier, prima Pizzen, Kommunikation ist angesagt – lockere Atmosphäre mit Unterhaltungen zwischen den Tischen. ✆ 0323/71482.
• *Etwas außerhalb* **TIPP! Antico Sempione (20)**, Casali Sempione 3, kleines, feines Restaurant etwas erhöht über der Straße ins Valle Cannobina (→ Bed & Breakfast). Zwei hübsche Innenräume, draußen eine nette Terrasse unter Weinlaub, wenn auch etwas vom Verkehr beeinträchtigt. Freundlich geführt. Menü in mehreren Varianten für ca. 25 €. ✆ 0323/71920.
TIPP! Vino Divino (17), Strada della Valle Cannobina 1, hinter Cannobio am Eingang zum Valle Cannobina, direkt neben dem Camping Valle Romantica. Die einstige Poststelle ist heute eine gemütliche Osteria im Grünen, die Gaststube ist mit Flaschen dekoriert, draußen kann man unter Kastanienbäumen stimmungsvoll essen. Auf einer Tafel am Eingang steht fein säuberlich das kulinarische Angebot des Tages, gerne werden Meer-, See- und Bergküche miteinander kombiniert, dazu gibt es bei Paolo auch ein umfangreiches Angebot an Käse und hochwertigen Wein. In der NS Mo–Mi geschl. ✆ 0323/71919.
Mulini del Mater (18), Strada della Valle Cannobina 2, etwa 1 km nach dem Vino Divino, schönes, altes Bruchsteinhaus mit großem Kamin im Speisesaal, draußen Terrasse und Garten, gute saisonale Karte, mittags auch Bistrobetrieb, großer Weinkeller. Di geschl. ✆ 0323/77290.
Pinocchio, kleines Restaurant auf dem Campingplatz Riviera (Achtung, es gibt noch ein weiteres größeres auf dem Platz), schön zum draußen sitzen, seit dreißig Jahren geführt von Dino. ✆ 0323/71360.
Camelia (2), einfache Pizzeria bei den Campingplätzen, preiswert und voller wohl, die Terrasse zur Durchgangsstraße ist mit dichtem Laubwerk geschützt. ✆ 0323/71486.
Besonderer Tipp ist außerdem das Restaurant **Del Lago** in Carmine, wenige Kilometer südlich (→ dort).

Sonstiges (siehe Karte S. 175)

• *Unterhaltung* An der Seepromenade gibt es in der Hochsaison Livemusik und Tanz bis Mitternacht.

• *Eis* Die große und opulent aufgemachte **Gelateria Lago** liegt neben den Schmiedeeisenläden im nördlichen Bereich der Promenade.

Cannobio

Viel Luft und Platz: die Via Magistris nördlich vom Zentrum

• *Internationale Presse* an der Uferpromenade, Nähe Hotel Cannobio.

• *Kinder* Großer **Spielplatz** am Viale delle Rimembranze im nördlichen Ortsbereich zwischen SS 34 und See.

• *Shopping* Jeden So viel besuchter **Markt** im Ortskern und an der Uferpromenade, reichhaltig ist vor allem das kulinarische Angebot.

Mehrere Enoteche liegen im Ortskern und an der Uferpromenade, z. B. **Isolino** neben dem Ristorante Scalo, **Le Corti** in der Via Umberto I 32 und die seit vielen Jahrzehnten aktive **Casa Bava** an der Piazza 27/28 Maggio 8, außerdem gibt es die nette **Cantina Ferro** an der Straße bei den Campingplätzen. Selbstversorger mit kulinarischen Ambitionen finden im seeabgewandten Teil der Altstadt ausgezeichnete **Salumerie, Macellerie und Pasticcerie**.

Am Nordende der Promenade bieten drei Läden nebeneinander jede Menge **schmiedeeiserner Objekte**: Lampen, Töpfe, Glocken, Gartenzubehör, Briefkästen, Papierkörbe ...

• *Sport* **Tomaso Sail & Surf (6)**, Windsurf- und Segelschule am Strand, außerdem Verleih von Booten aller Art. ✆ 0323/72214, www.tomaso.com.

Weiterhin kann man **Beach-Volleyball, Tennis** und **Minigolf** spielen, sogar einen **Fußballplatz** mit **Leichtathletikanlage** gibt es.

• *Feste/Veranstaltungen* **Sacra Costa**, am 7. Januar erinnert eine große Lichterprozession durch die Altstadt an das Wunder von 1522 im Santuario della Pietà. Viele Tausende von Kerzenlichtern werden dann in den Gassen und Häusern entlang des Wegs entzündet, aber auch in den Mauernischen des Campanile und auf den Booten draußen.

Sehenswertes

Die lange *Uferpromenade* – Piazza 27/28 Maggio, Piazza Indipendenza und Via Magistris – ist sicherlich eine der schönsten am Lago Maggiore. Das Hotel „Cannobio" (→ Übernachten) an der Piazza Indipendenza diente 1944 der Wehrmacht als Kommandozentrale, Cannobio spielt damals eine entscheidende Rolle bei der Niederschlagung der Partisanenrepublik von Ossola (→ S. 193 u. 202). Die enge *Via Castello* parallel zur Uferstraße erinnert an ein Kastell, das von den Schweizern bereits im späten Mittelalter zerstört wurde.

Die autofreie Bummelgasse *Via Umberto I* zieht sich von der Piazza Indipendenza mit vielen Läden bis zur Durchgangsstraße hinauf und verläuft als *Via Antonio Giovanola* durch den alten Ortskern. Am Anfang steht die große Pfarrkirche *San Vittore*, kurz darauf kommt man links am schön restaurierten *Palazzo della Ragione* aus dem späten 13. Jh. vorbei, der heute Parasio genannt wird und die Informationsstelle und das Rathaus beherbergt.

Santuario della Santissima Pietà: Blutspritzer von Jesus Christus

Wenige Meter von der Anlegestelle entfernt steht in Cannobio das bedeutendste Heiligtum der westlichen Seehälfte. Erbaut wurde die mit Stuck, Gold und Fresken überreich ausgestattete Kuppelkirche nach einem wundersamen Ereignis vom 8. Januar 1522. Damals flossen Blut und Tränen aus der Pietà, einem kleinen ikonenartigen Bildnis, das Jesus zusammen mit Maria und Johannes zeigt (linker Hand vom Altar). Das Blut wurde mit Tüchlein aufgefangen, die in einem gläsernen Reliquienschrein unter dem Hauptaltar aufbewahrt werden. Wie es heißt, wurden die Aussagen der Zeugen dieses Wunders durch zwei Notare bestätigt. Beachtenswert ist außerdem das große, figurenreiche Altarbild von Gaudenzio Ferrari (ca. 1475–1546), das den „Gang nach Golgatha" darstellt.

Valle Cannobina

Das lange Wildbachtal windet sich eng, steil und kurvenreich durch raue Berglandschaften mit wuchernder Vegetation und kleinen Dörfern, die an den Felsen zu kleben scheinen, bis auf über 1000 m Höhe und danach zum Val Vigezzo und Centovalli hinüber – eine besonders beliebte Strecke für Motorradfahrer, die leider sehr risikobereit die Kurven schneiden und überholen, deshalb erhöhte Vorsicht an Wochenenden.

Kurz nach dem Restaurant „Antico Sempione" (→ Essen & Trinken) kommt man an der Quelle *Fonte Carlina* vorbei, der Heilkräfte zugesprochen werden. Das aus den Felsen sprudelnde Wasser ist kostenlos und wird von den Einwohnern gerne in Gefäße abgefüllt (→ auch S. 196).

Wenig später findet man bei *Traffiume* erfrischende Flussbadestellen, die im Sommer immer gut besucht sind. Die hiesige, gut vierzig Jahre alte Hängebrücke wurde leider 2007 abgerissen, eine neue Brücke ist aber nun wohl schon fertig.

Ein besonders reizvolles Ausflugsziel ist kurz hinter Traffiume die spektakuläre Klamm *Orrido di Sant'Anna* mit dem gleichnamigen Kirchlein aus dem 17. Jh., zwei schmalen Brückenbögen und dem Lokal „Grotto Sant'Anna" in bestechender Lage. Am felsigen Grund der Schlucht gibt es prima Bade- und Picknickstellen, auch Taucher sieht man hier des öfteren. Im Inneren der Kirche ist die Lebensgeschichte der heiligen Anna dargestellt, in der Apsis sind alte Fresken erhalten.

Am Fluss hinter Cannobio gibt es wunderschöne Badestellen

Der Ort *Crealla* in einem Seitental war bis vor kurzem nur auf einem steilen

Valle Cannobina

Vielbesucht: der Orrido di Sant'Anna

Fußweg mit 1500 Stufen durch Kastanienwald zu erreichen, mittlerweile ist die Zufahrtsstraße aber endlich fertig gestellt.

Das nahe *Falmenta* ist ein schmuckes Dorf, das bei in- und ausländischen Residenten beliebt ist, vieles wurde mittlerweile gekauft und restauriert.

● *Essen & Trinken* **Grotto Sant'Anna**, tolle Lage und durchschnittliche Küche – wie so oft an solch exponierten Stellen. Mo geschl. ✆ 0323/70682, www.ristorantesantanna.com.

Trattoria da Ornella e Vinicio, in Lunecco an der Durchgangsstraße, durchgehend geöffnet, insofern praktisch für Tagesausflügler, gut und nicht teuer. Di geschl. ✆ 0323/77515.

Gurro: Der hoch über dem Valle Cannobina gelegene Ort ist als Dorf der Schotten bekannt. Diese waren im 16. Jh. als Söldner in Diensten des französischen Königs Franz I. in Italien unterwegs, flüchteten nach der verlorenen Schlacht von Pavia (1525) gegen Kaiser Karl V. in die Berge und gründeten Gurro – wie es heißt, weil sie die Gegend an die schottischen Highlands erinnerte. An der Piazza della Chiesa kann man das *Museo Etnografico* besichtigen, es zeigt im Rahmen eines historischen Hauses mit Küche und Schlafraum Trachten, traditionelle Bekleidung, Ackergeräte, Werkzeuge und Spinnutensilien. Alle drei Jahre findet im Juli das große „Festa del Costume" statt, die Männer spielen dann Dudelsack und tragen den traditionellen Kilt, die Frauen ihre farbenprächtige Tracht namens „Barnasciä", mit Unterröcken im Schottenmuster. Mittlerweile gibt es sogar Erbansprüche in Schottland, die nach eingehender Prüfung von den Clans bestätigt wurden.

● *Übernachten* *** Belvedere**, Via Cursolo 15, im ruhigen Örtchen Orasso. Rustikales Haus mit Restaurant und kleinem Lebensmittelladen, die einzige Übernachtungsmöglichkeit im Valle Cannobina, schöner Blick übers Tal. 14 Zimmer, DZ mit Frühstück ca. 62–70 €, HP pro Pers. ca. 40 €. Ganzjährig geöffnet. ✆ 0323/77136, ✆ 77409, albelve.orasso@libero.it.

Hinter Finero erreicht man die Passhöhe von 1030 m, danach geht das Valle Cannobina in das ausgedehnte Hochtal Valle Vigezzo über. Bei Malesco trifft man auf die SS 337 und die berühmte Centovalli-Bahn, die beide von Locarno nach Domodossola führen (→ S. 201). Hier kann man durch das imposante Centovalli („Hundert

180　Italienisches Westufer

Täler") nach Locarno am See zurückfahren oder Richtung Westen nach Domodossola. Infos zum Centovalli auf S. 109.

▶ **Malesco**: Der Ort an der Nordgrenze des Parco Nazionale della Val Grande (→ S. 192) ist ein beliebter Einstiegspunkt für Wanderer, die den Park durch das Val Loana auf der Route nach Premosello Chiovenda im Val d'Ossola durchqueren möchten (Zwei-Tageswanderung, reine Gehzeit ca. 12 Std.). In der hiesigen Informationsstelle des Parks erhält man dazu Tipps und Hinweise. Das *Museo Archeologico della Pietra Ollare* im Palazzo Pretorio an der Piazza Ettore Romagnoli zeigt Funde aus dem Val Vigezzo von der Prähistorie über die Römer bis zu den ersten nachchristlichen Jahrhunderten, darunter viele schöne handgearbeitete Stücke aus dem örtlichem Speckstein, der relativ weich und deshalb leicht zu bearbeiten und zu polieren ist.

● *Öffnungszeiten* **Besucherzentrum des Parco Nazionale della Val Grande**, Mitte Juni bis Mitte Sept. Di–So 9–12 Uhr,16.30–18.30 Uhr.　**Museo Archeologico della Pietra Ollare**, Ende Juni bis Mitte Sept. 10–12, 16–18 Uhr, Mitte Sept. bis Mitte Okt. 16–18.30 Uhr.

▶ **Santa Maria Maggiore**: Im hübschen Hauptort des Val Vigezzo setzt das moderne, mit Audioeffekten ausgestattete *Museo dello Spazzacamino* an der Piazza Risorgimento den Schornsteinfegern ein Denkmal – über Jahrhunderte mussten sie aus dem bitterarmen Tal in die Großstädte auswandern und nahmen dabei Kinder als Arbeitssklaven mit (die ihnen oft von kinderreichen Familien gegen geringes Entgelt mitgegeben wurden), da diese auch durch die engsten Kamine passten. Oft genug kam es dabei zu schrecklichen Todesfällen. Mit Kopfhörern kann man beim Rundgang die typischen Geräusche der Schornsteinfeger und Kinderlieder hören.

Öffnungszeiten **Museo dello Spazzacamino**, Sa/So 10–12, 15–17 Uhr, Mitte Juni bis Mitte Sept. Di–So 10–12, 15–18 Uhr. ✆ 0324/95675, www.museospazzacamino.it.

Raduno internazionale degli Spazzacamini: Schornsteinfeger aus aller Welt

Jedes Jahr am ersten Septemberwochenende treffen sich in Santa Maria Maggiore über tausend Schornsteinfeger aus ganz Europa (und sogar Amerika) zum großen „Raduno internazionale degli Spazzacamini", 2008 bereits zum 27. Mal. Es werden alte Bräuche und Handwerkstechniken dargeboten, dazu gibt es traditionelle Trachten, Musik und Tanz.

▶ **Re**: In dem Ort östlich von Santa Maria Maggiore thront eine imposante und weithin sichtbare Wallfahrtskirche mit mächtigem Kuppelbau im neugotisch-byzantinischen Stil. Das *Santuario della Madonna di Re* entstand anlässlich eines Wunders im Jahr 1494 – damals tropfte Blut aus einem Marienbild, dazu kamen angebliche Wunderheilungen. 1894 wurde die heutige riesige Kirche begonnen und erst siebzig Jahre später endgültig fertiggestellt.

Von Cannobio nach Domodossola sind es 40 km. Von dort kann man durch das Val d'Ossola zum See zurückkehren und so eine Rundtour machen. Hinweise dazu auf S. 201.

Südlich von Cannobio

▶ **Carmine**: nur eine Handvoll Häuser etwa 3 km südlich von Cannobio, dazu ein sehr einfacher und uriger Campingplatz direkt am See. Hier kann man testen, ob das berühmte Ristorante „Del Lago" seine Michelin-Gabeln zu Recht trägt.

Das mittelalterliche *Carmine Superiore* liegt auf einem Felsvorsprung mit herrlichem Blick auf den See. Teil einer einstigen Burg ist die Kirche *San Gottardo* aus dem 14. Jh. Sie besitzt Fresken vom so genannten Meister von Carzoneso, die erst in den dreißiger Jahren des 20. Jh. unter einer dicken Mörtelschicht wieder entdeckt wurden.

• *Übernachten/Essen & Trinken* ***** Del Lago**, direkt an der Straße, gepflegtes Restaurant mit wunderbarer Terrasse und angeschlossener Enoteca, Menü ca. 40 € aufwärts. Der Garten reicht bis zum See hinunter, dort gibt es eine private Badestelle. Es werden zehn komfortable Zimmer vermietet, DZ mit Frühstück ca. 90–120 € (Restaurant Mi mittags und Di geschl.). ✆/≈ 0323/70595, www.enotecalago.com.

Osteria al Sasso, preiswertere Alternative, etwas erhöht auf der Landseite der Straße. Der Campingplatz gehört dazu. ✆ 0323/71392.

Camping Nosetto, verstecktes Terrassengelände mit nur 25 Stellplätzen unterhalb der Straße, viele Bäume, davor ein schmaler Strand (Eintrittsgebühr für Nichtcampinggäste). ✆ 0323/71392.

Cannero Riviera (ca. 1100 Einwohner)

Ein gepflegter Ort mit Stil, mit seinen langen Treppenwege duckt er sich unterhalb der Seestraße ans Ufer. Dort findet man eine gediegene, verkehrsfreie Promenade und gehobene Hotellerie mit Tradition – schon Königin Viktoria und Winston Churchill waren hier zu Gast.

Wegen seiner Südlage auf dem Delta des Rio Cannero und dem schützenden Hang dahinter kann sich Cannero eines besonders milden Klimas erfreuen, daher der Beiname „Riviera". Beim Spaziergang auf dem verkehrsfreien Lungolago kommt man am Bootshafen vorbei, der von einer modernen Time-Sharing-Anlage von Hapimag umgeben ist. Danach überquert man den Rio Cannero und erreicht eine ausgesprochen schöne Badezone, die genau nach Süden ausgerichtet ist, mit langem Kiesstrand und liebevoll angelegter Grünfläche, Oleander, Fächerpalmen und Weiden – wie Cannobio ebenfalls Träger der „Blauen Fahne", die sauberes Wasser und Umweltfreundlichkeit bewertet. Ein Campingplatz liegt gleich dahinter und zieht vor allem Familien an, die hier eine ruhige und erholsame Seeecke vorfinden. Das *Museo Etnografico e della Spazzola* wurde von der örtlichen Mittelschule gegründet. Die Schüler sammelten bei den Ortsbewohnern alte Stücke aus der

Zum Sundown ein „Aperitivo" auf dem Catamarano Solare

182   Italienisches Westufer

Vergangenheit, beschrifteten sie und stellten sie in der Villa Laura in der Via Dante aus. Außerdem ist dort eine historische Küche nachgebildet und ein Raum widmet sich der Bürstenproduktion, die im19./20. Jh. die wichtigste Industrie war.

- *Öffnungszeiten* **Museo Etnografico e della Spazzola**, nach Vereinbarung unter ✆ 0323/788091 o. 788039.
- *Information* **Pro Loco**, an einer zentralen Kreuzung im Zentrum, oberhalb der Hapimag-Anlage. Mo–Sa 9.30–12, 15–18 Uhr. ✆ 0323/788943, www.cannero.it.
- *Übernachten* **TIPP! **** Cannero**, seit 1902 dient dieses wunderschön nostalgisch und komfortabel eingerichtete Hotel mit zwei nebeneinanderliegenden Häusern seinen Gästen als behagliches Domizil. Viele Stammgäste, freundlich geführt von Signora Gallinotto. Parkplatz, Restaurant mit Terrasse und Seeblick, Swimmingpool, Solarium. DZ mit Frühstück ca. 110–146 €. ✆ 0323/788046, ✆ 788048, www.hotelcannero.com.

*** Il Cortile, Via Massimo d'Azeglio 73, wenige Meter hinter der Promenade, nur neun Zimmer, schick aufgemacht in einem restaurierten Haus aus dem Mittelalter, das exquisite Restaurant im Innenhof. DZ mit Frühstück ca. 110–120 €. ✆ 0323/787213, www.cortile.net.

B&B Casa Banano, Via Marconi 30, gehört zum Restaurant Sano Banano. Schlicht möbliterte Zimmer mit Terrasse im Ortskern. DZ mit Frühstück ca. 74–80 €. ✆ 0323/2153073, ✆ 787356, www.casabanano.com.

TIPP! Camping Lido, beliebter Platz mit genügend Schatten und ordentlichen Sanitäranlagen direkt am Strand, geführt vom jungen, sympathischen Besitzer Chicco. Kinderspielplatz, Sportplatz, Tennis, Basketball, Tischtennis, Bootsvermietung, Tretboote, Fahrräder, Raum mit Waschmaschinen. Im Laden kann man Brötchen für den nächsten Morgen vorbestellen. Rechtzeitige Reservierung empfohlen. März bis Okt. ✆/✆ 0323/787148, www.campinglidocannero.com.

- *Essen & Trinken* Im Ortskern findet man einige nette Lokale.

Sano Banano, Via Marconi 30, ca. 50 m landeinwärts der Anlegestelle. Originelles Lokal – drinnen ein langes Boot als Bar, hin-

ten ein überwachsener Hof, nett zum Sitzen, gute lokale Küche. Mit Zimmervermietung. ✆ 0323/788184, www.sanobanano.com.

Trattoria da Gino e Gabi, Via Dante 12, gemütliches Terrassenlokal in einem schönen Garten. Kleine, aber feine Speisekarte. Nur abends, sonntags auch mittags (außer Juli/August). ✆ 0323/788160.

Piccadilly, Via d'Azeglio 32, solide Trattoria im oberen Ortsbereich, der Gastgarten gleich unterhalb der Durchgangsstraße, Paolo kocht leckeres Risotto, manchmal auch Fondue, aber auch die Pizzen sind zu empfehlen. ✆ 0323/787510.

Ca' Bianca, ein wenig nördlich von Cannero, postkartenreif am Wasser gelegenes Restaurant, Blick auf die vorgelagerten Burginseln, eigener Bootsanleger und Strandzone. Mi geschl. ✆ 0232/788038.

- *Bars* In der **Bar** neben der Anlegestelle sitzt man direkt am Wasser und kann kleine Gerichte zu vergleichsweise günstigen Preisen sich nehmen.

TIPP! Catamarano Solare, die beim Strand auf dem Wasser schaukelnde, hölzerne Katamaranbar ist einzigartig auf dem Lago – „der" Platz für den Sundown-Cocktail.

- *Sonstiges* **Markt**, freitags auf einem Platz im Zentrum.

Kunst- und Handwerkermarkt, im Juli und August jeden Di 18–23 Uhr an der Seepromenade.

Internationale Zeitungen/Zeitschriften, gut sortierter Shop bei der Fähranlegestelle.

- *Feste/Veranstaltungen* **Mostra della Camelia**, das milde Klima Canneros ist ideal für die Zucht von Kamelien. Seit dem Jahr 2000 gibt es jeweils im März eine große Kamelienausstellung mit über 200 Arten und geführter Besichtigung privater Gärten.

Madonna del Carmelo, eindrucksvolle Prozession am zweiten Sonntag im Juli, dazu ein Lichtermeer auf dem See.

Cannero Riviera/Umgebung

▸ **Castelli di Cannero**: Nördlich von Cannero liegen direkt vor dem Ufer zwei befestigte Inseln wie verwunschene Burginseln in einem schottischen „Loch". Im Mittelalter hausten hier fünf Raubritterbrüder namens Mazzardi (genannt „I Mazzarditi") kontrollierten den Handel mit der Schweiz und tyrannisierten die gesamte Seeregion. Ihre besondere Vorliebe galt der Entführung junger Frauen, doch als sie die Töchter des Podestà von Cannobio raubten, hatten sie den Bogen überspannt. 1414 hungerte Filippo Visconti sie aus, zerstörte ihre Befestigungen und ließ sie hinrichten. Die heutige Burg stammt aus dem 16. Jh. und wurde von den Borromäern als Bollwerk gegen die Schweizer Eidgenossen erbaut, zur Erinnerung an Vitaliano Borromeo (1620–90) *Rocca Vitaliana* genannt. Als die Burg keine Bedeutung mehr hatte, nisteten sich Schmuggler ein. Später nutzte man sie zeitweise als „Limonaia" für den Zitronenanbau und sogar für die Kaninchenzucht.

Die Raubritterinseln Castelli di Cannero

Wer über ein Boot verfügt, kann die kleinere der beiden Inseln anfahren (in Cannero werden auch Überfahrten angeboten). Dort steht nur ein Turm und es gibt eine schöne Wiese, die zum Picknick oder Sonnenbaden geeignet ist. Die größere Insel ist vollständig ummauert und durch ein schweres, eisernes Tor versperrt.

Von Cannero über den Passo Il Colle nach Verbania

Diese besonders schöne Bergstrecke führt von Cannero Riviera nach Verbania. In den kleinen Örtchen mit ihren herrlichen Panoramablicken haben sich nicht wenige Künstler niedergelassen.

Zunächst nimmt man die steile Straße ins alte Dörfchen *Viggiona* hinauf, dort kann man gut im Ristorante „La Luna" am Ortseingang einkehren. Weiter geht es über *Cheglio* (Ortsteil vom benachbarten Trarego) und vorbei am *Monte Carza* (1116 m) hinauf zum *Monte Spalavera* (1534 m) an der Nordostecke des Nationalparks Val Grande.

Sentiero d'Arte: Künstlerpfad am Lago Maggiore

Im schönen alten Trarego, das in traumhafter Lage über dem Westufer liegt, hat sich in den vergangenen zehn Jahren eine Künstlergemeinschaft angesiedelt. Diese präsentiert sich jedes Jahr an den vier Ostertagen in Trarego und im benachbarten Cheglio. Während in den vergangenen Jahren die Künstler zunächst auf einem, dann auf zwei Plätzen in Trarego ausstellten, sind nun neue Ideen entstanden. Ostern 2008 etwa wurde ein „Sentiero d'Arte" ins Leben gerufen. Dieser Rundweg von etwa 20 Gehminuten führt durch die Dörfer Trarego und Cheglio. In sieben markierten Häusern ortsansässiger Künstler kann man verweilen und Einblick in deren Arbeit nehmen, auch weitere bildende Künstlerinnen und Künstler bereichern mit ihren Werken die Ausstellung. Besonderer Wert wird darauf gelegt, dass in jeder der sieben „Privatgalerien" Objekte verschiedenster Stilrichtungen, Techniken und Materialien in das Betrachterbild gerückt werden: Malereien, Skulpturen, Keramikexponate, Objekte, Eisenplastiken, Schmuckexponate etc. sind teilweise in historischen und für die Region typischen Natursteinhäusern zu sehen. Bei kleinen kulinarischen Köstlichkeiten und Weinen aus dem Piemont, die an jedem Ort gereicht werden, sicherlich ein schönes Ostererlebnis.

184 Italienisches Westufer

Am *Passo Il Colle* (1238 m) zweigt eine Bergpiste zum Passo Folungo ab, wo noch Reste der Cadorna-Verteidigungslinie aus dem Ersten Weltkrieg erhalten sind (→ S. 192). Über *Manegra* und Premeno kann man anschließend nach Verbania Intra am See hinunterkurven. *Premeno* liegt in einer nach Norden hin geschützten Mulde und war schon Anfang des 20. Jh. ein beliebter Ort zur Sommerfrische. Hier wurde in den sechziger Jahren auch der erste Golfplatz am Lago Maggiore eröffnet (www.golf piandisole.it).

• *Übernachten* ** **Garni Viggiona**, am Ortseingang des gleichnamigen Dorfs, solides, neu erbautes Haus mit acht Zimmern, jeweils Balkon oder Terrasse. Angenehme und ruhige Bleibe, in dieser Ecke ohne Konkurrenz. DZ mit Frühstück ca. 75–80 €. ℡ 0323/788050, ℡ 787037, www.garniviggiona.it.

* **La Perla**, Via Passo Piazza 6, Trarego, unschlagbar günstig, weil deutlich in die Jahre gekommen. Mit Bar, wo man auch schön draußen sitzen kann und auf den See blickt, unterhalb davon eine Bocciabahn. DZ um die 40–45 €. ℡/℡ 0323/788146.

• *Essen & Trinken* **La Luna**, gleich gegenüber vom Garni Vigiona liegt das dazugehörige Restaurant, ein einfaches und unprätentiöses Lokal mit netter Terrasse unter Baumschatten, leider kein Seeblick. Gute, unkomplizierte Küche, wechselnde Tagesgerichte. ℡ 0323/788050.

Usignolo, einige Kurven höher, verdankt seinen Ruf hauptsächlich der tollen Lage mit dem herrlichen Blick – wie so oft in solchen Fällen muss man dann in der Küche nicht mehr zaubern. ℡ 0323/788356.

Alpe Archia, Via Contrada Arcia 1, Agriturismo in 1400 m Höhe, etwa 16 km von Cannero, gute lokale Küche. Mai bis Okt. ℡ 0323/496567 o. 347-7788575, jacchetti@libero.it.

• *Kunst* In Viggiona arbeitet die Künstlerin **Moravia**, genannt die Kameliendame. Mit ihren fantasievoll-surrealen Bildern, in denen sie Blei- und Buntstiftzeichnung mit Aquarellierung kombiniert, setzt sie der Seeregion ein wunderschönes Denkmal. Besuch nach Anmeldung unter ℡ 0323/787214.

Von Cannero Riviera nach Verbania

Den auf den Landkarten südlich von Cannero eingetragenen Ort *Oggebbio* wird man an der Uferstraße vergeblich suchen. Er besteht aus mehr als einem Dutzend Weilern, die bis weit hinauf in die Berge verstreut sind. Einen traumhaften Seeblick hat man hier überall, aber die Straßen sind steil, eng und kurvig und so hat man oft mehr mit dem Fahrzeug zu tun als mit dem Genuss der Landschaft. Unten am See gibt es bei der Residence „Casa e Vela" eine Badezone mit künstlicher Liegewiese und Liegestühlen, Bar, Boots- und Fahrradverleih. Beim Ristorante „Lago" liegt ein Uferkai mit Wiese und Leitern ins Wasser.

Verstreut stehen in Ufernähe und an den Hängen prächtige Jugendstilvillen – in der Villa del Pascià soll Verdi zu seiner Oper „Aida" inspiriert worden sein. In *Gonte*, etwas oberhalb der Uferstraße erhebt sich die Kirche *San Pietro* mit dem höchsten Glockenturm am Westufer des Lago Maggiore (42 m). Und bei *Novaglio* balanciert die romanische Kirche *Santa Agata* auf einem Felsvorsprung über dem See.

Opulente Architektur der Belle Époque

Von Cannero Riviera nach Verbania

Lauschiges Fleckchen bei der Pizzeria Zi' Rosaria, nördlich von Verbania

●*Übernachten* **Casa e Vela**, Via M. Oggebbiesi 21, Residenzhaus mit zweckmäßig eingerichteten Studios und Apartments direkt über der Uferstraße, jeweils mit Balkon. Solarium und Parkplatz. Zum Strandbad überquert man die Straße, dort gibt es eine künstliche Liegewiese, ein Restaurant mit Panoramaterrasse und die Bar „Lido". Im Sommer Verleih von Motorbooten, Wasserscootern, Kanus, Tretbooten und Fahrrädern. Auch einen Bootsanlegeplatz gibt es. Zu buchen z. B. über www.fewo traum.de oder tourist-online.de. ✆ 0323/48272.

*** **Villa Margherita**, Via G. Polli 11, bei Gonte, hoch über der Uferstraße. Mit gewohnter Schweizer Professionalität wird die schöne alte Villa über dem See geführt. Terrassenpark mit Swimmingpool, exklusiv eingerichtete Zimmer mit Marmorbad und Whirlpool, Restaurant. DZ mit Frühstück zur Seeseite 260 €, mit Balkon 310 €, nach hinten (Blick auf Gonte) ca. 150 €. Eine Oase der Ruhe, deshalb Kinder unerwünscht. ✆ 0323/491006, ✆ 491928, www.villa-margherita.it.

TIPP! *** **Bel Soggiorno**, Via P. Caremoli 14, einfaches Mittelklassehaus am südlichen Ortseingang von Gonte. Fantastischer Blick über den Lago, Restaurantterrasse unter Platanen, bekannt leckere Pizza. Zimmer ordentlich, ohne Extravaganzen. Parkplatz. DZ mit Frühstück ca. 90 €. ✆/✆ 0323/48114, www.albergobelsoggiorno.it.

** **Sole**, Via Nuova per Cassino 8, wenige Meter oberhalb der Uferstraße, toller Seeblick, sehr nett und familiär geführt, hübsche Sonnenterrasse. DZ mit Frühstück ca. 60–80 €. ✆ 0323/788150, www.albergosole.it.

Camping La Sierra, zwischen Oggebbio und Ghiffa in Terrassen über der Straße, unterhalb liegt ein Badestrand. Mit Restaurant und Seeblick, die Straße kann etwas störend sein. ✆ 0323/59420, ✆ 590712, www.campinglasierra.it.

Wohnmobilstellplatz, Strada Martiri Oggebbiesi 6, komfortabler, allerdings nicht ganz billiger Stellplatz, den man bei der Fahrt auf der SS 34 wegen der engen Einfahrt schnell übersieht. Jedes Mobil hat seine eigene gemauerte Terrasse mit Seeblick, Strom- und direktem Wasseranschluss, auch warme Duschen gibt es. Preis je nach Saison ca. 10–20 €. ✆ 0323/407474, eurnaser@libero.it.

●*Essen & Trinken* **Lago**, Via Nazionale 86, bei einem größeren Parkplatz an der Uferstraße, von Vito und Familie freundlich geführt, gute Küche, frischer Fisch und erfreulicher Service. ✆ 0323/48105.

Ghiffa: Die Uferstraße durchtrennt die Gebäude der ehemaligen, 1881 gegründeten Hutfabrik Panizza & Co. Den landseitigen Komplex hat man als *Museo dell'Arte del Cappello* der Öffentlichkeit zugänglich gemacht. Die Herstellung von Filzhüten unter Verwendung von natürlichem Tierfellhaar war in dieser Gegend seit dem 18. Jh. ein bedeutender Wirtschaftszweig. Eine ausgeschilderte Straße führt hinauf zum Sacro Monte di Ghiffa.

186   Italienisches Westufer

• *Öffnungszeiten* **Museo dell'Arte del Cappello**, April bis Okt. Sa/So 15.30–18.30 Uhr, Juli/August auch Di u. Do, Sept./Okt. Di. Mit Führung, Eintritt frei. ✆ 0323/59174, museocappelloghiffa@libero.it.

• *Übernachten/Essen & Trinken* **** Villa Gioiosa**, Corso Risorgimento 236, Località Frino. Alte Villa mit Park in schöner Lage über dem See, familiär geführt, besondere Sorgfalt wird der Küche gewidmet. DZ mit Frühstück   ca. 70–80 €.   ✆/✆ 0323/59218,

hotelvillagioiosa@tiscali.it.

TIPP! Zi' Rosaria, Corso Belvedere 26, Ristorante/Pizzeria mit Zimmervermietung unmittelbar unterhalb der Durchgangsstraße direkt am Wasser, schöne, grün überwucherte Terrasse, unkomplizierter und flinker Service, Fisch, Risotto und Pizza. Die Zimmer liegen in einem Nebengebäude und sind nur als Stop-over geeignet. DZ mit Frühstück ca. 40–70 €. ✆ 0323/59277.

▶ **Sacro Monte della Santissima Trinità di Ghiffa**: Oberhalb von Ghiffa liegt inmitten eines ausgedehnten Naturschutzgebietes um den *Monte Cargiago* (713 m) ein barockes Heiligtum mit Wallfahrtskirche, drei großen Kapellen und einem 14-bogigen Laubengang mit Kreuzwegbildern aus dem 19. Jh., der in eine Marienkapelle mündet. 2003 wurde der Sacro Monte di Ghiffa mit acht weiteren „Heiligen Bergen" (→ S. 235) ins Weltkulturerbe der Unesco aufgenommen.

Das waldreiche Naturschutzgebiet bietet sich für Spaziergänge und Wanderungen an. Beim Santuario kann man parken, dort gibt es auch einen Fitness-Parcours und ein an Wochenenden oft recht volles Restaurant. Man kann von dort z.B. in etwa 90 Min. zum weit gefächerten Dorf *Pollino* auf einer Hochebene in 750 m Höhe hinaufsteigen. Oder man geht auf dem Weg 1 in Richtung Caronio (Südwest), zweigt dort kurz vor dem Dorf rechts auf den archäologischen Pfad „Segni di Pietra" ab, der durch den Wald zur *Cappella del Monte* führt, und steigt dann da*Val di Pollino* hinauf bis zum gleichnamigen Dorf. Dort kann man im Albergo/Ristorante Canetta einkehren und/oder übernachten.

• *Übernachten/Essen & Trinken* **Santissima Trinità**, großes Ausflugslokal beim Santuario, Mi geschl. ✆ 0323/59300.

** Canetta, Via Belvedere 23, solides Albergo mit Restaurant oberhalb vom See. DZ mit Frühstück   ca. 60 €.   ✆/✆ 0323/587044, www.albergocanetta.com.

Verbania Intra   (Einwohner siehe unter Pallanza)

Verbania, die größte Stadt am See, besteht aus den beiden Ortsteilen Intra und Pallanza, die durch die Landzunge Punta della Castagnola getrennt sind. Beide besitzen nicht unbedingt die Muße eines Urlaubsorts, sondern eignen sich eher zum Bummeln im Rahmen eines Tagesausflugs. Viel besuchte Attraktion sind vor allem die berühmten Giardini di Villa Taranto auf der Punta della Castagnola.

Im nördlichen Ortsteil *Intra* befindet sich die Anlegestelle der Autofähren, die alle 20 Minuten ans gegenüberliegende Ufer nach Laveno pendeln. Im alten Hafen (Vecchio Imbarcadero) steht eine mächtige Granitsäule aus Montorfano (→ S. 200) Schräg gegenüber gibt eine große, ufernahe Piazza, wo man sich abends bei Livemusik in den Cafés trifft. Dahinter zieht sich ein labyrinthisches Altstadtviertel einen leichten Hügel zum großen Dom *San Vittore* mit freistehendem Glockenturm hinauf.

• *Anfahrt/Verbindungen* **Bus**, SAF fährt etwa stündlich über Pallanza, Stresa, Feriolo und Baveno nach Arona, außerdem gibt es auf dieser Strecke Verbindungen mit VCO. Ebenfalls etwa stündlich fährt VCO über Can-

nero Riviera, Cannobio und Brissago nach Locarno (Schweiz). Alibus fährt 5 x tägl. über Feriolo, Baveno, Stresa und Arona zum Flughafen Malpensa. Abfahrt am Piazzale Aldo Moro und an der Anlegestelle der Autofähren.

Giardini di Villa Taranto: einzigartige Pflanzenpracht

Der 16 ha große Park im englischen Stil mit einer Unmenge prächtiger exotischer Pflanzen und Bäume sowie verspielten Wasserbecken, Brunnen und Terrassen wurde 1931 vom schottischen Captain Neil Boyd McEacharn gegründet, der den Ehrgeiz hatte, hier einen der besten botanischen Gärten der Welt anzulegen. Da er kinderlos war, übereignete er ihn 1938 dem italienischen Staat mit der Auflage, sein Werk fortzusetzen und zu erweitern. Dies ist sichtlich gelungen und die Pflanzenvielfalt ist tatsächlich einzigartig – ungefähr 20.000 Arten existieren hier, darunter hunderte von Rhododendren und Dahlien, Wasserpflanzen, Lotusblumen, Azaleen, Kamelien, Hortensien, Forsythien, Magnolien, Astern, Lilien, Tulpen und vieles mehr. Die Blütezeiten der einzelnen Arten erstrecken sich von Frühjahr bis Herbst, besonders schön ist der Park zur Zeit der Baumblüte im Frühjahr. Ende April findet seit über fünfzig Jahren die „Settimana del tulipano" statt, in der über 80.000 Blumen fast gleichzeitig ihre Pracht entfalten. McEacharn liegt auf eigenen Wunsch seit 1964 in einem Mausoleum auf dem Gelände begraben. Seit 2005 kann man in einem Palazzo des 18. Jh. sein Herbarium mit vielen Pflanzen aus dem Süden Englands besuchen. Der Park besitzt eine eigene Schiffsanlagestelle, dort liegt auch der Eingang.

Öffnungszeiten Ende März bis Ende Okt. tägl. 8.30–18.30 Uhr (Okt. bis 17 Uhr), Eintritt ca. 8,50 €, Kinder (6–14 J.) 5,50 €. 0323/556667, www.villataranto.it.

Italienisches Westufer

Schiff, Fähren mit Autotransport und Tragflügelboote fahren von 5 bis 24 Uhr etwa 2–3 x stündl. ins gegenüberliegende Laveno und zurück. Außerdem gibt es fast stündlich Verbindungen nach Stresa und auf die Borromäischen Inseln (z. T. weiter nach Arona) sowie mehrmals tägl. über Cannobio nach Locarno und hinüber zum Ostufer.

• *Übernachten* ****** Ancora**, Corso Mameli 65, schöner alter Palazzo ganz zentral an der Uferstraße, gleich beim alten Hafen. Modern eingerichtete Zimmer, herrlicher Seeblick, auch schön zum Sitzen am Lungolago, allerdings vom Verkehr beeinträchtigt. DZ mit Frühstück ca. 136–177 €, ohne Seeblick günstiger. 0323/53951, 53978, www.hotelancora.it.

188   Italienisches Westufer

*** Il Chiostro, Via Fratelli Cervi 14, über hundert Zimmer in einem renovierten Kloster des 17. Jh., viel Platz, Säle für Seminare, großer Garten mit Spielgeräten für Kinder. DZ mit Frühstück ca. 72–102 €. ✆ 0323/404077, ✉ 401231, www.ciostrovb.it.

*** Villa Aurora, Via Brigata Cesare Battisti 15, alte Industriellenvilla mit Garten und Restaurant in zentraler Lage, zehn Zimmer. DZ mit Frühstück ca. 80–100 €. ✆/✉ 0323/401482, www.hotelvillaaurora.com.

● *Essen & Trinken* **TIPP! Osteria del Castello**, besonders hübsche Osteria an der gleichnamigen Piazza im Stadtkern, geführt von jungen Leuten. Vor der Tür große, überdachte Steintische, drinnen Weinregale. Pasta, deftig-leckere Imbisse und gute Weinauswahl. Beachtenswert: die vierzig Jahre alte Espressomaschine hinter der Theke! Mittlere Preise. So geschl. ✆ 0323/516579.

● *Shopping* Der **Markt** von Intra findet jeweils Sa 9–16 Uhr statt, er ist der größte am Westufer und gilt als der authentischste am See.

● *Feste/Veranstaltungen* **Verbania Vela**, Anfang Juni findet die internationale Segelregattawoche statt, genaue Termine und Infos unter www.cvci.it.

Notti di Note, an den ersten Samstagabenden im Juli ziehen bis spät in die Nacht Dutzende von Musikgruppen durch die Stadt und feiern die „Nacht der Noten".

Verbania Pallanza   (mit Intra ca. 32.000 Einwohner)

Der hübschere und mondänere Ortsteil von Verbania liegt westlich der Landspitze Punta della Castagnola.

Von der langen Promenade, die parallel zur Uferstraße mit ihren gediegenen Palazzi und Hotels verläuft, hat man einen schönen Blick hinüber nach Stresa und auf die nahen Isole Borromee (→ S. 214), auf die von hier auch Boote hinüberfahren. Nicht weit von der Fähranlegestelle erhebt sich am Ufer das faschistische *Mausoleo Cadorna*, errichtet 1932 zu Ehren des Generals Luigi Cadorna, im ersten Weltkrieg Chef des italienischen Generalstabs. Sein Leichnam ruht in einem Sarkophag aus rotem Porphyr.

Die Einkaufsstraße Via Ruga führt durch die Altstadt hügelaufwärts. Am Ende steht kurz vor der Piazza Gramsci der imposante Palazzo Dugnani mit dem besuchenswerten *Museo del Paesaggio*. Im Untergeschoss zeigt eine Gipsothek Skulpturmodelle und Bronzefiguren des in Verbania geborenen Bildhauers Trubezkoj, danach folgt eine ansprechend präsentierte Sammlung archäologischer Funde. In der schön bemalten Sälen im ersten Stock sind Gemälde lokaler und oberitalienischer Künstler des 19. und 20. Jh. ausgestellt, darunter das monumentale, 6,50 m lange „Alla Vanga" von Arnaldo Ferraguti (1862–1925), das im Stil des so genannter Sozialistischen Realismus (Verismo sociale) die harte Arbeit der Landleute darstellt. Die romanische Basilika *Madonna di Campagna* findet man ein Stück landeinwärts vom Zentrum am Viale Giuseppe Azari. Wie der Name sagt, stand die von Bramante umgebaute Kirche ursprünglich allein in der Natur, heute ist die Umgebung von der Nüchternheit der Moderne geprägt. Im Inneren ist sie mit Fresken des 18. Jh. ausgestattet, besonders imposant ist die achteckige Kuppel.

Auch baden kann man in Pallanza, das kommunale Strandbad liegt im Ortsteil Suna, von Pallanza aus in Richtung Stresa (→ Ortsplan).

● *Öffnungszeiten* **Museo del Paesaggio**, April bis Okt. Di–So 10–12, 15.30–18.30 Uhr, Mo geschl., Eintritt ca. 4 €. ✆ 0323/556621. **Villa San Remigio**, geführte Besichtigung nur an Sommerwochenenden nach Anmeldung beim Informationsbüro.

● *Anfahrt/Verbindungen* **Bahn**, der Bahnhof liegt einige Kilometer außerhalb am Fuß des Mont'Orfano, etwa stündl. fahren Regionalzüge nach Stresa und weiter nach Arona, außerdem gehen Züge zum Flughafen Malpensa (mit Umsteigen in Busto Arsizio). **Bus**, SAF fährt etwa stündlich über Stresa Feriolo und Baveno nach Arona, außerdem

Essen & Trinken
2 Hosteria Dam a Traa
4 Hostaria Il Cortile
5 Osteria del Lago
7 Bolongaro
9 Al Porto

Verbania Pallanza

gibt es auf dieser Strecke Verbindungen mit VCO. Ebenfalls etwa stündl. fährt VCO über Intra, Cannero Riviera, Cannobio und Brissago nach Locarno (Schweiz). Alibus fährt 5 x tägl. über Feriolo, Baveno, Stresa und Arona zum Flughafen Malpensa. Abfahrt an der Piazza Gramsci.

Schiff, fast stündlich Verbindungen nach Stresa und auf die Borromäischen Inseln (z. T. weiter nach Arona) sowie mehrmals tägl. über Cannobio nach Locarno und hinüber zum Ostufer.

• *Information* **IAT**, Corso Zanitello 6/8, an der Uferstraße östlich der Piazza Garibaldi. ✆ 0323/503249, ✉ 507722, www.distrettolaghi.it.

• *Internet* **Puntolinea**, Piazza Giovanni XXIII 19. ✆ 0323/503573, www.puntolineasnc.com.

• *Übernachten* ****** Grand Hotel Majestic (12)**, Via Vittorio Veneto 32, prächtig renovierter Belle-Époque-Palast an der Zufahrt von Pallanza zu den Giardini di Villa Taranto. In der ersten Hälfte des 20. Jh. eins der Tophotels Europas, die Duse, Toscanini und Debussy gehörten zu den Gästen. An diese alten Zeiten versucht man wieder anzuschließen. Mit Wellness Center und Hallenbad, schöne Terrasse zum See. DZ mit Frühstück ca. 190–290 €. ✆ 0323/504305, ✉ 356379, www.grandhotelmajestic.it.

*** Belvedere (8), Viale delle Magnolie 6, komfortables Haus bei der Anlegestelle,

Italienisches Westufer

schöne Zimmer mit Seeblick. DZ mit Frühstück ca. 100–130 €. ℡ 0323/503202, ℻ 504466, www.pallanzahotels.com.

** Villa Azalea (6), Salita San Remigio 4, alte Villa mit Atmosphäre, etwas versteckt in einem Park auf einem Hügel oberhalb vom historischen Zentrum. Das Frühstück wird bei schönem Wetter im Freien eingenommen. DZ mit Frühstück ca. 66–80 €. ℡ 0323/556692, ℻ 508062, www.albergovillaazalea.com.

* Villa Tilde (10), Via Vittorio Veneto 63, alte Villa an der Zufahrt von Intra zu den Giardini di Villa Taranto. Alles schon etwas in die Jahre gekommen, dafür auch nicht so teuer. Toller Blick auf den See, Frühstück im Garten. DZ mit Frühstück ca. 50–70 €. ℡/℻ 0323/503805.

Schiffsausflug auf den See

TIPP! Agriturismo Il Monterosso (1), Via al Monterosso 30, über allerengste Haarnadelkurven geht es hinauf zu dem über hundert Jahre alten Turmhaus im dicht bewaldeten Gebiet des Monterosso hoch über Pallanza. Der Agriturismo umfasst 250 ha, es werden Ziegen, Schafen und andere Kleintiere gehalten. Bei Iside Minotti und ihrer Familie gibt es funktionale Zimmer (am schönsten im Turm) und Apartments in einem Neubau, aber auch allerüppigste piemontesische Menüs zu erfreulichen Preisen (ca. 20 €), die weitgehend aus eigenen Produkten zubereitet werden, z. B. leckeres *risotto al funghi*. Sehr beliebt bei den Bewohnern von Verbania und deshalb im Sommer oft sehr voll. DZ mit Superfrühstück ca. 60–74 €. Fahrradverleih. Anfahrt: den Viale Giuseppe Azari an der Kirche Madonna di Campagna vorbei, 500 m weiter beginnt links die Auffahrt (ca. 5 km). ℡ 0323/556510, ℻ 519706, www.ilmonterosso.it.

Centro Pastorale San Francesco (3), Via alle Fabricche 8, zwischen Intra und Pallanza, 2 Min. vom Seeufer. Große „Casa per Ferie" der Diözese von Novara, geräumige und saubere Zimmer mit Etagendusche, Auto kann man kostenlos vor dem Haus parken, Supermarkt um die Ecke, Sportmöglichkeiten. Fast nur italienische Gäste, viele Jugendliche, aber auch Familien. DZ ca. 35–40 €. ℡ 0323/519568, ℻ 408542, www.centropastoralesanfrancesco.com.

Ostello Verbania (11), Via alle Rose 7, Jugendherberge in einer schönen, alten Villa, 85 Betten, Übernachtung mit Frühstück ca. 14,50 € pro Pers., DZ ca. 38 €. März bis Okt. ℡ 0323/501648, ℻ 507877, www.ostellionline.org.

Wohnmobilstellplätze, südlich von Intra, zwischen Viale Sant'Anna und Via Massara, 40 Stellplätze, gratis (℡ 0323/542311); ein weiterer liegt in Suna, westlich von Pallanza.

● *Essen & Trinken* **Hostaria il Cortile (4)**, Via Albertazzi 14, etwas oberhalb vom Zentrum an der Uferstraße. Gemütliche Osteria im alten Stil in einem Innenhof. Man sitzt an einfachen Holztischen und kann die solide Hausmannskost genießen. Mi geschl. ℡ 0323/502816.

Osteria del Lago (5), Via Tacchini 2, kleine Osteria in zweiter Reihe, etwas versteckt hinter dem Municipio an der Uferfront. Hauptsächlich Einheimische kehren hier ein und genießen die sorgfältig zubereiteten Gerichte. Keine Plätze im Freien. Mo geschl. ℡ 0323/504503.

Bolongaro (7), Piazza IV Novembre 9, zentrale Lage gegenüber der Fähranlegestelle und bekannt für seine großen, schmackhaften Pizzen. Mo geschl. ℡ 0323/503254.

Al Porto (9), Corso Zanitello 3. Restaurant und Musikbar an der Uferstraße, schöne Terrasse im ersten Stock. Di geschl. ℡ 0323/557124, www.alporto.biz.

TIPP! Hosteria Dam a Traa (2), Via Troubetzkoy 106, Ortsteil Suna, an der Uferstraße in Richtung Stresa. Großes Weinlokal mit warmer Küche, im Sommer oft Livemusik, viele junge Leute. Mo geschl. ℡ 0323/557152.

● *Eis* **Isola del Gelato**, Corso Europa 43. Riesenauswahl an Sorten und Eisbechern u.a. Eis aus biologischen Inhaltsstoffen, Eis ohne Zucker und Sojaeis.

● *Shopping* **Markttag** in Pallanza ist Fr (8–12 Uhr).

● *Feste/Veranstaltungen* **Mostra della Camelia**, schon seit über vierzig Jahren findet Ende März diese bedeutende Kamelienausstellung in der Villa Giulia statt.

Verbania Pallanza

Blick auf die Isola San Giovanni vor Pallanza

Notti di Note, an den ersten Samstagen im Juli musizieren bis spät in die Nacht Dutzende von Musikgruppen am Lungolago von Suna.

Palio Remiero, nächtliches Wettrudern am 14. August, zum Abschluss ein prächtiges Feuerwerk.

Corso Fiorito, Anfang September großer Blumenwagenumzug an der Uferpromenade, viele fantasievolle Kunstwerke aus Blumen können bewundert werden (www.corsofiorito.it).

Pallanza/Umgebung: Wenn man von der Kirche Madonna di Campagna (→ oben) den Viale Azari noch ein Stück nach Norden fährt, erreicht man die abenteuerlich kurvige Auffahrt zum 700 m hohen, waldreichen *Monterosso*. Oben gibt es zahlreiche Spazier- und Wanderwege und man genießt herrliche Ausblicke auf den See und das Monte Rosa-Massiv im Westen.

Auf der Anhöhe *La Castagnola* oberhalb von Pallanza – benachbart zur Villa Taranto mit ihrem Botanischen Garten (→ oben) – ließen die irische Malerin Sofia Browne und ihr Geliebter, der neapolitanische Marchese Silvio della Valle di Casanova, Anfang des 20. Jh. die *Villa San Remigio* mitsamt Park errichten, die eine harmonische Verbindung zwischen Kunst und Natur schaffen sollten. Die einzelnen Parkabschnitte tragen so poetische Namen wie „Garten der Freude", „der Glückseligkeit", „der Wehmut", „der Erinnerungen" bis zum „Garten der Seufzer", von einigen Aussichtspunkten – und natürlich von der Villa selber – kann man einen wunderbaren Seeblick genießen. Das für den Namen verantwortliche romanische Kirchlein *San Remigio* aus dem 12. Jh. steht gleich in der Nachbarschaft, ist aber geschlossen. In der Villa ist heute die Verwaltung des Parco Nazionale della Val Grande untergebracht (→ nächster Abschnitt).

Die kleine *Isola San Giovanni*, die nur wenige Meter vor der Punta della Castagnola liegt, ist in Besitz der Adelsfamilie Borromeo und nicht zu besichtigen. Der weltbekannte Dirigent Arturo Toscanini (1867–1957), gerühmt vor allem für seine Verdi- und Beethoveninterpretationen, verbrachte hier häufig die Sommermonate. Ihm zu Ehren richtet Verbania immer wieder klassische Musikveranstaltungen aus.

192   Italienisches Westufer

Parco Nazionale della Val Grande

Das größte Wildnisgebiet Italiens erstreckt sich in den Bergen oberhalb von Verbania. Zwar gibt es keine spektakulären Viertausender, sondern „nur" einige Zweitausender, aber Einsamkeit und Urtümlichkeit der nahezu unbewohnten Region sind faszinierend, besonders im Frühjahr, wenn alles grünt und blüht.

Das Val Grande besteht eigentlich aus einer Vielzahl von Tälern und Schluchten mit Bächen und Bergflüssen, das größte davon fungierte als Namengeber für den Naturpark. Die unteren Ränge sind dicht bewaldet, doch die Wälder wurden jahrhundertelang abgeholzt und stellten das Material für viele wichtige Bauten in Oberitalien, darunter auch für den Mailänder Dom. Nach jahrhundertelanger Weide- und Holzwirtschaft breitet sich nun aber seit Jahrzehnten die Wildnis aus und der Zustand der Wälder befindet sich auf dem Weg der Besserung.

Im Ersten Weltkrieg verlief die zur Abwehr einer erwarteten deutsch-österreichischen Invasion durch die Schweiz errichtete Cadorna-Verteidigungslinie durch den heutigen Park. Reste von Festungen, Militärstraßen, Schützengräben, Tunnels und Munitionslagern sind noch erhalten, vor allem im Gebiet zwischen Passo Folungo und Monte Zeda im nordöstlichen Gebiet des Parks. Im Zweiten Weltkrieg war das Val Grande ein Rückzugsgebiet der italienischen Widerstandskämpfer, die im Frühherbst 1944 die Partisanenrepublik Ossola gründeten (→ S. 202). Es kam zu schweren Kämpfen mit der deutschen Wehrmacht und italienischen SS-Truppen, Gedenksteine erinnern daran. Nach dem Krieg wurden die kleinen, schwer zugänglichen Dörfer nicht wieder besiedelt und mit der Konstituierung des Nationalparks 1967 wurde das Gebiet fast völlig verlassen, die letzte bewirtschaftete Alp wurde 1969 aufgegeben.

Der beste Einstieg ins Val Grande führt von Verbania auf 16 km langer, schmaler und zum Schluss sehr steiler Serpentinenstraße über Rovegro nach Cicogna, dem letzten bewohnten Ort des Nationalparks. Unterwegs genießt man imposante Ausblicke, z. B. von der alten Brücke *Ponte di Casletto*, die über einen tiefen Canyon führt. Auch in *Cicogna* kann man den prächtigen Blick genießen. Es gibt eine Bar, wo man auch etwas essen kann, und in der ehemaligen Schule befindet sich ein Besucherzentrum. Hier beginnen mehrere einfach zu begehende Wanderwege, die „Sentieri Natura" von etwa 1 bis 3 Std. Dauer, an denen Hinweistafeln zu Naturphänomenen und geschichtlichen Ereignissen stehen.

▸ **Wanderung ab Cicogna**: Sogar mit Kindern kann man den mit den Zahlen 1–18 markierten Weg von Cicogna zur *Alpe Prà* (1223 m) und zu der Berghütte der Alpini (Rifugio Casa dell'Alpino) gehen (ca. 2 Std. hin, 1½ Std. zurück), wo man einen schönen Seeblick hat. Dieser Weg ist ein alter Handelsweg und z. T. noch mit traditionellen Steinplatten namens „Piode" gepflastert, vor allem im letzten Abschnitt. Weiter führt der Weg noch zur *Alpe Leciuri* und dann am großen Wasserfall von Caslù vorbei bergab ins verlassene Bergdorf *Pogallo* (777 m), früher die wichtigste Siedlung im Val Grande, wo es sogar eine Schule gab.

▸ **Wanderung ab Ruspesso**: Besonders schön ist der Aufstieg zum Monte Faiè. Man nimmt die Straße nach *Ruspesso* und stellt dort das Auto ab. Dann geht man etwa 15 Min. zum Rifugio Antonio Fantoli auf der *Alpe Ompio* in 990 m Höhe, wo man Wanderkarten kaufen und essen kann. Anschließend den Berg hinauf und an den Häusern den Bach überqueren, dort beginnt ein mit Zahlen (1–20) und rot-weißer

Auf den Spuren der Resistenza 193

Zeichen markierter Weg zum 1352 m hohen *Monte Faiè* (ebenfalls ca. 2 Std. hinauf, 1½ Std. hinunter) mit herrlichem Blick auf Lago di Mergozzo und Lago Maggiore.

Wanderungen ab Miazzina, Caprezzo oder Intragna: Beliebt ist auch der Aufstieg zum *Pian Cavallone* (1534 m), das auf drei verschiedenen Wanderwegen von Miazzina, Caprezzo oder Intragna aus erreicht werden kann (Dauer jeweils 2 Std.). Im 1882 erbauten Rifugio Pian Cavallone (die einzige historische Berghütte, die den Zweiten Weltkrieg überdauert hat) kann man während der Sommermonate am Wochenende essen und im 4- bis 8-Bettzimmer übernachten. Von Pian Cavallone aus können routinierte Bergwanderer ohne Schwierigkeiten den Grat bis zum *Monte Zeda* begehen (2156 m).

Im Rathaus von Intragna gibt es die Tierausstellung „Animali della notte" zu den nachtaktiven Tieren im Park, also Eulen, Käuze, Uhus und diverse kleine Säugetiere.

Weitere Informationen zu den Wanderwegen im Val Grande unter www.parcovalgrande.it und im örtlichen Buchhandel. Empfohlene Karte: **Parco Nazionale Val Grande 54** (1:30.000) von Cartine Zanetti (www.libreriazanetti.it)

● *Information* **Besucherzentrum Cicogna**, Mai Sa 9–13, 15–18.30, Juni, Sept. u. Okt. Sa/So 9–13, 15–18.30, Juli Fr 15–18.30, Sa/So 9–13, 15–18.30, August Di–So 9–13, 15–18.30 Uhr. **Verwaltung**, Ente Parco Nazionale della Val Grande, Villa San Remigio 19, 28922 Verbania Pallanza, ☎ 0323/557960, 📠 556397, www.parcovalgrande.it.

● *Öffnungszeiten* **Animali della notte**, August/Sept. Sa/So 9–12, 15–18 Uhr. ☎ 0323/557960.

● *Übernachten* Die Rifugi des Val Grande sind in der Regel nur in den Sommermonaten geöffnet, oft nur an Wochenenden. Falls man hier übernachten will, muss man stets vorher anrufen und reservieren. **Rifugio A.N.A. Casa dell'Alpino**, Alpe Prà.

15 Plätze stehen zur Verfügung. ☎ 0323/53326 o. 339-2669347.

Rifugio Antonio Fantoli, Alpe Ompio, 10 Übernachtungsplätze, geöffnet an Wochenenden von April bis Okt. (Juni bis Sept. tägl.). ☎ 0324/890176 o. 330-206003.

Rifugio Pian Cavallone, 36 Plätze, geöffnet an Wochenenden von Mai bis Okt. (im August tägl.). ☎/📠 0323/405008 o. 349-2127830.

Im Naturpark gibt es außerdem viele **Bivacchi**, das sind einfache Hütten, in denen man umsonst nächtigen kann. Es gibt dort in der Regel eine Feuerstelle und Holz, außerdem verläuft oft ein Bach in der Nähe oder es tröpfelt eine Quelle, als Toilette dient der Wald. Töpfe sind vorhanden, Geschirr muss man mitbringen.

Auf den Spuren der Resistenza: Widerstand am Lago Maggiore

Nach der Kapitulation Italiens am 8. September 1943 erstarkte die Partisanenbewegung in Oberitalien erheblich. Geführt vom CLNAI, dem „Komitee der nationalen Befreiung Oberitaliens" (Comitato Liberazione Nazionale Alta Italia) kam es an verschiedenen Orten zu einer Reihe provisorischer Regierungsbildungen durch die Partisanen. Ein Kerngebiet des Widerstands lag im Bereich des oberen und mittleren Lago Maggiore. Dort konnte sich vom 10. September bis zum 23. Oktober 1944 die **Partisanenrepublik Ossola** (Repubblica dell'Ossola) mit Zentrum Domodossola konstituieren. Doch ohne Hilfe der Alliierten war die Lage der Repblik hoffnungslos, die Deutschen schlugen die Aufstände zusammen mit der neu rekrutierten Legione SS Italiana (Italienische SS-Legion) schnell nieder, erst im April 1945 kam die endgültige Befreiung. Dr. Diether Dehm, Mitglied des Deutschen Bundestages, hat zur Partisanenbewegung am Lago Maggiore das spannende Buch „Bella Ciao" geschrieben. Differenziert schildert er den Kampf der Partisanen, den Anfang und das Ende der Freien Republik und die verschiedenen politischen Strömungen der Zeit. Der Riss, der Faschisten und Partisanen trennte, ging damals sogar durch die Familien, auch davon handelt der Roman. Diether Dehm sind auch die folgenden Informationen zu einigen Schauplätzen des Partisanenkriegs verdanken, die man im Rahmen einer „Partisanentour" abfahren kann. Die angegebenen Seitenzahlen beziehen sich auf sein Buch.

In **Verbania Intra** suche man Straßenschilder in Richtung Sempione (Simplon), man kann aber auch zunächst von der Hauptstraße ein Stück in Richtung Cannobio fahren und entdeckt dann etwa 500 m vor dem Ortsausgang auf der linken Seite die große, gelbe Villa Caramora. Diese diente der SS als Stätte ihrer Folterungen und noch in den neunziger Jahren wurden unter den Kellern Besitztümer der Gefangenen entdeckt. Zur Rechten liegt eine Wiese, auf der am 20. Juni 1944 43 gefangene Partisanen aufgestellt wurden, die in einer makabren Prozession die weite Strecke vom Seeufer nach Fondotoce zu ihrer eigenen Erschießung gehen mussten und dabei ein Schild vorantrugen: „Sono questi i liberatori d'Italia oppure sono i banditi?" (Sind das die Befreier Italiens oder gewöhnliche Banditen?).

Fotodokument zur Hinrichtung in Fondotoce

In **Fondotoce** beginnt die eigentliche Tour. Mit etwas Schwierigkeiten wird man die Abfahrt vom Kreisel finden, das Partisanenmuseum „Casa della Resistenza" im 16.000 qm großen „Parco della Memoria e della Pace" ist beschildert (Via Malpensata, dann kurz Richtung Mergozzo). Dort steht das Gedenkkreuz für die 42 am 20. Juni hinter der Mauer ermordeten Partisanen (nur der 43., der achtzehnjährige Carlo Suzzi, überlebte auf wundersame Weise angeschossen im Leichenberg und starb erst Mitte der neunziger Jahre. Er ging damals wieder zurück in den den Widerstand und erhielt den Geheimnamen „Quarantatre" – dreiundvierzig). Im großen Dokumentationszentrum kann mit einem Archiv, einer Bibliothek und mehreren Rechnern die Geschichte des Widerstands studiert werden. Bei frühzeitiger Anmeldung besteht die Möglichkeit, einen Begleiter für die Tour zu gewinnen, möglicherweise sogar einen früheren Partisanen. Es darf nichts verkauft werden, über eine Spende ist man allerdings froh.

Jetzt fährt man in Richtung **Mergozzo** am gleichnamigen See. Kurz vor dem Ort steht auf der rechten Seite ein gelber Grenzstein der Partisanenrepublik. Dort sollen sich groteske Szenen abgespielt haben, bei denen deutsche Soldaten auf der einen und Partisanen auf der anderen Seite der Grenze überwachten und sich sogar gelegentlich Zigaretten anboten. Hinter Mergozzo beginnt der Nationalpark **Val Grande** (S. 178 im Roman). Es gibt dort eine schmale Gasse, die Via Roma, die als das „Tor zu den Partisanen" gilt.

Danach sucht man ein grünes Schild zur Autobahn in Richtung Sempione. Die Ausfahrt Villadossola nehmen (ca. 20 Min. Fahrtzeit), am ersten Kreisel fährt man geradeaus raus, dann die zweite Straße links (Via XXV Aprile) und auf den Parkplatz. Dort, in **Villadossola**, dem Industriezentrum der

Auf den Spuren der Resistenza 195

Region, gibt es in der Nähe des Municipio (Rathaus) ein weiteres kleines Partisanenmuseum, das „Museo Partigiano di Villadossola", das allerdings nur auf Vormerkung öffnet. Die beiden Kirchen spielen im Roman auf S. 113 und S. 359 eine Rolle. Es gab dort den ersten Aufstand der Region, der mit Streiks verbunden war. Die Deutschen schlugen die schlecht koordinierte Erhebung nieder, ein Gedenkstein für die Gefallenen steht gegenüber vom alten Kino bei der kleinen Kirche.

Gedenkkreuz in der Casa della Resistenza

Wenn man über den Toce zur Autobahn zurückfährt, orientiert man sich wieder nach Sempione und nimmt die nächste Ausfahrt **Domodossola** (→ S. 201). Im Municipio an der Piazza Repubblica dell'Ossola gibt es ebenfalls ein kleines Museum für die Partisanenrepublik, denn im September/Oktober 1944 war hier ihr Regierungssitz. Im Rathaussaal, der „Sala storica di Domodossola", sind die Stühle noch immer so aufgestellt wie während der Zeit der Freien Republik. Die S. 359–367 im Buch handeln von ihrem Zusammenbruch.

Von Domodossola orientiert man sich das Val Vigezzo entlang nach **Santa Maria Maggiore** bzw. Locarno/Cannobio. In Richtung Cannobio findet man auf dem Berg am Wegrand eine kleine Notfallbucht vor einem Felsvorsprung, wo ein früheres Partisanenhäuschen auf dem Berg steht. Man muss hoch klettern in den Wald (S. 200 ff), von dort aus wurde auf deutsche Soldaten geschossen.

Vor **Finero** steht in einer Rechtskurve bei einem Fußballplatz ein kleines Wasserverteilungshäuschen, damals ein Treffpunkt der Partisanen, unter dem mindestens ein halbes Jahr lang ein illegales Waffenlager versteckt war. Kurz vor dem Ort liegt auf der rechten Seite eine Gedenkstätte für die Partisanen. Am 23. Juni 1944 wurden hier an der Friedhofsmauer 15 Widerstandskämpfer von den Deutschen erschossen.

Wir fahren weiter Richtung Cannobio und kommen zur **Bocche di Finero**. Vor einem größeren Tunnel kann man parken, um dann rechts die alte Straße zu nehmen, die teilweise stillgelegt ist (beschildert mit einem Hinweis auf die Gedenkstätte). Dort steht am Ende der Rechtskurve der Gedenkstein für Alfredo di Dio und Atillio Moneta. Im Oktober 1944 waren 5000 deutsche Soldaten und Mitglieder der italienischen SS in Cannobio versammelt worden, um von dort aus die Partisanenrepublik anzugreifen, während das Gros der deutschen Truppen durch das Val d'Ossola in Richtung Domodossola gezogen war. Das Valle Cannobina war die Achillesferse der Partisanenrepublik. Alfredo di Dio, ein früherer hoher Militär der königlichen Armee und selbst Königstreuer (erklärter Antikommunist), wollte einen Entlastungsangriff auf die entgegenkommenden deutschen Truppen versuchen und einen strategisch wichtigen Gebirgspass erobern, wo die Straße mit wenigen Wachen und Soldaten hätte gehalten werden können. Die Deutschen waren aber schon zuvor davon informiert und hatten in der Nacht die strategisch wichtigen Punkte mit Maschinengewehren und schweren Waffen eingenommen.

196 Italienisches Westufer

Somit geriet di Dio am 12. Oktober in einen Hinterhalt, als er in die Kurve einbog, und wurde zusammen mit Moneta erschossen – genau wo der Gedenkstein heute steht (S. 340–345). Mit dieser Niederlage war die Partisanenrepublik militärisch geschlagen und löste sich wenige Tage später auf.

Von dort aus fahren wir weiter bergab Richtung Cannobio. Kurz vor Cannobio liegt die berühmte Quelle **Fonte Carlina**, der Heilkräfte zugesprochen werden. Auf S. 310 des Romans wird geschildert, dass es dort zu einem Gefecht kam, das wohl so oder so ähnlich stattgefunden hat. Es lohnt sich, an der Quelle einen Moment zu verweilen, doch die Gedenksteine aus den siebziger Jahren sind mittlerweile nach einem Regierungswechsel entfernt worden.

In **Cannobio** angekommen, nehmen wir die Hauptstraße nach rechts (Richtung Verbania). Cannobio spielt eine entscheidende Rolle im Roman (S. 13/14, S. 59–63, S. 310–316). Am Ortsausgang steht zur Linken ein großer Partisanengedenkstein. Ihm gegenüber sieht man eine Mauer, hinter der die frühere SS-Villa lag, die auch als Folterstätte, Ort für Verhöre und als Gefängnis diente. Hier wurde der Partisan Bruno Panigada zu Tode gequält, worauf eine kleine Gedenktafel an der Mauer (im Roman S. 46–53) hinweist. An der schönen Uferpromenade steht das große rote Hotel „Cannobio", das der Wehrmacht 1944 als Kommandozentrale diente. Zu Beginn der Partisanenrepublik eroberten italienische Faschisten Cannobio vom legendären Partisanenkommandeur Arca – als Partisanen verkleidet kamen sie über den See und erschossen die Partisanen, die ihnen halfen, die Boote anzulegen. Von hier aus rückten die Truppen ins Valle Cannobina vor, wo sie auf di Dio trafen (→ oben). In zentraler Lage am See findet sich ein weiterer Gedenkstein für die aus Cannobio verschleppten Antifaschisten. Dort standen die drei Galgen, die sofort nach der Rückeroberung von Cannobio durch die Faschisten wieder aufgestellt worden waren.

Gedenkstätte für di Dio und Moneta

Öffnungszeiten **Casa della Resistenza**, Fondotoce, Via Turati 9. Di–So 15–18.30 Uhr, ✆ 0323/586802, www.casadellaresistenza.it.
Museo Partigiano di Villadossola, Villadossola, Via XXV Aprile 30. Sept. bis Juli, August geschl., nur auf Voranmeldung unter ✆ 0324/51426.
Sala storica di Domodossola, Domodossola, im Municipio an der Piazza Repubblica dell'Ossola 1, geöffnet zu den normalen Geschäftszeiten des Rathauses.
Literatur zum Thema Diether Dehm, **Bella Ciao**, 2007, Das Neue Berlin Verlags GmbH (Eulenspiegel Verlagsgruppe).

Mündung des Toce

Südlich von Verbania bildet der Fluss Toce eine große, flache Niederung mit reichem Baumbestand und viel Grün, flankiert von den Orten Fondotoce und Feriolo.

Neben Cannobio (→ S. 172) ist hier ein weiteres Campingzentrum mit mehreren großflächigen Zeltplätzen entstanden, u. a. Isolino, Conca d'Oro, Lido Toce und Holiday (alle **), die trotz ihrer Größe in den Sommermonaten oft bis auf den letzten Platz belegt sind. Seit einigen Jahren ist der Pflanzen- und Tierpark „Fattoria del Toce" ein Anziehungspunkt für Familien. Dort findet man zwischen Kamelien, Azaleen und Rhododendren über 40 Kaninchenrassen und zahlreiche weitere Haustiere aus aller Welt wie Pferde, Esel, Schweine, Ziegen und Schafe. Im Mündungsgebiet des Toce liegt außerdem das Naturschutzgebiet *Riserva Naturale Fondotoce*, angelegt zum Schutz des größten Schilfröhrichtgebiets am Lago Maggiore, das sich auf etwa 30 ha erstreckt. Unter Naturschutz steht auch die vom Aussterben bedrohte Wasserkastanie (Trapa natans), eine einjährige Wasserpflanze, die hauptsächlich an dem Kanal wächst, der den Lago Maggiore mit dem Lago di Mergozzo verbindet.

Casa della Resistenza: Partisanenmuseum am Lago

Im Fondotoce steht das Partisanenmuseum und Dokumentationszentrum „Casa della Resistenza" im 16.000 qm großen „Parco della Memoria e della Pace". Gegründet wurde es zur Erinnerung an das Massaker vom 20. Juni 1944, als hier von den deutschen Truppen 42 Partisanen erschossen wurden. Näheres dazu im Kastentext zur Partisanenrepublik Ossola, S. 193. Weiterhin gibt es eine Mauer, auf der alle 1200 in den Provinzen Novara und Verbano Cusio Ossola getöteten Mitglieder der Widerstandsbewegung eingraviert sind, eine Urne mit der Asche unbekannter Häftlinge aus dem Konzentrationslager in Mauthausen, in das viele Widerstandskämpfer und Zivilisten vom See verschleppt wurden, sowie eine Erinnerungstafel an die ermordeten Juden am Lago Maggiore.

Öffnungszeiten Casa della Resistenza, Via Turati 9, Di–So 15–18.30 Uhr. Eintritt frei, Spende erbeten. ☎ 0323/586802, www.casadellaresistenza.it.

● *Öffnungszeiten* **Fattoria del Toce**, März bis Anfang Nov. Di–So 9–12, 14.30–18 Uhr. ☎ 0323/404089, www.fattoriadeltoce.it.

● *Essen & Trinken* **TIPP! I Gutt D'oli**, Via Piano Grande 52, gut versteckt, aber bei den Einheimischen wohlbekannt. Schön rustikal eingerichtet, unten Bar, oben das Ristorante mit Bruchsteinwänden und Holzbalkendecke. Leckere regionale Küche, Fisch und Fleisch gleichermaßen, ausgezeichnete Pasta. Anfahrt: aus Verbania kommend in Fondotoce Richtung Stresa fahren und hinter der Brücke über den Toce rechts abbiegen. ☎ 0323/496483.

● *Eis* Warme Leserempfehlung für das **Café Lollipop** am Kreisverkehr der SS 34 – hervorragendes Eis, z. B. Nocciola und Cassata. Vorsicht: An dieser gefährlichen und unfallträchtigen Stelle stehen die Einheimischen mit ihren Autos abends in zwei Reihen!

● *Shopping* **Sergio Tacchini**, Via 42 Martiri, Outlet-Center mit Sportmode und entsprechenden Accessoires. Anfahrt: von Verbania kommend vor dem Fluss rechts ab in Richtung Bhf. von Verbania, kurz nach dem Bhf. am Fuß des Mont'Orfano. Mo–Fr 15–19, Sa 10–12.30, 15–19 Uhr. ☎ 0323/406928, www.sergiotacchini.it.

198   Italienisches Westufer

Feriolo

(ca. 800 Einwohner)

Das hübsche Örtchen wird von der Seeuferstraße im Bogen umgangen und bietet so Platz für eine breite Uferpromenade, wo zwischen Gelaterie und den im Sommer völlig überlasteten Restaurants die Einwohner abends in ihren blühenden Vorgärten sitzen.

Wo man heute großteils vom Tourismus lebt, arbeiteten im 19. Jh. Fischer und Arbeiter der Granitsteinbrücke des nahen Mont'Orfano (→ Kasten, S. 200). Damals erschütterten zwei Katastrophen das Dorf: Im März 1867 schwemmte ein Erdrutsch einen Teil des Dorfs in den See, zahlreiche Einwohner kamen dabei ums Leben. Einige der Hausruinen sind in etwa 20 m Tiefe noch erhalten. Nur ein Jahr später kam es zu einem verheerenden Hochwasser, das große Zerstörungen anrichtete, den Pegelstand kann man an der Fassade der Kirche *San Carlo* kann ablesen.

Einst stand auf einem Hügel in der Nähe auch eine Burg, die den See und die Mündung des Val d'Ossola kontrollierte, doch davon sind nur einige Mauerreste und ein Teil des Hauptturms übrig geblieben.

● *Übernachten* ***** Carillon**, direkt am See, eigene Bademole, Garten/Liegewiese, Zimmer mit Balkon und Seeblick. DZ mit Frühstück ca. 90–110 €. ✆ 0323/28115, ✉ 28550, www.hotelcarillon.it
* Oriente, das einfache, aber nette Haus besitzt acht korrekte Zimmer, liegt allerdings recht nah an der Straße. DZ mit Frühstück ca. 55–65 €. ✆/✉ 0323/28143, www.meubleoriente.it.
● *Essen & Trinken* **Il Batello del Golfo**, ein ehemaliger Schaufelraddampfer ist am Ufer festgemacht und beherbergt ein schickes Restaurant. Di geschl. ✆ 0323/28122.

Über Gravellona Toce kommt man von hier schnell zum nahen Lago d'Orta (→ S. 225).

Lago di Mergozzo

Der kleine, ruhige Badesee war einst ein Seitenarm des Lago Maggiore, wurde aber im Mittelalter durch Ablagerungen des Flusses Toce vom Hauptsee abgetrennt. Dank seiner Tiefe und der geringen Besiedlung gehört er zu den saubersten Seen Oberitaliens. Motorboote sind verboten und nicht zuletzt deshalb ist der Lago di Mergozzo ein wichtiger Austragungsort für internationale Kanuwettkämpfe geworden.

Die Ufer sind üppig grün und weitgehend unbesiedelt, lediglich drei Campingplätze gibt es. Das Städtchen *Mergozzo* liegt am Nordwestende des Sees und besitzt einen Hauptplatz mit hübschen, bunten Fassaden um den geschwungenen Hafen, leider führt der Verkehr wie durch ein Nadelöhr mitten durch den Ort. Der Badestrand „La Quartina" liegt beim gleichnamigen Hotel/Restaurant am Ortseingang, zu erreichen vom Zentrum in 5 Min. auf schönem Uferweg. Weitere Strände findet man bei den Campingplätzen und beim Ristorante „Piccolo Lago" (→ unten). Am Westufer verläuft eine Bahnlinie, dahinter trennt der dicht bewaldete *Mont'Orfano* den See vom Tal des Toce.

Wandertipp: Von Mergozzo kann man auf dem „Sentiero Azzurro" ins Örtchen Montorfano wandern. Dieser Weg wurde früher von den Steinbrucharbeitern benutzt, die zu ihren Arbeitsplätzen gingen. Nachdem man Mergozzo verlassen hat, geht man parallel zur Bahnstrecke am See entlang. Nach 20 Min. erreicht man die Quelle *Sorgente del Munaste*. Der Weg steigt im Folgenden leicht an und stößt nach etwa 15 Min. auf eine Asphaltstraße, die bald Montorfano erreicht.

Lago di Mergozzo 199

Promenade und Hafen in Mergozzo

- *Anfahrt/Verbindungen* Ein großer **Parkplatz** liegt am Ortsende von Mergozzo.
- *Information* **Ufficio Turistico**, Via Roma 20. ✆/✉ 0323/800935.
- *Übernachten* *** **Due Palme**, Via Pallanza 1. Älteres, aber modernisiertes Haus direkt an der Piazza, mit Restaurantterrasse und kleiner Liegewiese am See, von der Lage her ein wenig verkehrsbeeinträchtig. DZ mit Frühstück ca. 90–120 €. In der Gasse dahinter liegt die Dependance ** **Bettina**, dort kostet ein DZ ca. 80–105 €. ✆ 0323/80112, ✉ 80298, www.hotelduepalme.it.

*** **La Quartina**, Via Pallanza 20, am Ortseingang, schmuckes Haus mit Restaurant und einladender, blumengeschmückter Terrasse zum See, davor Badestrand mit Liegewiese. DZ mit Frühstück ca. 95–115 €. ✆ 0323/80118, ✉ 80743, www.laquartina.com.

TIPP! *** **Le Oche di Bracchio**, Via Bracchio 46, von Alessandra und Italo aufmerksam geführtes Haus an der schmalen Straße in den kleinen Weiler Bracchio (in Mergozzo ausgeschildert). Sieben Zimmer im Grünen, leckeres Frühstück mit Obst aus dem schönen Garten, auch das Abendessen aus eigenen oder lokalen Produkten. Zwei große Mehrzweckräume für Workshops o. Ä. DZ mit Frühstück ca. 87–97 €. ✆/✉ 0323/80122, www.leochedibracchio.it.

** **Camping Continental Lido**, Via 42 Martiri 156, großer, schöner Platz am Südufer, kleiner Sandstrand und seit 2006 neue Poolanlage mit Strömungskanal und Wellenbad, Ristorante/Pizzeria. ✆ 0323/496300, ✉ 496218, www.campingcontinental.com.

** **Camping La Quiete**, Via Filippo Turati 72, an der Uferstraße nach Mergozzo, beliebter und gepflegter Platz in schöner Lage am See. ✆ 0323/496013, ✉ 496139, www.campinglaquiete.it.

** **Lago delle Fate**, netter, kleiner Platz neben dem Restaurant La Quartina, beliebte Badezone. In 5 Min. kommt man auf schönem Uferweg in den Ort. ✆ 0323/80326, ✉ 800916, www.lagodellefate.com.

- *Essen & Trinken* **Piccolo Lago**, Via Filippo Turati 87, großes, verglastes Feinschmeckerlokal direkt am See, zwischen Camping La Quiete und Mergozzo. Marco Saccos Küche wurde bereits von Michelin gewürdigt. Mit Zimmervermietung und großer Liegewiese und Badezone. ✆ 0323/586792, www.piccololago.it.

La Nuova Posta, Via Strada Vecchia 4, nettes, kleines Lokal am Ortsende, unprätentiös geführt, leckere Küche zu günstigen Preisen, auch Pizza. ✆ 0323/80641.

- *Sport* **Canoa Club Megozzo**, Via Basilio Bozzetti 14. Der 1985 gegründete Club gehört zu den wichtigsten im Land und hat bereits 17 italienische Titel gewonnen, einige seiner Mitglieder gehören zur italienischen Nationalmannschaft. ✆ 0323/880045, mergozzo.canoa.club@virgilio.it.

Italienisches Westufer

200 Italienisches Westufer

▸ **Montorfano**: Die wenigen Häuser liegen abgeschieden auf einem Granitmassiv am südwestlichen Seeende. Jahrhundertelang wurde dort und in der Umgebung Granit gebrochen (→ Kasten). Hier steht aber auch in schöner, einsamer Lage die stilvolle Kirche *San Giovanni Battista* (11. Jh.), einer der besterhaltenen romanischen Sakralbauten der Region, erbaut natürlich aus Granit. Ein *Museo Archeologico* in der Casa del Predicatore verwahrt Funde aus dem Umkreis der Kirche. Von einem nahen Aussichtspunkt kann man den Borromäischen Golf überblicken.

Öffnungszeiten **Museo Archeologico**, Juni bis Mitte Sept. Di–So 17–20 Uhr, sonst nur Sa 16–18 u. So 15–19 Uhr. ✆ 0323/80291, museomergozzo@tiscali.it.

▸ **Mont'Orfano** (794 m): Der steil aufragende Berg wird bei Kletterern sehr geschätzt, er besteht aus sehr festem Granit und die Routen sind mit Karabinerhaken gesichert, darunter „Paretone" an seiner Nordostseite und „Strapiombi" im Osten. Der Aufstieg zum Gipfel bietet einen traumhaften Ausblick auf beide Seen und die Toce-Mündung.

Granit vom Lago di Mergozzo

Die Hänge des Mont'Orfano gehörten über Jahrhunderte zu den wichtigsten Granitabbaugebieten im Land, in vielen Dutzenden von Steinbrüchen wurde der wertvolle Stein abgebaut – der „Montorfano" genannte Stein ist weißlich, außerdem gibt es noch den rot- und rosafarbenen Granit aus Baveno und den weiß-goldenen Granit aus Feriolo. Das wertvolle Baumaterial wurde über Toce, Lago Maggiore, Ticino und das Kanalsystem der Navigli nach Mailand verschifft und sogar bis Rom gebracht, wo man es für große und spektakuläre Vorhaben verwendete, z. B. für die berühmte Einkaufspassage Galleria Vittorio Emanuele in Mailand und die Säulen der Basilika San Paolo Fuori le Mura in Rom. Die Steinmetzen von Mergozzo begannen mit ihrer schweren und schlecht bezahlten Arbeit meist schon als Kinder, ihre Lebenserwartung lag kaum über 55 Jahre.

Val d'Ossola

Das breite Tal des Toce wird durchzogen von der SS 33, genannt Strada Statale del Sempione, die über Domodossola zum Simplon-Pass führt (→ Anreise).

Die Straße wurde schon von den Römern als Alpenübergang genutzt, im Mittelalter war sie eine wichtige Handelsstraße. Auf der Fahrt kann man die prächtigen Ausblicke auf die umliegenden Gipfel genießen. Spektakulärer als das Haupttal sind aber die Seitentäler.

Das *Valle Anzasca* etwa endet mit dem von den Walsern gegründeten Skiort *Macugnaga* in 1320 m Höhe an der Ostwand des imposanten *Monte Rosa* (4637 m), dem zweithöchsten Berg der Alpen, über dessen Bergkamm die Grenze zwischen Italien und der Schweiz verläuft. Das mächtige Massiv kann von vielen Orten am Lago Maggiore aus gesehen werden. Von Macugnaga (Ortsteil Staffa) fährt eine Seilbahn in zwei Abschnitten bis zum Passo Moro in 2796 m Höhe (✆ 0324/65050, www.funiviemacugnaga.com). Kurz vorher gibt es im Walserdorf *Borca* ein liebevoll gestaltetes „Museo Casa Walser" in einem typischen Haus des 16. Jh. Bei Wissenschaftlern steht der Gletscher Belvedere westlich von Macugnaga im Mittelpunkt des Interesses – er ist der einzige der Alpen, der wächst, statt sich zurückzubilden.

Auf dem Marktplatz von Domodossola

Tipp: Wenn man nicht auf demselben Weg wieder zum See zurückkehren will, kann man von Domodossola aus durch das Val Vigezzo und das Valle Cannobina nach Cannobio am Obersee fahren und so eine Rundtour unternehmen, die allerdings ihre Zeit braucht, denn die Straße im Valle Cannobina wird vor allem im letzten Teil eng und extrem kurvig und ist nur entsprechend langsam zu befahren (→ S. 178). Eine Alternative wäre die Fahrt durch das reizvolle Centovalli nach Locarno. Gut möglich ist auch eine Zugfahrt von der Seemitte nach Domodossola, weiter in 90 Min. mit dem „Lago Maggiore Express" auf der legendären Centovalli-Bahn ins Schweizerische Locarno (→ S. 38) und von dort per Schiff oder Bus zurück zur Seemitte.

Öffnungszeiten **Museo Casa Walser**, Juni Sa/So 15.30–17.30 Uhr, Juli und erste Septemberhälfte tägl. 15.30–18.30 Uhr, August Mo–Fr 15.30–18.30; Sa/So 10–12, 15.30–18.30 Uhr.

Domodossola (ca. 20.000 Einwohner)

Die Hauptstadt des Ossola-Tals ist Endpunkt der legendären Centovalli-Bahn, die tagsüber fast stündlich aus dem schweizerischen Locarno kommt bzw. dorthin abfährt (→ S. 67). Sie besitzt ein ansprechendes kleines Altstadtviertel, weniger schön ist allerdings der Industriegürtel, der sich im Umkreis angesiedelt hat.

Um die zentrale *Piazza del Mercato* mit der anschließenden *Via Briona* hat sich ein kompaktes Ensemble mit mittelalterlichen Häusern und Laubengängen erhalten, zahlreiche Cafés und Bars laden zum Verweilen ein. Interessant ist im Rathaus an der Piazza Repubblica dell'Ossola die *Sala storica di Domodossola*, ein kleines Museum der Partisanenrepublik von 1944, die hier für wenig mehr als einen Monat ihren Sitz hatte (→ Kasten und S. 193). Der Saal wurde kürzlich anlässlich der Sechzig-Jahres-Feier der Republik restauriert, hier stehen noch die Stuhlreihen wie damals und zahlreiche Originaldokumente sind zu sehen.

202   Italienisches Westufer

Der Traum von Freiheit: Die Partisanenrepublik Ossola

Im August 1944 stehen drei Brigaden der Partisanen bereit, um die ans Westufer des Lago Maggiore gedrängten Deutschen und italienischen Faschisten einzukesseln. Man verhandelt um den Besitz des strategisch wichtigen Val d'Ossola mit seiner Hauptstadt Domodossola. Schließlich einigt man sich auf den Abzug der Deutschen mit allen Waffen, die nichtitalienischen Ursprungs sind. Domodossola ist damit befreit, die Grenze zur nahen Schweiz wird geöffnet und Journalisten tragen das Ereignis in alle Welt. Sofort wird eine souveräne Regierung ausgerufen, die die Gründung der selbst verwalteten „Freien Republik Ossola" verkündet, damals einfach nur „Zona liberata" genannt – sie besitzt ein Territorium von 2000 qkm und besteht aus 35 Gemeinden mit 85.000 Einwohnern.

Schnell werden die faschistischen Gesetze durch neue demokratische Regelungen ersetzt, und als die Schweiz die Republik anerkennt, wird ein Botschafter nach Bern geschickt. Doch vor allem die Knappheit an Lebensmitteln und die fehlenden finanziellen Ressourcen führen schnell zu verheerenden Engpässen. Bereits nach zehn Tagen muss die Nahrung stark rationiert werden, denn die Blockade der Deutschen lässt nichts in die Stadt. Und aus der Schweiz kommen zwar zahlreiche Emigranten, aber kaum Lebensmittel, und wenn, dann zu stark überhöhten Preisen. In Domodossola wartet man verzweifelt auf die Alliierten, die von Süden her Italien aufrollen, aber noch am Apennin festhängen. Auch die von den Engländern versprochene Luftlandung im Val d'Ossola findet nicht statt – der entschiedene Antikommunist Churchill will keine sozialistischen Experimente in Italien. Stattdessen kommen am 9. Oktober die deutschen Truppen, die vorher mit Hilfe der italienischen Faschisten Cannobio zurückerobert haben, durch das Valle Cannobina herauf – der Partisanenkommandant Alfredo di Dio gerät dabei in einen Hinterhalt und wird getötet. 5000 Mann mit Kanonen und Panzern marschieren auf Domodossola. Zwei Einheiten der Partisanen versuchen Widerstand zu leisten, müssen aber dem schweren Artilleriefeuer weichen. Am 14. Oktober marschieren die deutschen Truppen zusammen mit den italienischen Faschisten in Domodossola ein. Tausende fliehen im beginnenden Bergwinter auf abenteuerlichen Wegen in die Schweiz, darunter auch 2500 Kinder im Alter zwischen 5 und 13 Jahren, die durch Vermittlung des Roten Kreuzes bei Schweizer Familien Aufnahme finden und sieben Monate später nach Kriegsende zurückkehren. Genau sechzig Jahre später dankte Domodossola im Oktober 2004 mit einem großen Festakt den „Freunden aus der Schweiz" und weihte eine Gedenktafel ein: „Zum 60. Jahrestag der Partisanenrepublik Ossola, zum Gedenken an die brüderliche Hilfe, großzügig gewährt von Schweizer Freunden."

Schön ist der Aufstieg zum *Sacro Monte Calvario* am westlichen Ortsrand. Vom Parkplatz am Fuß des Hügels steigt man in etwa 30 Min. steil zum Gipfel hinauf, vorbei an insgesamt 15 Kapellen, die mit lebensgroßen Terrakottafiguren die Passion Christi darstellen. Oben trifft man auf die Wallfahrtskirche und die Ruinen einer Festung aus dem 10. Jh. Im Umkreis ist ein terrassenartiger Garten angelegt, Teil der „Riserva Naturale Speciale", die auf die Anpflanzungen der Mönche zurückgeht, die hier schon seit dem 17. Jh. heimische und exotische Pflanzen kultivierten.

Valle Antigorio und Val Formazza

- *Öffnungszeiten* Sala storica di **Domodossola**, im Municipio, geöffnet Mo–Fr zu den normalen Geschäftszeiten des Rathauses, Reservierung unter ✆ 0324/4921 oder direkt im Municipio.
Giardino Sacro Monte Calvario, Mo–Fr 10–12.30, 14–17.30, Sa/So bis 18 Uhr.
- *Anfahrt/Verbindungen* **Bahn**, der altehrwürdige Bahnhof steht an der repräsentativen Piazza Matteotti, Verbindungen gibt es etwa halbstündlich nach Verbania, Stresa und Arona am Lago Maggiore, stündlich nach Mailand und alle 2 Std. nach Novara. Die fast stündlich verkehrende Centovalli-Bahn braucht nach Locarno etwa 1 Std. 45 Min. Es gibt dafür einen eigenen unterirdischen Terminal, dort werden auch die Tickets verkauft: hin und zurück 20 €, Kinder von 4 bis 12 J. halber Preis, Kinder unter 4 J. frei, Familienticket (2 Erw./2 Kinder) hin und zurück 50 €, mit nur einem Kind 40 €. www.centovalli.ch.

Bus, moderne Busstation gegenüber vom Bhf., Verbindungen u.a. 4 x tägl. zum Sacro Monte Calvario am Ortsrand und nach Ponte Formazza (Cascata del Toce), außerdem 3 x nach Verbania (Lago Maggiore) und Omegna (Lago d'Orta).
- *Information* **Associazione Turistica Prodomodossola** im Bahnhof, Mo–Fr 9–12, 14.30–18.30 Uhr, Sa 9–12 Uhr. Signor Prevosti spricht deutsch und französisch. ✆/℡ 0324/248265, www.prodomodossola.it.
- *Essen & Trinken* **Da Sciolla**, Piazza Convenzione 4. Traditionelle piemontesische Küche auf hohem Niveau zu erfreulich günstigen Preisen. Im Sommer kann man auch draußen sitzen. Reservierung empfohlen. Mi geschl. ✆ 0324/242633.

Piazzetta, Piazza Matteotti 5, schräg gegenüber vom Bhf., beliebte Pizzeria auf zwei Ebenen, gute Stimmung. ✆ 0324/481006.
- *Shopping* großer **Samstagsmarkt** 7.30–13 Uhr auf der Piazza del Mercato.

Valle Antigorio und Val Formazza: Das lange Tal, im unteren Bereich Valle Antigorio genannt, weiter oben ab der Talstufe Salto delle Casse, dann Val Formazza, liegt nördlich von Domodossola und bietet neben flachen Teilstücken auch atemberaubend steile Serpentinen mit beeindruckenden Ausblicken auf Schluchten und Steilwände. Im Tal wird weitläufig Granitabbau betrieben, so dass man immer damit rechnen muss, mit gewaltigen Steinquadern beladenen Lastwagen zu begegnen.

Größte Attraktion ist die *Cascata del Toce* (bei Ponte Formazza), ein riesiger Wasserfall von 143 m Höhe und beachtlicher Breite. Viele Prominente haben ihn im 19. Jh. besucht und ihn als einen der schönsten Wasserfälle der Alpen beschrieben.

Schaftrieb im Val Formazza

204 Italienisches Westufer

Mittlerweile ist er allerdings nur noch zwischen Juni und September „geöffnet", denn weiter oben wurde ein Stausee angelegt, mit dem das Wasser der Cascata zur Stromgewinnung genutzt wird. Die Öffnungszeiten sind leider so unregelmäßig, dass man sich in jedem Falle vorher erkundigen sollte – vor allem an Augustsonntagen ist die Chance relativ groß. Aber auch an den anderen Tagen ist der Blick vom windumtosten Ausguck oberhalb der steilen Felswand, über die dann immer noch ein Rinnsal tröpfelt, unbedingt erlebenswert.

Oberhalb der Cascata del Toce folgt bald der grandiose Talschluss des Val Formazza. Wie hingemalt schmiegt sich das uralte Walserforf *Riale* (1760m) mit seinen jahrhundertealten Holz- und Steinhäusern am Ende einer weitläufigen Hochfläche an die Bergkette, die den Übergang zur Schweiz markiert. Linker Hand endet die Strasse unterhalb der Staumauer des *Lago di Morasco*, der von spektakulären Dreitausendern eingerahmt ist.

- *Verbindungen* 4 x tägl. **Busse** von Domodossola das Tal hinauf nach Ponte Formazza.
- *Information* **Ufficio Turistico Pro Loco Formazza**, Frazione Ponte, 28863 Formazza. Di–Do 10.30–12.30, 14–17 Uhr. ✆ 0324/63059, 📠 63251, www.valformazza.it.
- *Übernachten* ** **Rotenthal**, einladendes Haus in Ponte Formazza. DZ mit Frühstück ca. 63–78 €. ✆ 0324/63060, 📠 63260, www.rotenthal.it. Außerdem gibt es mehrere Privatzimmervermieter und Campingplätze. In Riale an der Straße zur Staumauer des Lago di Morasco befindet sich linkerhand ein riesiger kommunaler **Stellplatz für Wohnmobile** mit Wasseranschluss.

Baveno

(ca. 4500 Einwohner)

Ruhiger und eleganter Urlaubsort, wie das südlich benachbarte Stresa bereits im 19. Jh. vom Adel entdeckt. Von der palmengesäumten Uferpromenade hat man einen ausgesprochen schönen Blick auf die Isole Borromee (Borromäische Inseln). Originell: Am Südende schlängelt sich das Ungeheuer des Lago Maggiore (→ S. 20) auf einem Kinderspielplatz durch den Sand.

Im alten Ortskern oberhalb der Uferstraße stehen die Pfarrkirche *Santissimi Gervasio e Protasio* mit hohem Campanile, die in ihren Ursprüngen bis in die Romanik zurückreicht, sowie ein achteckiges Baptisterium, das aus frühchristlichen Zeiten stammt und mit Renaissancefresken ausgemalt ist. Im Laubengang neben der Kirche sind martialisch-dramatische Fresken erhalten, die Rundbögen werden von Granitsäulen aus den nahen Steinbrüchen gestützt.

- *Information* **IAT**, Piazzale Dante Alighieri 14. ✆/📠 0323/924632, www.baveno.org.
- *Übernachten* **** **Grand Hotel Dino**, Corso Garibaldi 20, gediegener Bau direkt am Seeufer, erste Wahl für das gehobene Budget, 375 Zimmer, tolle Seeterrasse, eigener Strand mit langem Badesteg ins Tiefwasser, großer Garten, Indoor- und Outdoorpool. DZ mit Frühstück ab ca. 150 €. 0323/922201, 📠 924515, www.zaccherahotels.com. **** **Lido Palace**, Strada Statale del Sempione 30, die einstige Villa Durazzo, ein prächtiger Palast aus dem 19. Jh., ist heute ein einladendes Belle-Époque-Hotel mit schönem Restaurant, weitläufigem Garten und Pool. Sir Winston Churchill nahm hier 1908 während seiner Hochzeitsreise Logis und verbrachte später mehrere Urlaube in dem repräsentativen Haus. DZ mit Frühstück ca. 135–250 €. ✆ 0323/924444, 📠 924744, www.lidopalace.com. **TIPP! *** Rigoli**, Via Piave 48, nettes Mittelklassehaus direkt am Strand, etwas nördlich vom Zentrum an einer wenig befahrenen Straße. Eigener Strandabschnitt, schöne Terrasse, ansprechend eingerichtete Zimmer und gutes Restaurant, vor allem in den oberen Stockwerken schöner Blick auf den See und die Borromäische Inseln. DZ mit Frühstück ca. 100–115 €, ohne Seeblick etwas günstiger. In der **Villa Ortensia** stehen mehrere Ferienwohnungen zur Vermietung. ✆ 0323/924756, 📠 925156, www.hotelrigoli.com. *** **Al Campanile**, Via Monte Grappa 16, stilvolles Haus in schöner, erhöhter Lage neben

Baveno

Blick auf die Uferzone von Baveno

der Kirche, gutes Restaurant mit elegantem Speisesaal. DZ mit Frühstück ca. 70–80 €. 0323/922377, www.baveno.org/alcampanile/index.htm.

*** Villa Azalea, Via Domo 6, ebenfalls bei der Kirche, nettes, 1999 umfassend renoviertes Hotel, ordentliche Zimmer mit Mini-Bar und TV, Solariumterrasse mit kleinem Pool. DZ mit Frühstück ca. 84–100 €. 0323/924300, 922065, www.villaazalea.com.

TIPP! * La Ripa, Strada Statale del Sempione 11, schräg gegenüber vom großen Lido Palace Hotel, älteres Haus mit Garten direkt am Strand, allerdings führt an der Rückseite die Durchgangsstraße vorbei. Hauseigenes Restaurant und Parkplatz. DZ mit Etagendusche ca. 65–75 €, mit eigenem Bad ca. 85–90 €, jeweils mit Frühstück. 0323/924589, 916266, www.laripahotel.it.

** Camping Parisi, Via Piave 50, kleiner Platz mit aufgeschüttetem Kies-/Sandstrand, Restaurant direkt am See, etwa 150 m nördlich der Fähranlegestelle. April bis Sept. 0323/923156, 924160, www.campingparisi.it.

** Camping Tranquilla, großer, schöner Platz am Hang oberhalb von Baveno. Zwar etwa 2 km vom See, trotzdem sehr beliebt. Gute Ausstattung, Pool und Kinderspielgeräte. Mitte März bis Mitte Okt. 0323/923452, www.tranquilla.com.

● *Essen & Trinken* **Al Campanile**, Via Monte Grappa 16, alter Palazzo neben der Kirche, man kann draußen oder im edlen Speisesaal sitzen. Spezialität ist natürlich Seefisch. 0323/922377.

Siddharta, Via Due Riviere 54, im Ortsteil Romanico. Ibrahim Ahmed Said aus Ägypten führt dieses schicke, indisch angehauchte Restaurant, die Küche ist aber italienisch. 0323/925116.

● *Unterhaltung* **Il Chiosco**, großes Freiluftcafé am südlichen Ortsausgang direkt am See, daneben der erwähnte Kinderspielplatz mit dem Ungeheuer des Lago Maggiore, abends oft Livemusik, herrlicher Blick.

Lido Beach Club, Via Piave 66, angesagter Beach Club im nördlichen Ortsbereich am Strand, tagsüber Badebetrieb, abends Restaurant und Nachtclub mit Disco – der Tipp für junge Leute. 0323/922856.

● *Shopping* **Markttag** ist Montag.

● *Feste/Veranstaltungen* **Festival Umberto Giordano**, jährlicher Opernworkshop in der ersten Julihälfte zur Erinnerung an den 1948 verstorbenen Komponisten, der lange in der Villa Fedora in Baveno arbeitete. Infos und Kartenvorverkauf für die Aufführungen und Konzerte im Infobüro am Piazzale Dante Alighieri 14 (www.festivalgiordano.it).

Notte bianca, am ersten Samstag im August eine ganze Nacht lang Musik, Sport, Kunst und Kultur – im Lido Beach Club wird dann bis 6 Uhr früh durchgetanzt (www.nottebiancabaveno.it).

Italienisches Westufer

Im Stadtpark von Stresa

Stresa (ca. 6000 Einwohner)

Keimzelle und bis heute Mittelpunkt des Fremdenverkehrs am Lago Maggiore. Gewaltige Hotelpaläste des 19. Jh. säumen das Ufer, in perfekt ausgestatteten Tea-Rooms nimmt man seine Drinks, Kristallleuchter sind ein Muss.

Vor allem durch den pittoresken Blick auf die Isola Bella und die anderen Borromäischen Inseln inspiriert, entdeckte die englische Oberschicht, darunter viele Literaten, in der zweiten Hälfte 19. Jh. Stresa als Ausgangsbasis für ihre Italienreisen. Die schon unter Napoleon gebaute Heerstraße über den Simplon erleichterte die Anreise und seit Anfang des 20. Jh. konnte auch die Eisenbahn von der Schweiz durch den Simplontunnel nach Stresa und weiter nach Mailand fahren – von 1919 bis 1940 verkehrte auf dieser Strecke sogar der berühmte Simplon-Orient Express auf seiner Reise von Paris nach Istanbul.

Die Architektur ihrer Epoche brachten die Briten damals gleich mit und so prägen bis heute mächtige viktorianische Kästen die luxuriöse Uferpromenade, die zum Großteil als gediegener Park eingerichtet ist. Zwar hat die dominierende Fremdsprache gewechselt – heute sind es zunehmend auch Russen, die mit ihrem kürzlich erworbenen Reichtum die Erholung im angenehm milden Klima des westlichen Seeufers suchen –, die Pracht am Lungolago ist jedoch geblieben. Weniger Betuchte können aber auch in einer Reihe einfacherer Häuser im Ortszentrum unterkommen und es mit einem Longdrink in der mit Stuck und Blattgold üppig ornamentierten Bar des „Regina Palace" bewenden lassen oder *Scones und Tea* in der knietief gepolsterten Sesseln des „Grand Hotel des Iles Borromées" einnehmen.

Abseits der pompösen Promenade ist Stresa weitaus bescheidener geblieben. In der Altstadt ist von Grand Hotels und Belle Epoque nichts mehr zu bemerken, hier wirkt alles schlicht und bodenständig. Die Fußgängerstraße Via Mazzini beginnt neben dem Rathaus gegenüber der Anlegestelle und führt zur zentralen Piazza Cardona mit mehreren gut besuchten Restaurants.

Da im näheren Ortsbereich die Küstenlinie fast vollständig mit Ufermauern und Anlegestellen versiegelt ist, muss man zum Baden nach Süden ausweichen. Ebenfalls am südlichen Ortsausgang liegt der 16 Hektar große, in weiten Teilen naturbelassene Park der *Villa Pallavicino* mit zahlreichen Spazierwegen, viel altem Baumbestand, botanischem Garten, Tiergehegen, Picknickstellen, Kinderspielplatz und Restaurant. (Eine Leserin zeigte sich empört über die z. T. unangemessene Tierhaltung in Einzelkäfigen ohne Auslauf.)

Öffnungszeiten **Villa Pallavicino**, März bis Okt. tägl. 9–18 Uhr, Eintritt ca. 9 €, Kind (4–14 J.) 6 €, www.parcozoopallavicino.it.

Im April 1935 fand die so genannte **Konferenz von Stresa** statt, auf der sich Frankreich, Großbritannien und Italien über die Expansions- und Kriegspolitik des Deutschen Reichs berieten, das kurz zuvor die Wehrpflicht wieder eingeführt und so gegen den Versailler Vertrag verstoßen hatte. Tagungsort war – ganz standesgemäß – der Borromeopalast auf der vorgelagerten Isola Bella.

formation

Ufficio Turistico, Piazza Marconi 16, direkt an der Fähranlegestelle. Im Sommer tägl. 10–12.30, 15–18.30 Uhr. ☎ 0323/30150, 📠 32561, www.distrettolaghi.it, www.stresa.org, proloco.stresa@libero.it.

nfahrt/Verbindungen

● *PKW* großer, gebührenpflichtiger **Parkplatz** an der Uferstraße um den Fähranleger.
● *Bahn* Der **Bahnhof** liegt ein Stück landeinwärts bergauf in der Via Principe di Piemonte. Mehrmals tägl. Verbindungen über Domodossola und Simplontunnel in die Schweiz sowie nach Mailand, Turin und Venedig, etwa stündl. nach Verbania und Arona, außerdem zum Flughafen Malpensa mit Umsteigen in Busto Arsizio).
● *Bus* **SAF** fährt etwa stündlich über Feriolo und Baveno nach Arona sowie nach Verbania, außerdem gibt es auf diesen Strecken Verbindungen mit **VCO**. **Alibus** fährt 5 × tägl. über Arona zum Flughafen Malpensa. Abfahrt jeweils vor der Kirche Sant'Ambrogio an der zentralen Piazza Mar-coni (Anlegestelle). Zusätzlich fährt **VCO** vom Bahnhof aus etwa 10 × nach Gignese und 5 × nach Orta San Giulio am Lago d'Orta.
● *Schiff* fast stündliche Verbindungen nach Verbania (mit Stopps auf den Borromäischen Inseln) und z. T. weiter über Cannobio nach Locarno und hinüber zum Ostufer, ca. 6 × tägl. zum dortigen Kloster Santa Caterina del Sasso. Außerdem mehrmals tägl. nach Arona.
● *Motorboote* auf die **Isole Borromee** fahren ab Fähranleger und Piazzale Funivia (auch: Piazzale Lido), nördlich vom Zentrum. Infos zu den Motorbooten beim „Consorzio Motoscafisti delle Isole Borromee", ☎ 0323/31358, 📠 31176, www.isoleborromee.com.

bernachten (siehe Karte S. 208/209)

Viele der Großhotels sind im Sommer pauschal gebucht, meist herrscht Pensionspflicht. Es macht Spaß, die glitzernden Prunkpaläste im nördlichen Ortsbereich zu bewundern, allen voran das *Grand Hôtel des Iles Borromées*, außerdem *Regina Palace*, *La Palma*, *Astoria* und *Grand Hotel Bristol*. Ein wenig nördlich außerhalb steht außerdem die prachtvolle *Villa Aminta*. Mit Zimmerpreisen weit jenseits der 300 € (lediglich La Palma und Astoria sind günstiger) sind diese 4- und 5-Sterne-Herbergen

208 Italienisches Westufer

zum Wohnen im Sommer sehr teuer, locken aber manchmal mit besonderen Angeboten. Mit Pauschalarrangements großer Reiseveranstalter kommt man ebenfalls oft günstiger weg, in der Nebensaison sinken die Zimmerpreise außerdem teilweise recht deutlich.

***** L Villa Aminta (3), Via Sempione 123, ein wahrer Jugendstiltempel, etwas oberhalb der Uferstraße, eine begüterte Textildynastie aus dem Trentino hat die einstige Generalsvilla, in der schon George Bernard Shaw zu Gast war, vor vielen Jahren erworben und wunderbar restauriert. Exquisite Ausstattung, privater Strand und Anlegestelle, Pool, Fitnessbereich, herrlicher Garten, Hubschrauberlandeplatz. Bereits Liz Taylor und Richard Burton verbrachten hier 1966 herrliche Tage. DZ mit Frühstück ca. 240–600 €. ✆ 0323/933818, ✉ 933955, www.villa-aminta.it.

***** L Grand Hôtel des Iles Borromées (4), Corso Umberto I 67, das großzügige Belle Époque-Gebäude thront wie ein majestätisches Schloss an der Uferstraße, wunderbar grüner Garten mit zwei Pools, dazu Sauna, Hallenbad und Wellness/Fitness. Im ausgedehnten Wohnbereich (158 Zimmer) Kronleuchter, Mahagonimöbel, Wandvertäfelung und viel roter Samt, die Zimmer mit Marmorbädern – und über allem der Glanz längst vergangener Zeiten, den schon Ernest Hemingway genossen hat. DZ mit Frühstück ca. 310–410 €. ✆ 0323/938938, ✉ 32405, www.borromees.it.

**** Astoria (5), Corso Umberto I 33, 1970er-Jahre-Bau südlich vom Grand Hotel und gleich deutlich günstiger, von den Balkonen der komfortablen Zimmer toller Seeblick, Pool und Dachterrasse, ins Zentrum 5 Min. DZ mit Frühstück ca. 120–220 €. ✆ 0323/32566, ✉ 933785, www.hotelstresa.info.

*** Moderno (8), Via Cavour 33, im Zentrum an einer belebten Fußgängergasse mit mehreren Ristoranti, kürzlich renoviert, unten spiegelnder Granit und Kronleuchter, hinten Innenhof. Komfortable Zimmer mit Sat-TV. DZ mit Frühstück ca. 70–120 €. ✆ 0323/933773, ✉ 933775, www.hms.it.

*** Primavera (7), Via Cavour 39, benachbart, ebenfalls renoviert, sauber und solide ausgestattet, Zimmer mit TV. DZ mit Frühstück ca. 70–110 €. ✆ 0323/31286, ✉ 33458, www.stresahotels.net/primavera.htm.

*** Du Parc (17), Via Gignous 1, eigentlich ruhige Lage im oberen Teil von Stresa, allerdings führt die Bahnlinie direkt vorbei (daher am besten ein Zimmer nach vorne nehmen). Gepflegtes Anwesen mit Haupt- und Nebenhaus, stilvolles Ambiente mit historischem Mobiliar und Parkettboden, im Haupthaus Klimaanlage. DZ mit Frühstück ca. 75–140 €. ✆ 0323/30335, ✉ 33596, www.duparc.it.

TIPP! *** La Fontana (1), Via Sempione Nord 1 nördlich vom Zentrum an der Durchgangsstraße. Ältere, repräsentative Villa mit schönem, großem Garten und Springbrunnen, unten ein wenig altmodisch, Zimmer aber ansprechend, in den oberen Stockwerken Seeblick. DZ mit Frühstück ca. 98 €. ✆ 0323/32707, 32708, www.lafontanahotel.com.

** Villa Mon Toc (14), Via Duchessa di Genova 67, schön über der Stadt gelegenes Haus mit Garten, gepflegtes Innenleben, Zimmer mit Sat-TV. DZ mit Frühstück ca. 80–90 €. ✆ 0323/30282, ✉ 933860, www.hotelmontoc.com.

** Luina (10), Via Giuseppe Garibaldi 21, zwischen Uferstraße und einer Gasse dahinter

E Essen & Trinken
- 6 Orient Express
- 9 La Botte
- 11 Piemontese
- 12 La Piazzetta
- 15 Osteria degli Amici
- 16 Gastronomia da Pietro
- 18 Vecchio Tram

Ü Übernachten
- 1 La Fontana
- 2 La Locanda
- 3 Villa Aminta
- 4 Grand Hôtel des Iles Borromées
- 5 Astoria
- 7 Primavera
- 8 Moderno
- 10 Luina
- 13 Elena
- 14 Villa Mon Toc
- 17 Du Parc
- 18 Vecchio Tram
- 19 Camping Sette Camini

u erreichen durch eine schmale Passage on der Uferstraße. Einfach eingerichtet, ieben Zimmer (vorher ansehen), unten uhiges Ristorante an der Gasse. Die ältere esitzerin spricht Deutsch. Gegenüber lädt ie Enoteca „Da Giannino" auf ein Gläschen in (→ unten). DZ mit Frühstück ca. 55–80 €. ✆/✉ 0323/30285, luinastresa@yahoo.it.

Elena (13), kleines Stadthotel an der iazza Cadorna am Ende der Fußgänger-one Via Mazzini. Alle Zimmer mit Balkon Blick auf die Piazza) und Sat-TV. DZ mit rühstück ca. 70–85 €. ✆ 0323/31043, ✉ 33339, ww.hotelelena.com.

La Locanda (2), Via G. Leopardi 19, Nähe ördlicher Ortsausgang in einer schmalen eitengasse, landeinwärts der Durchgangs-traße, recht ruhig. Ordentliche Zimmer mit V. DZ mit Frühstück ca. 55–75 €. Eigener arkplatz. ✆/✉ 0323/31176, ww.stresa.net/hotel/lalocanda.

B & B Vecchio Tram (18), Via per Vedasco 20, in Vedasco, etwa 1,5 km oberhalb vom Zentrum, liegt diese sympathische Adresse an der Trasse der Zahnradbahn, die einst auf den Monte Mottarone fuhr. Vermietet werden drei DZ mit nostalgischem Touch, Balkon und schönem Blick. Die Trattoria im Erdgeschoss ist den Abstecher ebenfalls wert (→ Essen & Trinken). ✆ 0323/31757, www.vecchiotram.net.

** Camping Sette Camini (19), Via Pianezza 7, Gignese. Schöner Bergplatz im Grünen an der Straße zum Monte Mottarone, Nähe Mittelstation Alpino (ca. 800 m ü. d. M.). Ganzjährig, keine Reservierung möglich (und auch nicht nötig). ✆ 0323/20183.

• *Wohnmobile* kleines Gelände mit zehn Stellplätzen nahe der Bootsanlegestelle **Carciano** und der Seilbahnstation, unterhalb einer Tankstelle. Kostenlos, aber keine Ver-/Entsorgung möglich.

210 Italienisches Westufer

Essen & Trinken/Unterhaltung/Shopping (siehe Karte S. 208/209)

Piemontese (11), Via Mazzini 25, gepflegtes Ristorante an der Fußgängerzone in der Altstadt, hinten Garten. Fleisch und Seefisch werden gleichermaßen serviert. Angeschlossen ein Salon de Thé. Menü 35–50 €. Mo geschl. ✆ 0323/30235.

La Piazzetta (12), Freiluftlokal an der Piazza Cadorna, dem zentralen Platz der Altstadt. Ist abends immer als erstes voll. ✆ 0323/31651.

Osteria degli Amici (15), Via Anna Maria Bolongaro 31, am Ende der Fußgängerzone, überdachter Hof abseits vom Rummel, bodenständige Küche und freundlicher Service, auch Pizza aus dem Holzofen. Mi geschl. ✆ 0323/30453.

TIPP! La Botte (9), Via Mazzini 8, am Beginn der Fußgängerzone, rustikale Trattoria mit umfangreicher Speisekarte, u. a. *Gulasch con polenta*, Fisch aus dem See und *baccalà*. Coperto wird nicht berechnet, günstige Preise. Do geschl. ✆ 0323/30462.

Orient Express (6), Piazzale Stazione 8, gepflegte und beliebte Pizzeria im Bahnhof, Pizza aus dem holzbefeuerten Ofen auch mittags. Mo geschl. ✆ 0323/30541.

Gastronomia da Pietro (16), Via Anna Maria Bolongaro 28, um die Ecke der Osteria degli Amici bietet im Sommer ein Feinkostgeschäft für wenig Geld Primi Piatti, dazu einen Becher Vino. Ein paar Tische stehen draußen, man isst von Plastikgeschirr.

• *Außerhalb* **TIPP! Vecchio Tram (18)**, Via per Vedasco 20, nette Osteria bei Vedasco, etwa 1,5 km oberhalb vom Zentrum. Serviert wird neben Pasta hauptsächlich See- und mediterrane Meeresküche, die je nach Jahreszeit verschieden ist. Innen wie außen sitzt man gemütlich. ✆ 0323/31757, www.vecchiotram.net.

Donalú, Agriturismo im Dorf Magognino auf den Hügeln südlich von Stresa (→ S. 212). Vom gemütlichen Speisesaal mit Kamin hat man einen schönen Blick auf den See bis hinüber in die Schweiz. Ganzjährig Sa/So (im August tägl.) nach Reservierung unter ✆ 0323/32553, 31299 o. 348-5820363.

• *Unterhaltung/Nachtleben* Viele Bars und Cafés vergnügen im Sommer ihre Gäste mit musizierenden Alleinunterhaltern.

Gigi Bar Pasticceria, Corso Italia 30, eine Legende an der Durchgangsstraße, Cafébar und Konditorei, im Sommer abends Piano Bar mit Livemusik. Seit über 50 Jahren werden hier die leckeren Plätzchen namens *margheritini* produziert. ✆ 0323/30225.

Al Buscion, Via Principessa Margherita 18, nette Weinbar mit großem Angebot, wo man auch Kleinigkeiten zu Essen bekommt. ✆ 0323/854772.

Enoteca Da Giannino, Via Garibaldi 30, gemütliches Plätzchen mit über 200 Weinetiketten, dazu Grappe und Liköre.

Cambusa, Via Cavour 27, hier stehen sogar mehr als 400 Weine und zahlreiche Whiskysorten zur Auswahl.

Ansonsten findet das Nachtleben von Stresa in den Cafépubs **L'Idrovolante** und **Isla Bonita** am Piazzale Funivia statt (bei der Abfahrtsstelle der Seilbahn auf den Mottarone). Man sitzt auf der großen Außenterrasse mit schönem Seeblick, es gibt Restaurantbetrieb (auch Pizza), Internetzugang und gelegentlich Livemusik. ✆ 0323/31384.

• *Shopping* **Markttag** ist Freitag.

• *Feste/Veranstaltungen* **Settimane musicali di Stresa e del Lago Maggiore**, von Ostern bis Anfang September präsentiert das Stresa Festival seit fast fünfzig Jahren klassische Musik auf hohem Niveau. Die meisten Konzerte gibt es Ende August/Anfang Sept., außer in Stresa auch auf den Borro-

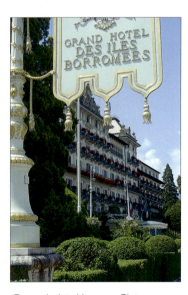

Das nobelste Haus am Platz

Monte Mottarone

Auf dem Monte Mottarone

mäischen Inseln, in Verbania und Arona. Infos und Kartenvorverkauf beim Ufficio del Festival, Via Carducci 38 (ab Ende Febr.

Mo–Fr 9.30–13, 15–17.30 Uhr, ab Mitte Juni auch Sa 9.30–17.30 Uhr). 0323/31095, www.stresafestival.eu.

Monte Mottarone

Vom Piazzale Funivia (auch: Lido) am Nordende von Stresa kann man mit Motorbooten zu den Borromäischen Inseln übersetzen. Am gleichen Platz befindet sich auch die Talstation der Funivia (Seilbahn) auf den 1491 m hohen Monte Mottarone, die in zwei Etappen zum Gipfel fährt. Wenige Minuten von der Mittelstation Alpino liegt in 800 m Höhe der schöne Giardino Botanico Alpinia mit herrlichem Seeblick und zahlreichen alpinen Pflanzenarten, aber auch Raritäten aus China, Japan und dem Kaukasus.

Der Gipfel ist auch auf einer etwa 20 km langen Panoramastraße mit dem Auto oder per Fahrrad zu erreichen, die letzten Kilometer gehören der Adelsfamilie Borromeo und sind mautpflichtig (Auto ca. 5,50 €, Motorrad 3 €, bei mehreren Fahrten deutlicher Rabatt, Fahrrad frei). Es geht kurvig und steil hinauf, anfangs durch Waldgebiete mit Edelkastanien und Buchen, in höheren Lagen Tannen und Fichten. Unterwegs passiert man viele schöne Picknickstellen und den Campingplatz „Sette Camini". Vorsicht dabei immer vor Radlern und Wanderern, die hier oft auf der Straße unterwegs sind.

Vom Parkplatz unterhalb des Gipfels steigt man noch etwa 5–10 Min. zu Antennenturm und Gipfelkreuz mit dem berühmten Sieben-Seen-Blick hinauf: Lago Maggiore, Lago d'Orta, Lago di Mergozzo, Lago di Monate, Lago di Varese, Lago di Comabbio und Lago di Biandronno. Ringsum hat man einen Blick auf zahlreiche Alpengipfel, sogar das Monte-Rosa-Massiv an der Schweizer Grenze ist an klaren Tagen gut sichtbar. Es gibt hier oben Skipisten und Schlepplifte, aber auch eine Sommerrodelbahn (www.mottaroneski.it) und Fahrradverleih sowie mehrere Lokale und immerhin drei Hotels.

Nach Stresa zurück lockt viele Radfahrer der steile Downhill, geführte Touren dafür bietet „Bicicò" (→ Sport). Wanderer können auf der Trasse der ehemaligen Zahnradbahn absteigen, die hier Anfang des 20. Jh. herauffuhr – bequemer ist es bis zur Mittelstation zurückzufahren, dort zum Botanischen Garten zu gehen und ca. 500 m danach auf dem gut markierten Sentiero 1 über Levo und Carciano nach Stresa hinunterzuwandern. Der Aufstieg zum Gipfel dauert von Stresa gut vier Stunden.

Italienisches Westufer

212 Italienisches Westufer

● *Verbindungen* **Seilbahn**, Abfahrten etwa alle 20 Min., mittags eine Stunde Pause, ca. 15 € hin und zurück, Kinder (4–12 J.) 9 €, bis Mittelstation Alpino ca. 10 €, Kinder (4–12 J.) 6,50 €. Interessant ist folgende Variante: rauf mit der Funivia, runter mit dem Leihfahrrad (ca. 22 €), Auskunft in der Talstation. Rückfahrkarten berechtigen zum kostenlosen Eintritt im Botanischen Garten. ✆ 0323/30295, www.stresa-mottarone.it.

● *Öffnungszeiten/Preise* **Giardino Botanico Alpinia**, April bis Okt., tägl. 9.30–18 Uhr, Eintritt ca. 2 €. ✆ 0323/30295, www.giardinoalpinia.it.

● *Übernachten* * **Casa della Neve**, auf dem Mottarone, kurz nach dem Parkplatz. Rustikales Haus mit schöner Sonnenterrasse und Restaurant, wo man nett sitzt und kräftige piemontesische Küche serviert wird, z. B. Fondue, *bagna caoda* oder *brasato con polenta*. DZ mit Frühstück ca. 63 €. ✆/✉ 0323/923516, www.casadellaneve.it.

● *Sport* **Bicicò**, bei der Talstation der Seilbahn kann man ein Bike mieten, fährt mit der Seilbahn zum Gipfel und dann auf versteckten Pfaden abwärts nach Stresa – 38 km Downhill! Auch zahlreiche weitere Touren werden angeboten.
A.S. Bicicò, Piazzale Lido 8, ✆/✉ 0331/324300 o. 340-3572189, www. bicico.it.

Und wenn es mal regnet ...

Im kleinen Örtchen Gignese an der Bergstraße von Stresa zum Lago d'Orta (→ unten) steht am Ortseingang linker Hand das weltweit einmalige Sonnen- und Regenschirmmuseum *Museo dell'Ombrello e del Parasole* mit über tausend Einzelexemplaren und einer alten Werkstatt.
Öffnungszeiten/Preise April bis Sept. Di–So 10–12, 15–18 Uhr, Mo geschl.; Eintritt ca. 3 €, erm. 1 €. ✆ 0323/208064, www.gignese.it/museo.

Wanderung um den Monte Croce

Eine etwa dreistündige, meist schattige Wanderung um den bis zu 700 m hohen Bergzug zwischen Stresa und Lesa, dabei hat man immer wieder schöne Blicke auf den Lago. Der Weg ist auch für Spaziergänger machbar, Einkehrmöglichkeit gibt es in Calogna und Stropino.

● *Anfahrt* Von Stresa nach Vedasco hinauf dann links nach **Magognino**, dem Startort der Wanderung (ca. 6 km ab Stresa) oder direkte Anfahrt von Belgirate nach Magognino (3 km). Busse fahren von Stresa nach Magognino.

● *Route* Magognino – San Paolo (30 Min.) San Paolo – Calogna (20 Min.), Calogna – Santa Maria Ausiliatrice (40 Min.), Santa Maria Ausiliatrice – Stropino (1 Std.), Stropino – Magognino (30 Min.). Gesamtzeit ca. 3 Std.

Wegbeschreibung: Startpunkt ist in *Magognino* der Parkplatz hinter der Kirche. Rechter Hand geht es zu einem gelben Wegweiser, dem wir auf der Straße nach Belgirate etwa 200 m folgen und dann in einen gut erhaltenen *Maultierpfad* rechts hinauf abbiegen (rotweiße Markierung, gelber Pfeil San Paolo) Kurz darauf Panoramablick auf Cerro Reno und Kloster Santa Caterina de

Wanderung um den Monte Croce

Wanderung um den Monte Croce 213

Die Wanderung um den Monte Croce führt am Golfplatz entlang

Sasso am Ostufer des Lago. Schattiger Aufstieg durch einen Maronenwald. Nach ca. 1 km rechts ein Gebetshäuschen neben einem Felsblock mit vielen kleinen, regelmäßigen Einbuchtungen, den so genannten „Cuppelle": Spuren frühzeitlicher Eingravierungen am Hang dieses „heiligen Berges" (Infotafel), der vielleicht eine vorchristliche Kultstätte war. Die Funktion dieser Vertiefungen ist rätselhaft – eine Theorie behauptet etwa, dass Opferblut hineingegossen wurde, andere sagen, es sei Wachs gewesen, um nächtliche Riten zu beleuchten. Wieder 1 km weiter rechts eine Quelle, kurz darauf eine Weggabelung, hier rechts nach Calogna abbiegen (Wegweiser an der Mauer). Kurz darauf kleiner Abstecher zur romanischen Kapelle *San Paolo*, die 1713 umgestaltet wurde. Zurück zum Weg nach Calogna und auf einer Brücke über den Bach (Wanderzeichen rot-weiß-rot). Nach ca. 300 m links eine Villa, ab da folgt man einem gepflasterten Weg nach *Calogna* und hat oberhalb der Kirche einen schönen Ausblick auf den Lago. An der nächsten Kreuzung rechts, dann gleich wieder rechts bis zur Landstraße Richtung Stresa, dieser 50 m weit folgen, dann links hoch auf unmarkiertem Maultierpfad. Nach Überquerung eines im Sommer trockenen Baches dem linken Weg den Hang hinauf folgen. Nach ca. 1 km trifft man auf die Kapelle *Santa Cristina*. Den Fahrweg am Golfplatz entlang nehmen, nach ca. 5 Min. kommt rechts ein Wegweiser Richtung *Monte Croce*, dorthin sind es ca. 15 Min. Aufstieg. Oben befindet sich ein von Buchen beschatteter Picknickplatz neben der Kirche *Santa Maria Ausiliatrice* mit weit reichendem Panoramablick auf die Südseite des Lago Maggiore und den angrenzenden Lago Varese.

Für den Abstieg gehen wir 50 m zurück und nehmen in der Linkskurve den zweiten Weg scharf rechts bis zum Rand des Golfplatzes (Golf Club des Iles Borromées). Am Waldrand dem sanft aufsteigenden Weg neben dem Golfplatz folgen, nach ca. 15 Min. bei der Gabelung den Pfad nach rechts einschlagen (Schild: „Cri Lesa"). Etwa 800 m langer, leichter Aufstieg, dann rechts den Fahrweg nehmen, der ins Golfplatzgelände führt. Bei der Kreuzung nach links zum Ausgang. Dann rechts auf wenig befahrener Landstraße ca. 2 km bis *Stropino*, ein hübsches, verschlafen wirkendes Bergdorf. An der Kirche vorbei geradeaus bis zum Stoppschild und in die Landstraße nach rechts einbiegen. Nach ca. 10 Min. der Beschilderung Richtung Magognino folgen. Dort hält man sich links in Richtung Kirche.

Italienisches Westufer

Einzigartiges Gesamtkunstwerk: die Isola Bella vor Stresa

Isole Borromee (Borromäische Inseln)

Die drei Inseln dominieren das Panorama der Seemitte und gehören zu den beliebtesten Ausflugszielen am Lago Maggiore. Schon im Frühsommer herrscht tagsüber unglaublicher Rummel, abends wird es dafür angenehm ruhig.

Vom Piazzale Funivia am Nordende von Stresa pendeln Motorboote ständig hinüber (Hin- und Rückfahrt Isola Bella ca. 3,40 €, Isola dei Pescatori 6,40 €, Isola Madre 8,20 €, Isola Bella und Isola dei Pescatori 7,40 €, alle drei Inseln 11,40 €). Etwas teurer sind die Fahrten mit regulären Linienschiffen von der Fähranlegestelle in Stresa, Baveno und Pallanza (etwa stündl.), außerdem gibt es Fahrten von Laveno am Ostufer.

> **Tipp**: Morgens mit dem ersten Boot kommen (7.10 Uhr ab Stresa), dann ist man auf den Inseln noch weitgehend alleine.

Isola Bella

Die „Schöne Insel" ist von Stresa aus die nächste und meistbesuchte. Im 17. Jh. ließ Carlo III aus dem mächtigen Geschlecht der Borromäer auf der damals kahlen Felseninsel einen riesigen Barockpalast mit prachtvollen Gartenanlagen erbauen. Er benannte ihn nach seiner Frau Isabella, woraus schließlich „Isola Bella" wurde.

Spätere Generationen bauten weiter an den Anlagen und seitdem präsentieren sich Insel und Palastanlage als wahres Gesamtkunstwerk, das von weitem gesehen gern mit einem vor Anker liegenden Schiff verglichen wird: Das Nordende ragt wie ein

Isola Bella

schmaler Bug in den See, der Palazzo thront darauf wie ein mächtiger Aufbau und die Gartenterrassen am anderen Ende sind das hohe Heck. Noch heute wird im Sommer ein Flügel des riesigen Anwesens von den Erben bewohnt, die noch immer zu den bedeutendsten Dynastien des italienischen Hochadels gehören. 2004 heirateten hier Lavinia Borromeo, die Tochter von Carlo Borromeo, und John Philip Elkann, der Neffe des kürzlich verstorbenen, legendären Fiatbosses Gianni Agnelli – zwei der mächtigsten Familien Italiens haben sich damit zusammengefunden.

Ein Rundgang macht vertraut mit dem Lebensstil des Adels. Die zahlreichen Säle und Wandelhallen beherbergen barocken Prunk vom Feinsten: mächtige Gobelins, Gemälde, wertvolle Möbel, Statuen von Antonio Canova, eine alte Bibliothek. In der *Sala della Musica* fand 1935 die Konferenz von Stresa statt, in der stuckverzierten *Sala da Ballo* feierten die Borromäer rauschende Feste. Im Untergeschoss gibt es sechs künstliche Grotten aus Kiesel, Tuff und Marmor, die dem Meeresgott Neptun geweiht sind.

Die üppigen Gärten sind mit abgezirkelten Beeten, Statuen und Brunnen in zehn Terrassen übereinander angelegt. An der Spitze prunkt ein reich verzierter Steinbau mit Grotten, Muscheln und bizarren Plastiken aus der Mythologie, darunter das Einhorn, das Wappentier der Borromäer. Dahinter liegt der *Giardino d'Amore*, im Jahr 1797 Schauplatz eines romantischen Stelldicheins von Napoleon mit der sechs Jahre älteren Joséphine de Beauharnais, die er im Jahr zuvor geheiratet hatte, aber bereits zwei Tage nach der Hochzeit wegen seines Italienfeldzugs verlassen musste – allerdings soll auch eine der (zahlreichen) Geliebten des späteren Kaisers anwesend gewesen sein, die Sängerin Giuseppina Grassini ...

Eine besondere Attraktion der Insel sind die weißen Pfauen, die die Borromäer hier ansiedelten und die auch heute noch unbefangen zwischen den Besuchern umherlaufen.

Öffnungszeiten/Preise Mitte März bis Ende Okt. tägl. 9–17.30 Uhr; Eintritt ca. 11 €, Kinder (6–15 J.) 4,50 € (Sammelticket für Isola Bella und Isola Madre ca. 16 €, Kinder 7,50 €). ✆ 0323/932483, www.borromeoturismo.it.

Vollendete Gartenarchitektur auf der Isola Bella

Überfahrt zur Isola dei Pescatori

Isola dei Pescatori

Die einzige der drei Inseln, die nicht den Borromäern gehört, besitzt keinen Palast sondern ein „idyllisches Fischerdorf", das allerdings die Grenze zum Kitsch schon überschritten hat. Touristenmassen strömen zwischen bunten Souvenirshops Snackbars, Cafés und Restaurants mit teils schönen Seeterrassen durch die engen Gassen. Ein Besuch lohnt tagsüber nur, wenn man so etwas mag – abends wird es dagegen still und romantisch auf der Insel der Fischer. Und wer sich nicht mehr losreißen kann, findet sogar zwei Hotels. Eine kleine Badestelle gibt es an der baumbestandenen Landzunge im Inselnorden, genannt „Coda" (Schwanz).

Eigentlich heißt die Insel „Isola Superiore dei Pescatori" (im Gegensatz zur Isola Inferiore = Isola Bella). Sie war die erste, auf der sich Menschen ansiedelten, und heute gibt es etwa 60 ganzjährige Bewohner – allerdings fischen nur noch einige von ihnen und dies auch nur im Nebenerwerb bzw. als Hobby. Nach heftigen Regenfällen in Frühjahr und Herbst wird die Inselpromenade oft überschwemmt doch die Hauseingänge sind an der Rückseite hoch gelegt, sodass das Wasser nicht eindringen kann. Das Privatmuseum des auf der Insel geborenen Malers und Bildhauers Andrea Ruffoni (1925–1990) kann auf Anfrage in der Via Zanetti 2 besucht werden, es wird von seiner deutschen Witwe geführt.

• *Übernachten/Essen & Trinken* *** **Verbano**, an der Südspitze der Insel, Blick hinüber zur Isola Bella. Schöne Restaurantterrasse, sehr geschmackvoll eingerichtete Zimmer, abends kostenloser Bootsservice nach Stresa. Die Romantik hat ihren Preis: DZ mit Frühstück ca. 150–180 €. ✆ 0323/30408, ✆ 33129, www.hotelverbano.it.

*** **Belvedere**, die etwas günstigere Wahl liegt im Norden der Insel. Acht Zimmer, sechs davon mit Balkon, Blick zur Isola Madre. Großes Restaurant. DZ mit Frühstück ca. 120–150 €. ✆ 0323/32292, ✆ 30685 www.belvedere-isolapescatori.it.

La Pescheria, Via Lungolago 6, das schöne Gartenlokal im Südteil der Promenade ist aus dem einzigen Fischgeschäft der Insel hervorgegangen, das seit Anfang der dreißiger Jahre in Betrieb war – Erfahrung aus Tradition also. Täglich frischer Fisch, z. B Felchen, Seeforellen und Barsch. ✆ 0323 933808.

TIPP! Italia, Via Ugo Ara 58, bei Paolo Ruffoni, einem der letzten Fischer der Insel, im nördlichsten Haus der Insel kehren auch die Einheimischen gerne ein, um die sehr leckere, vielfältige und stets frische Fischküche zu genießen, ein Tipp sind z. B. die mit Seefisch gefüllten Ravioli, *ravioli al profumo di pesce con pomodoro*. Originalstücke aus alten Inselzeiten können hier auch besichtigt werden. ✆ 0323/30456.

● *Feste* Größtes Inselfest ist **Ferragosto** am 15. August, dann gibt es eine Lichterprozession mit Fischerbooten um die Insel, die die Statue der „Maria Assunta" (Mariä Himmelfahrt) mit sich führt. Am Vorabend großes Feuerwerk auf der Coda.

● *Shopping* **Concreta Laboratorio di Ceramica Rakú**, Via di Mezzo/Ecke Via di Forno, abseits der Touristenpfade formt seit über 20 Jahren die frühere Literaturprofessorin Wanda Patrucco Keramikobjekte in der Jahrhunderte alten Rakú-Brenntechnik aus Japan. ✆ 0323/30354.

Isola Madre

Weit draußen im See liegt die größte und ruhigste der drei Inseln. Auch hier steht ein eleganter, allerdings im Gegensatz zur Isola Bella deutlich kleinerer *Palazzo Borromeo*, der zahlreiche Porträts der Borromeo-Familie, eine Keramikausstellung und eine große Marionetten- und Puppensammlung der theaterbegeisterten Borromäer besitzt. Er ist umgeben von einem prachtvollen botanischen Garten auf fünf Terrassen mit Libanonzedern, chinesischen Teebäumen, prächtigen Zypressen, Azaleen, Rhododendren und 150 verschiedenen Kamelienarten, in dem weiße Pfaue, Papageien und Fasane leben. Bar und Ristorante bei der Anlegestelle.

Öffnungszeiten/Preise Zeiten wie Isola Bella, Eintritt ca. 9 €, Kinder (6–15 J.) 4,50 €. ✆ 0323/932483, www.borromeoturismo.it.

Von Stresa nach Arona

Südlich von Stresa wird die Küste weitgehend flach. Landeinwärts liegen die bewaldeten Hügel des Vergante, Stammland des Adelsgeschlechts der Visconti, die zum See hin sanft abfallen und Terrassen bilden, auf denen kleine Dörfer liegen.

Die Villenorte *Belgirate*, *Lesa*, *Sólcio* und *Meina* entlang der Strada Statale Sempione sind reine Wohnregionen mit stolzen, mauerbewehrten Villen, vom Tourismus werden sie nur wenig beachtet. Selbst in der Hochsaison wirkt es hier manchmal fast menschenleer, während in Stresa das Leben tobt. An Wochenenden kommen allerdings gerne Kurzurlauber aus der Poebene herauf.

Belgirate: ruhiger Ort mit schöner Uferpromenade, etwa 8 km südlich von Stresa. Die stilvollen Villen mit ihren Parkanlagen bezeugen, dass im 18. und 19. Jh. mehr Tourismus herrschte als heute. Wie im nahen Lesa trafen sich auch hier viele Aristokraten und Intellektuelle, so hielt sich z. B. der französische Schriftsteller Stendhal (eigentlich Marie Henri Beyle) gerne hier auf, sein Werk „Die Kartause von Parma" wurde von Goethe und Balzac überschwänglich gelobt. Die *Villa Carlotta* aus dem 19. Jh. ist heute ein exklusives Hotel mit prachtvollem Park. Sehenswert ist die romanische Kirche *Santa Maria del Suffragio* oberhalb vom Ort mit panoramablick auf den See und schönen Fresken aus dem 16. Jh., die Schülern des berühmten Bernardo Luini zugeschrieben werden (→ S. 145).

Übernachten/Essen & Trinken ****** Villa Carlotta**, Via Sempione 121/125, der großzügige Palast an der Uferstraße wurde 1952 in ein eindrucksvolles Hotel mit 130 Zimmern umgebaut, u. a. ist hier schon Brigitte Bardot abgestiegen. Viel Kongresstourismus, eigener Badestrand, Pool im prächtigen Park mit herrlichem altem Baumbestand. DZ mit Frühstück ca. 130–210 €. ✆ 0322/76461, ✉ 76705, www.bestwestern.it/villacarlotta_vb.

Italienisches Westufer

Uferzone im Südwesten

* **La Terrazza**, Via Mazzini 83, direkt an der Straße, deshalb nicht ganz leise, aber korrekte Zimmer. Restaurant mit schöner Seeterrasse, einige Fischgerichte. DZ mit Frühstück ca. 70 €. ✆ 0322/7493, 772029, www.ristoranteterrazza.com.

▶ **Lesa**: Am Nordende der Schwemmlandhalbinsel des Flusses Erno liegt dieser weitgehend untouristische Ort mit nettem Centro storico. Auch hier verläuft eine baumbestandene Uferpromenade, außerdem gibt es zwei Badestrände, einen Tennisclub mit Wellnesscenter und ein Schwimmbad.

Der Dichter *Alessandro Manzoni* (1785–1873) aus Lecco am Comer See, Autor des in Italien sehr bekannten Buches „I Promessi Sposi", der wegen zahlreicher Abhandlungen über italienische Geschichte und Sprache den Ruf eines Nationaldichters genoss, verbrachte regelmäßig die Sommerfrische in der *Villa Stampa* seiner Ehefrau, einer verwitweten Gräfin. Patriotisch gesinnte Lombarden gingen damals oft ins Piemont, da die Lombardei von den Österreichern besetzt war. Heute ist das Gebäude Sitz einer Bank, in der *Sala Manzoniana* (Manzoni–Saal) kann man aber Bücher, Manuskripte und Dokumente sowie Originalmobiliar aus der Zeit des Dichters betrachten. Ein berühmtes Porträt des Dichters von Francesco Hayez entstand in dieser Villa.

• *Öffnungszeiten* **Museo Manzoniano (Sala Manzoniana)**, Via alla Fontana 18, nur Juli/August Do 10–12 Uhr, Sa/So 17–19 Uhr, sonst auf Anfrage unter ✆ 0322/76421.

• *Übernachten* ⁎⁎⁎ **Aries**, Via Sempione 37, neu renoviertes Haus im Zentrum. DZ mit Frühstück ca. 70–85 €. ✆ 0322/77137, 🖷 77139, www.arieshotel.net.

B&B Villa Lidia, Via Giuseppe Ferrare 7/9, schöne, alte Villa mit üppigem Garten nicht weit vom See. Mehrere DZ mit Terrasse und Frühstück für ca. 80 € sowie eine Ferienwohnung für ca. 400–500 €/Woche. Mindestaufenthalt zwei Nächte. ✆ 0322/7095 o. 347-9931607, www.villalidia.info.

• *Essen & Trinken* **Antico Maniero**, Via alla Campagna 1, elegant und schick in einer großen Villa, prächtiges Ambiente mit Originalmobiliar. Drei Michelingabeln verheißen Qualität, allerdings zu sehr gehobenen Preisen. Mo abends und So gesch ✆ 0322/7411.

Al Camino, familiär geführtes Restaurant an der Straße nach Comnago, man kann schön im Freien sitzen, leckere piemontesische Küche, z.B. *brasato al Barolo*, im Sommer aber auch Fisch. Mi gesch ✆ 0322/7471.

Von Stresa nach Arona   219

Sólcio: Der Vorort von Lesa am Südende des Erno-Schwemmlands besitzt zahlreiche Villen und die große Kuppelkirche San Rocco, ist aber auch Standort der bekannten Werft „Cantieri Nautici Solcio" (www.solcio.com). Einen Bummel wert ist der ausgedehnte Park der *Villa Cavallini*.

Landeinwärts oberhalb liegt *Massino Visconti* mit einer der Stammburgen der Visconti (in Privatbesitz, Besichtigung nur von außen). Eine 4 km lange Panoramastraße führt auf den *Monte San Salvatore* mit dem gleichnamigen Santuario (Wallfahrtskirche) und wunderbarem Seeblick. Schon um das Jahr 1000 errichteten Benediktiner eine Abtei, Jahrhunderte später wurden sie von den Augustinern abgelöst. In den beiden Kapellen *San Quirico* und *Santa Maria Maddalena* sind noch schöne Fresken erhalten. Es gibt auch verschiedene Fußwege, die durch Kastanien- und Buchenwälder hinaufführen, nach der Anstrengung sorgt eine Trattoria für das leibliche Wohl.

● *Übernachten* ** Camping Sólcio**, großer, an sich schön gelegener Platz direkt am See, allerdings gleich neben der Werft, was seine Attraktivität ein wenig mindert. ✆ 0322/7497, ✎ 7566, www.campingsolcio.com.

● *Essen & Trinken* **San Salvatore**, in der Trattoria in den Gebäuden des früheren Klosters werden z. B. *risotto con funghi* und *polenta con misto di carni* serviert, draußen sitzt man mit Seeblick. So abends und Mo

geschl., Betriebsferien im Sept. ✆ 0322/219301.

● *Sport* **Even More Yachting and Renting**, schöne Segeltörns auf dem See, großes Boot mit Platz für bis zu 10 Pers., nette Führung, auf Wunsch mit Mittag- oder Abendessen an Bord. Ein kleineres 6-Pers.-Boot kann auch ohne Bootsführerschein (*patente nautica*) gefahren werden. ✆ 392-6518286, ✎ 0322/65257.

Meina: Auch der Ort nördlich von Arona ist für seine Villen aus dem 18. und 19. Jh. bekannt, vor allem vom Schiff aus ist das bestens zu sehen. Überschattet wird die prunkvolle Vergangenheit vom grausamen Massaker im Jahr 1943, das sich im ehemaligen Hotel Meina abspielte (das Gebäude steht noch) und das Liaty Pisani als Sujet für ihren jüngsten Roman nahm. Es gibt auch einen Badestrand.

● *Übernachten* **** Villa Paradiso**, prächtige Villa mit großem Park an der Durchgangsstraße, eigener Strand an der See-

seite der Straße, Pool im Garten. DZ mit Frühstück ca. 110–140 €. ✆ 0332/660488, ✎ 660544, www.hotelvillaparadiso.com.

Das Tagebuch der Signora

Liaty Pisani, die sich als Autorin von Spionagethrillern einen Namen gemacht hat, ist in ihrem neuen Buch dem aufkeimenden Neofaschismus in Italien auf der Spur. Ausgangspunkt ist eine wahre Begebenheit, nämlich ein Massaker in Meina am Lago Maggiore, bei dem im September 1943 zahlreiche hierher geflüchtete Juden, deren Freunde und Sympathisanten getötet wurden. Faschistische Einheimische hatten damals den deutschen Truppen das Versteck der Flüchtlinge verraten. Die Titelheldin Signora Brandini war 17 und musste alles mit ansehen, kannte auch einige der Getöteten. Die Schuldigen wurden nie verurteilt, lebten unter falschem Namen weiter und verbreiten ihr faschistisches Gedankengut bis in heutige Zeit weiter. Die Signora will deshalb ihr Tagebuch veröffentlichen, doch bald kommen ihr die darin Genannten auf die Spur und wollen das Vorhaben vereiteln. Ein spannender Krimi mit präzise recherchiertem historischem Hintergrund und leider bedrückender Aktualität.
Liaty Pisani, Das Tagebuch der Signora, aus dem Italienischen von Ulrich Hartmann. Diogenes, Zürich, 276 Seiten.

Italienisches Westufer

Von Arona bestens zu sehen: die Burg von Angera in der Abendsonne

Arona (ca. 15.000 Einwohner)

Größerer Ort und wichtigstes Wirtschaftszentrum im Süden des Sees, nicht in erster Linie touristisch, sondern ein unverfälschtes italienisches Städtchen mit Atmosphäre.

Direkt am See liegt die großzügige *Piazza del Popolo*, einst der Hafen der Stadt, der aber zugeschüttet wurde und an die Südseite des Zentrums verlegt wurde. Hier hat man einen besonders schönen Blick auf die imposante Burg von Angera am nahen Ostufer. An der Landseite der Piazza reihen sich der ehemalige Statthalterpalast *Casa del Podestà*, die Renaissancekirche *Madonna di Piazza* mit einer Kopie der „Santa Casa" von Loreto und der arkadengeschmückte *Palazzo di Giustizia* vom Ende 14. Jh. mit Backsteinmedaillons, auf denen Büsten der Visconti abgebildet sind. Durch eine lange, schmale Fußgängerzone kann man das Centro storico durchqueren. An der Piazza San Graziano mitten in der Altstadt zeigt das *Museo Archeologico* Funde der Golasecca-Kultur, u. a. von den nahen Lagoni di Mercurago (→ S. 223). An der Seeseite der Altstadt verläuft der *Corso Marconi*, eine Autostraße mit hübschem Fußweg, der z. T. überdacht und mit Pflanzen berankt ist – beliebter Treffpunkt für Romantiker, frisch Verliebte und Seegucker.

Über der Stadt thronen die Ruinen der *Rocca di Arona*, Pendant zur bestens restaurierten Rocca von Angera auf der anderen Seeseite (→ S. 165), die zusammen der Süden des Lago Maggiore kontrollierten. 1439 überließen die Visconti die Burg den Borromäern, die sie stark erweiterten. Im 16. Jh. wurde hier Kardinal Carlo Borromeo geboren, einer der entschiedensten Verfechter der Gegenreformation (→ Kasten S. 222). Unter Napoleon wurde die Festung jedoch völlig zerstört, erhalten geblieben sind nur einige Mauern- und Turmreste sowie ein romanisches Oratorium und einige Gebäudeteile. Heute ist das Kastell ein populäres Wanderziel mit einem großen Park und Kinderspielplatz.

Öffnungszeiten **Museo Archeologico**, Di 10–12, Sa/So 15.30–18.30 Uhr. Eintritt ca. 2,50 € bis 18 und über 65 J. 1,50 €. ✆ 0322/48294.

Arona

- *Anfahrt/Verbindungen* **Bahn**, Bahnhof am Piazzale Duca d'Aosta (südlich von Zentrum und Giardini Pubblici), stündliche Verbindungen nach Stresa und Verbania und zum Flughafen Malpensa (mit Umsteigen in Busto Arsizio).
Bus, SAF fährt etwa stündlich über Stresa nach Verbania, außerdem gibt es auf dieser Strecke Verbindungen mit VCO, Abfahrt vor dem Bhf. und an der Piazza de Filippi.
Schiff, Anlegestelle unmittelbar südlich der Altstadt, während der Saison 2 x tägl. Verbindungen über Angera, Stresa, Verbania, Luino, Cannobio und Ascona nach Locarno.
- *Information* **IAT**, Piazzale Duca d'Aosta (Bahnhof), ✆ 0322/243601, ✉ 243601, www.distrettolaghi.it.
- *Übernachten* ****** Concorde**, Via Verbano 1, moderner Haus an der Straße zur Borromäus-Statue, schöne Zimmer mit Seeblick. DZ ab ca. 140 €. ✆ 0322/249321, ✉ 249372, www.concordearona.com.
*** Giardino, Corso della Repubblica 1, zentral am See gelegen, Verkehr gibt es hier einigen, trotzdem zu empfehlen, da moderne Ausstattung und gute Zimmer mit TV. DZ mit Frühstück ca. 95–100 €. ✆ 0322/45994, ✉ 249401, www.giardinoarona.com.
Ein halbes Dutzend **Campingplätze** liegt südlich von Arona um Dormelletto, wird aber hauptsächlich von Dauercampern und italienischen Wochenendgästen frequentiert, S. 224.

- *Essen & Trinken* Arona besitzt eine Vielzahl von Restaurants.
Taverna del Pittore, Piazza del Popolo 39, verglastes Verandarestaurant direkt am See, elegant, gehobene Preise. Mo geschl. ✆ 0322/243366.
Del Barcaiolo, Piazza del Popolo 23, schöne Lage an der großen Piazza, Tische im Laubengang und draußen auf dem Platz, reichhaltige Speisekarte, Fleisch und Fisch, aber auch leckere Risotti, Preise etwas höher. Mi mittags und Do geschl. ✆ 0322/243388.
Osteria del Triass, Lungolago Marconi 59, nett aufgemachte Osteria/Pizzeria mit gläsernem Vorbau an der seeseitigen Umgehungsstraße um den alten Stadtkern. ✆ 0322/243378.
Il Grappolo, Via Pertossi 7, am Südende der Piazza del Popolo den Hang hinauf. Moderne und geschmackvoll gestaltete Osteria – Piemontweine, dazu Käse und Wurstplatten, aber auch ganze Menüs. ✆ 0322/47735.
La Monna Lisa, Via Poli 18, günstiges und nett geführtes Lokal mit schönem Seeblick, auch Pizza. Do geschl. ✆ 0322/46332.
TIPP! Campagna, Via Vergante 12, Località Campagna, etwas außerhalb in der Nähe der Statue des San Carlone (→ Kasten). Slow-Food-Lokal mit leckerer, vielseitiger Küche, draußen sitzt man hübsch auf einer schönen Terrasse. Mo abends und Di geschl. ✆ 0322/57294.
- *Shopping* **Markttag** ist Dienstag, **Antiquitätenmarkt** jeden dritten Sonntag im Monat, beides auf der Piazza del Popolo.

Italienisches Westufer

An der Promenade von Arona

San Carlone: Der heilige „Riesenkarl" über der Stadt

Ein ungewöhnlicher Anblick ist das allemal: Fährt man nach Ghevio hinauf, sieht man sich auf einmal hoch über dem See einer mächtigen Kupferstatue gegenüber. Ende des 17. Jh. hat man auf diese Weise den Kardinal *Carlo Borromeo* verewigt (1538–1584), den einzigen der borromäischen Adelsfamilie, der die kirchliche Laufbahn eingeschlagen hatte. Er wurde als gräflicher Sohn in der Festung von Arona geboren und war einer der entschiedensten, wenn nicht fanatischsten Gegner der Reformation. So organisierte er das Konzil von Trient (1545–1563), das als Fanal der Gegenreformation in die Geschichte einging, und ließ Protestanten bis in die höchsten Alpentäler verfolgen. Außerdem war er der wichtigste Förderer der „Sacri Monti" (Heilige Berge), u. a. bei Varese und bei Orta (→ dort), wo dem Protestantismus in Dutzenden über die Berghänge verteilten Kapellen mittels lebensgroßer Skulpturengruppen und bunter Hintergrundfresken anrührende Szenen aus der Bibel und den Heiligengeschichten entgegengestellt wurden. Durch seine inquisitorische Strenge und die Forderung nach kompromissloser Klosterzucht machte er sich so verhasst, dass 1569 sogar ein Mordanschlag auf ihn verübt wurde, doch der von Mönchen gedungene Schütze verfehlte sein Ziel. Andererseits hatte er in den Jahren 1576 bis 1578, als die Pest am Lago Maggiore wütete, keine Berührungsängste und setzte sich unermüdlich für die Kranken ein, was ihn gesundheitlich stark angriff. 1584 starb er mit nur 46 Jahren an der Malariaerkrankung „Febbre delle acque nere". Sein Leichnam wurde über den Ticino und die Navigli bis Mailand verschifft, wo er an zentraler Stelle im Mailänder Dom beigesetzt wurde. Schon 1610 sprach ihn Papst Paul V. heilig, seitdem war er „San Carlo Borromeo". Sein Fest wird am 4. November gefeiert.

Von innen begehbar: San Carlone über Arona

Die Höhe der Statue beträgt 23 m (mit Sockel 34,50 m), der Arm ist 9 m lang, der Daumen 1,40 m, der Zeigefinger 1,95 m. Der Heilige hebt segnend die rechte Hand und hält mit der linken die 4,20 m hohe Schlussakte des Konzils von Trient (1545–1563). Man kann bequem bis zur Aussichtsplattform auf dem Sockel hinaufsteigen und – weniger bequem und äußerst platzangstfördernd – auf steiler Leiter im Inneren der Statue bis zum Kopf klettern und aus den Augen auf den See blicken. Bis zum Bau der Freiheitsstatue in New York galt „San Carlone" als größte von innen begehbare Statue der Welt.

Öffnungszeiten/Preise April bis Okt. tägl. 9–12.30, 14–18.30 Uhr, Okt. nur bis 17 Uhr, März Nov. u. Dez nur Sa/So 9–12.30, 14–16.30 Uhr; Eintritt zu Park und Terrasse ca. 2 €, zur Statue ca. 3,50 € (Kinder 2,50 €), Kinder unter 8 J. frei. ✆ 0322/249669.

Naturpark Lagoni di Mercurago

Das liebevoll ausgeschilderte Erholungsgebiet mit zahlreichen Spaziermöglichkeiten liegt wenige Kilometer südwestlich von Arona.

Über eine Fläche von 470 ha erstreckt sich der stille, weitgehend bewaldete Naturpark mit archäologischen Fundstätten der eisenzeitlichen Golasecca-Kultur (→ S. 169) und kleinen Seen, in denen es Nistgebiete von über hundert Vogelarten gibt. Auf den Weideflächen dazwischen sieht man Vollblutpferde der Rasse „Dormello-Olgiata", die vom gleichnamigen Reitstall in der Villa Tesio seit 1898 gezüchtet werden, wobei schon früh die Mendel'schen Regeln angewandt wurden, um eine erfolgreiche Selektion zu erreichen. Aufgewachsen ist hier auch das Rennpferd Ribot (1952–1972), eine Legende im italienischen Reitsport und seinerzeit das unumstritten schnellste Pferd der Welt – aus seinen Nachkommen ist inzwischen eine eigene Rasse entstanden.

Auf dem Grund des größten Sees Lagone hat man zahlreiche Reste einer Pfahlbausiedlung der Bronzezeit entdeckt (18.–13. Jh. v. Chr.), darunter einige Holzräder, die zu Transport- und Kriegswagen gehörten, sowie Gegenstände aus Metall, Keramik und Stein. Einige der Fundstücke kann man im Archäologischen Museum von Arona besichtigen.

Fußweg durch das Gebiet der Lagoni: Für den folgenden Weg entlang der archäologischen Fundstätten und des größten Sees braucht man etwa 2½ Std., Startpunkt

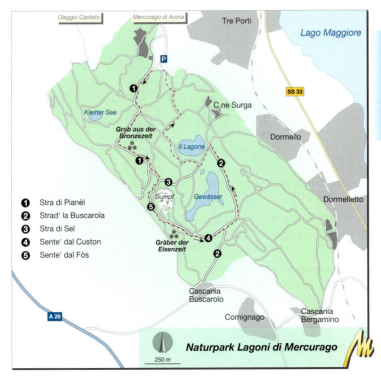

224 Italienisches Westufer

ist der Parkplatz bei der Parkverwaltung. Die Stra di Pianèl führt über mehrere Kreuzungen hinweg etwa 1 km weit bis zu einem Grabfund aus der Bronzezeit. Der Kurzaufstieg links hinauf zu den restaurierten Gräbern ist sehr zu empfehlen. Weiter geht es die Stra di Pianèl ca. 400 m geradeaus, dann links in die Stra di Sèl, an der zweiten Kreuzung rechts in den Sente dal Fòs, den am Rand eines Sumpfgebietes verläuft. Nach etwa 300 m beginnt rechts der Aufstieg zu einer archäologischen Fundstelle (römische Gefäße) und führt weiter hinauf (podesti) zu Gräbern aus der Eisenzeit. Nun geht es zurück und rechts in den Sente dal Custón. Nach 300 m führt links die Stra d'la Buscarola durch Weideland zum See. Den See umgeht man links herum und biegt dann rechts in die Stra dal Mot ein, die durch Waldgebiete zurück zum Parkplatz führt.

Grablege aus der Eiszeit

• *Anfahrt* Ab **Arona** die SS 142 Richtung Torino nehmen, dann den braunen Hinweisschildern **Parco Naturale di Lago di Mercurago** folgen. In Mercurago rechts ab zum Parkplatz neben der Parkverwaltung. An Wochentagen Imbiss und Informationsstand.
• *Öffnungszeiten* April bis Sept. 6–22 Uhr, übrige Zeit 7–19 Uhr.

Südlich von Arona

Hier ist die Seeregion stark bebaut und zum Urlaub machen nicht mehr sehr attraktiv. Zahlreiche Factory Outlets, Supermärkte, Tankstellen, Nachtbars und Fast Food-Imbisse säumen die viel befahrene Straße, der Sog von Mailand ist spürbar. Um Dormelletto gibt es mehrere Campingplätze, die vor allem italienische Urlauber anziehen und häufig von Dauercampern belegt sind. Eine breite Eisenbrücke führt über den Ticino nach *Sesto Calende* (→ S. 169), an Sommerwochenenden kommt es hier oft zu langen Staus.

• *Übernachten* ** **Camping Lago Azzurro**, Via Enrico Fermi 2, Dormeletto, schattige Stellplätze, kleiner, sandiger Strand und Pool. ✆/℡ 0322/497197, www.campinglago azzurro.it.

• *Shopping* In **Caltignaga** kurz vor Novara gibt es ein großes Outlet Center des Sportbekleiders Sergio Tacchini. Mo 15–19, Di–Fr 10–12, 15–19, Sa 10–19 Uhr. ✆ 0321/651810-01.

Parco Faunistico La Torbiera

Familien mit Kindern können bei Agrate Conturbia südlich vom Lago Maggiore diesen schönen Tierpark in einem Sumpf- und Wassergebiet besuchen. Neben den natürlichen Bewohnern der Region, die z. T. frei im Park leben, werden hier Tiere aus aller Welt gehalten, darunter Tiger, Leoparden und Gibbons. Danach lohnt eine Einkehr im Restaurant „La Torbiera" in Agrate Conturbia, wo in rustikal-gemütlichem Rahmen qualitätsvolle Küche zu sehr angenehmen Preisen serviert wird – auch und gerade mit Kindern ein Tipp.
Öffnungszeiten/Preise März bis Sept. Sa–Do 10–18 Uhr, Okt./Nov. Sa/So 10–17 Uhr, Dez. bis Febr. geschl. Eintritt ca. 10, Kinder (4–11 J.) 8 €. ✆ 0322/832135, www.latorbiera.it.
Ristorante La Torbiera Via Borgoticino 11, Agrate Conturbia, ✆ 0322/832137.

Im Stadtzentrum von Omegna

Lago d'Orta

Der 13 km lange See – nach den ersten Siedlern, den Usii, auch Cusio genannt – versteckt sich westlich vom Lago Maggiore hinter hohen Hügelketten. Es gibt nur wenige Ortschaften und eine durchgehende Küstenstraße verläuft nur am Ostufer. Das Westufer ist teils dicht bewaldet und steil und für Urlauber nur wenig erschlossen. Im Süden des Sees gibt es keinen Abfluss – ein Unikum unter den oberitalienischen Seen.

Der Hauptort *Omegna* liegt am Nordufer. Das benachbarte *Crusinallo* ist ein Ballungsraum für Hersteller hochwertiger Küchengeräte, die hier alle Fabrikverkauf anbieten – ein begehrtes Ziel für Schnäppchensucher. Schönster und vom touristischen Standpunkt her einzig reizvoller Ort ist *Orta San Giulio* auf einer weit in den See ragenden Halbinsel am Ostufer – ein kleines Juwel, das allein die Anfahrt lohnt, mittlerweile aber auch überlaufen ist. Auch einige Campingplätze liegen am Ostufer.

> „Die Nigoglia fließt aufwärts und wir machen unsere eigenen Regeln", so lautet der stolze Sinnspruch der Bewohner von Omegna. Tatsächlich tritt hier die kleine Nigoglia aus dem Orta-See und fließt als einziger Fluss Norditaliens in Richtung Norden, um später im Lago Maggiore zu münden.

● <u>Anfahrt/Verbindungen</u>   **PKW**, vom Lago Maggiore entweder über Verbania in der Seemitte, über Stresa oder über Arona im Süden zu erreichen.
Bahn, der Orta-See liegt an der Strecke von Brig über Domodossola nach Novara, Stationen gibt es u. a. in Omegna und Orta San Giulio.

Bus, VCO-Busse verkehren mehrmals täglich zwischen Stresa (Bhf.) und Orta San Giulio (Piazzale Prarondo).
Schiff, die Fähren der **Navigazione Lago d'Orta** pendeln tägl. mehrmals von Omegna nach Orta und fahren auch hinüber zur Isola San Giulio. Info unter ✆ 0322/844862, ✉ 846465.

Omegna (ca. 16.000 Einwohner)

An der Nordspitze liegt die größte Stadt am See – geschäftig und stark vom motorisierten Verkehr geprägt, obgleich der Durchgangsverkehr mittlerweile durch einen langen Straßentunnel geleitet wird. Doch gibt es auch ein paar Fußgängergassen im Zentrum. Am See verläuft eine Promenade, dort verlässt das Flüsschen Nigoglia den See und fließt in den Lago Maggiore. Den Flusslauf landeinwärts führt ein hübscher Fußweg zwischen blumengeschmückten Häuserfronten.

Omegna ist seit langem ein Zentrum der Herstellung von hochwertigen Haushaltsgeräten und Kücheneinrichtungen. Hervorgegangen ist dieser weltweit erfolgreiche Industriezweig aus Stahlwerken, die hier im 19. Jh. u. a. Armierungen für Beton produzierten. Die meisten Unternehmen, z. B. Alessi (www.alessi.com), Lagostina (www.lagostina.com), Piazza (www.piazza.it) und Bialetti (www.bialetti.com), haben sich nördlich der Stadt angesiedelt, sodass Omegna heute mit dem benachbarten *Crusinallo* praktisch eine Einheit bildet. Im Fabrikverkauf kann man hier die begehrten Produkte z. T. günstig erstehen, außerdem gibt es ein großes neues Shopping Center im nahen Gravellona Toce → S. 227.

• *Shopping* Donnerstags findet ein großer **Markt** auf der Seepromenade statt.
Alessi, Via Privata Alessi 6, Crusinallo di Omegna. Geschmackvoll aufgemachtes Outlet im Fabrikgelände – Kochtöpfe, Porzellan, Pfeffer- und Salzmühlen, Espressokocher u. a., alles im edlen Design. Rabatte zwischen 20 und 50 %. Anfahrt: Von Gravellona in Richtung Omegna, etwa 500 m nach dem Ortsschild Crusinallo im spitzen Winkel schräg rechts in die Via Casale hinein (Achtung: etwas unbequemer Abzweig). Mo–Sa 9.30–18 Uhr. ✆ 0323/868611, www.alessi.com.
Fratelli Piazza Effepi, Via IV Novembre 242, Crusinallo di Omegna. Hochwertiges Edelstahlgeschirr, Bestecke, Zangen, Töpfe u. a. Mo–Sa 9–12.30, 15–18.30 Uhr. ✆ 0323/643595, www.piazza.it.

Im Outlet von Alessi

Omegna 227

> **Parco Commerciale dei Laghi**
> Auf 14.000 qm werden in dem neuen Shopping Center in Gravellona Toce (auf dem Weg vom Lago Maggiore nach Omegna) u. a. Sportswear, Elektronikartikel, Möbel und die Produkte von Bialetti (Espressokocher und elektrische Kaffeemaschinen von Weltruf) sowie Lagostina (Edelstahltöpfe und Pfannen, Dampfkochtöpfe, Kleingeräte für die Küche, Espressokocher u. a.) angeboten.
> Via Stampa 62, Mo 15.30–19.30, Di–So 9.30–19.30 Uhr, www.parcocommerciale deilaghi.it

Sehenswertes: Die mehrfach umgebaute Pfarrkirche *Chiesa di Sant'Ambrogio* ist mit ihrem hohen, romanischen Glockenturm weithin sichtbar. Bedeutendstes Kunstwerk ist das Polyptychon „Jungfrau mit Kind und Heiligen" von Fermo Stella im Chor. Gegenüber der Kirche steht das ebenfalls ursprünglich romanische *Oratorio di San Giovanni Battista*.

Wer sich für Design und Entstehung der weltberühmten italienischen Küchengeräte interessiert, sollte dem *Forum Omegna* einen Besuch abstatten. In einer umgebauten Fabrikanlage wird hier die Entwicklung ab 1900 dokumentiert – ausgestellt sind Kaffeemühlen, Dampfkochtöpfe, elektrische Küchengeräte u. Ä., darunter auch die legendäre, 1933 von Alfonso Bialetti erfundene „Bialetti Moka Express", quasi der Prototyp aller Kaffeekocher und mit über 300 Millionen Exemplaren der meistverkaufte Aluminium-Espressokocher der Welt (laut Angaben der Firma Bialetti werden davon täglich 16.000 Stück verkauft). Das Forum Omegna ist im Zentrum von Omegna beschildert, es gibt dort außer der Ausstellung auch einen Shop und ein Café.

Die legendäre „Bialetti Moka Express"

Öffnungszeiten **Forum Omegna**, Di–Sa 9–12.30, 14.30–18, So 14.30–18 Uhr, Mo geschl., Eintritt frei. ✆ 0323/866141, www.forumomegna.org.

▶ **Quarna**: Durch Kastanienwälder zieht sich von Omegna eine gewundene Straße etwa 8 km hinauf in den Doppelort *Quarna Sotto/Sopra*, wo man das *Museo Etnografico e dello Strumento Musicale a Fiato* besuchen kann (Quarna Sotto, Via Roma 5). Im Untergeschoss liegt die völkerkundliche Abteilung, in der eine alte Küche, ein Schlafzimmer und eine Milchküche rekonstruiert und mit traditionellen Landwirtschafts-, Haushalts- und Handwerksgeräten ausgestattet sind, sogar eine alte restaurierte Wassermühle gehört dazu. Im oberen Stockwerk kann man über dreihundert verschiedenartige Blasinstrumente betrachten (Oboen, Fagotte, Hörner, Posaunen, Flöten, Saxophone u. m.), die in Quarna seit dem 19. Jh. hergestellt werden. Außerdem gibt es noch eine kleine naturgeschichtliche Sammlung.

Öffnungszeiten/Preise **Museo Etnografico e dello Strumento musicale a Fiato**, Mitte Juni bis Mitte Sept. Di–So 10–12, 14–18 Uhr, Mo geschl., sonst nach telefonischer Vereinbarung. Eintritt ca. 2,60 €. ✆ 0323/89622.

Lago d'Orta

Hier starten die Boote zur Isola San Giulio

Orta San Giulio (ca. 1200 Einwohner)

An der Spitze einer lang gestreckten, grünen Halbinsel ein Meer von grauen Schindeldächern, unmittelbar davor eine runde Insel mit schlossartigen Gemäuern – perfekte Filmkulisse für eine Mischung aus „Graf von Monte Christo", „Name der Rose" und „Weißes Rössl am Wolfgangsee".

Orta San Giulio ist ein echtes Bilderbuchstädtchen und hat sich zum populären Tagesausflugsziel entwickelt. Im Sommer schwärmen oft hunderte von Tagesausflüglern durch die Gassen. Über Treppen steigt man hinunter in den Ort – ein hübscher Spaziergang durch enge, dunkle Gassen mit Kieselsteinpflaster und hohen barocken Gemäuern, die oft erstaunliche Innenhöfe und Säulengänge verbergen. Plötzlich steht man auf der weiten, offenen Piazza Mario Motta mit dichten Baumreihen am See, umgeben von malerischen alten Patrizierhäusern mit Blick auf die geheimnisvolle Insel gegenüber. Landeinwärts kann man hier zur Pfarrkirche und zum berühmten *Sacro Monte d'Orta* aufsteigen.

Anfahrt/Verbindungen/Information

• *Anfahrt/Verbindungen* **PKW** müssen oberhalb von Orta auf einem der großen – in Spitzenzeiten trotzdem viel zu kleinen – Parkplätze abgestellt werden (ca. 1,50 €/Std.). In wenigen Minuten gelangt man von dort zu Fuß in den Ortskern. Wer ein Hotel im Centro storico gebucht hat, geht am besten zunächst zu Fuß runter und fragt nach der Zufahrt.

Der **Bahnhof** liegt etwa 2 km außerhalb. Die **Busse** fahren ab Piazzale Prarondo, wo auch die PKW-Parkplätze liegen.

• *Information* **Pro Loco**, Via Bossi 11, im Palazzo Comunale, kurz vor der zentralen Piazza Motta. Mo, Mi, Do u. Fr 11–13, 14–18, Sa/So 10–13, 14–18 Uhr. ✆ 0322/90155, accoglienza2003@libero.it

Übernachten (siehe Karte S. 231)

**** San Rocco (1), ehemaliges Kloster direkt am See, edle Herberge mit 74 komfortablen Zimmern, große Seeterrasse, Innenhof mit Kreuzgang, schönem Pool, Wellness-Center und Gourmetküche. Zum Haus gehört die Villa Gippini, in der Kunstausstellungen stattfinden. Eigene Zufahrt von der Straße oben (ab Parkplatz, neben Minigolfanlage). DZ mit Frühstück ca. 190–290 €. ✆ 0322/911977, ✆ 911964, www.hotelsanrocco.it.

**** Villa Crespi (11), Via Fava 8/10. Die große Villa eines Textilunternehmers des 19. Jh., ein origineller Bau im orientalischen Stil, steht mit ihrem minarettähnlichen Turm unübersehbar an der Zufahrtsstraße in den Ort, gleich nachdem man von der SS 229 abzweigt. Äußerst komfortables Innenleben, vermietet werden üppig ausgestattete Zimmer und Suiten, dazu gibt es ein hochklassiges Restaurant und einen kleinen Wellnessbereich. DZ mit Frühstück ca. 190–280 €, Suite ab 230 €. ✆ 0322/911902, ✆ 911919, www.hotelvillacrespi.it.

*** Aracoeli (6), Piazza Motta 34, Stadtpalazzo an der Nordseite der zentralen Piazza, komplett modernisiert, 6 schicke und leicht avantgardistisch angehauchte DZ und eine Suite, Seeblick. DZ mit Frühstück ca. 110–150 €. ✆ 0322/905173, ✆ 90377, www.orta.net/aracoeli.

** Orta (9), Traditionshaus an der Südseite der Piazza Motta, seit über hundert Jahren von Familie Bianchi-Oglina geführt, Einrichtung schon etwas älter, aber insgesamt gut ausgestattet. Aufenthaltsraum mit Kamin, verglastes Restaurant zum See, Zimmer mit TV, teils Balkon, im ersten Stock große Terrassen, je nach Hausseite schöner Blick auf den Platz oder auf den See mit Isola San Giulio. DZ mit Frühstück ca. 90–115 €. ✆ 0322/90253, ✆ 905646, www.hotelorta.it.

** La Contrada dei Monti (2), Via Contrada dei Monti 10, Seitengässchen der Via Olina, die zur zentralen Piazza führt. Edler Stadtpalazzo des 18. Jh., schön restauriert, ruhiger, kleiner Innenhof, Aufenthaltsraum mit Kamin. Zimmer nett im historisierenden Stil eingerichtet, jeweils TV. DZ mit Frühstück ca. 100–110 €, Suite 150–160 €. ✆ 0322/905114, ✆ 905863, www.orta.net/lacontradadeimonti.

** Piccolo Hotel Olina (4), Via Olina 40, in der schmalen Altstadtgasse, die zur Piazza Motta führt. Ristorante mit Zimmervermietung (→ Essen & Trinken), 16 modern und geschmackvoll ausgestattete Zimmer, an den Fenstern Blumen. DZ mit Frühstück ca. 85–105 €. ✆ 0322/905656, ✆ 90377, www.orta.net/orta.

● *Ferienwohnungen* Das **Piccolo Hotel Olina** vermietet mehrere schön gelegene Ferienwohnungen im Zentrum und außerhalb, direkt am See.

Weitere Ferienwohnungen und Villen kann man über **Mariella Orlandini** in der Via Giovanetti 34 buchen, die auch Deutsch spricht. ✆ 0322/90242, www.ortalakeflats.com.

● *Camping* **** Orta**, großes, terrassiertes Wiesengelände mit Bäumen am Beginn der Halbinsel von Orta San Giulio, ca. 1,5 km nördlich vom Ort, ein Teil mit schönem Badestrand direkt am See, der andere auf der Landseite der SS 229 (Fußgängertunnel). 1959 gegründet und damit der älteste Platz am See. Ganzjährig geöffnet. ✆/✆ 0322/90267, www.campingorta.it.

** Camping Cusio, Via Don Bosco 5, schlichter, aber sympathischer kleiner Platz am Hügel oberhalb von Orta San Giulio (vom Kreisel an der Villa Crespi der Beschilderung folgen), schattig und sehr ruhig. Mit kleinem Pool. 15 Fußminuten in den Ort. ✆/✆ 390322/90290, www.campingcusio.it.

** Miami, 3 km südlich vom Ort, durch die Straße vom Wasser getrennt, dort ein richtiger kleiner Sandstrand, Ristorante und Bar ebenfalls vorhanden. ✆/✆ 0322/998489.

Weitere Zeltplätze liegen bei **Pettenasco** und an der **Punta di Crabbia**.

Area Attrezzata, Wohnmobilstellplatz im Parco del Sacro Monte (beschildert).

Essen & Trinken/Shopping/Sonstiges (siehe Karte S. 231)

Villa Crespi, Via Fava 18, im gleichnamigen Hotel (→ Übernachten), Restaurant der edlen Sorte mit Deckenmalereien, Stuck und Parkettböden, fantasievolle mediterrane Küche, vom Michelin mit einem Stern gelobt. Menü um die 50 € aufwärts. Di geschl. ✆ 0322/911902.

Antico Agnello (3), Via Olina 18 (führt zur Piazza Motta), mit Glyzinien völlig zugewachsenes Haus an einer schmalen Piazza an der Hauptgasse, bekannt für gute traditionelle Küche und leckere Fischgerichte. Di geschl. ✆ 0322/90259.

Ristoro Olina (4), Via Olina 40, gehört zum „Piccolo Hotel Olina" (→ Übernachten). Gut geführtes Ristorante direkt an der zentralen Altstadtgasse, große Karte, allerdings zumindest in der Saison recht gehobene Preise. In der Nebensaison Mi geschl. ✆ 0322/905656.

La Campana (10), Via Giacomo Giovanetti 41, ordentliche Pizzeria an der Gasse südlich vom Hauptplatz, leider nicht mehr so günstig wie früher. ✆ 0322/90211.

Sacro Monte (8), in schöner Lage auf dem Sacro Monte d'Orta (→ Sehenswertes),

gute piemontesische Küche, angenehmes und gepflegtes Ambiente, mittlere Preise. Di geschl. ✆ 0322/90220.

● *Enoteche* **TIPP! Enoteca Re di Coppe (7)**, Piazza Motta 32, schöne, alte Osteria am Beginn der Piazza, zwei Tische vor der Tür, drinnen ein gemütlicher Raum, hinter der Theke ein Lager für Rotwein. So richtig geschaffen für ein Gläschen zu zweit. ✆ 0322/915871.

Antica Osteria al Boeuc (5), Via Bersani 28, ein wenig versteckt in einem Parallelgässchen zur Hauptgasse (Hinweisschild beachten). Urig und uralt ist dieses Weinlokal, dessen Entstehung bis ins Mittelalter zurückreicht und das vor einigen Jahren wiedereröffnet wurde. Zum Wein lässt man sich Bruschette schmecken. Nur abends. Di geschl. ✆ 0322/915854.

● *Shopping* Jeden Mi findet auf der Piazza Motta ein **Markt** statt.

Zwei hübsche Lebensmittelgeschäfte liegen am kleinen Platz Largo dei Gregori, kurz vor dem Hauptplatz am See: **Da Gino** und **Salumeria Rovera** – luftgetrocknete Schinken, großes Angebot an Salami vor Pferd und Esel und diverse Grappa-Sorten. **Idea Dolce**, Via Olina 7, bemerkenswerte Auswahl an Qualitätsschokoladen und Kakaos. **Il Buongustaio**, Piazza Ragazzoni 8/10, tolle Vielfalt an Brot, dazu lokale Käse, Schinken und Wurst, Aceto balsamico, Pilze, Wein, Grappa u.v.m. (www.ortafood.com).

● *Internet* **Welc@me Point**, Via Antonio Traumatologo 13, Internetzugang und Fahrradverleih, gehört zum Piccolo Hotel Olina. ✆ 0322/905188.

● *Feste/Veranstaltungen* **Festival Cusiano di Musica Antica**, Konzerte mit mittelalterlicher und barocker Musik im Juni in der Sala Tallone auf der Isola San Giulio (www.amicimusicacocito.it).

Piazza und historisches Rathaus von Orta San Giulio

Sehenswertes

Blickfang an der zentralen Piazza Mario Motta ist der freistehende *Palazzo della Comunità* aus dem 16. Jh., das ehemalige Rathaus, mit verblassten Wandmalereien. Im Untergeschoss besitzt er eine nach allen vier Seiten offene Loggia, über eine Außentreppe kommt man in den Versammlungssaal im ersten Stock, in dem der Sommer über häufig Ausstellungen stattfinden. An der Seeseite der Piazza starten die Motorboote zur gegenüberliegenden Isola San Giulio, landeinwärts thront am Ende einer steilen Pflastergasse die Pfarrkirche *Santa Maria Assunta* voll barockem Zierrat.

Sacro Monte d'Orta: Überragt wird Orta San Giulio vom Heiligen Berg, zu erreichen am besten im Rahmen eines halbstündigen Spaziergangs ab Piazza Motta, zu

nächst zur Pfarrkirche, dann rechts die Via Gemelli hinauf (es gibt auch eine ab Ortseinfahrt beschilderte Straße, Parkplätze sind aber oben äußerst knapp).
Die bekannte Wallfahrtsstätte wurde im Zuge der erstarkenden Gegenreformation errichtet und hat nur einen einzigen Bezugspunkt: Franz von Assisi (1181–1226). Auf einem Andachtsweg mit 21 Kapellen wird die Vita des Ordensgründers in aufwändigen, zum Teil frappierend lebendig wirkenden Skulpturentableaus und hunderten von plakativen Fresken nachgestellt. Ein großer Teil der insgesamt 376 Skulpturen stammt von Dionigi Bussola, der auch mit zahlreichen Werken im Mailänder Dom vertreten ist. Die weniger auffälligen, jedoch nicht minder meisterlichen Fresken malten u. a. die Brüder Fiamminghini und Giuseppe Nuvolone. Den krönenden Abschluss bildet die *Chiesa di San Nicolao* mit ihren schönen Altargemälden neben der XX. Kapelle. Beinahe 200 Jahre vergingen zwischen Beginn und Fertigstellung des Ensembles (1590–1785), neben dem hagiografischen Aspekt vermittelt der Sacro Monte d'Orta so einen interessanten Überblick über die

Lago d'Orta

Skulpturen zu Ehren des Franz von Assisi

verschiedenen Kunstepochen von Spätrenaissance bis Klassizismus, die hier mit ihren ganz spezifischen Mitteln das gleiche Thema bearbeiteten. Die französische Revolution und ihre Kirchenfeindlichkeit, die sich oft in der rigiden Zerstörung von Kunstwerken manifestierte, überstand man mit einem Trick Als die Revolutionstruppen im Piemont einfielen, errichtete man einen Rundturm, der nicht mehr Franz von Assis zum Thema hatte, sondern der Schöpfung im Allgemeinen gewidmet war.
Es gibt auf dem Berg natürlich auch eir Franziskanerkloster, in dem zur Zei fünf schon recht betagte Minoriter nach den Regeln des Franz von Assis leben. Wegen seines einzigartigen alter Baumbestandes ist der Sacro Mont außerdem als Naturreservat eingestuft.
Öffnungszeiten/Preise **Andachtsweg** mi Kapellen tägl. 8.30–18.30 Uhr (Winter 9 16.30 Uhr), **San Nicolao** 10–12 und 14.30 17 Uhr, Eintritt frei (www.sacromonte.it).

Isola San Giulio

Die kleine, ovale Insel ist fast vollständig bebaut, durch schmale Gasser kann man einmal rundum schlendern, begleitet von viersprachigen Sinn sprüchen, die hauptsächlich von Stille und Selbsterkenntnis handeln „Via del Silenzio" wird dieser Rundweg treffend genannt.

Die Inselsilhouette wird beherrscht vom einstigen Bischofspalast, der im 19. Jh. al Priesterseminar genutzt wurde und heute sechzig Benediktinerinnen als Kloste *Mater Ecclesiae* dient. An ihrem hohen Glockenturm erkennt man die *Basilica c San Giulio*, deren Gründung auf einen wundertätigen Griechen namens Julius zu rückgeht, der die Insel im 4. Jh. von Drachen und Schlangen befreit haben soll. Spä ter wurde die Insel zur schweren Festung ausgebaut, die aber im Lauf der Jahrhun derte verfiel.

Die romanische Basilika ist üppig barock ausgestaltet, einige ältere Freskenrest mit teils martialischen Themen der Märtyrergeschichte sind erhalten. Eindrucks voll thront vor der Altarschranke die prächtige romanische Kanzel aus schwarzer Marmor, die mit großen Reliefs verziert ist: kämpfende Fabeltiere, Adler und Heili genfiguren. In der Krypta ruht Santo Giulio mit Goldmaske in einem gläserne Schneewittchensarg.

Seit 2001 gibt es außerdem in der Via Tallone das *Museo del Regio Eserciti Italiano*, in dem über hundert Uniformen seit der italienischen Staatsgründun von 1861 bis 1945 ausgestellt sind (darunter zwei von König Umberto I), daz Waffen, Dokumente und historische Accessoires, die ein anschauliches Bild de Epoche entstehen lassen.

Westliches Seeufer 233

• *Verbindungen* In der Saison fahren ständig Motorboote von der Piazza Mario Motta zur Insel, ca. 4 € hin/rück.

• *Öffnungszeiten/Preise* **Museo del Regio Esercito Italiano**, tägl. 9.30–18 Uhr, Eintritt ca. 5,50 €. ✆ 0322/905224 o. 236675.

• *Shopping* **Antica Bottega di Villa**, Maria Antonietta Villa führt ihren bunten Souvenir- und Kunsthandwerksladen seit vielen Jahren mit Liebe, beim Rundgang um die Insel kommt man daran vorbei.

Orta San Giulio/Umgebung

Punta di Crabbia: Badeplatz zwischen Orta und Omegna mit einem Campingplatz, der allerdings weitgehend für Dauercamper reserviert ist.

Pettenasco: Nördlich von Orta San Giulio zeigt das *Museo dell'arte della Tornitura del Legno* in einer restaurierten Holzwerkstatt die handwerkliche Bearbeitung von Holz mitsamt Werkzeugen und dazugehörigen Gerätschaften – einer der traditionellen Wirtschaftszweige rund um den Cusio. Auch hier gibt einen Badestrand.

Öffnungszeiten/Preise **Museo dell'arte della Tornitura del Legno**, Mitte Juni bis Mite Sept. Di–So 10–12, 14–18 Uhr. ✆ 0323/89622.

Vacciago: In diesem kleinen Ort südlich von Orta hat die *Collezione Calderara* ihren Sitz in der Villa, in der der Maler Antonio Calderara (1903–78) lebte. Er malte hauptsächlich wunderschöne Seeansichten, sammelte aber auch die Werke von über 130 anderen Künstlern der Moderne, die nun hier zusammen auf zwei Stockwerken ausgestellt sind, hauptsächlich aus den fünfziger und sechziger Jahren (Konkrete Kunst, Kinetik, Op Art u. a.).

Öffnungszeiten **Collezione Calderara**, Mitte Mai bis Mitte Okt. Di–So 10–12, 15–18 Uhr, Mo geschl. Eintritt frei, Spende erwartet. ✆ 0322/998192, www.fondazionecalderara.it.

Lido di Gozzano: viel besuchter Badestrand am südlichen Seeende.

Torre di Buccione: Der weithin sichtbare langobardische Wachturm aus dem 4. Jh. steht südlich vom See bei Gozzano. Man kann durch ein Naturschutzgebiet in etwa 15 Min. hinaufsteigen und den herrlichen Seeblick genießen. Seine Glocken sollen so laut gewesen sein, dass er bei Gefahr die gesamte Bevölkerung um den Lago d'Orta warnen konnte.

Westliches Seeufer

Es gibt keine durchgehende Uferverbindung, vielmehr windet sich die Straße hoch hinauf zur Wallfahrtskirche *Madonna del Sasso*, die von ihrem hohen Granitfels ein fantastisches Seepanorama bietet. Im Inneren ist sie mit Fresken von Lorenzo Peracino geschmückt, verehrt werden hier die Reliquien des Märtyrers San Donato (gest. um 200), der aus der Callisto-Katakombe in Rom hierher gebracht wurde. In Boleto di Madonna del Sasso kann man das Steinmetzmuseum *Museo dello Scalpellino* besichtigen, das sich mit Werkzeugen, Dokumenten und einem ausführlichen Videofilm diesem jahrhundertelang wichtigen Beruf der Region widmet.

Auch die Abfahrt in Richtung Omegna bietet viel fürs Auge, die pittoreske Isola San Giulio ist dabei immer im Blickfeld.

Öffnungszeiten/Preise **Museo dello Scalpellino**, Mitte Juni bis Mitte Sept. Di–So 10–12, 15–18 Uhr. ✆ 0323/89622.

Übernachten/Essen & Trinken ***** Panoramico**, Madonna del Sasso, Via Frua 31, der Logenplatz schlechthin am Ortasee, 10 ordentliche Zimmer und wunderbare Restaurantterrasse mit fürstlichem Seeblick. Die Straße daneben ist nur wenig befahren. DZ mit Frühstück ca. 75–90 €. ✆ 0322/981312, 📠 981313, www.hotelpanoramico.it.

Lago d'Orta und Varesotto

In der Fußgängerzone von Varese

Das Varesotto

Die Hügelregion Varesotto zwischen Comer See, Luganer See und Lago Maggiore ist gut für einen oder mehrere Abstecher. Vom Südostufer de Lago Maggiore sind es nur wenige Kilometer dorthin.

Zwar ist die Gegend z. T. hoch industrialisiert und dicht besiedelt, doch gibt e trotzdem noch viele ruhige und üppig grüne Ecken, die manchmal sogar einer leicht toskanischen Anstrich vermitteln, darunter der große und dicht bewaldet Naturpark Campo dei Fiori. Die kleinen Seen des Varesotto stehen natürlich gan: im Schatten der großen Nachbarn, bieten aber viel Ruhe und, abgesehen vom Lag di Varese, auch Bademöglichkeiten. Und mit dem Monte Sacro di Varese gibt e sogar ein Ensemble, das mit acht weiteren ähnlichen Anlagen in Lombardei un Piemont seit 2003 zum Weltkulturerbe der Unesco gehört.

Varese (ca. 88.000 Einwohne

Die große und wohlhabende Stadt ist zentraler Knotenpunkt des Varesotto Interessant sind vor allem der Stadtpark Giardini Estense mit der Villa Mira bello (Städtische Museen), die Villa Menafoglio-Litta-Panza mit einer bedeu tenden Kunstsammlung der Moderne und der nahe Sacro Monte di Varese.

Wer Brescia kennt, wird im Stadtbild Ähnlichkeiten feststellen, denn auch Vares wurde während der faschistischen Epoche grundlegend umgestaltet. Vor allem au der zentralen Piazza Monte Grappa und in ihrer Umgebung wurde jegliche histor sche Architektur den glatten, monumental aufragenden Granitwänden des „Fascismo geopfert. Das benachbarte Altstadtviertel zeigt sich dagegen mit seinem großen Fuß gängerbereich, der aus dem von Laubengängen flankierten Corso Matteotti und vie len gewundenen Seitengassen besteht, durchaus angenehm. An warmen Sommer tagen flaniert hier die halbe Stadt auf und ab oder sitzt in den kleinen Straßencafés

Das Varesotto   235

- *Anfahrt/Verbindungen* . In und um die Stadt verkehren die Busse von **AVT** (www.avtvarese.it) und **Sila** (www.sila.it).
- *Information* **IAT**, Viale Carrobio 2, an der Ecke der zentralen Piazza Monte Grappa. ☎/℡ 0332/283604, www.vareselandofturism. it, iatvarese@provincia.va.it.
- *Übernachten/Essen & Trinken* *** **Bologna**, Via Broggi 7, im historischen Zentrum, Nähe Piazza Carducci, nur wenige Meter zur Fußgängerzone. Das Hotel ist Teil eines Klosterkomplexes, der vor einigen Jahren restauriert wurde. Familienbetrieb seit über vierzig Jahren, freundlich geführt, Zimmer mit TV im schlicht-eleganten Design, nettes Restaurant mit Plätzen im Hof. Eigener Parkplatz. DZ mit Frühstück ca. 95 €. ☎ 0332/232100, ℡ 287500, www.albergobologna.it.

TIPP! Vecchia Trattoria della Pesa, Via Cattaneo 14, Nähe Piazza Carducci. Schönes Lokal im alten Stil, Holzbalkendecke und offener Kamin, netter, unaufgesetzter Service. Traditionelle Küche mit vielen hausge-

machten Zutaten, besondere Haussspezialität ist *bollito misto*, lecker auch das Hirschragout mit Polenta. Gute Auswahl an Grappe. So abends u. Mo geschl. ☎ 0332/287070.

Vineria del Croce, Vicolo C. Croce 8, gemütliche Enoteca im Fußgängerbereich zwischen Matteotti und Piazza Giovane Italia, großes Angebot an italienischen und ausländischen Weinen, dazu *taglieri di affettati*, verschiedene Primi Piatti und Tapas, auch zum draußen sitzen. 10.30–14.30, 17.30–1 Uhr. Mo mittag und So geschl. ☎ 0332/287944.

Caffè Carducci, beliebter Treffpunkt an der gleichnamigen Piazza am Nordende des Corso Matteotti.

Gelateria del Corso, am Beginn des Corso Matteotti, an heißen Tagen dicht umlagert.

- *Shopping* In der Fußgängerzone des Corso Matteotti befindet sich eine große Anzahl sehenswerter **Pasticcerie, Feinkost- und Fischhändler** mit überwältigendem Angebot.

Sehenswertes

Durch ein Tor im Laubengang des Corso Matteotti erreicht man die *Basilica San Vittore*, umgeben von historischen Palazzi. Die mächtige klassizistische Fassade mit dem 77 m hohen Glockenturm steht im Kontrast zum etwas niedrig und gedrungen wirkenden Innenraum, der aber mit Fresken, Stuck und Gemälden verschwenderisch ausgestattet ist, insbesondere der vollständig ausgemalte Altarbereich. Unmittelbar benachbart steht das große romanische *Battisterio di San Giovanni*, das allerdings nur selten geöffnet ist.

Giardini Estense: Nur wenige hundert Meter vom Zentrum entfernt liegen die ausgedehnten Gärten, die sich hinter dem gleichnamigen Palast erstrecken, der heute Sitz der Stadtverwaltung ist. Die Anlage wurde im 18. Jh. nach dem Vorbild des Habsburger Schlosses Schönbrunn in Wien angelegt. Auf breiten Wegen zwischen abgezirkelten Rasenflächen mit kunstvoll, im Stil des Rokoko beschnittenen Bäumen und Sträuchern kommt man zur *Villa Mirabello* mit den städtischen *Musei Civici*, die u. a. Dokumente zum Risorgimento, Werke lombardischer Malerei, außerdem archäologische und naturhistorische Funde der Region beherbergen, darunter auch Stücke der Golasecca-Kultur (→ S. 169).

Villa Menafoglio-Litta-Panza: Ein ganz besonderer Leckerbissen für Kunstliebhaber ist diese Villa aus dem 17. Jh. in einem großen Park auf dem Hügel Biumo Superiore nördlich vom Zentrum, wo noch mehrere prächtige Villen stehen. Der frühere gräfliche Eigentümer Giuseppe Panza hat hier im stilvollen Rahmen der stuck- und freskenverzierten und mit historischem Mobiliar ausgestatteten Villa neben afrikanischen und vorkolumbianischen Stücken auch eine große Sammlung zeitgenössischer Kunst zusammengetragen. Ein Schwerpunkt lag lange bei amerikanischen Pop-Art-Künstlern, die Panza auf seinen Reisen in die USA kennen lernte und die z. T. mit Lichteffekten ganze Räume der Villa und der früheren Stallungen umgestalteten. Allerdings wurde dieser Teil der Sammlung vom Museum of Contemporary Art (MOCA) in Los Angeles erworben, doch auch der verbliebene

Die Villa Mirabello in Varese

Rest ist hochkarätig. Villa und Sammlung wurden vom Grafen der bekannten Stiftung FAI übereignet (→ S. 157), die sie vor einigen Jahren der Öffentlichkeit zugänglich gemacht hat.

• *Öffnungszeiten/Preise* **Giardini Estense**, tägl. 8 Uhr bis Sonnenuntergang, im Juli/August länger, Eintritt frei.
Musei Civici Villa Mirabello, Juni bis Sept. Di–So 9.30–12.30, 14–17.30 Uhr, übrige Zeit 9.30–12.30, 14–17 Uhr, Mo geschl.; Eintritt ca. 2,60 €. ✆ 0332/281590.
Villa Menafoglio-Litta-Panza, Piazza Litta, Di–So 10–18 Uhr (letzter Einlass 1 Std. vor Schließung), Mo geschl.; Eintritt ca. 8 €, Kinder (4–12 J.) ca. 4,50 €. Werktags Parkplatz gegen Gebühr. Wegbeschreibung: 20 Min. zu Fuß ab Zentrum, ab Stazione Ferrovie dello Stato (Bahnhof) an der Piazza Trieste östlich vom Centro storico fährt Bus A zur Villa, sonntags gibt es außerdem einen Pendelbus ab Ippodromo in der Nähe der Villa, in dessen Umkreis mehrere Parkplätze liegen. ✆ 0332/283960, ✆ 498315, www.varesegallery.com/villapanza o. www.fondoambiente.it.

Sacro Monte di Varese

Etwa 8 km nordwestlich der Stadt erstreckt sich der hüglige und dicht bewaldete Naturpark Campo dei Fiori, der im 1226 m hohen Monte Campo dei Fiori gipfelt. Auf einem 883 m hohen Nebengipfel – genannt Sacro Monte di Varese – thront der pittoresk übereinandergestaffelte Ort Santa Maria del Monte sopra Varese mit einem alten Marienheiligtum.

Die Anfahrt ist ab Varese ausgeschildert. Man kann mit dem Auto oder mit der Standseilbahn (Funicolare) hinauffahren – oder in etwa 45 Min. zu Fuß gehen. Bei klarer Sicht reicht der Blick über den Campo dei Fiori bis zu den Viertausendern um den Monte Rosa. Aber die schöne Aussicht ist es nicht, die die zahlreichen Besucher anzieht – der Berg ist vielmehr seit Jahrhunderten ein traditionsreiches Ziel für Pilger, die der altehrwürdigen „Madonna Nera" ihre Aufwartung machen wollen und den schweißtreibenden Fußweg zum Gipfel begehen. Mittlerweile ist er aber auch ein populäres Ausflugsziel für Jedermann geworden – Wanderer, Touristen und Liebespaare erklimmen den Berg und an Sommerwochenenden ist die Funicolare unermüdlich in Betrieb.

Seinen Ausgang nahm der Marienkult mit der Einsiedlerin Caterina Moriggia aus Verbania-Pallanza am Lago Maggiore, die sich 1452 im Alter von 15 Jahren (!) auf dem einsamen Berg niederließ, der damals schon seit Jahrhunderten im Zeichen

Sacro Monte di Varese

der Marienverehrung stand. Zwei Jahre später kam Giuliana Puricelli und bald waren es schon fünf Frauen, die hier streng nach der Regel des Augustinus in Klausur lebten. Aus diesen Anfängen entstand unter Papst Sixtus IV. zunächst eine Wallfahrtskirche (Santuario), dann eine Klosteranlage des Ordens der Romite Ambrosiane (Sant' Ambrogio di Nemus), die die Madonna del Rosario in den spirituellen Mittelpunkt ihres kontemplativen Lebens stellten. Im Zeitalter der Gegenreformation erhielt die Marienverehrung im Katholizismus einen noch höheren Stellenwert, größter Förderer war der Mailänder Bischof Carlo Borromeo (→ S. 222). So ging man um 1605 daran, das Gedenken an die heilige Jungfrau mit einem würdigen Bauensemble zu unterstützen, inspiriert von den Ideen des Kapuzinerpaters Gian Battista Aguggiari: Zur Bergspitze mit dem Santuario legte man einen Pilgerweg mit 14 Kapellen

Eine Standseilbahn führt auf den Sacro Monte di Varese

an, in denen die Wundertätigkeit Marias mit lebensgroßen Figurentableaus nachgestellt wurde. Jede Kapelle ist dabei einem Geheimnis des Rosenkranzes gewidmet. Die fünfzehnte Kapelle ist schließlich das Santuario selbst.

Aufstieg: Der breite, grasbewachsene, allerdings auch reichlich steile Weg zieht sich mit mehreren Kehren bis zur Spitze. Er ist 2 km lang und 300 Höhenmeter sind zu überwinden (ca. 45 Min. hinauf, 30 Min. hinunter). Der Beginn liegt bei der *Chiesa dell'Immacolata (*Kirche der unbefleckten Empfängnis), danach passiert man vierzehn Kapellen, ausgeschmückt mit Werken der bekanntesten lombardischen Maler und Bildhauer des 17. Jh., drei prachtvolle Torbauten sowie kurz vor dem Gipfel linker Hand die *Villa Pogliaghi*, in der die eigenwillige Sammlung des Bildhauers Lodovico Pogliaghi präsentiert wird, der bis 1950 dort lebte, darunter auch ägyptische und griechisch-römische Exponate. Die Kapellen sind verschlossen, man kann aber durch die Fenster ins Innere blicken. An der Außenfassade der dritten Kapelle ist auf 30 qm die „Flucht nach Ägypten" (Fuga in Egitto) von Renato Guttuso aus dem Jahr 1983 zu sehen. Guttuso (1911–1987) war einer der Hauptvertreter des sozialistischen Realismus in Italien. Obwohl links orientiert und nichtgläubig, behandelte er wegen ihrer Allgemeingültigkeit gerne auch religiöse Themen. Die Flucht aus Ägypten war für ihn ein Symbol für alle Vertriebenen und Flüchtenden der Welt, Joseph und Maria betrachtete er ein wenig provokativ sogar als fliehende Palästinenser.

Santuario di Santa Maria del Monte: Oben auf der Höhe erreicht man schließlich die Wallfahrtskirche mit der Statue der „Schwarzen Madonna" aus dem 14. Jh. und den Reliquien der Ordensgründerinnen (in den Seitenkapellen rechts). Die Kirche stammt in ihrer wesentlichen Substanz vom Ende des 15. Jh., die Innenausstattung wurde jedoch in der Barockzeit mit Stuck, Ölgemälden und Fresken stark verändert. Auf dem Vorplatz steht eine eindrucksvoll-bizarr gestaltete Bronzestatue von

Papst Paul VI., errichtet 1986, ganz in der Nähe der sog. *Moses-Brunnen*. Das kleine *Museo Baroffio* an einer Terrasse unterhalb der Kirche zeigt mittelalterliche Handschriften und barocke Gemälde von lombardischen Meistern.

▶ **Santa Maria del Monte sopra Varese**: Um das Santuario zieht sich ein labyrinthisch anmutendes Hügeldorf mit engen, teils überwölbten Gassen. Dort findet man einige Hotels und die Station der Standseilbahn.

● *Öffnungszeiten* **Santuario di Santa Maria del Monte**, tägl. 8–12, 14–18 Uhr.
Monastero Romite Ambrosiane, Piazzetta Monastero 3, Sprechzeiten 9.30–12, 14–18 Uhr, Fr geschl. ✆ 0332/227678.

Museo Baroffio, März bis Okt. Do, Sa u. So 9.30–12.30 und 15.30–18.30 Uhr, Eintritt 3 € Pers. unter 18 und über 65 J. ca. 1 € ✆ 0332/212042, www.museobaroffio.it.
Die **Villa Pogliaghi** ist seit längerem wegen

Restaurierung geschl.

● *Anfahrt/Verbindungen* **Bus C** fährt etwa 2 x stündl. ab Corso Aldo Moro und Via Vittorio Veneto im Stadtzentrum von Varese zur Talstation Vellone der **Funicolare**. Diese ist nur Sa 14–19.25 u. So 10–19.25 Uhr in Betrieb (Fahrten alle 10 Min., einfach ca. 1 €).

● *Übernachten* **** **Colonne (1)**, Via Fincarà 37, älterer Palazzo mit gepflegten Zimmern zwischen Santuario und Funicolare-Station, Highlight ist die wunderbare Restaurantter-rasse mit weitem Blick in die grüne Hügellandschaft. DZ ca. 140–180 €. ☎ 0332/222444, ✆ 223012, www.hotelcolonnevarese.com.

**** **Al Borducan (2)**, Via Beata Caterina Moriggi 43, seit 1924, ebenfalls zwischen Santuario und Funicolare, liebevoll restauriertes Haus mit zehn Zimmern im Liberty-Stil, alle verschieden eingerichtet, schöne Café-/Restaurantterrasse. DZ mit Frühstück ca. 95–130 €. ☎ 0332/222916, ✆ 222412, www.borducan.com.

Südlich von Varese

Castiglione Olona: Der von den Römern gegründete Ort südlich von Varese war im Mittelalter ein wichtiger strategischer Kontrollpunkt am Fluss Olona. Wie in Angera am Lago Maggiore kämpften auch hier die Torriani und Visconti um die Burg. 1271 wurde sie von Napo Torriani belagert und völlig zerstört, 16 Jahre später machte sie Ottone Visconti dem Erdboden gleich. Im 15. Jh. wurde Castiglione unter Kardinal Branda Castiglioni im Renaissancestil aufwändig wieder aufgebaut. Sein Palast steht an der Piazza Garibaldi, das freskengeschmückte Studierzimmer kann besichtigt werden. Die *Kollegiatskirche* (La Collegiata), in der der Kardinal begraben liegt, steht an der Stelle der alten Burg, im Torbogen sind noch die Einkerbungen der Ketten der Zugbrücke erhalten.
Öffnungszeiten **Kollegiatskirche**, Di–Sa 9–12, 15–18, So 15–18 Uhr (April bis Sept. auch 10.30–12.30 Uhr). ☎ 0331/858048.

Monastero di Torba: Die einstige Abtei liegt südlich von Castiglione im Grünen. Sie entstand als langobardisches Nonnenkloster im 9. Jh. um einen Wehrturm, der bereits von den Römern zum Schutz ihrer Nordgrenze errichtet und später von den Goten und Langobarden übernommen worden war. Im Inneren sind auf zwei Stockwerken Fresken aus dem 8. Jh. erhalten. Das Kloster wurde im 15. Jh. aufgegeben und an Bauern vermietet, die es zu Wohnungen umbauten. Die kleine romanische Kirche diente als Lager und die Wandmalereien wurden übermalt. In den siebziger Jahren wurde das Kloster von der Stiftung FAI übernommen (→ S. 157), die sich anschließend tatkräftig um die Restaurierung kümmerte.
Öffnungszeiten/Preise März bis Sept. 10–18, Okt. bis Mitte Dez u. Febr. 10–17 Uhr, Mo/Di geschl. Eintritt ca. 3,50 €, Kinder (4–12 J.) 2,50 €. ☎ 820301, www.fondoambiente.it.

Lago di Varese

Südwestlich von Varese liegt unterhalb des Naturparks Campo dei Fiori der etwa 9 km lange und nur 26 m tiefe See. Die Ufer sind größtenteils verschilft, das Wasser ist wegen fehlender Kläranlagen überdüngt, Baden war lange Jahre verboten.

Gegenmaßnahmen gegen das drohende Umkippen hat man unternommen: Schon vor einiger Zeit wurde eine Ringkanalisation installiert und unter dem schönem Namen „Progetto di Vita" hat man Sauerstoff in den See gepumpt. Zum Prädikat ‚Badesee" hat es bislang noch nicht gereicht – doch immerhin darf seit 2004 an zwei Stellen im See wieder gebadet werden: bei *Schiranna*, von Varese aus der seenächste Punkt, und gegenüber bei *Cazzago Brabbia*, wo mit dem Brabbiakanal auch der einzige Zufluss in den See liegt. Wie lange die Situation stabil bleibt, wird

240 Das Varesotto

Auf dem Lago di Varese

genau kontrolliert. Seit Kurzem gibt es auch einen 28 km langen Radweg, der den See komplett umrundet.

Gavirate: Hauptort am Nordende des Sees. Ein nettes Plätzchen ist dort das Albergo/Ristorante „Lido" direkt am See, am flachen, baumbestandenen Ufer davor kann man sich in Ruhe sonnen. Das von Alberto Paronelli liebevoll verwaltete *Museo della Pipa* in der Via del Chiostro ist mit seiner umfassenden Sammlung von mehr als tausend handgeschnitzten Pfeifen aus aller Welt einen Besuch wert.

Tipp: Von Gavirate kann man zur Abfahrtsstelle der Boote zur Insel Isolino Virginia bei Biandronno bequem am Ufer entlang zu Fuß gehen, das dauert ca. 1 Std. 15 Min. Unterwegs findet man Informationstafeln zur Entstehung des Sees sowie zur Flora und Fauna.

▸ **Voltorre**: Etwas südlich von Gavirate versteckt sich in dem kleinen Örtchen am Ostufer das ehemalige Benediktinerkloster *San Michele* aus dem 12. Jh. Es besitzt einen schönen Kreuzgang, der aus 46 Säulen mit behauenen Kapitellen besteht, und einem Campanile, der eine der ältesten Glocken Italiens sein Eigen nennt. Eine umfassende Restaurierung wurde kürzlich abgeschlossen.

▸ **Biandronno**: Am Westufer kann man per Boot zur winzigen Insel *Isolino Virginia* übersetzen, wo eine mehr als 3000 Jahre alte Pfahlbausiedlung aus dem Neolithikum entdeckt wurde. Ein Museum zeigt Funde und gibt einen Überblick über die Entwicklung der Siedlung, die bis in römische Zeiten existierte. Die Insel bietet sich für ein ruhiges Picknick an, es gibt aber auch ein kleines Restaurant.

▸ **Lago di Biandronno**: Der unter Naturschutz stehende „See" ist eigentlich ein verlandetes Torfmoor mit einigen Tümpeln. Das 130 ha große Gebiet liegt landeinwärts von Biandronno und ist fast völlig von Schilf überzogen. Von Biandronno hat man einen schönen Blick in die Umgebung.

• *Öffnungszeiten* **Museo della Pipa**, April bis Okt., nur nach Vereinbarung mit Signore Alberto Paronelli, ✆ 0332/743334.
Abbazia San Michele, April bis Sept. Di–So 10–17 Uhr, übrige Zeit 10–12, 14–17 Uhr. ✆ 0332/743914.
Museo Preistorico (Isolino Virgina), April bis Anfang Nov. Sa/So 14–18 Uhr, Eintritt 2 €. Ansonsten mit Reservierung im Museo Civico Archeologico di Villa Mirabello von Varese, ✆ 0332/255485; ✉ 281460, villa.mirabello@comune.varese.it.
• *Information* **Associazione Pro Gavirate**, Via Lungolago Isola Virginia 3, ✆ 0332/744707, www.progavirate.com.

• *Übernachten/Essen & Trinken* * **Lido**, Via Lido 22, gemütliches Albergo mit großem Speiseraum und Terrasse am Seeufer bei Gavirate, an Wochenenden oft Treffpunkt der gesamten Region. Geführt von Adamo mit Familie, freundlicher Service, gutes und günstiges Essen, Spezialität sind die *spaghetti napolitana*. DZ ca. 42–50 €, Frühstück extra. ✆ 0332/743443.
Isolino Virginia, Via Isola Virgina 33, lustige Osteria auf der Isolina Virginia, direkt am See, Betreiber ist der Kustos des Museums. Eigener Bootsservice! Üppige Leckereien aus allerlei Süßwassergetier. Di geschl. ✆ 0332/766268.

Lago di Ghirla 241

Area Camper, 15 Stellplätze für Wohnmobile bei der Tourist-Info am Lido di Gavirate (Nähe Parco della Folaga Allegra), Ver- und Entsorgung von Wasser, Kinderspielplatz benachbart.

TIPP! Antica Osteria Italia, Via Roma 74, in Cocquio Trevisago, wenige Kilometer nördlich von Gavirate. In alten Gasträumen kürzlich neu eröffnete Osteria, gemütlicher Treff, kleine Außenterrasse, umfassendes Weinangebot (auch Verkauf), dazu Kulinarisches wie *casoeula* (Eintopf aus Würstchen, Schweinerippchen und Wirsing) oder Polenta. So abends und Mo geschl. ✆ 0332/700150.

● *Shopping* Ein großer **Markt** findet am Freitag in Gavirate auf der Piazza Mercato und dem Viale Garibaldi statt.

Lago di Monate

Der nur 2,5 qkm große See ist 34 m tief und gehört, da seine Ufer weitgehend in Privatbesitz sind und die Einleitung von Industrieabwässern vermieden wurde, zu den saubersten Gewässern der Region. Badestellen gibt es mehrere, z. B. beim Campingplatz am südwestlichen Ufer und in *Cadrezzate*, wo man auf einer Wiese mit kleinem Strand, Snackbar und Bootsverleih Liegestühle und Sonnenschirme leihen kann (Eintritt ca. 4–7 €). Sehr schön sitzt man im nahen Restaurant „Ninfea" (✆ 0331/953282) direkt am See.

● *Übernachten* ** **Camping Lago di Monate**, ruhiger Platz am südwestlichen Ufer des gleichnamigen Sees, mit Bar/Restaurant, Sanitäranlagen okay, Ver-/Entsorgung für Wohnmobile. Ganzjährig. ✆/📠 0331/968566.

● *Sport* **Golf dei Laghi**, 18-Loch-Platz bei Travedona Monate am nördlichen Seenende. ✆ 0332/978101, 📠 977532, www.golfdeilaghi.it.

Lago di Comabbio

Etwas größer als der Lago di Monate, dafür nur 7,70 m tief – im Winter friert er deshalb häufig zu und wird zur großen Eislaufzone. Am Ostufer hat man Reste von Pfahlbauten aus der Bronzezeit entdeckt, bei *Mercallo* am Westufer eine römische Nekropole. Baden kann man z. B. beim Campingplatz.

Südöstlich von *Corgeno* am Südufer erhebt sich der 427 m hohe Hügel *San Giacomo*, der höchste Punkt des Naturparks Ticino (→ S. 170), zu erreichen über die Via Ronchetti. Diverse Wander- und Radrouten durchqueren die Hügelregion, die reich ist an erratischen Blöcken (so genannte Findlinge), die von eiszeitlichen Gletschern über weite Strecken hierher transportiert wurden.

● *Übernachten* *** **Camping La Madunina**, Via dei Martiri 12, ruhiger Platz bei Varano Borghi am nördlichen Ostufer des Lago di Comabbio. Strand, Bar/Restaurant, Pool, Kinderspielplatz, Fußball, gute Sanitäranlagen, Waschmaschinen. Ganzjährig. ✆/📠 0332/960361, www.campinglamadunina.com.

● *Essen & Trinken* **TIPP!** La Vittoriosa, Via Matteotti 1, in Cuirone, südöstlich vom See. Einfaches und sympathisches Lokal, geführt von einer Genossenschaft. An Wochenenden immer gut besucht, freundlicher Service durch Maria Rosa e Pia. Leckere lokale Küche, z. B. *risotto con funghi* oder *ravioli con ragù di carne*. Als Secondo vielleicht *bollito misto*, *coniglio arrosto* oder *stinco di vitello al forno*. Angeschlossen sind eine Bar mit Billard und ein Lebensmittelladen. Mittags geöffnet, Fr und Sa auch abends, Mo geschl. ✆ 0331/946102.

Lago di Ghirla

Der winziger See liegt nördlich von Varese und ist über die SS 233 zu erreichen. Den Camping „Trelago" (**, ✆ 0332/716583, 📠 719650), ein hübsches Wiesengelände mit kleinem Pool, findet man gleich beim Strandbad. Das Ristorante „Piccolo Lago" liegt ebenfalls am See (am Wochenende mit Disco).

Lago d'Orta und Varesotto

Abstecher nach Mailand (Milano)

(ca. 1.300.000 Einwohner)

Als Ziel eines Tagesausflugs bietet sich die lombardische Metropole vor allem für Urlauber im Süden des Lago Maggiore an. Wer die Autofahrt scheut oder Angst um seinen fahrbaren Untersatz hat, kann auch bequem mit dem Zug fahren.

Die 1,3-Millionen-Stadt – Industrie- und Geschäftsmetropole, Banken-, Mode- und Medienzentrum des Landes – ist die wohlhabendste und kosmopolitischste Stadt Italiens und gilt in vielerlei Hinsicht als heimliche Hauptstadt. Vor allem in Sachen Mode werden hier internationale Trends gesetzt und mit Effizienz vermarktet. Während im Bahnhofsviertel moderne Stahlbetonbauten, Wolkenkratzer und riesige, kahle Plätze dominieren, zeigt sich die Innenstadt imposant und sehenswert. Ein grandioses Schauspiel bietet vor allem die weite Piazza del Duomo mit der himmelstürmenden Gotik des *Doms* und der triumphbogenähnlichen Öffnung der Galleria Vittorio Emanuele II. Das elegante Modeviertel mit den Läden weltberühmter Designer liegt um die *Via Montenapoleone*, etwa zwischen Piazza della Scala und dem Stadtpark. Ganz in der Nähe findet man das ehemalige Künstlerviertel *Brera* mit der berühmten gleichnamigen Kunstgalerie. Doch die Top-Sehenswürdigkeit Mailands ist zweifellos Leonardo da Vincis Fresko „Das letzte Abendmahl" das durch den Bestseller „The Da Vinci Code" („Sakrileg") neue weltweite Aufmerksamkeit gefunden hat. Für einen schönen Abend in der Großstadt bieten sich schließlich die malerischen alten *Navigli* (Kanäle) im Süden der Stadt an. Tür an Tür liegen dort zahlreiche Restaurants, Kneipen, Osterien und Musikbars die allabendlich tausende von Mailändern anziehen.

Der weltberühmte Dom von Mailand

Information

IAT, Hauptstelle direkt am **Domplatz**, im Januar 2007 umgezogen an die Piazza Duomo 19/a, neben der Farmacia Carlo Erba. Reichlich Prospektmaterial und Stadtpläne, viele Infos in den englischsprachigen Broschüren „Hello Milano", „Milano where, when, how" und „Milano mese". Für die Unterkunftssuche das „Annuario degli Alberghi Milano e Provincia" geben lassen. Keine Hotelvermittlung! Mo–Sa 8.45–13, 14–18, So 9–13, 14–17 Uhr (im Winter etwas kürzer, ✆ 02/77404343, ✉ 77404333, www.milanoinfo.eu Zweigstelle in der **Stazione Centrale**, etwas versteckt in einem mit farbigen Neonröhren beleuchteten Durchgang, beschildert mit „APT". Dieses Büro hilft bei der

Mailand/Reisepraktisches 243

Quartiersuche, wenn nicht zu viel Andrang herrscht. Mo–Sa 9–18, So 9–17 Uhr (im Winter etwas kürzer). ✆ 02/72524360.
Internetzugang: „Virgin Megastore", Piazza del Duomo 8 (10–24 Uhr); „Mondadori Multicenter", Via Marghera 28 (Mo 13–24, Di–So 10–24 Uhr).
Internet: www.vivimilano.it, www.hellomilano.it, www.comune.milano.it, www.milano24ore.de, www.ciaomilano.it.

Anfahrt/Verbindungen

• *PKW* **Park & Ride**, an den großen Einfahrtsstraßen weisen Anzeigetafeln auf die nächstgelegenen Parkplätze bei U-Bahnstationen und die Zahl der noch freien Stellplätze hin. Sie sind von 7–20 Uhr geöffnet, acht Stunden Parkzeit kosten etwa 4 €, was verglichen mit den großen privaten Parkplätzen im Zentrum sehr günstig ist. Fahren Sie nach Möglichkeit nicht in die Innenstadt, es herrscht dichter Verkehr und viele Straßen sind verstopft. Ansonsten ist es sinnvoll, sich in einem Hotel mit Garage einzumieten oder vom Campingplatz per Bus und Metro in die Stadt zu pendeln.

• *Bahn* Züge vom Lago Maggiore kommen am Bahnhof **Porta Garibaldi** an. Mit der U-Bahn M1 (in der Station Cadorna in die M2 umsteigen) erreicht man den Domplatz. Der Hauptbahnhof **Stazione Centrale** beeindruckt in seiner Monumentalität. Das typische Beispiel protziger Faschistenarchitektur wurde 1931 fertig gestellt. Die U-Bahn 3 (M3 Richtung San Donato) fährt zum Domplatz.
Tourist-Info in der oberen Halle links, wenn man von den Zügen kommt (→ Information).

Gepäckaufbewahrung ebenfalls in der oberen Halle rechts, ca. 3,80 € pro Gepäckstück für die ersten fünf Std., danach 0,60 € pro Std. ✆ 02/63712212.
Ticketbüro für **Flughafenbusse** in der östlichen Außenfront, Piazza Luigi di Savoia. Weitere Verkaufsstellen in der Bahnhofshalle.
Weitere Bahnhöfe: **Stazione Milano Nord**, die private „Ferrovie Nord Milano" (FNM) hat einen eigenen Bahnhof südlich vom Parco Sempione (M2: Cadorna). Züge fahren halbstündlich zum Flughafen Malpensa und mindestens stündl. nach Como am Comer See.
Stazione Porto Genova, im Viertel Navigli, südlich vom Zentrum (M2: Porta Genova FS). Stündliche Züge in Richtung Vigevano und Alessandria.
Stazione Lambrate, östlich vom Zentrum (M2: Lambrate FS). Züge nach Pavia (einige auch ab Stazione Centrale).

• *Flug* Der Großflughafen **Malpensa** liegt 45 km nordwestlich der Stadt bei Gallarate, nicht weit vom Südende des Lago Maggiore ✆ 02/774851, www.sea-aeroportomilano.it.

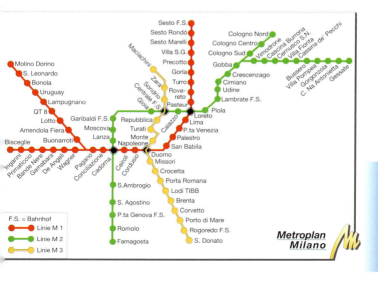

Abstecher nach Mailand

244   Abstecher nach Mailand

Der Airport **Linate** liegt nur etwa 6 km östlich vom Zentrum. ✆ 02/74852200, www.sea-aeroportomilano.it.

> Weitere Infos zu beiden Flughäfen siehe unter Anreise, S. 32.

Unterwegs in Mailand

- *U-Bahn, Busse & Trams* Die U-Bahn **Metropolitana Milano** (MM) besteht aus den drei Linien **M1**, **M2**, **M3** und ist ein ideales Verkehrsmittel, um die großen Entfernungen in der Stadt schnell zu überbrücken. Fahrtzeiten von etwa 6.15 Uhr bis kurz nach Mitternacht. Außerdem gibt es **Busse** und ein gutes **Tramsystem**. Die Altstadt liegt innerhalb zweier konzentrischer Straßenzüge, Tram 29 und 30 machen auf der äußeren Ringstraße eine Rundfahrt ums Zentrum, auf der Inneren verkehren die Busse 90 und 91.
  Einzelticket kostet ca. 1 € (Carnet für 10 Fahrten ca. 9,20 €), erhältlich in Zeitungs-/Tabacchi-Läden und Automaten (gültig 75 Min. lang für eine einzige Metrofahrt und beliebig viele Fahrten mit Bus und Tram). In den ATM-Büros der Metrostationen Duomo, Loreto, Romolo und Stazione Centrale gibt es preiswerte **Tageskarten** (ca. 3 €) und **Zweitageskarten** (ca. 5,50 €) zu kaufen, die in allen öffentlichen Verkehrsmitteln gelten.
- *Taxi* Funktaxi über ✆ 02/4040, 5353, 6767 oder 8585.
- *Fahrrad* **AWS**, Radverleih, allerdings ca. 20 € pro Tag. Via Ponte Seveso 33, ✆ 02/67072145.

Übernachten (siehe Karte S. 246/247)

Mailand ist eins der teuersten Pflaster Italiens, DZ mit Bad kosten in *Pensionen ab gut 70 €, für *** zahlt man mit Frühstück mindestens 140 €, meist deutlich mehr. Zu den zahlreichen Messezeiten ist die Stadt oft völlig ausgebucht. Man sollte immer versuchen, telefonisch zu reservieren, in den * und **Pensionen ist das allerdings oft nicht möglich. ***Hotels besitzen entweder eine Garage (Stellplatz ca. 15–30 €) oder haben zum selben Preis Stellplätze in nahen Parkhäusern gemietet. Von Fr bis So gibt es in vielen Hotels günstige Wochenendtarife namens „Weekend Milano".

> **Reservierung**: am besten direkt beim Hotel anrufen, in vielen Häusern wird Englisch oder Deutsch gesprochen. Reservierung für Unterkünfte ab *** mit Kreditkarte über „Centro Prenotazioni Hotel Italia", Numero Verde 800-015772 oder 02/29531605, ℻ 29531586, www.cphi.it; alle Hotels und Pensionen von Mailand können über www.milan-booking.com gebucht werden, Alternative ist www.artemotore.com. Tipp: Falls nicht zu viel Andrang herrscht, hilft die Informationsstelle im Hauptbahnhof bei der Unterkunftssuche (die Hauptstelle am Domplatz nicht).

Zahlreiche Hotels und Pensionen aller Preisklassen findet man im Viertel um der Hauptbahnhof. Ein halbes Dutzend stereotyp moderner und sauberer ***Hotels liegen nebeneinander in der Via Napo Torriani schräg gegenüber vom Hauptbahnhof. Fast immer Platz gibt es in der großen Jugendherberge und am Campingplatz Città di Milano.

**** **Straf (36)**, Via San Raffaele 2, Seitengasse des Corso Vittorio Emanuele, einen Katzensprung vom Dom. Mailands neuestes Designhotel, minimalistische Konzeption mit ungewöhnlichen Materialien, Spiegel- und Glasarchitektur, in einigen der 64 Zimmer kann man Aromatherapie machen oder in Massagestühlen sitzen. DZ ca. 250 € aufwärts. ✆ 02805081, ℻ 89095294, www.straf.it.

*** **Manzoni (26)**, beliebtes 50-Zimmer-Haus im Modeviertel. Solide möbliert und geräumig, mit Garage (ca. 12–25 €, je nach Länge des PKW). DZ mit Frühstück ca. 160–180 € Via Santo Spirito 20 (M3: Montenapoleone) ✆ 02/76005700, ℻ 784212, www.adihotels.com

*** **Ariston (49)**, ein vollständig nach Umweltkriterien eingerichtetes Haus, natürliche Materialien ohne Giftstoffe, Luftreiniger in jedem Zimmer, schlicht-elegantes Ambiente. Fahrradverleih und Internetzugang

Mailand/Reisepraktisches 245

DZ mit Ökofrühstück ca. 180–230 €. Largo Carrobbio 2, am Südende der Via Torino (M1/M3: Duomo), ☎ 02/72000556, 📠 72000914, www.aristonhotel.com.

*** King (33), das Hotel der altehrwürdigen Sorte in einem prächtigen, alten Palazzo wurde vor kurzem aufwändig und stilvoll renoviert. Mit Garage. DZ mit Frühstück ca. 80–315 €. Corso Magenta 19, Nähe Castello Sforzesco (M1/M2: Cadorna), ☎ 02/874432, 📠 89010798, www.hotelkingmilano.com.

*** Vecchia Milano (41), renoviertes Altstadthaus in einer engen Gasse südlich vom Corso Magenta. Modernisierte Zimmer mit TV, Garage 50 m entfernt. DZ ca. 100–130 €, Frühstück extra. Via Borromei 4 (M1: Cordusio), ☎ 02/875042, 📠 86454292, www.hotelvecchiamilano.it.

** Aspromonte (4), gepflegtes Haus an einer netten, kleinen Piazza mit Bäumen, 19 Zimmer mit TV, kleiner Frühstücksgarten. DZ ca. 75–150 €, Frühstück extra. Piazza Aspromonte 12, östlich vom Corso Buenos Aires, Fußentfernung zum Hauptbahnhof (M1/M2: Loreto), ☎ 02/2361119, 📠 2367621, www.hotelaspromonte.it.

** San Francisco (5), schönes, altes Haus an einer Alleestraße, eins der wenigen Hotels in Mailand mit großem, schattigem Garten, prima zum Frühstücken. Zimmer und Bäder einfach. DZ mit Frühstück ca. 75–130 €. Viale Lombardia 55, östlich des Piazzale Loreto (M1/M2: Loreto). ☎ 02/2361009, 📠 26680377, www.hotel-sanfrancisco.it.

** Casa Mia (17), moderne Zimmer mit TV, DZ mit Bad ca. 70–140 €. Viale Vittorio Veneto 30, bei der Piazza Repubblica, vom Bhf. 15 Min. geradeaus (M1: Porta Venezia/M3: Repubblica), ☎ 02/6575249, 📠 6552228, www.casamiahotel.it.

● *Preiswert* *** Speronari (42)**, solides und freundlich geführtes Hotel zwei Fußminuten vom Dom, vis-à-vis der Kirche San Satiro, relativ ruhig, saubere Zimmer. DZ mit Bad ca. 95–110 €, mit Etagendusche ca. 75–85 €. Via Speronari 4 (M1/M3: Duomo), ☎ 02/86461125, 📠 72003178, hotelsperonari@inwind.it.

* Brasil (25), schöne, saubere Unterkunft im 4. Stock eines Jugendstilgebäudes, gut geführt, freundliche Atmosphäre. 12 Zimmer, DZ mit Bad ca. 70–100 €, mit Etagendusche ca. 55–70 €. Via Gustavo Modena 20, östlich vom Stadtpark und Porta Venezia (M1: Palestro), ☎/📠 02/7492482, www.hostelbrasil.com.

* Valley (3), aufmerksam geführt, saubere DZ mit TV und Bad ca. 65–80 €. Via Soperga 19, Verlängerung der Via Lepetit, in unmittelbarer Nähe vom Hauptbahnhof (M3: Centrale), ☎ 02/6692777, 📠 66987252, www.hotelvalley.it.

* Due Giardini (9), einfache Zimmer, aber mit eigenem Bad. Nach hinten schöner Garten. DZ mit Bad ca. 65–90 €. Via Settala 46, ebenfalls Nähe Hauptbahnhof (M3: Centrale), ☎ 02/29521093, 📠 29516933.

* Aurora (15), modernisiert und gut in Schuss, trotz der lauten Straße erträglich, vorne raus schallisolierte Zimmer, hinten raus Blick auf ruhigen Hof, Zimmer mit TV. DZ ca. 70–110 €. Corso Buenos Aires 18 (M1: Porta Venezia), ☎ 02/2047960, 📠 2049285, www.hotelaurorasrl.com.

* San Tomaso (16), guter Standard, freundlich geführt, sauber. DZ mit Bad ca. 65–90 €. Viale Tunisia 6, laute Verkehrsstraße seitlich des Corso Buenos Aires (M1: Porta Venezia), ☎/📠 02/29514747, www.hotelsantomaso.it.

* Kennedy (16), im selben Haus wie San Tomaso, auch etwa derselbe Preis. ☎ 02/29400934, 📠 29401253, www.kennedyhotel.it.

* Nettuno (13), DZ mit Bad ca. 60–80 €, mit Etagendusche ca. 48–65 €. Via Tadino 27, zwischen Bhf. und Corso Buenos Aires (M1: Lima), ☎ 02/29404481, 📠 29523819.

● *Jugendherberge* **Ostello Pierro Rotta (IYHF)**, ziemlich weit außerhalb, M1 Richtung Molino Dorino bis Station QT8 (Quartiere T8) und noch 500 m zu Fuß. Moderne JH mit 350 Betten, guten Einrichtungen und Garten, allerdings an einer lauten Durchgangsstraße. Geöffnet morgens 7–9 Uhr, nachm. ab 16 Uhr (Check-In nur nachm.), Schließzeit 0.30 Uhr. Keine Reservierung, wegen der Größe ist für Individualreisende aber fast immer Platz. Pro Pers. ca. 18,50 € mit Frühstück. Via Martino Bassi 2, ☎ 02/39267095, 📠 33000191, www.ostellionline.org.

● *Camping* **Città di Milano**, großer Platz an der westlichen Peripherie Mailands, direkt neben dem Wassersportzentrum „Acquatica". Flacher Wiesenplatz mit annähernd ausreichendem Schatten, Sanitäranlagen großzügig, Bar vorhanden. Im Westen Mailands beschildert – wenn man über die Autobahn kommt, von der Westtangente Abfahrt San Siro nehmen. Verbindungen in die Stadt: Bus 72 (Busstopp ca. 200 m vom Platz) bis Piazza de Angeli, dort Metroanschluss, mit M1 ins Zentrum, z. B. bis zum Dom. Von der Stadt zum Camping: M1 Richtung Inganni bis Piazza de Angeli, dort Bus 72 Richtung Bisceglie bis Via Trivulzio (oder Taxi). Ganzjährig geöffnet. Via Gaetano Airaghi 61, ☎ 02/48200134, 📠 48202999, www.campingmilano.it.

Abstecher nach Mailand

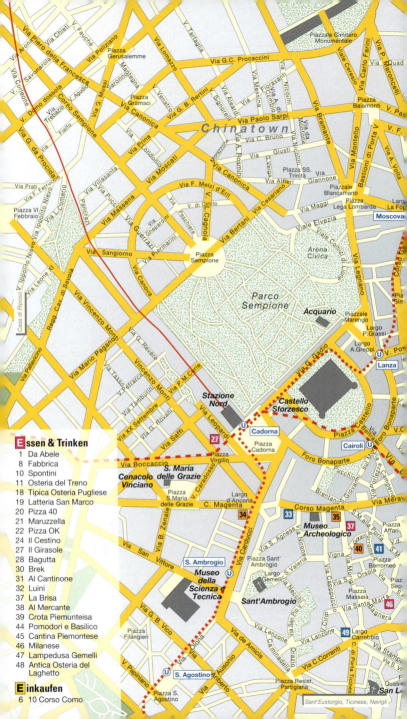

248   Abstecher nach Mailand

Essen & Trinken (siehe Karte S. 246/247)

Zu den Milaneser Spezialitäten zählt natürlich das weltberühmte *costoletta alla milanese*, aber auch Risotto in verschiedensten Abwandlungen, besonders gerne mit Safran, außerdem *ossobuco* (Kalbshaxen). Am allerschönsten isst man in Mailand im Viertel *Ticinese* und in *Navigli* im Südwesten, wo im Umkreis der beiden langen Kanäle zahlreiche stimmungsvolle Osterien und Ristoranti aufgemacht haben und jährlich neue eröffnet werden. Typisch für Mailand sind ansonsten die zahlreichen volkstümlichen Pizzerien, wo man an langen Tischen hautnah zwischen Familien und Freundesgruppen sitzt. Achtung: an Wochenenden sind zahlreiche Lokale überfüllt, rechtzeitig kommen! Siehe auch unter Nachtleben, Stichwort „Aperitivo"!

● *Zentrum*   **Antica Trattoria dei Magnani „Al Cantinone" (31)**, altes Mailänder Lokal mit langer Theke und mehreren Speiseräumen. Dank der zentralen Lage touristisch nicht unbekannt. Sa mittags und So geschl. Via Agnello (Seitengasse der Fußgängerzone Corso Vittorio Emanuele), ☏ 02/86464980.

Al Mercante (38), stimmungsvolle Sitzplätze auf der mittelalterlichen Piazza Mercanti, wenige Schritte vom Domplatz. Entsprechend der Lage eher höhere Preise. So geschl. ☏ 02/8052198.

La Brisa (37), südlich vom Corso Magenta, in der Nähe der Börse, hervorragende Mailänder Küche zu mittleren Preisen, auch Plätze im Freien. So mittags und Sa geschl. Via Brisa 15, ☏ 02/86450521.

Milanese (46), nicht weit vom La Brisa, geräumige, typische Mailänder Trattoria in einer kleinen, engen Gasse, angenehme Atmosphäre, familiär geführt, mittlere Preise. Di geschl. Via Santa Marta 11, ☏ 02/86451991.

Pomodori e Basilico (44), die echte neapolitanische Pizza, dazu Spezialitäten aus verschiedenen Regionen Italiens. Moderate Preise, kein Ruhetag. Via Larga/Ecke Via Bergamini (südlich vom Dom), ☏ 02/58304489.

Antica Osteria del Laghetto (48), in der Straße hinter dem „Pomodori". Trotz der zentralen Lage ganz ruhige Ecke. Gemütliches Lokal mit hausgemachten Nudeln und großer Auswahl an Fisch. Mi geschl. Via Festa del Perdomo 4, ☏ 02/58307404.

Lampedusa Gemelli (47), wenige Schritte weiter, im Sommer kann man hier unbelästigt vom Straßenverkehr vor dem Haus sitzen. Vicolo Langhetto, ☏ 02/6023300.

Cantina Piemontese (45), bei der Uni südöstlich vom Domplatz. Mit Graffiti bunt bemaltes Haus, junges Publikum und ebensolche Atmosphäre, lombardische Küche. Sa mittags und So geschl. Via Laghetto 11,

☏ 02/8395992.

TIPP! Girasole (27), Via Vincenzo Monti 32, Nähe Piazza Virgilio, hervorragende Küche mit biologischen Zutaten in schönem Ambiente zu vernünftigen Preisen. ☏ 02/89697459, www.ilristorantedelgirasole.it.

● *Brera-Viertel* (Via Brera, Corso Como, Corso Garibaldi)   **Bagutta (28)**, ein Bodenmosaik weist auf der Via Montenapoleone den Weg in diese Trattoria, der ihr Ruf als **das** Künstlerlokal Mailands vorauseilt. Die verschiedenen Räumlichkeiten sind mit Karikaturen und Zeichnungen bekannter und unbekannter Maler geschmückt, auf der Speisekarte stehen Gerichte lombardischer und toskanischer Küche zu gehobenen Preisen, Menü um die 40 € aufwärts. Im Sommer kann man im Innenhof speisen. So geschl. Via Bagutta 14, ☏ 02/76000902.

Il Cestino (24), beliebtes Lokal im Brera-Viertel, hübsch zum Draußensitzen, verkehrsberuhigte Straße, etwas höhere Preise. Mi geschl. Via Madoninna 27, ☏ 02/86460146.

Latteria San Marco (19), der ehemalige Milchladen ist fast unverändert erhalten, gerade mal 25 Plätze gibt es, die meist auch schnell besetzt sind. Sa/So geschl. Via San Marco 24, ☏ 02/6597653.

Fabbrica (8), nette Pizzastube mit kleinen Marmortischen, an Wochenenden bilden sich oft lange Schlangen. Filiale auch an den Navigli (→ unten). Viale Pasubio 2 (M2: Moscova), ☏ 02/6552771.

● *Bahnhofsviertel*   **L'Osteria del Treno (11)**, eine eher langweilige Straße, doch die Kantine der Eisenbahner hat sich zum beliebten Treffpunkt entwickelt. Mittags speist man hier günstig, abends zu etwas höheren Preisen regionale und überregionale Spezialitäten. Im Sommer kann man auch im Freien sitzen. Via San Gregorio 46, ☏ 02/6700479.

● *Corso Buenos Aires*   **Da Abele (1)**, traditionelle Trattoria mit freundlicher Atmo-

Mailand/Reisepraktisches 249

sphäre und vielen jungen Gäste, viel gerühmte Spezialität ist Risotto, das es in dutzenden von Varianten gibt, dazu reiche Weinauswahl. Nur abends. Mo geschl. Via Temperanza 5 (M1: Pasteur), ✆ 02/2613855.

La Tipica Osteria Pugliese (18), schöner, stuckverzierter Raum mit schlanken Säulen, von oben bis unten mit großformatigen Fotos zufriedener Gäste geschmückt. In mehreren Speiseräumen kann man ein umfangreiches Büffet und apulische Küche genießen, z. B. *orecchiette* (Pasta) und *nodini*, eine Spezialität aus Mozzarella-Käse. So geschl. Via Alessandro Tadino 5, ✆ 02/29522574.

Pizza 40 (20), süditalienisch anmutende Pizzastube, man sitzt auf Hockern an langen Tischen und isst in lockerer Atmosphäre Lasagne und Pizza. Di abends und Mi geschl. Via Panfilo Castaldi 40 (Nähe Porta Venezia), ✆ 02/29400061.

Maruzzella (21), großes, fröhliches Lokal mit umfangreicher Speisekarte, auch Pizza. Mi geschl. Piazza Guglielmo Oberdan 3 (direkt bei der Porta Venezia), ✆ 02/29525729.

Pizza OK (22), diese einfache Trattoria serviert die angeblich größten Pizzen der Stadt in fast hundert Geschmacksrichtungen. So mittags und Mo geschl. Via Lambro 15/ Ecke Piazza VIII Novembre 1917, ✆ 02/ 29401272.

• *Naviglio Grande* (Ticinese) **Premiata Pizzeria**, große, immer gut besuchte Pizzeria, drinnen schönes, altes Mobiliar und Marmortische, davor eine offene, im Winter abgedeckte Terrasse. Große Auswahl an Pizza und Focaccia. Mi geschl. Via Alzaia Naviglio Grande 2. ✆ 02/89400648.

El Brellin, sehr beliebtes, stilvoll eingerichtetes Ristorante in einem prächtig restaurierten historischen Gutshaus. Im Sommer auch Sitzplätze an einem schmalen, überdachten Seitenkanal, in früheren Zeiten Waschplatz der Frauen des Viertels. Gehobene Preise. Vicolo Privato Lavandai, ✆ 02/ 58101351.

Officina 12, sehr angesagte Pizzeria ganz in rot, vorne eine kleine, lauschige Terrasse, dahinter ein erstaunlich großer, verwinkelter Innenbereich mit Hinterhaus und überdachtem Hof. Höhere Preise, trotzdem gut gefüllt. Alzaia Naviglio Grande 12, ✆ 02/89422261.

L'Osteria, gemütlich-lockere Kneipenatmosphäre, kleine Imbisse, auch international, z. B. Couscous, Roastbeef und „misto Iberico", dazu eine große Weinkarte. Alzaia

Naviglio Grande 46 (kurz vor der Eisenbrücke über den Kanal), ✆ 02/8373426.

Osteria dei Formaggi, hier gibt es alles auf Käsebasis, z. B. *Fonduta valdostana* (Aosta-Tal), dazu Grappa aus allen Regionen Italiens. Uralte Radios füllen den ganzen Raum, im Sommer stehen auch Tische auf einer schwimmenden Plattform. So geschl. Via Alzaia Naviglio Grande 54 (kurz nach der Eisenbrücke), ✆ 02/89409415.

Le Anema e Cozze, groß und neu an der Ecke zur Via Casale, „Sea & Pizza" heißt hier das Schlagwort, klinisch weiß gehalten, die Küche mit gut einsehbarer Glastür — Erlebnisgastronomie, die ankommt. ✆ 02/ 8375459.

Fabbrica, Pizzaabfütterung über zwei Stockwerke in einer früheren Fabrikhalle, laut und fröhlich geht es hier immer zu. Via Alzaia Naviglio Grande 70, ✆ 02/8358297.

Conconi, ein paar Schritte weiter, mit viel Holzinterieur ansprechend aufgemachte Trattoria. Auf der Speisekarte z. B. *cinghiale*, *lepre* und Risotto. Via Alzaia Naviglio Grande 82, ✆ 02/89406587.

Pizzeria Tradizionale con Cucina di Pesce, hauptsächlich junges Publikum trifft sich im gemütlichen Speiseraum, im Angebot Pizza und Focaccia, aber auch Fischgerichte. Di geschl. Ripa di Porta Ticinese 7, ✆ 02/8395133.

Al Pont de Ferr, wie der Name sagt, kurz vor einer Eisenbrücke über den Kanal. Hübsche Osteria mit hohen Räumen, nostalgisch-gemütlich eingerichtet. Sehr persönliches Ambiente und ebensolche Küche, ausgezeichnete Weinauswahl, alles zu zivilen Preisen. Bis spätabends kann man hier essen, z. B. *pasta e fagioli*, *faraona* (Perlhuhn) oder *stracotto d'asino* (Eselsschmorbraten). So geschl. Ripa di Porta Ticinese 55, ✆ 02/89406277.

• *Naviglio Pavese* (Ticinese) **Delle Mole**, großes Freiluftlokal am Beginn des Naviglio Pavese, Ecke Viale Gorizia/Via Ascanio Sforza. Im Sommer sehr beliebt bei den Mailändern, die hier allabendlich im Familienverband Pizza essen. Daneben ein umgebautes Hausboot, wo man nach dem Essen gern auf einen Drink bleibt. ✆ 02/8323810.

Osteria Grand Hotel, etwas versteckt weitab vom Rummel, noch südlich vom Viale Liguria, doch der Weg lohnt sich. Ein origineller Name für diese Osteria, in der man im stilvoll-gemütlichen Rahmen variantenreiche Gerichte und hervorragende Weine kosten kann. Im Sommer sitzt man sehr

Abstecher nach Mailand

250 Abstecher nach Mailand

schön auf einer Terrasse neben dem Haus. Nur abends, Mo geschl. Via Ascanio Sforza 75, ✆ 02/89511586.

• *Self-Services & Snacks* **Brek (30)**, gute Self-Service-Kette mit drei Filialen in Mailand: Via Lepetit 20 (Stazione Centrale), Piazzetta Umberto Giordano 1 (bei Piazza San Babila) und Via dell'Annunciata 2 (Nähe Piazza Cavour). So geschl.

McDonalds, tolle Lage mitten in der Galleria Vittorio Emanuele.

Luini (32), in und vor diesem winzigen Laden, 1949 gegründet, treffen sich die Mailänder nach dem Einkaufsbummel oder Kinobesuch. Spezialität sind *panzerotti*, eine Art Mini-Calzone. Kürzlich wurde renoviert, was den Charme leider etwas schmälert. Mo geschl. Via Radegonda 16, neben dem Kaufhaus La Rinascente.

Spontini (10), populäre Pizzastube, nur eine Sorte Pizza vom laufenden Band, oft großer Andrang mit Wartezeiten, da preislich sehr günstig. Hinten sitzt man an langen Holztischen. Di mittags und Mo geschl. Via Spontini 60 (Kreuzung mit Corso Buenos Aires).

Crota Piemunteisa (39), wenige Schritte von der Fußgängerzone Corso Vittorio Emanuele, Imbissstube mit herzhaften Panini und „wurstel con crauti". Piazza Cesare Beccaria 12.

Rosticceria Peck, hier werden zahlreiche Leckereien produziert, von Pasta über Risotto bis zu Pizza, beliebt vor allem für den mittäglichen Imbiss (nur im Stehen), Speisen auch zum Mitnehmen. So geschl. Via Cesare Cantù.

Ghireria Greca Kalliopi, eine griechische Gyros-Kneipe inmitten der Osterien am Naviglio Grande (Ticinese), beliebt bei der Jugend. Ripa di Porta Ticinese 13.

• *Traditionelle Cafés* Ganz stilvoll sitzt man zu hohen und höchsten Preisen in den Freiluftcafés der eleganten Galleria Vittorio Emanuele. Abends trifft man sich dann an den Kanälen im Stadtteil Ticinese (→ Nachtleben).

Zucca in Galleria, am Eingang vom Domplatz, hier im früheren „Camparino" wurde der Campari erfunden. Im ersten Stock Jugendstilsalon mit Blick auf die Galleria.

Antica Cremeria San Carlo al Corso, schöne Sitzgelegenheiten an einem kleinen Platz vor der gleichnamigen Kirche, direkt an der Fußgängerzone Corso Vittorio Emanuele.

Cova, 1841 eröffnet, der österreichisch-ungarische Charme des 19. Jh. wurde hier bis heute konserviert, teuer und elegant. So geschl. Via Montenapoleone 8.

Biffi, nicht weit von Leonardo da Vincis Abendmahl (→ Sehenswertes), traditionelles Café mit Kronleuchtern und exzellenten Kuchen und Torten. Corso Magenta 87.

Armani, im neuen Armani Megastore, der Platz für Modeliebhaber. Via Manzoni 31.

• *Eis* **Viel**, das bekannteste Eis der Stadt, hübsch bunt aufgemacht, Eis und Fruchtsäfte. Corso Buenos Aires 15, Viale Abruzzi 23 und Via Paolo da Cannobio 9 (südlich vom Dom).

Gelateria ecologica, ökologisches Eis, garantiert ohne chemische Zusatzstoffe – serviert von klinisch weiß gekleidetem Personal. Etwas teurer, nur zum Mitnehmen. Mi geschl. Corso di Porta Ticinese 40.

La Bottega del Gelato, Riesenauswahl und tolle Geschmacksrichtungen mit Schwergewicht auf exotischen Früchten. Via Pergolesi 3.

Rinomata, am Beginn des Naviglio Pavese, kunstvoll türmen sich die Eiswaffeln in Glasvitrinen, das Eis wird aus traditionellen Deckelbehältern der fünfziger Jahre geschöpft.

*N*achtleben *(siehe **K**arte **S**. 246/247)*

Zahllose Nachtkneipen, Osterien und Clubs findet man an den Kanälen (Navigli) im Viertel Ticinese, vor allem am Naviglio Pavese (M2: Porta Genova). Fast überall kann man auch essen: Zum „aperitivo" bzw. „happy hour" (ca. 18–21 Uhr) gibt es günstiges Essen vom Buffet – man zahlt ein Getränk (ca. 5–10 €) und kann soviel essen, wie man will. Eintritt in Clubs ca. 15–25 €, Drink ca. 6–10 €. Tipp: Für (Erasmus-)Studenten ist fast täglich in einem der Clubs der Eintritt frei. Ein weiterer angesagter Straßenzug sind Corso Garibaldi und Corso Como nordöstlich vom Parco Sempione, wo sich abends die Szenegänger drängen (ab 21 Uhr für den Verkehr gesperrt).

> Veranstaltungskalender täglich in der Zeitung *Corriere della Sera* und donnerstags im Magazin „Tutto Milano" der Zeitung *La Repubblica*.

Mailand/Reisepraktisches

- *Kneipen & Pubs* (im Zentrum und Brera-Viertel) **Magenta (34)**, schöne Jugendstil-Bar mit nostalgischem Flair, sehr angesagt, Sitzplätze auch im Freien. Mittags- und Abendbuffet mit viel Leckerem. Wenn es drinnen zu voll wird, isst man eben draußen vor der Tür. Ganztägig bis 3 Uhr nachts. Mo geschl. Via Carducci 13/Corso Magenta (M1/M2: Cadorna).

Cavour (35), Tradition seit dem 19. Jh., heute eine angesagte Cocktailbar, hinten sitzt man gemütlich, junges Publikum. Corso Magenta/Ecke Via Brisa.

Cicip e Ciciap (40), seit vielen Jahren eine Kneipe nur für Frauen, mit Kulturprogramm, aber auch essen kann man hier. Mo/Di geschl. Via Gorani 9.

Jamaica (23), früherer Künstlertreff im Modeviertel, kleiner Innenraum und winzige Tische, daneben ein im Sommer offener Wintergarten. Mittags genießen die smarten Angestellten der Umgebung leckere Salate und Tortellini, nachts geht es bei großer Getränkeauswahl schon mal hoch her. So geschl. Via Brera 32.

Radetzky Café (12), edles In-Café mit Marmortischen, schon morgens zum Frühstück geöffnet. So geschl. Corso Garibaldi 105.

The Club (14), Party auf mehreren Etagen, jeden Abend Livemusik und mehrmals wöch. Disco. Eintritt ca. 3–6 €. Mo geschl. Corso Garibaldi 97 (M2: Moscova), www.theclubmilano.com.

- *Kneipen & Pubs* (an den Navigli) **Osteria del Pallone**, bei der Brücke über den Naviglio Grande (Ticinese), zentrale Ecke im Navigli-Viertel, ein paar Tische draußen, drinnen Holztäfelung und Fußballpokale, junges Publikum. Mo geschl. Viale Gorizia.

Antica Osteria della Briosca, Nachtkneipe mit Essen, bis 2 Uhr warme Küche. Mo geschl. Via Ascanio Sforza 13.

El Tropico Latino, großer, populärer Mexikaner – Cafeteria, Kneipe und Speiselokal in einem. Mo geschl. Via Ascanio Sforza 33.

Movida, weitere angesagte Kneipe am Naviglio Pavese. Mo geschl. Via Ascanio Sforza 39.

I Dolci di Poldina, schönes Café/Birreria. Via Ascanio Sforza 43.

- *Livemusik* **Tunnel (2)**, interessantes Lokal in einer ehemaligen Lagerhalle der Bahn, westlich hinter dem Hauptbahnhof. Täglich Livemusik, von Rock bis Grunge ist alles vertreten. Tessera kostet ca. 8 €. Da etwas ab vom Schuss, besser vorher anrufen, ob geöffnet. Via Sammartini 30, ✆ 02/66711370. So/Mo geschl.

Grilloparlante, in einem Hinterhof im Navigli-Viertel, tägl. Livemusik, vis-à-vis ein dazugehöriges Restaurant. Di geschl. Via Alzaia Naviglio Grande 36 (Naviglio Grande).

Blues Canal, großer Irish Pub mit Restaurant, tägl. Livemusik – Folk, Reggae, Jazz, Coverrock. Mo geschl. Via Casale 7 (Naviglio Grande).

Il Capolinea, Restaurant mit Livemusik, die „Endstation" der Tram 15 ist seit den Sechzigern eine Institution, in der national und international bekannte Gruppen spielen. Mo geschl. Via Lodovico II Moro 119 (Naviglio Grande).

Le Scimmie, einer der populärsten Jazztreffs von Mailand, täglich ab 22.30 Uhr Livemusik – Jazz, Folk und Rhythm'n'Blues, aber auch Ethno. Auf dem Boot davor bunt ausstaffiertes Nachtcafé, nebenan kann man gut speisen. Di geschl. Via Ascanio Sforza 49 (Naviglio Pavese).

- *Discos* **La Banque (29)**, zentrale Lage in einer ehemaligen Bank, im Erdgeschoss Restaurant, im Keller große Disco. Auch etwas älteres Publikum. Mo geschl. Via B. Porrone 6 (M1: Cordusio).

Propaganda, im Viertel Navigli, eine der größten und populärsten Discos der Stadt, bis zu 2000 Menschen finden Platz. Tanz auf drei Etagen, gelegentlich Livegruppen. Di/Mi geschl. Via Castelbarco 11.

Maggazzini Generali, Großdisco und multifunktionales Zentrum in einer früheren Lagerhalle östlich der Navigli. Diverse kulturelle Aktivitäten – Mode, Avantgardekunst, Livemusik. Mittwochs freier Eintritt, Mo/Di geschl. Via Pietrasanta 14.

Rolling Stone (43), alteingesessen und ebenfalls riesig, alle Musikrichtungen, Sonntags oft Livemusik, vorwiegend Rock. Mo geschl. Corso XXII Marzo 32, vom Dom Richtung Osten (Bus 62).

> **Tipp: Loolapaloosa (7)**, fröhlicher, oft extrem voller Treff, Mädels tanzen auf den Tischen, aber auch die Barkeeper. Eintritt ca. 13 €. So geschl. Corso Como 15.

- *Im Freien* In der kleinen Sackgasse **Via Vetere**, die vom Corso di Porta Ticinese abzweigt, treffen sich allabendlich hunderte von Jugendlichen vor der Bar **Coquetel** (So geschl.) am Rand vom Parco delle Basiliche. Gerne sitzt man abends auch an den malerisch beleuchteten Tempelsäulen vor **San Lorenzo Maggiore** (→ Sehenswertes), nur wenige Schritte weiter nördlich.

252   Abstecher nach Mailand

Shopping (siehe Karte S. 246/247)

• *Märkte* **Mercato Papiano**, am Viale Papiano im Viertel Ticinese findet jeden Di und Samstagvormittag einer der größten der zahlreichen Märkte Mailands statt, hauptsächlich Lebensmittel und Textilien (M2: Sant'Agostino).

Fiera di Senigallia, altehrwürdiger Flohmarkt im Viale d'Annunzio am alten Kanalhafen Darsena im Navigli-Viertel. Jeden Sa 8.30–17 Uhr.

Mercatone dal Naviglio Grande, pittoresker Antiquitätenmarkt am Naviglio Grande, sehr sehenswert, außer Juli jeden letzten So im Monat.

Mercato d'Antiquariato di Brera, Antiquitätenmarkt um die Via Foiri Chiari im Brera-Viertel, jeder dritte So im Monat.

• *Mode* Das Teuerste, was die Designer weltweit zu bieten haben, findet man im „Goldenen Dreieck" der Straßen **Via Montenapoleone**, **Via della Spiga** und **Via San Andrea** (→ Sehenswertes), außerdem im mondänen **Corso Vittorio Emanuele**. Preiswerter kann man in der **Via Torino** und am 2 km langen **Corso Buenos Aires** kaufen.

Einige Modehäuser verkaufen Designer-Textilien der letzten Saison in den so genannten „Stocks" um einiges billiger, u. a. **Il Salvagente**, Via Fratelli Bronzetti 16 (Corso Porta Vittoria), **Gastone Stockhouse**, Via Vanzetti 20 (Città Studi), **Floretta Coen**, Viale Beatrice d'Este 15 (Ticinese), **Vestistock**, Via Ramazzini 11 (Corso Buenos Aires) und Viale Romagna 19 (Città Studi). Achtung: Von Ende Juli bis Ende August sind die Stocks oft geschlossen.

10 Corso Como (6), unter eben dieser Adresse ist der gleichnamige Concept-Store von Carla Sozzani zu finden, der Schwester der Chefredakteurin der italienischen Vogue: De-

signertrends, Lifestyle, Mode, Kindermode usw. Ferner gibt es hier um einen begrünten Innenhof ein Café, einen Salon de Thé und ein nettes Restaurant, dazu eine Kunstgalerie, einen Buchladen und einen Musikshop. Tipp ist der Outlet-Store des „10 Corso Como" in der Via Tazzoli 3 um die Ecke. Stücke der letzten Saison sind hier um bis zu 50 % reduziert. Mo 15.30–19.30, Di–Sa 10.30–19.30, Mi bis 21 Uhr. ✆ 02/654831 (Outlet: ✆ 02/9002674).

• *Sonstiges* **Buscemi**, Corso Magenta 31, und **Virgin Megastore**, Piazza Duomo 8, Riesenauswahl an CDs und Schallplatten.

Mondadori Multicenter, Via Marghera 28 (M2 Richtung Bisceglie: Wagner). Drei Etagen: unten Software, Games und Handys, in der Mitte Bücher, oben Café und Internet. Mo 13–24, Di–So 10–24 Uhr.

Hoepli, Via Hoepli 5, größte Buchhandlung der Stadt, vier Stockwerke, unter Schweizer Leitung. Auch gut: **Rizzoli** in der Galleria Vittorio Emanuele, Nähe Ausgang zur Piazza della Scala.

La Rinascente, elegantes Riesenkaufhaus in der Via San Raffaele, direkt an der Piazza del Duomo. Auf acht Stockwerken Designerstücke, Wohnaccessoires und Textilien von Feinsten, ganz oben super Blick über die Stadt.

Profumeria Vecchia Milano, modernes Angebot einer über hundert Jahre alten Drogerie. Via San Giovanni sul Muro 8 (Seitenstraße des Corso Magenta).

Art Bazar, Kopien von Exponaten aus den wichtigsten Museen der Welt. Via Fiori Chiari 12 (Brera-Viertel).

Ercolessi, exquisite Schreibgeräte aller führenden Marken in zahllosen Ausführungen. Corso Magenta 25.

Sehenswertes

Die Altstadt liegt innerhalb zweier konzentrischer Straßenzüge, Mittelpunkt zu jeder Tages- und Nachtzeit ist natürlich der Domplatz. Sehenswert und voller buntem Leben sind aber auch die Fußgängerzonen und Hauptgeschäftsstraßen: Via Dante, Corso Vittorio Emanuele II, Via Torino, Corso Magenta u. a.

> **Giro della Città**, dreistündige Busrundfahrt mit deutschsprachigen Informationen über Kopfhörer, eingeschlossen sind die Besichtigung des Doms, der Sforza-Burg, des Scala Museums und – ohne sonst obligatorische Vorreservierung – des „Abendmahls" von Leonardo da Vinci. Abfahrt Di–So jeweils 9.30 Uhr beim Informationsbüro am Domplatz, dort gibt es auch Tickets, ca. 47 €/Pers. (incl. Eintritt zum Abendmahl und ins Scala-Museum). Achtung: Reservierung des Bustickets ist nicht möglich, rechtzeitig kommen.

Domplatz und Umgebung

Der weite, riesige Platz wird dominiert von der himmelstürmenden Gotik des Doms und der triumphbogenähnlichen Öffnung der Galleria Vittorio Emanuele II. Gegenüber vom Dom steht das imposante Bronzedenkmal Vittorio Emanueles.

Dom Santa Maria Nascente: ein Werk der Superlative – größter gotischer Bau Italiens und viertgrößte Kirche der Welt (nach dem Petersdom, seiner Kopie an der Elfenbeinküste und der Kathedrale von Sevilla). Seitdem ein Visconti-Fürst im Jahre 1386 den Baubeginn verfügte, hat man über 500 Jahre an der Fertigstellung gearbeitet. Der gesamte Baukörper bietet mit seinen Tausenden von Spitzen, Verzierungen und Skulpturen einen faszinierenden Anblick. Fast 160 m ist er lang, der Turm mit der 4 m großen, vergoldeten *Madonnina* misst exakt 108,50 m, 3400 Statuen wurden geschaffen, bis zu 40.000 Menschen können Platz finden.

Details am Domportal

Die völlig aus Marmor gefertigte *Fassade* bietet eine großartige Mischung aus Gotik und Barockelementen, die prächtigen Skulpturen lohnen das nähere Hinsehen, z. B. die gequälten Menschlein auf den Sockeln. Auch die fünf Bronzetore sind prall gefüllt mit lebensfrohen und realistischen Reliefs christlicher und stadtgeschichtlicher Thematik.

Im gewaltigen fünfschiffigen Innenraum herrscht zwischen turmhohen Säulen ein geheimnisvolles, grünlich-diffuses Licht. Faszinierend gleich nach dem Haupteingang der lange *Meridian* im Boden – durch ein winziges Loch fällt das Sonnenlicht darauf und man sieht den Strahl fast in Sekundenschnelle wandern. Die langen, schmalen *Kirchenfenster* sind die schönsten Italiens und gehören zu den größten der Welt. Teilweise sind riesige Einzelbildnisse dargestellt, z. T. sind auf den Flächen zahlreiche Einzelszenen zusammengefasst. Schaurig-faszinierend wirkt im rechten Querschiff die Statue des *heiligen Bartholomäus*, geschaffen 1562 von Marco d'Agrate, der seine vom Körper abgeschälte Haut wie eine Toga um sich geschlungen hat, sodass Muskeln, Adern und Knochen sichtbar sind.

Hoch in der Apsis hängt ein *Kreuz*, das die wertvollste Reliquie des Doms umschließt, einen Nagel vom Kreuz Christi. Alljährlich am zweiten Sonntag im September lässt sich der Erzbischof mit einem von Leonardo da Vinci konstruierten Aufzug hinauffahren und holt den Nagel herunter, um ihn zwei Tage lang öffentlich auszustellen. Unter dem Chor liegt der *Scurolo di San Carlo* mit dem Sarkophag des Kardinals Carlo Borromeo (1538–1584) aus Arona am Lago Maggiore (→ S. 222), seit 1565 Erzbischof von Mailand und schon 1610 heiliggesprochen. Benachbart kann der der *Domschatz* mit Silber- und Elfenbeinarbeiten besichtigt werden. An der Innenfassade gibt es einen Zugang zu den Ausgrabungen unter der

254　Abstecher nach Mailand

Piazza mit Resten der Vorgängerkirche *Santa Tecla* und des Baptisteriums *San Giovanni alle Fonti* (4. Jh.), in dem der Kirchenvater Augustinus getauft wurde. Die zweifellos originellste „Fußgängerzone" der Stadt ist das *Dach* des Doms (Treppe/Aufzug an der linken Außenseite des Doms). Oben findet man sich hautnah im filigranen Dschungel von gotischen Spitzen, Verzierungen und Ornamenten und hat einen herrlichen Blick über die Stadt.

Öffnungszeiten/Preise **Domschatz**, 9–12, 14.30–18 Uhr, Eintritt ca. 1,10 €. **Ausgrabungen**, 9.30–17.15 Uhr, Mo geschl., Eintritt ca. 1,60 € (Tickets in einem nahe stehenden Kiosk). **Dach**, tägl. 9–17.45 Uhr, Treppe ca. 3,50 €, Fahrstuhl ca. 5 €, Sammelticket Fahrstuhl und Museo del Duomo ca. 7 €.

Palazzo Reale: Der klassizistische Bau an der Südseite der Piazza del Duomo beherbergt das *Museo del Duomo*. In 21 Sälen sind zahlreiche Skulpturen und Plastiken aus verschiedenen Jahrhunderten ausgestellt, die großteils zum Schmuck des Doms gedacht waren. Interessant dokumentiert wird die lange Baugeschichte des Doms.

Öffnungszeiten/Preise **Dommuseum**, tägl. 10–13, 15–18 Uhr, ca. 6 €.

Corso Vittorio Emanuele II: Die mondänste Fußgängerzone der Stadt beginnt hinter dem Dom und führt breit und bequem zur *Piazza San Babila*. Die hohen modernen Laubengänge sind ein Eldorado für Modefreaks, ein schicker Laden drängt sich an den anderen.

Galleria Vittorio Emanuele II: Am Domplatz liegt der Haupteingang zur größten, mit einer Glas- und Eisenkonstruktion überdachten Passage Europas – der „Salon" Mailands. Die elegante kreuzförmige Halle mit riesiger Zentralkuppel und Ein-/Ausgang in jeder Himmelsrichtung wurde in der zweiten Hälfte des 19. Jh. als Prunkstück des modernen Mailand erbaut und beherbergt elegante Geschäfte, Buchhandlungen und teure Cafés.

Piazza della Scala und Umgebung: Der Nordausgang der Galleria führt zum *Teatro alla Scala*, dem berühmtesten Opernhaus der Welt. Nach der gewaltigen Galleria wirkt das 1778 eröffnete und von Mario Botta kürzlich originalgetreu restaurierte Haus ziemlich unscheinbar, ist aber bekannt für seine exzellente Akustik. Das hausinterne *Museo Teatrale alla Scala* besitzt eine umfangreiche Sammlung von Erinnerungsstücken, Gemälden, Dokumenten, Fotografien und Instrumenten zur Geschichte der Oper und des Opernhauses.

Auf der gegenüberliegenden Platzseite steht der *Palazzo Marino*, heute Sitz der Stadtregierung und eins der bedeutendsten Bauwerke der Spätrenaissance in Mailand. Zu besichtigen ist er nur einmal wöchentlich mit Führung.

Zwei Museen liegen ganz in der Nähe. Das *Museo Manzoniano* in der Via Morone 3 dokumentiert Leben und Schaffen des bedeutenden Mailänder Schriftstellers Alessandro Manzoni (→ Comer See/Lecco) aus dem 19. Jh., der in diesem Haus lebte. Und das ausgezeichnete *Museo Poldi Pezzoli*, Via Manzoni 12, beherbergt in 25 Räumen eine umfassende Kunstsammlung vom 15. bis 19. Jh. – Tapisserie, Glas, Möbel und Schmuck, aber vor allem wertvolle Gemälde, u. a. von Mantegna, Botticelli, Bellini und Piero della Francesca, darunter auch das berühmte „Porträt einer jungen Frau" von Pollaiolo.

Öffnungszeiten/Preise **Museo Teatrale alla Scala**, tägl. 9–12.30, 13.30–17 Uhr, Eintritt ca. 5 €; **Museo Manzoniano**, Di–Fr 9.30–12, 14–16 Uhr, Eintritt frei. **Museo Poldi Pezzoli**, Di–So 10–18 Uhr, Mo geschl., Eintritt ca. 6 €.

San Satiro: Meisterwerk von Bramante am Beginn der Via Torino, südwestlich vom Domplatz. Typischer Renaissancebau, Mittelschiff und Querhaus mit Tonnengewölben, der Chor mit illusionistischen Mitteln geschickt verlängert.

Öffnungszeiten/Preise 9–11.30, 15.30–18.30 Uhr, Eintritt frei.

Biblioteca e Pinacoteca Ambrosiana: Die berühmte Bibliothek mit angeschlossener Pinakothek liegt an der Piazza Pio XI 2, westlich vom Domplatz. 1607 von Kardinal Federico Borromeo als Bibliothek eröffnet, bestückte sie der Kunst liebende Kirchenmann wenig später mit Bildern aus seiner Privatsammlung. Die *Pinakothek* zeigt in 24 Sälen Werke von Caravaggio, Tizian und Botticelli, das Gemälde „Portrait eines Musikers" von Leonardo da Vinci, den Entwurfskarton Raffaels für seine berühmte „Schule von Athen" (heute in den Vatikanischen Museen/Rom) sowie Skulpturen von Canova und Thorvaldsen. Die *Bibliothek* besitzt 600.000 Bände, zahllose Handschriften, Briefe und historische Dokumente, darunter auch die Schriften des Kardinals und Mailänder Erzbischofs Carlo Borromeo.

Öffnungszeiten/Preise Di–So 10–17.30 Uhr, Mo geschl., ca. 7,50 €, bis 18 und ab 65 J. ermäß.

Tauben und Touristen

Modeviertel und Umgebung

Das teuerste und exklusivste Modeviertel Europas ist das „Goldene Dreieck" zwischen *Via Montenapoleone, Via della Spiga* und *Via Sant'Andrea* (alles Fußgängerzone). In den Palazzi aus dem 18./19. Jh. haben sich die berühmtesten Designer des 20. Jh. niedergelassen – Versace, Armani, Valentino, Ungaro, Krizia, Gaultier, Yves Saint Laurent, Kenzo ... Besuchenswert ist vor allem der kühl-futuristisch wirkende *Armani Megastore* in der Via Manzoni 31.

Das *Museo Bagatti Valsecchi* ist in einem Palazzo mit zwei eleganten, mosaikgeschmückten Innenhöfen untergebracht (zwei Eingänge: Via Santo Spirito 10 und Via Gesù 5). Die Gebrüder Bagatti Valsecchi haben hier im 19. Jh. eine reichhaltige Sammlung von Renaissancestücken zusammengetragen – ein „Museum im Museum", denn auch der Palast selber ist sehenswert. Im *Museo di Milano* in der Via Sant'Andrea 6 ist die Geschichte der Stadt dokumentiert.

Öffnungszeiten/Preise **Museo Bagatti Valsecchi**, Di–So 13–17 Uhr, Mo geschl., Eintritt ca. 6 €. **Museo di Milano**, Di–So 14–17.30 Uhr, Mo geschl., Eintritt frei.

Brera: Das ehemalige Künstlerviertel um die Via Brera ist heute ein elegantes Wohnviertel mit ruhigen, kopfsteingepflasterten Seitengassen, vielen Galerien, kleinen Läden und Lokalen. In einem prachtvollen Palazzo in der Via Brera ist die *Pinacoteca di Brera* untergebracht, eine der bedeutendsten Gemäldesammlungen Italiens. Vor allem Werke der lombardischen, venezianischen und mittelitalienischen Schule hängen hier, u. a. von Raffael, Tizian, Tintoretto, Mantegna, Bellini und della Francesca. Berühmte Europäer wie El Greco, Rubens, Rembrandt und Van Dyck ergänzen die Sammlung, eine kleine moderne Abteilung schafft Abwechslung. Zwei besondere Attraktionen: „Sposalizio della Vergine" (Hochzeit

256 Abstecher nach Mailand

der Jungfrau) von Raffael und „Cena in Emmaus" (Abendmahl in Emmaus) von Caravaggio.
Öffnungszeiten/Preise **Pinacoteca di Brera**, Sommer Di–So 8.30–19.15 Uhr, Mo geschl., Eintritt ca. 5 €, EU-Bürger unter 18 und über 65 J. frei.

Giardini Pubblici: Südlich vom großen Stadtpark, einer von ganz wenigen Grünflächen in der großstädtischen Steinwüste, findet man in der Villa Reale die *Galleria d'Arte Moderna*, Via Palestro 16, mit lombardischen Werken des 19. Jh., ergänzt durch Cézanne, Renoir, Gauguin und andere Berühmtheiten. An der Ostseite der Giardini Pubblici, am Corso Venezia 55, steht das *Museo Civico di Storia Naturale* mit einer umfassenden zoologischen und vorgeschichtlichen Sammlung, darunter Jahrmillionen alte Dinosaurierskelette. Nur wenige Schritte entfernt, am Corso Venezia 57, findet man das große *Planetarium* von Mailand, gestiftet vom Buchhändler Ulrico Hoepli. An der Westseite des Parks, in der Via Manin 2, beherbergt das *Museo del Cinema* zahlreiche Exponate zur Geschichte des Films.

Öffnungszeiten/Preise **Galleria d'Arte Moderna**, Di–So 9–18.30 Uhr, Mo geschl., Eintritt frei. **Museo Civico di Storia Naturale**, Di–So 9–18 Uhr, Eintritt ca. 3 €. **Planetario Ulrico Hoepli**, Shows Di und Do 21 Uhr sowie Sa/So 15 und 16.30 Uhr, Juli/August und erste Sept.-Hälfte geschl. **Museo del Cinema**, nur Fr–So 15–18 Uhr, Eintritt ca. 3 €.

Castello Sforzesco und Umgebung

Die gewaltige Backsteinfestung wurde Mitte des 15. Jh. erbaut und ab 1911 in fast 20-jähriger Arbeit restauriert. Durch den eigenwillig geformten Turm gelangt man in den immens großen und schön begrünten *Haupthof*. Dahinter liegen zwei weitere Höfe, in deren Flügel die weitläufigen *Musei Civici Castello Sforzesco* untergebracht sind. U. a. sind hier Skulpturen von der Antike bis zur Neuzeit ausgestellt – Höhepunkt ist die unvollendete „Pietà Rondanini", das letzte Werk Michelangelos. Weiterhin zu sehen sind Waffen, Möbel und Musikinstrumente, im ersten Stock eine Pinakothek mit Werken von Bellini, Mantegna und Tintoretto, ansonsten sind zu besichtigen eine vorgeschichtliche und ägyptische Ausstellung, außerdem eine wertvolle Briefmarkensammlung und Münzen.

Hinter dem Kastell liegt der weitläufige *Parco Sempione*, das grüne Herz Mailands. Das *Acquario Civico* zeigt in einem schönen Art-Nouveau-Gebäude an der Via Gadio 2 mehrere Dutzend Becken mit 75 Fisch- und Amphibienarten.

Öffnungszeiten/Preise **Musei Civici Castello Sforzesco**, Di–So 9.30–17.30 Uhr, Mo geschl., Eintritt ca. 3 €; **Acquario Civico**, Di–So 9.30–17.30 Uhr, Mo geschl., Eintritt frei.

Museo Archeologico: griechische, etruskische und römische Funde in einem ehemaligen Nonnenkloster am Corso Magenta 15.
Öffnungszeiten/Preise Di–So 9.30–17.30 Uhr, Mo geschl., Eintritt ca. 2 €.

Santa Maria delle Grazie: sehenswerte Kirche am Corso Magenta, einen knappen Kilometer vom Kastell (vom Dom zu erreichen mit Tram 24 ab Via Mazzini oder Piazza Cordusio). Der ursprünglich gotische Bau wurde ab 1492 nach Entwürfen von Bramante verändert – der hohe überkuppelte Chor lässt viel Licht in den hellen Innenraum. Angeschlossen ist ein schöner Kreuzgang.

Im benachbarten Refektorium *(Cenacolo Vinciano)* kann man die Top-Sehenswürdigkeit von Mailand erleben: das weltberühmte *Abendmahl-Fresko* von Leonardo da Vinci, entstanden 1495–98. Es hält den Moment fest, als Jesus seinen Jüngern verkündet: „Einer von euch wird mich verraten" und gilt als besonders tiefgründig

Interpretation dieser Schlüsselstelle. Das Fresko war jedoch von Anfang an gefährdet, denn Leonardo hatte mit einem Gemisch aus Tempera- und Ölfarben auf die trockene Wand gemalt anstatt in den feuchten Putz, wie es in der echten Freskotechnik üblich war. Schon wenige Jahre nach seiner Entstehung blätterte deshalb bereits die Farbe durch Nässe ab, es bildeten sich Schimmelflecken und die Leuchtkraft schwand. Seitdem erlebte das Abendmahl eine 500 Jahre lange Leidensgeschichte. 1978 begann man mit einer umfassenden Restaurierung, die 21 Jahre lang dauern sollte. Das Ergebnis spaltete zwar die Fachwelt (während die einen die überaus sorgfältige Restaurierung lobten und die Sicherung des Werks für lange Zeit sahen, sprachen andere von einer endgültigen Zerstörung des Gemäldes), doch seit Mai 1999 ist es nun wieder in voller Schönheit zu sehen.

Öffnungszeiten/Preise **Cenacolo Vinciano**, Di–So 8.15–19 Uhr; Eintritt ca. 6,50 €, zuzügl. 1,50 € für Reservierung, zwischen 18 und 25 J. die Hälfte, unter 18 und über 65 J. frei. Wegen etwaiger Schäden durch die Feuchtigkeit des menschlichen Atems werden nur 25 Pers. gleichzeitig für jeweils 15 Min. eingelassen und man darf das Bild nur aus großer Entfernung betrachten. Telefonische Reservierung ist obligatorisch unter ☎ 02/89421146 (nur Mo–Fr 9–18, Sa 9–14 Uhr). Man lässt sich eine verbindliche Besichtigungszeit geben und muss 10 Min. vorher erscheinen, sonst verfällt der Termin. Achtung: Man sollte so früh wie möglich reservieren, Wartezeiten von einigen Wochen sind keine Seltenheit! www.cenacolovinciano.org.

Neue Spekulationen: Jesus als musikliebender Papa?

Der Bestseller „The Da Vinci Code" („Sakrileg") hat kürzlich das Fresko weltweit in den Fokus der Aufmerksamkeit gerückt – Autor Dan Brown behauptet darin, die weiblich anmutende Person links neben Jesus (vom Betrachter aus gesehen) wäre Maria Magdalena, mit der Jesus Kinder gehabt haben soll, deren Nachkommen bis heute leben. Diese mehr als abenteuerlichen Mutmaßungen werden allerdings von keinem ernst zu nehmenden Fachmann geteilt.

Eher ernst genommen wird von der Wissenschaft allerdings die neue Theorie des Musikers Giovanni Maria Pala, der vermutet, dass Leonardo eine verschlüsselte musikalische Botschaft in seinem Bild versteckt hat. Er sieht in den Broten und den Händen Jesu und der Apostel Noten, die allerdings nur von rechts nach links gelesen Sinn ergeben und eine 40-sekündige „Hymne an Gott" entstehen lassen. Bekannt ist, dass da Vinci in mehreren seiner Schriften musikalische Rätsel hinterlassen hat, die ebenfalls von rechts nach links gelesen werden müssen.

Sant'Ambrogio: wunderschöne mittelalterliche Basilika, die das Vorbild zahlreicher ähnlicher lombardischer Kirchenbauten war. Gegründet als Märtyrerkirche der für ihren Glauben hingerichteten römischen Soldaten Gervasius und Protasius, die beide in der Krypta begraben liegen. Außerdem über Jahrhunderte Krönungskirche zahlreicher Kaiser des römisch-deutschen Reiches, die sich hier zu Königen der Lombardei weihen ließen. Durch ein arkadengesäumtes *Atrium* gelangt man in den mächtigen dreischiffigen Innenraum mit Vierungskuppel und großem Chor. Im Hauptschiff links vorne die prächtige romanische Kanzel, über dem Hochaltar ein wertvollem Reliefvorsatz aus Gold und Silber ein säulengestützter Baldachin, in der Apsis frühmittelalterliche Mosaike. Rechts vom Altar kommt man zur Kapelle des *San Vittore in Ciel d'Oro*, berühmt für ihre herrlichen frühchristlichen Mosaike.

Ans linke Seitenschiff ist der *Portico della Canonica* angeschlossen, ein unvollendeter Kreuzgang von Bramante, dort ist auch das *Kirchenmuseum* untergebracht.

Öffnungszeiten/Preise **Sant'Ambrogio**, Mo–Sa 7–12, 15–19, So 7–13, 15.30–20 Uhr. **Kirchenmuseum**, Mo u. Mi–Fr 10–12, 15–17, Sa/So 15–17 Uhr, Di geschl., ca. 1,60 €.

Museo Nazionale della Scienza e della Tecnica (Via San Vittore 21): riesiges Technikmuseum mit zahlreichen Abteilungen verschiedenster Art – von den Erfindungen Leonardo da Vincis bis zu modernen E-Loks und Luftschiffen.

Öffnungszeiten/Preise Di–Fr 9.30–16.50, Sa/So 9.30–18.20 Uhr, Mo geschl., Eintritt ca. 7 €, unter 18 und über 60 J. 5 €, für Eltern mit Kindern Sa/So ermäß. Eintritt.

Weitere Viertel

Bahnhofsviertel: Der *Bahnhof* ist eine imposante Konstruktion der 1920er und 30er Jahre mit deutlichen Anleihen bei der klassischen Antike. Ansonsten dominieren hier wuchtige Hochhausklötze, der größte ist mit über 127 m das windschnittig geformte *Pirelli-Haus*, einer der höchsten Wolkenkratzer in Europa und Sitz der lombardischen Regionalregierung. Interessantester Straßenzug ist der breite *Corso Buenos Aires*, ein geschäftiger, rund um die Uhr vom Verkehrsinfarkt bedrohter Großstadtboulevard mit Läden aller Art, in dessen Seitenstraßen man Restaurants und Pizzerien findet. Das Südende markiert die große *Porta Venezia*, wo der Stadtpark beginnt. Am Nordende liegt der *Piazzale Loreto*, dort wurde 1945 der Leichnam des am Comer See von Partisanen erschossenen „Duce" zusammen mit seiner Geliebten Clara Petacci mit dem Kopf nach unten an einer Tankstelle aufgehängt.

Imposant: der Hauptbahnhof Stazione Centrale

Chinatown: Die Via Paolo Sarpi liegt nördlich vom Parco Sempione. In ihrer Umgebung leben mittlerweile mehr als 15.000 Chinesen, Mailand ist damit nach London und Paris die europäische Stadt mit dem höchsten chinesischen Bevölkerungsanteil. 80 % aller Geschäfte gehören hier mittlerweile Chinesen, es gibt Dutzende chinesischer Restaurants und mindestens zehn Supermärkte – wer einkaufen will, findet deutlich niedrigere Preise als im teuren Zentrum. Die Ghettobildung wird von den Einheimischen zwar beklagt, doch gleichzeitig verkaufen sie ihre Geschäfte bereitwillig den fernöstlichen Einwanderern, die deutlich mehr bezahlen als Italiener.

Cimitero Monumentale: Nur wenig nördlich von Chinatown liegt der städtische Friedhof. Er wurde im 19. Jh. außerhalb der Stadtmauern angelegt und ist ein wahrhaftes Gesamtkunstwerk mit architektonisch imponierenden Grabbauten, darunter z. B. das Grab des Schriftstellers Alessandro Manzoni.

Öffnungszeiten Di–So 9–17 Uhr, Mo geschl.

Ticinese/Navigli: Stadtteil im Südwesten (M2: Porta Genova). Hier findet man noch am ehesten Spuren des „alten" Mailand und sogar ein wenig „Amsterdam"

Mailand/Weitere Viertel 259

Feeling", denn auf den beiden langen Kanäle *Naviglio Grande* und *Naviglio Pavese* ankern Hausboote, hier und dort führen kleine Brücken über die „Grachten". In diesem noch weitgehend volkstümlichen Stadtteil hat sich das Vergnügungsviertel Mailands etabliert – viele Kneipen, stilvolle Osterien und Musiklokale, Secondhand-Shops, Kunsthandwerker etc.

Hauptachse des Viertels ist der Corso di Porta Ticinese. An der Piazza XXIV Maggio steht der *Arco di Porta Ticinese*, ein Triumphbogen, der zu Ehren Napoleons errichtet wurde. Ein Stück die Straße hinauf trifft man auf die mittelalterliche Kirche *Sant'Eustorgio*, deren Cappella Portinari reich mit Fresken geschmückt ist und das Marmorgrab des Märtyrers Petrus (Petrus aus Verona) aus dem 13. Jh. birgt – nicht zu verwechseln mit dem Apostel Petrus, der unter dem Petersdom begraben liegt.

Noch ein Stück in Richtung Stadtmitte findet man das Stadttor *Porta Ticinese* und kurz darauf die wunderschöne Anlage von *San Lorenzo Maggiore*, einem Zentralkuppelbau mit Ecktürmen. Malerisch beleuchtet sind allabendlich die römischen Tempelsäulen an der Straße unmittelbar davor – beliebter Treff junger Milanesen, bevor man sich ins Nachtleben stürzt. Eine Straßenbahn kurvt mitten durch das Gelände. Die *Cappella di San Aquillino* besitzt wertvolle Mosaiken, hinter dem Altar führt eine Treppe hinunter zu den Ruinen eines römischen Amphitheaters.

Öffnungszeiten/Preise **Cappella di San Aquillino**, tägl. 9–18 Uhr, Eintritt ca. 1,10 €.

Certosa di Pavia : dekoratives Prachtstück der Lombardei

Nur etwa 20 km südlich von Mailand steht dieser berühmte Klosterkomplex des Kartäuserordens, von den Navigli erreicht man ihn rasch auf der SS 35 oder man nimmt den Zug.

1396 ließ ihn Gian Galeazzo Visconti, Herzog von Mailand, als Grabstätte für sich und seine Familie erbauen, danach übernahmen die Sforza die weitere Ausgestaltung. Über 300 Jahre hinweg wurde immer wieder angebaut und vergrößert. Die Marmorfassade der Kirche entstand im 15./16. Jh. und gilt als eins der prächtigsten Kunstwerke der oberitalienischen Frührenaissance. Kurz nach dem Zweiten Weltkrieg verließen die Kartäuser die Certosa, heute ist sie im Besitz des Zisterzienserordens. Die Mönche veranstalten Führungen.

Meisterwerk der Renaissance: die Certosa di Pavia

Öffnungszeiten April bis Sept. Di–So 9–11.30, 14.30–16.30 Uhr (April u. Sept. bis 17.30 Uhr, sonstige Monate bis 16.30 Uhr), Mo geschl.; Spende erwünscht.

Abstecher nach Mailand

260 Etwas Italienisch

Etwas Italienisch

Aussprache (Hier nur die Abweichungen von der deutschen Aussprache)

c: vor e und i immer „*tsch*", sonst wie „*k*".

cc: gleiche Ausspracheregeln wie beim einfachen **c**, nur betonter.

ch: wie „*k*".

cch: immer wie ein hartes „*k*".

g: vor e und i „*dsch*", vor a, o , u als „*g*".

gh: immer als „*g*" gesprochen.

gi: wie in *giorno* (Tag) = „*dschorno*", immer weich gesprochen.

gl: wird zu einem Laut, der wie „*lj*" klingt, z. B. in *moglie* (Ehefrau) = „*mollje*".

gn: ein Laut, der hinten in der Kehle produziert wird, z. B. in *bagno* (Bad) = „*bannjo*".

h: wird am Wortanfang nicht mitgesprochen. Sonst nur als Hilfszeichen verwendet, um c und g vor den Konsonanten i und e hart auszusprechen.

qu: im Gegensatz zum Deutschen ist das u mitzusprechen.

r: wird kräftig gerollt!

rr: wird noch kräftiger gerollt!

sp und **st**: gut norddeutsch zu sprechen, z. B., *stella* (Stern) = „*s-tella*" (nicht „*schtella*").

v: wie „*w*".

z: immer weich sprechen wie in *Sahne*, z. B. *zucchero* (Zucker) = „*sukkero*".

Elementares

Frau …	*Signora*	Sprechen Sie Englisch/Deutsch?	*Parla inglese/ tedescso?*
Herr …	*Signor(e)*	Ich spreche kein Italienisch	*Non parlo l'italiano*
Guten Tag	*Buon giorno*		
Guten Abend	*Buona sera*	Ich verstehe nichts	*Non capisco niente*
(ab nachmittags!)		Könnten Sie langsamer sprechen?	*Puo parlare un po' più lentamente?*
Gute Nacht	*Buona notte*		
Auf Wiedersehen	*Arrivederci*	Ich heiße …	*Mi chiamo …*
Hallo/Tschüss	*Ciao*	Wie heißt du?	*Come ti chiami?*
Bis später	*A più tardi!*	Von woher kommst du?	*Di dove sei tu?*
Wie geht es Ihnen?	*Come sta?*	Ich bin aus München/Hamburg	*Sono di Monaco, Baviera/di Amburgo*
Wie geht es dir?	*Come stai?*		
Danke, gut.	*Molto bene, grazie*	Warte/Warten Sie!	*Aspetta/Aspetti!*
Danke!	*Grazie*	groß/klein	*grande/piccolo*
Entschuldigen Sie	*(Mi) scusi*	Geld	*i soldi*
Entschuldige	*Scusami/Scusa*	Ich brauche …	*Ho bisogno …*
Entschuldigung, können Sie mir sagen…?	*Scusi, sa dirmi…?*	Ich muss …	*Devo …*
		in Ordnung	*d'accordo*
Ich suche nach…	*Cerco…*	Ist es möglich, dass …	*È possibile …*
Wo ist bitte…?	*Per favore,dov'è..?*	mit/ohne	*con/senza*
… die Bushaltestelle	*…la fermata*	rechts/links	*a destra a sinistra*
… der Bahnhof	*…la stazione*	immer geradeaus	*sempre diritto*
Ich möchte	*Vorrei*	offen/geschlossen	*aperto/chiuso*
ja	*si*	heute/morgen	*oggi/domani*
nein	*no*	Toilette	*bagno*
Tut mir leid	*Mi dispiace*	verboten	*vietato*
Macht nichts	*Non fa niente*	Wie heißt das?	*Come si dice?*
Okay, geht in Ordnung	*va bene*	bezahlen	*pagare*
Bitte! (*gern geschehen*)	*Prego!*	Ich möchte gern zahlen	*Il conto, per favore*
Bitte (als Einleitung zu einer Frage oder Bestellung)	*Per favore…*		

Etwas Italienisch

Fragen

Gibt es/Haben Sie...?	*C'è ...?*	Wo? Wo ist?	*Dove?/ Dov'è?*
Was kostet das?	*Quanto costa?*	Wie?/Wie bitte?	*Come?*
Gibt es (mehrere)	*Ci sono?*	Wieviel?	*Quanto?*
Wann?	*Quando?*	Warum?	*Perché?*

Hotel/Camping

Haben Sie ein Einzel/Doppelzimmer?	*C'è una camera singola/doppia?*	ein ruhiges Zimmer	*una camera tranquilla*
Können Sie mir ein Zimmer zeigen?	*Può mostrarmi una camera?*	Wir haben reserviert	*Abbiamo prenotato*
		Schlüssel	*la chiave*
Ich nehme es/ wir nehmen es	*La prendo/ la prendiamo*	Vollpension	*pensione completa*
		Halbpension	*mezza pensione*
Zelt/ kleines Zelt	*tenda/canadese*	Frühstück	*prima colazione*
Schatten	*ombra*	Hochsaison	*alta stagione*
mit Dusche/Bad	*con doccia/ bagno*	Nebensaison	*bassa stagione*

Zahlen

0	*zero*	13	*tredici*	60	*sessanta*
1	*uno*	14	*quattordici*	70	*settanta*
2	*due*	15	*quindici*	80	*ottanta*
3	*tre*	16	*sedici*	90	*novanta*
4	*quattro*	17	*diciassette*	100	*cento*
5	*cinque*	18	*diciotto*	101	*centuno*
6	*sei*	19	*diciannove*	102	*centodue*
7	*sette*	20	*venti*	200	*duecento*
8	*otto*	21	*ventuno*	1.000	*mille*
9	*nove*	22	*ventidue*	2.000	*duemila*
10	*dieci*	30	*trenta*	100.000	*centomila*
11	*undici*	40	*quaranta*	1.000 000	*un milione*
12	*dodici*	50	*cinquanta*		

Restaurant

Haben Sie einen Tisch für x Personen?	*C'è un tavolo per x persone?*	Obst	*frutta*
		Käse	*formaggio*
Gabel	*forchetta*	pane	*Brot*
Messer	*coltello*	aceto	*Essig*
Löffel	*cucchiaio*	olio	*Öl*
Mittagessen	*pranzo*	Mineralwasser	*acqua minerale*
Abendessen	*cena*	mit Kohlensäure	*con gas (frizzante)*
Es war sehr gut	*Era buonissimo*	ohne Kohlensäure	*senza gas*
Trinkgeld	*mancia*	Wein	*vino*
Extra-Preis für Gedeck, Service und Brot	*coperto/pane e servizio*	Bier	*birra*
		Saft	*succo di ...*
Vorspeise	*antipasto*	Milch	*latte*
erster Gang	*primo piatto*	Zucker	*zucchero*
zweiter Gang	*secondo piatto*	(einen) Kaffee	*un caffè*
Beilagen	*contorni*	(einen) Eiskaffee	*un caffè freddo*
Nachspeise (Süßes)	*dessert*		

Register

A

Agra 138, 143
Airolo 28
Alessi, Designerlabel 226
Alpe Leciuri 192
Alpe Ompio 192
Alpe Prà 192
Andersch, Alfred 114
Angeln 59
Angera 165, 166
Anreise, Bahn 29
Anreise, eigenes Fahrzeug 25
Anreise, Fahrrad 33
Anreise, Flugzeug 31
Arcegno 86
Arcumeggia 152
Armio 142
Arolo 161
Arona 220
Arp, Hans 74, 77
Ärztliche Versorgung 39
Ascona 76
Astano 147
Augustinus 254
Auressio 114
Automobile Club Svizzero (ACS) 35

B

Baden 39
Baveno 204
Belgirate 217
Bergbahnen 38
Berzona 114
Biandronno 240
Biasca 28
Bignasco 122
Bolle di Magadino, Sumpfgebiet 99
Borca 200
Borgnone 112
Borromäer, Adelsgeschlecht 12, 214
Borromäische Inseln (Isole Borromee) 214
Borromeo, Carlo (Kardinal) 222
Boschetto 121
Bosco Gurin 122
Botta, Mario 104, 125
Brebbia 164
Brezzo di Bedero 150
Briand, Aristide 73

Brione Verzasca 131
Brissago 88
Brissago (Inseln) 93
Brughiera, Gebiet 158
Bungee 59

C

Cadrezzate 241
Caldé 151
Calderara, Antonio (Maler) 233
Camedo 111
Campagna 117
Campagnano 140
Campari 250
Campo 122
Campo dei Fiori, Naturpark 236
Cannero Riviera 181
Cannobio 172
Caprezzo 193
Capronno 168
Cardada–Cimetta 75
Carmine 180
Casalzuigno 157
Cascata del Toce, Wasserfall 203
Casere 155
Caslano 150
Castelli di Cannero, Inseln 182
Castello Visconti di San Vito, Burg 170
Castelveccana 151
Castiglione Olona 239
Cavigliano 109
Cazzago Brabbia 239
Centovalli 109
Cerro 160
Certosa di Pavia, Kloster 259
Cevio 120
Cheglio 183
Cicogna 192
Cimalmotto 115, 122
Cinque Arcate, Badestrand (Castelveccana) 151
Cittiglio, Wasserfälle 156
Cittiglio 157
Coglio 120
Collinasca 122
Colmegna 143
Comologno 115
Contone 100
Corgeno 241
Corippo 130

Costa 112
Crealla 178
Crusinallo 226
Curiglia 142

D

Dimitri, Clown 108
Disentis 28
Domodossola 201
Dormelletto 221
Dunzio 120

E

Einkaufen 40
Essen 43
Europabus 31

F

Fallschirmspringen 59
Falmenta 179
Fauna 18
Feiertage 52
Feriolo 198
Feste 52
Finero 179
Flora 16
Fontana Martina 93
Foroglio 123
Frisch, Max 113
Fusio 125

G

Gambarogno 96
Gannariente 124
Garabiolo 142
Garnier, Alain 111
Gavirate 240
Geld 53
Geografie 14
Germignaga 150
Gerra Verzasca 131
Geschichte 11
Ghiffa 185
Gignese 212
Golf 59
Gonte 184
Granit 200
Gurro 179

H

Handy 62
Hesse, Hermann 77
Highsmith, Patricia 107
Hoffmann, Ida 77

Register

I

Indemini 103
Information 54
Internet 55
Intra (Verbania) 186
Intragna 109, 193
Isola Bella, Insel 214
Isola dei Pescatori, Insel 216
Isola Madre, Insel 217
Isola San Giovanni, Insel 191
Isola San Giulio, Insel 230, 232
Isole Borromee (Borromäische Inseln) 214
Isole di Brissago, Insel 93
Isolino Virginia, Insel 240
Ispra 163

K

Kanufahren 60
Kinder 55
Klettern 60
Klima 56

L

Lago d'Elio, Stausee 140
Lago di Biandronno, See 240
Lago di Comabbio, See 241
Lago di Ghirla, See 241
Lago di Mergozzo, See 198
Lago di Monate, See 241
Lago di Morasco, Stausee 204
Lago di Varese, See 239
Lago d'Orta, See 225
Lagoni di Mercurago, Naturpark 223
Laveno 153
Lavertezzo 130
Leggiuno 160
Leoncavallo, Ruggerio 89
Lesa 218
Lido di Gozzano, Strand 233
Lisanza 169
Literatur 24
Locarno 67
Locarno, Filmfestival 67
Locarnopakt 73
Loco 114
Losone 85
Luino 144
Lukmanier-Pass 28

M

Maccagno 137
Macugnaga 200
Madonna del Sasso, Kirche (Locarno) 75
Madonna del Sasso, Wallfahrtskirche (Lago d'Orta) 233
Magadino 99
Maggia 117
Magliaso 150
Magognino 212
Mailand (Milano) 242
Malesco 180
Manegra 184
Manzoni, Alessandro 218, 254
Massino Visconti 219
Meina 219
Menzonio 125
Mercallo 241
Mergoscia 128
Miazzina 193
Mietwagen 38
Miglieglia 147
Migros 42
Mogno 125
Mombello 153
Monastero di Torba, Kloster 239
Monte Borgna, Berg 142
Monte Brè 75
Monte Campo dei Fiori, Berg 236
Monte Carza, Berg 183
Monte Ceneri, Berg 99
Monte di Ronco (= Carona del Pincì) 93
Monte Faiè, Berg 192
Monte Gambarogno, Berg 105
Monte Lema, Berg 143, 147
Monte Mottarone, Berg 211
Monte San Salvatore, Berg 219
Monte Sasso del Ferro, Berg 154
Monte Spalavera, Berg 183
Monte Tamaro, Berg 103
Monte Verità 77, 84
Monteggia 155
Monte-Rosa, Berg 200
Monterosso, Berg 191
Monteviasco 142
Montorfano 200
Mont'Orfano, Berg 200
Motorrad (Autobahn) 35
Mühsam, Erich 77
Musignano 142

N

Naef, Alex 125
Niva 114
Notrufe 57
Nufenen-Pass 28

O

Oedenkoven, Henri 77
Oggebbio 184
Omegna 226
Orino 158
Orrido di Sant'Anna, Schlucht 178
Orta San Giulio 228
Ossola, Partisanenrepublik 202

P

Palagnedra 110
Pannenhilfe 35
Paragliding 59
Parco Naturale della Valle del Ticino, Naturpark 170
Parco Nazionale della Val Grande, Nationalpark 192
Passo Il Colle, Pass 184
Peccia 125
Pedemonte 107
Pettenasco 233
Pian Cavallone 193
Piano di Magadino 98
Pino sulla sponda orientale del Lago Maggiore 137
Pogallo 192
Poggio Sant'Elsa, Bergplateau 155
Polenta 43
Ponte Brolla 116
Porto Valtravaglia 150
Post 58
Premeno 184
Promillegrenze 35
Punta della Castagnola, Landzunge 186
Punta di Crabbia 233

Q

Quarna 227
Quartino 99

R

Radfahren 60
Ranco 164
Rasa 111
Re 180
Regio Insubrica 15

264 Register

Reisepapiere 58
Reisezeit 56
Remarque, Erich Maria 92
Reno di Leggiuno 160
Resistenza (Widerstandsbewegung) 193
Riale 204
Riserva Naturale Fondotoce, Naturschutzgebiet 197
Rivera 103
Robiei 124
Rocca di Angera, Burg 165
Ronco delle Monache, Lido 138
Ronco s/Ascona 91
Ruspesso 192
Russo 115

S

Sacro Monte di Varese, Heiligtum (Varese) 236
Saint-Léger, Antoinette de 94
San Carlo 124
San Giacomo, Berg 241
San Nazzaro 102
San-Bernardino-Pass 26
Sangiano 161
Santa Caterina del Sasso, Heiligtum 162
Santa Maria del Monte sopra Varese 236
Santa Maria Maggiore 180
Sarangio 141
Schiranna 239
Segelfliegen 59
Segeln 60
Serodine, Giovanni 81
Sessa: 147
Sesto Calende 169

Snozzi, Luigi 90
Sólcio 219
Someo 115
Somma Lombardo 170
Sonlerto 124
Sonogno 132
Sornico 125
Sport 58
Sprache 61
St.-Gotthard-Pass 27
Stresa 206
Stresemann, Gustav 73

T

Taino 169
Tanken 35
Tauchen 60
Tegna 107
Telefon 62
Tenero 96
Toce, Fluss 197
Toller, Ernst 115
Torre di Buccione, Turm 233
Touring Club Schweiz (TCS) 35
Trüffel 47
Tucholsky, Kurt 115

U/V

Übernachten 63
Umwelt 22
Vacciago 233
Val Bavona, Tal 123
Val Calnegia, Tal 123
Val d'Ossola, Tal 200
Val di Prato, Tal 125
Val Formazza, Tal 203
Val Lavizzara, Tal 124
Val Leventina, Tal 27

Val Onsernone, Tal 113
Val Rovana, Tal 122
Val Veddasca, Tal 142
Valcuvia 154
Valle Antigorio, Tal 203
Valle Anzasca, Tal 200
Valle Cannobina, Tal 172, 178
Valle del Sacro Monte, Tal 91
Valle di Bosco, Tal 122
Valle di Campo, Tal 122
Valle di Peccia, Tal 125
Valle di Vergeletto, Tal 115
Valle Maggia, Tal 116
Valle Molinera, Tal 137
Valle Verzasca, Tal 127
Varese 234
Varesotto 234
Veranstaltungen 52
Verbania 186
Verbania Pallanza 188
Verdasio 111
Vergeletto 115
Verkehrsvorschriften 35
Verscio 107
Viggiona 183
Vinci, Leonardo da 256
Vira 100
Vogorno 129
Voltorre 240

W/Z

Wandern 60
Wein 50
Werefkin, Marianne von 83
Windsurfen 61
Wirtschaft 22
Zenna 137
Zoll 65

Was haben Sie entdeckt?

Was war Ihre Lieblingstrattoria, in welchem Hotel haben Sie sich wohl gefühlt, welchen Campingplatz würden Sie wieder besuchen? Bitte schreiben Sie uns, wenn Sie Kritik, Verbesserungsvorschläge, Anregungen oder Empfehlungen zu diesem Buch haben.

Eberhard Fohrer/Hans-Peter Koch
Stichwort „Lago Maggiore"
c/o Michael Müller Verlag
Gerberei 19
91054 Erlangen
eberhard.fohrer@michael-mueller-verlag.de
hpk@ michael-mueller-verlag.de